W0178509

DAS GROSSE BUCH DER DESSERTS

DAS GROSSE BUCH DER
DESSERTS

Süße Nachspeisen aus aller Welt
und die Geheimnisse der
tropischen Früchte.

Christian Teubner · Sybil Gräfin Schönfeldt

Redaktion: Brunhilde Thauer
Fotos: Christian Teubner
Gestaltung: Wolfgang Steger
Zeichnungen: Peter Schimmel

Teubner Edition

INHALT

SÜSSE DESSERTS,

seit Jahrhunderten geliebter Luxus, gehören an sich nicht zu den Dingen, die der Mensch zum Überleben braucht. Doch haben sie Geschichte. Honig und Früchte waren schon die ersten »Desserts« der Menschheit. Und so wie Sitten und Gebräuche, Kultur und Tradition im Lauf der Jahrtausende entstanden, entwickelte sich auch die Kunst des Kochens, die Kunst des Essens. Doch nicht nur nebenher, denn diese Kunst ist ein Bestandteil unserer Kultur und unserer Traditionen. Wie andere Künste, gleich, ob Musik, Theater oder Malerei, und die großen Traditionen zum Beispiel an Fest- und Feiertagen, die Substanz einer kultivierten Gesellschaft sind, so ist mit ihnen ebenso die Kultur des schönen und harmonischen Essens verbunden.

Daher hat auch das gesteigerte Bedürfnis nach kultiviertem Essen dem süßen Dessert einen neuen Stellenwert verliehen — besser ausgedrückt — das süße Dessert bekommt endlich wieder den Platz, der ihm gebührt, nämlich die Krone eines gelungenen Mahles zu sein. Luftige Cremes, schaumige Saucen, lockere Soufflés, fruchtige Desserts, angefangen vom einfachen Kompott bis zu raffinierten Kompositionen von Früchten mit Cremes, Joghurt, Quark, Sahne und Eis, ermöglichen es, den Forderungen unserer Zeit nach leichter Küche gerecht zu werden, gleichgültig, ob wir das jahreszeitliche Angebot einheimischer Obstsorten benutzen oder nach Früchten aus Asien, Afrika und der Neuen Welt Ausschau halten. Keine zusätzliche Belastung, sondern ein heiter stimmender Abschluß soll das süße Dessert sein. Ein Hauch erfrischender Kühle, traumhaft schmelzende Süße oder geheimnisvolle Exotik sollen uns begleiten.

Doch auch die so vertrauten klassischen Desserts, seien sie internationale oder regionale Spezialitäten, sei es die Crème au caramel, ein Schokoladenflammeri, ein österreichischer Strudel oder ein englischer Pudding, sie alle sind in ihrer Vielfalt vertreten. Dieses Buch will jedoch nicht nur eine Sammlung köstlicher süßer Dessert-Rezepte sein, sondern möchte in erster Linie Grundwissen auf einfachste Art vermitteln. So findet der Leser in jedem Kapitel einige Standardrezepte, die in

Bildfolgen die Zubereitung erklären. Diese in sich abgeschlossenen Rezepte bilden jedoch gleichzeitig die Grundlage für Variationen, phantasievolle Weiterentwicklungen und gänzlich neue Kreationen.

Die Mengen der Rezepte sind so gehalten, daß sie auch für den Haushalt brauchbar sind, zumindest sich leicht halbieren oder, wenn größerer Bedarf ist, verdoppeln lassen, ausgenommen natürlich bei Speisen, die wegen ihrer Form eine bestimmte Menge erfordern, z. B. bei Gelee-, Pudding- oder Souffléformen. Als Maßeinheiten haben wir Gramm (g) und Zentiliter (cl) gewählt, weil wir der Meinung sind, daß damit am exaktesten gewogen und gemessen werden kann. Ausgenommen gängige Flüssigkeitsmengen wie 1/8, 1/4, 1/2 oder 1 Liter (l). Eine genaue Waage, ein Meßbecher und für kleinste flüssige Mengen ein geeichtes Schnapsglas sind für ein erfolgreiches Nachvollziehen unerläßlich.

Dieses Buch der süßen Desserts soll, das ist unser Wunsch, einen guten Überblick geben, solide Grundkenntnisse vermitteln und viel Raum für eigene Variationen und kreatives Kochen gewähren. Sicher wird das eine oder andere Rezept ein wenig Geduld erfordern oder in der Zubereitung etwas anspruchsvoll sein. Doch sollte dies uns nicht dazu verleiten, bei Herkömmlichem zu verweilen. Wir sollten uns vielmehr mitreißen lassen vom Aroma und der oft exotischen Schönheit der Früchte, vom Duft der Gewürze und von der erfrischenden Kühle des Eises, um das süße Dessert zur Krönung unseres kultivierten Essens zu machen.

Christian Teubner

Redaktion: Barbara Horle · Patisserie: Christine Reuland · Fritz Schleeh, Baden-Baden
Hannes Ehrenreiter, Vienna Inter-Continental · Friedrich W. Ehlert, Villa Stephanie, Brenner's Hotelanlagen
Jean-Paul Piffet, Intercontinental Paris · Georges Lopez, Hotel Bristol Paris · D. Sunil Danthanarayana, Interconti Colombo

DIE ZUCKERGESCHICHTE

Von der Süßigkeit des Lebens

Das Süße war nach Ansicht der Alten die Speise der Götter und der Seligen, und bis heute sind Nektar und Ambrosia ein Inbegriff höchster Wonnen. Süß: das war die lieblichste und unbeschreiblichste Vorstellung des menschlichen Geschmacks. Süßigkeit gehört zur Liebe und zu allen anderen leiblichen und geistigen Entzückungen. Die erste Süßigkeit, die die menschliche Zunge berührte, war vermutlich der Honig der wilden Bienen, die bald domestiziert wurden, damit ihr Seim immer zur Verfügung stand. Er erfreute die Griechen so sehr, daß sie ihn mit Pan und seinen Liedern in Zusammenhang brachten, während er die Zeidler und Lebküchner des Mittelalters reich und angesehen machte. Süß war auch das Mark der eingesottenen und die Essenz der in Wein und anderen Alkoholarten konservierten Früchte. Süß war das weiche Fleisch der getrockneten Weintrauben und Feigen und Aprikosen und anderer südlich-süßer Früchte. Süß war diesseits der Alpen auch kostbar, denn Süßes braucht Sonne zum Wachsen und zum Reifen, erst recht zum Entfalten des Aromas. Vor der Erfindung von Eisenbahn und Flugzeug bedeutete das: lange, gefährliche und teure Fahrten mit Pferdefuhrwerken, Segelschiffen und Flußkähnen, vorbei an Straßenräubern und Wegelagerern, durch Wälder, über Pässe und stürmische Meere. So ist es nicht verwunderlich, daß das Süße auf unserem Tisch eng mit frühen Handelswegen, mit Krieg und Frieden verbunden ist, mit der Entdeckungsgeschichte unserer Welt, mit den Kapitänen, die in See gestochen sind, um ganz andere Dinge zu erobern, als sie schließlich als Ladung ihrer Galeonen und Viermaster nach Hause brachten.

Wer sich mit den Rezepten und Handgriffen der Süßspeisen- und Nachspeisenküche beschäftigt, der stößt immer wieder auf die Augenblicke, in denen die

SACCHARVM
Qua Saccharum paretur arte, plurimis   Pictura, quam vides, docebit te modis.

von Natur aus karge Welt unserer gemäßigten Zonen reicher wurde und an Üppigkeit zunahm, erlebt noch einmal mit, was für ein Wunder es gewesen sein muß, wenn ein Reisender wie der Vater im Märchen den Mantel auseinanderschlug und ein seltsames Gewürz, einen Topf mit süßem Duft, eine Pflanze enthüllte, die, wie er erzählte, die wundersamsten Früchte tragen würde. Er stößt auf die Kreuzritter, die aus ihren zugigen, feuchten Burgen, aus ihren Erdkaten aufgebrochen waren und — wenn sie es lebendig erreichten — im Heiligen Land nicht nur den Tempel und die Stätten von Christi Lebenszeit fanden, sondern alle Wohlgerüche Arabiens, Zimt und Vanille, süßen Trank, Konfekte und Honigbrote ganz anderer Art, als sie sie aus den Klosterküchen des Nordens kannten. Oder er stößt auf die spanischen Seefahrer, die voll Verwunderung den klebrigen Saft schlanker Rohre kosteten, aus dem die Indianer im Süden einen ebenso süßen Sirup kochten, wie das die Indianer im Norden mit dem Saft der Ahornbäume zu tun verstanden. Oder er stößt auf alte Rechnungsbücher einer deutschen Universität, in denen sorgfältig Zutat für Zutat notiert wurde, wieviel Groschen und Gulden für welches Festgericht der Magister und ihrer Gäste ausgegeben wurde. Zucker, in vielfältiger Form noch und zu sehr verschiedenen Preisen, war auf jeden Fall um das Jahr 1600 noch so kostbar, daß man für den teuersten, den Kanarienzucker, mit dem man die Speisen und Kuchen nur bestreute, zwölf Silbergroschen pro Pfund zahlte. Für diese Summe hätte man damals auch vierundzwanzig Pfund Kalbfleisch kaufen können oder achtzehn Pfund Rindfleisch oder einen Hasen.

Die Geschichte unserer Desserts ist Welt- und Wirtschaftsgeschichte, und wenn die Süßigkeiten auch nicht so wichtig für die Vorratshaltung und damit fürs Überle-

℟Zucarum   zucker   Capitulům ccccxxxv

Vcarum grece et latine: Der wir dig meyster Galienús
in dem bůche genant de irigenio sanitatis beschzeibet vnns
vnd spzicht das zucker wol genützt mug werden in den ezz
neien dÿe do auffthůnt verstopung oder auch domit zereinigen dÿe
innerlichen gelider

                                                    D·ij·

»Zucarum zucker«, aus dem Buch »Gart der Gesundheit« von 1485, mit einer Phantasiezeichnung
der Zuckerrohrpflanze. Hier werden die medizinischen Eigenschaften des Zuckers beschrieben.

ben waren wie das Salz, so haben Gebäck und Kuchen, gezuckerte Früchte und Honig in einer Zeit eine große Rolle gespielt, in der es noch wenig Gemüse und das auch meist nur im Sommer gegeben hat. Nicht weniger wichtig waren die Gewürze: nicht nur für den Pfefferkuchen — bis in die Barockzeit außer getrockneten und eingemachten Früchten eine Alltagsnachspeise — sondern für die Kolonialgeschichte Asiens, für Aufstieg und Niedergang Venedigs. Und hängt der Zucker mit der Geschichte der Sklaverei zusammen, so sind es der Kakao, also die Schokolade, der Tee und der Kaffee, die dadurch, daß sie eigene Gefäße zur Zubereitung, zum Genuß und zur Weiterverarbeitung zu Nachspeisen brauchten, das just

Kolumbus landet 1492 zum ersten Mal auf der Insel Hispaniola, die später nach ihrer Hauptstadt San Domingo benannt wird. Da ihm die Insel für Zuckerrohranbau, den er von Madeira her kannte, geeignet schien, brachte er bei seiner zweiten Reise 1493 Setzlinge von den Kanarischen Inseln nach Hispaniola. So wurde das Zuckerrohr, das in Indien beheimatet war, von Kolumbus in die Neue Welt gebracht.

zur gleichen Zeit in Sachsen erfundene Porzellan beeinflußten und jene Formenfülle von Geschirr und Besteck bedingten, deren wir uns heute noch bedienen, wenn wir unsere Tische festlich decken und schmücken wollen.

Begonnen hat die Zuckergeschichte tatsächlich während der Kreuzzüge, denn damals stießen Europäer zum ersten Mal auf den Zucker aus Zuckerrohr, saccharum officinarum, der schon eine jahrtausendelange Wanderung hinter sich hatte. Das Rohr war ursprünglich auf dem heutigen Neuguinea beheimatet, wo es sich zwischen 15000 und 8000 vor unserer Zeitrechnung zu dem sogenannten edlen Zuckerrohr entwickelte und sich dann von allein nach Norden, nach Indien ausbreitete, von dort weiter nach Westen bis Persien und über verschiedene Südseeinseln nach Osten drang, immer noch ohne menschliche Hilfe und Absicht. Ein Rohr, das sich im Wind der Frühzeit wiegte, und niemand weiß, wann der Mensch sein verborgenes süßes Mark zum ersten Mal entdeckte. Niemand hat es festgehalten, denn in Indien gab es keine Historienschreibung wie im Westen, so daß man nur sagen kann: in der Flußebene des Indus und des Ganges wuchs schon Zuckerrohr, und die Nachspeisen der indischen Küche besaßen schon die gleiche satte Süßigkeit wie heute, als um das Mittelmeer herum die großen Kulturen der Babylonier und Ägypter, Assyrer und Phönizier erst vor der Blüte standen. Und die Griechen und Römer süßten sich ihre Speisen ebenso wie die Germanenfürsten, wie Karl der Große nur mit Honig. Denn wenn Alexander auch auf seinen Eroberungszügen nach Osten mit allen anderen exotischen Nahrungsmitteln auch den weißen und den braunen Rohrzucker in Persien und in Indien kennengelernt hatte, wenn auch Mohammed und seine islamischen Nachfolger auf ihren Kriegsfahrten nach Westen das Zuckerrohr mitbrachten und es um 700 nach Christi in Marokko und etwas später auf dem spanischen Festland anbauen ließen, dann auch in Sizilien, so wurde der »Honig aus dem Rohr« für die europäische Küche erst ein Begriff, als der König von Jerusalem und die Johanniter und der Deutsche Ritterorden im eroberten Heiligen Land Zuckerrohrplantagen anlegen ließen. Und mit den anderen damals noch unbekannten Köstlichkeiten, Feigen und Kürbissen, Melonen und Limonen, Datteln und Orangen wurde auch »gebackener Zucker« über Venedig nach Norden verschifft. Freilich: die Araber hatten zwar die Zuckerrohrherstellung verbessert, aber der Zucker des Mittelalters muß oft über der Süße bitter geschmeckt haben, weil die Kunst des Raffinierens erst in den Kinderschuhen steckte und auch der sogenannte gereinigte Zucker noch manches enthielt, was seine Süßigkeit beeinträchtigte. Außerdem machte ihn der lange Transport zu Schiff, zu Maulesel, zu Fuhrwerk und bei jeder Witterung nicht besser, dafür aber durch viele Zölle teurer, kurz: der Honig schmeckte besser, war allen vertraut und billiger, und der Zucker wurde entweder als Medizin — gegen Bauchweh, Blähungen und Verstopfungen des Leibes — betrachtet oder als Prestigesymbol und Geldanlage. Als Amerika entdeckt wurde, führte eine Stadt wie Köln pro Jahr neun Tonnen Zucker ein, und wer einen Hut Zucker im Vorratsraum stehen hatte, der konnte als wohlhabender Bürger gelten. Schon damals wurde der Zucker zu dem, wozu er im Lauf seiner Geschichte immer wieder herhalten mußte: zum Spekulationsobjekt. Die im späten Mittelalter entstandene Ravensburger Handelsgesellschaft führte den Rohzucker nicht nur aus Spanien ein, sondern ließ ihn auch selber sieden, also raffinieren. Doch als die Konkurrenz sich auf Madeira etabliert hatte und mit niedrigeren Preisen auf den Markt kommen konnte, brach der Bodensee-Zuckerhandel zusammen. Die wahren Konkurrenten wurden nun Spanien und Portugal. Von den Kanarischen Inseln, von einem spanischen Königsenkel regiert, kam der besonders feine »Kanarienzucker«, und ehe Kolumbus den kürzeren Seeweg nach Indien suchte, transportierte er den portugiesischen Zucker von Madeira nach Genua und wußte durch seine Frau, die aus Madeira stammte, so gut mit Zuckerrohranbau und -gewinnung Bescheid, daß er es war, der die erste Zuckerrohrplantage in der Neuen Welt begründete: auf seiner zweiten Reise nach Westindien, 1493, nahm er von den Kanarischen Inseln Zuckerrohrpflanzen mit

SACCHARARIÆ MOLÆ.

Herstellung von Zucker, bzw. Sirup in einer »Zuckermühle«. Das Zuckerrohr wurde bei der Ernte von Hand abgehauen, dann wurden die Rohre entblättert, in Stücke geschlagen und mit einem großen Mühlstein zermalmt. Der Saft wurde aufgefangen, gekocht, abgeschäumt, gereinigt und eingedickt. Den Sirup füllte man in große Tongefäße und ließ ihn erstarren. Dann konnte die Masse weiterverarbeitet oder verkauft werden. — Für die zahlreichen und schweren Arbeitsgänge waren viele Arbeiter nötig, so daß Sklaven eingeführt wurden, da die Eingeborenen größtenteils von den Eroberern ausgerottet worden waren. Die großen Mahlsteine wurden auf den Zuckerinseln und wenig später in Südamerika von Menschenkraft betrieben. Jahrhunderte später verwendete man in Europa bei der Gewinnung von Rübenzucker dazu Ochsengespanne.

und ließ sie auf Puerto Rico anpflanzen. »Es gedeiht vorzüglich«, berichtete er den katholischen Majestäten von Spanien, und so wurde das Zuckerrohr, das Geschenk der Alten Welt an die Neue, zum Gegenstand einer Industrie, die das wirtschaftliche und politische Geschick der neuen amerikanischen Kontinente entscheidend beeinflußt hat. Sie hatte zuerst einmal Einfluß auf den Sklavenhandel. Da die Spanier unter Cortez und Pizarro die spanischen Ureinwohner auf den Zuckerinseln fast ausgerottet hatten, mußten Arbeiter vom südamerikanischen Festland, später auch Negersklaven herbeigeschafft werden. Und da die Nachfrage nach Zucker in Europa in jedem Jahrhundert nur zunahm, blühte der Sklavenhandel bis ins 19. Jahrhundert. In Deutschland begann dieser süße Stoff, der immer noch mit dem Honig verglichen wurde, in der Küche der Apotheker und der Reichen heimisch zu werden. Die Haushaltsbücher der Renaissance erklären, wie Zucker aus dem Saft des Rohrs gesotten und gereinigt wird, erklären vor allem, wie man diesen Zucker vorm Weiterverarbeiten abermals kocht und klärt und läutert. Doch war der Zuckerpreis im 16. und 17. Jahrhundert von Kriegen, sich verschiebenden Machtverhältnissen, Anbaugebieten und Handelswegen so abhängig, wurde auch in der Not und Armut im und nach dem Dreißigjährigen Krieg so unwichtig, daß erst die Ergebnisse eines wissenschaftlich betriebenen Anbaus in Holländisch und Französisch Westindien im 17. und 18. Jahrhundert den Zuckerhandel interessant und profitlich machten. »Zuckerbäcker« wurde ein Beruf, in Preußen ließ der Große Kurfürst sehr zum Ärger der hansischen Handelsherren Zuckersiedereien einrichten, der Schleichhandel in die Nachbarlande Preußens blühte, und Karl der Sechste mußte die Privilegien, die er schon in den Habsburgischen Niederlanden vergeben hatte, wieder zurücknehmen, weil die Engländer und die Holländer sonst nicht der Pragmatischen Sanktion zugestimmt und Maria Theresia nicht Nachfolgerin auf dem Thron hätten werden lassen. Allmählich richteten sich jedoch alle Länder und freien Städte ihre Zuckersiedereien ein, und der gut getrocknete, in blaues Papier eingewickelte »Zuckerhut« stand in jeder wohlversorgten Speisekammer. Um 1750 gab es zum Beispiel in Hamburg 365 kleine und große Raffinerien, und da diese keine Monopolbetriebe waren, sondern sich nur durch Qualität halten konnten, galt ihr Zucker im Vergleich zum preußischen oder russischen als der reinste, haltbarste und beste. Der Rohstoff kam jedoch immer noch von den Zuckerinseln, und als der berühmte Sklavenaufstand in San Domingo die Preise in die Höhe trieb, als kurz darauf Napoleons Kontinental-

Azteken, Inkas und Mayas gewannen Zucker aus Mais. Hier der Aztekengott Quetzalcoatl mit einem Maisstengel. Lange bevor Spanier und Portugiesen kamen, stellten die Einwohner Zentralamerikas, Ecuadors und Perus Sirup, Zucker und Branntwein aus Mais her. Sie kannten sowohl Bienenhonig, Sirup und Zucker von Mais und Honig von einer Staude »Maguay«, wie Alexander von Humboldt berichtete. Von dort kam auch der Mais nach Europa.

sperre den Zucker abermals knapp machte, begannen Versuche, in Europa selbst Zucker zu gewinnen: man versuchte Rohrzucker — wieder — anzubauen, und nach den Vorbildern nordamerikanischer Indianer Zuckersirup aus Ahornbäumen oder Maisstauden zu ernten. Doch erst die Versuche des Berliner Apothekers Marggraf brachten den Wandel. Er entdeckte die Süße in der Rübe, experimentierte mit dem Pflanzensaft der Runkelrübe, kochte ihn zu Sirup und gewann ein »Salz«, das sich vom Zucker aus Rohr durch nichts unterschied. 1747 berichtete er der Berliner Akademie von seiner Entdeckung, aber die praktische Konsequenz interessierte ihn offenbar nicht, und Friedrich der Zweite scheint damals anderes im Kopf gehabt zu haben. Und so ist es ein anderer Berliner Chemiker, Franz Karl Achard, und ein anderer preußischer König, Friedrich Wilhelm der Dritte, die die Rübenzuckerproduktion in Gang brachten. Vom Beginn des 19. Jahrhunderts bis zur Gründung des Zollvereins war das schon so geglückt, daß ein erster Kampf zwischen Rohr- und Rübenzucker entbrannte: sinkende Zölle für den ersten und geplante Steuern für den zweiten bedrohte die Existenz der einheimischen Rübenzuckerfabriken, und schließlich lohnte

Ahornzucker wurde in Nordamerika von den Indianern aus dem Saft angezapfter Ahornbäume gewonnen. Bekannt waren hierfür vor allem die Irokesen. Der Ahornsaft lief im Frühlingsmonat. Mit ihm begrüßten die Indianer das Erwachen der Natur. Und noch heute ist in den Vereinigten Staaten und Kanada der Ahornsirup eine unentbehrliche Süßigkeit!

sich dieser neue Zweig der Landwirtschaft so sehr, daß sich in den Gründerjahren überall Aktiengesellschaften und Genossenschaften zum Bau von Zuckerfabriken und Saatzuchtanstalten bildeten. Der Preis für Rübenzucker blieb freilich stets von politischen und wirtschaftlichen Faktoren abhängig. Doch ob er subventioniert wurde oder stieg: Zucker wurde verlangt, und in den

Jahren des Zweiten Deutschen Reiches begann sich zumindest in der Bürgerschicht ein so solider Wohlstand zu etablieren, daß sich die Familien Zucker leisten konnten.

Der Reichtum hat immer etwas mit der Ernährung zu tun gehabt. Er hat den Menschen der Antike oder des Mittelalters nicht nur gestattet, sich andere und mehr gute Zutaten für die Küche zu kaufen, er hat vor allem die

Franz Karl Achard

Director der physikalischen Klasse bey der
K. Academie der Wissenschaften zu Berlin

geb. zu Berlin 1753 den 28 ten Apr.

Bildung gefördert und gehoben. Eine höhere Bildung hatte jedoch in jeder Zeit unserer Geschichte zumeist eine höhere soziale Stellung zur Folge, und diese sollte auch in der Art zu essen und zu trinken zum Ausdruck kommen. Ist das früheste Dessert, das in der Literatur beschrieben wird, auch meist nur eine Schale mit frischen Feigen und Mandeln, so sprechen Ernährungshistoriker von kulturellen Superfoods, die nur mit einer langen kunstreichen Zubereitungszeit zustande kamen, sehr kalorienreich waren und meist einen Zusammenhang mit göttlichen Mythen und mit süßen Zutaten aufweisen konnten. Europäische Brauchtumsgerichte folgen dieser Regel, mit dem Kostbarsten und Köstlichsten zu opfern und zu feiern, und so sehr auch der Schweine-

braten und die runde Wurst, das Symbol für Ewigkeit, gute Ernte, Reichtum und fröhliche Hoffnung auf ein kommendes fruchtbares Jahr waren, die Krönung bestand im Süßen, und die besten cremigen, fruchtigen Gerichte sind im Lauf der Industrialisierung, der Verstädterung Europas nicht vergessen und aufgegeben worden, sondern als Desserts in die bürgerliche und die großbürgerliche Küche übergegangen. Das war gleichzeitig der Beginn der Demokratisierung dieser Genüsse. Essen und Trinken hängen — zumindest in Europa — schon im vorigen Jahrhundert nicht mehr mit dem Überleben zusammen, sie werden ganz im Gegenteil für immer mehr Menschen willkommene Unterbrechung der (oft eintönigen) Arbeit. Der Fortschritt der Chemie, damit der

Meliorisierung des Bodens, brachte auch höhere Erträge aus Feld und Garten: die Obsternten aus eigenen Gärten stiegen zum Beispiel um 1860 um das Vierfache auf zwanzig Kilogramm pro Jahr. Und der preiswerter gewordene Rübenzucker samt besseren Konservierungsmethoden (Weck) gestattete es den Hausfrauen, diese Früchte besser denn je einzumachen und im Winter auf den Tisch zu bringen.

Im aufkeimenden Reichtum der zweiten Hälfte des 19. Jahrhunderts begann auch mit dem Wort Menü der Begriff Dessert neu formuliert zu werden. Damals, als sich trotz des Partikulärstolzes der Landesväter nach dem Norddeutschen Bund das Deutsche Reich vorbereitete, als ein Deutsches Kunstgewerbe, eine Deutsche Bank, Deutsche Eisenbahnen, Deutsche Kolonien und auch eine Deutsche Küche entstand, begannen die kleinen und die großen deutschen Höfe den Verlust an politischer Bedeutung dadurch auszugleichen, daß sie in dem Maß gesellschaftliche Vorbilder wurden, wie es die Königin von England heute noch ist. Die Art der deutschen Fürsten und ihrer Familien, sich zu geben, zu kleiden und zu speisen machte Mode, und je erfolgreicher und wohlhabender ein Bürger — später sagte man: Großbürger — wurde, desto mehr strebte er im Rahmen seines Standes diesen Idealen nach.

Das gelang ihm oft am ehesten bei Tisch, denn die Fürstenhäuser hatten Haushofmeister, Hof- oder Oberhofmarschälle, die das Zeremoniell der Tafel so ernst nahmen, daß sie zum Beispiel in Göttingen während des Studiums eine Vorlesung über das Tranchieren belegt hatten und diese Kunst dann bei Tisch akademisch vollendet beherrschten, von allen Gästen bewundert.

Sie hielten sich zudem an die Menü-Regeln ihrer Herrscherhäuser, und diese Regeln kann man in den Romanen der Nataly von Eschstruth oder der Courths-Mahler ebenso wie auf den Speisekarten der großen Restaurants wiederfinden, die ebenfalls Ende des vorigen und Anfang dieses Jahrhunderts als Paläste gebaut und mit den Menü-Vorstellungen der Höfe ausgerüstet wurden. Dieses Menü, also die Speisenfolge samt der Art und Weise des Servierens, hatte den russischen, den französischen und den englischen Hof und seine Tischsitten zum Vorbild.

So bestand zum Beispiel das altenglische Service aus drei Gängen (wobei ein Gang nicht ein Gericht bedeutet, sondern eine Kombination mehrerer Gerichte). Alle Gerichte eines Ganges standen gleichzeitig auf dem Tisch, und die Gäste nahmen sich selbst aus den Schüsseln. Außerdem gibt es Tables de côté oder Buffets, von denen die Diener nach Wunsch servierten.

Praktisch, aber nicht prächtig genug. Deshalb neigte man in Deutschland eher einer Kombination aus dem französischen und dem russischen Service zu.

Das französische Service teilte die Gerichte auch in drei Services ein, in drei Hauptgänge, aber es prangten nur gewisse Entrées, Entremets und Relevés auf der Tafel, also meist kalte Zwischengerichte, im übrigen wird Gang für Gang serviert, was der Wärme und oft auch der Qualität der Speisen sicher dienlicher war.

Beim russischen Service stand nun einzig und allein das Dessert auf dem Tisch, und zwar vom Anfang des Essens an, das im übrigen von der Dienerschaft serviert wurde.

Das Englische Service wurde als ideal für das Essen im privaten und im Familienkreis betrachtet, während französische und russische Sitten beim festlichen und offiziellen Essen befolgt wurden.

Vom französischen Service wurde eine Strukturform übernommen, die sich für die Organisation in der Küche als praktisch erwies und die Menü-Folge bis heute prägte. »Die Diners« schrieb Ernst von Malortie, Doktor der

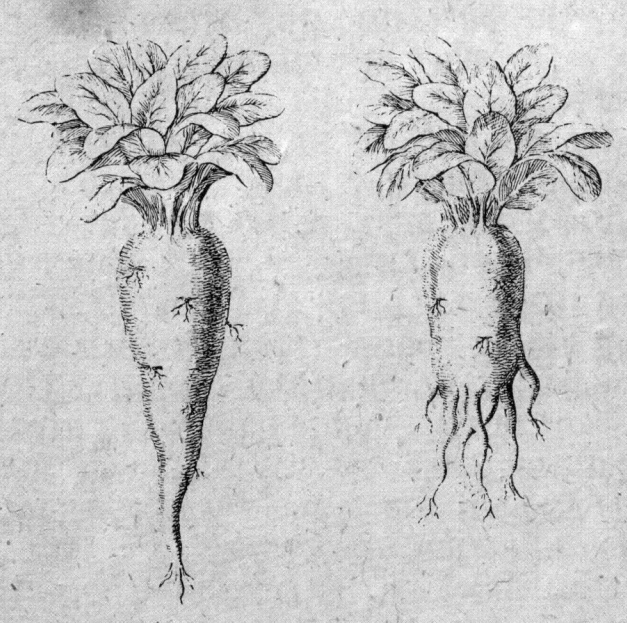

Runkelrübe nach Franz Karl Achard, einem Schüler des Chemikers A. S. Marggraf, der den Zucker in der Rübe entdeckt hatte. Achard baute 1784 auf einem Gut bei Berlin mehrere zuckerreiche Rübenarten an. 1789 hatte er den ersten großen Erfolg und 1799 ordnete König Friedrich Wilhelm III. an, daß in allen Zuckersiedereien große Versuche mit der Zuckergewinnung aus Runkelrüben und deren Anbau gestartet werden sollten.

Philosophie, Geheimrat und Oberhofmarschall am hannoverschen Hof und einer der Haupttheoretiker des deutschen Menüs, »nach französischer Methode bestehen aus drei Gängen, von denen zwei der Küche und der letzte der Konditorei angehören. Der erste begreift in sich alle Gerichte von den Suppen angerechnet bis zu denjenigen Schüsseln, welche dem Braten unmittelbar vorangehen. Diese oder die Braten selbst beginnen den zweiten Gang, der von da ab einschließlich der süßen Entremets und Relevés alles in sich faßt, was aus der Küche geliefert wird. Der dritte Gang, der der Konditorei angehört, enthält das Eis, Bonbons, Früchte, Obst und alles, was man Dessert nennt. Der erste Gang wird auf die Tafel gesetzt, bevor die Gäste sich gesetzt haben. Der zweite Gang wird dann später gebracht und in derselben Ordnung aufgestellt, so wie hernach das diesen beiden Gängen folgende Dessert.«

Er beschrieb das Schema »eines eleganten Diners in Privathäusern«, also eines vergleichsweise bescheidenen Essens, das nach Braten und Gemüse folgendermaßen endet: »ein bis zwei süße Speisen (entremets de douceur)/Butter, Käse/Eis/Dessert.« Und er fuhr fort: »Die süßen Speisen (entremets de douceur), welche zunächst dem Braten beziehungsweise dem nach dem Braten gegebenen Gemüse (entremet de légume) folgen, gehören der Küche an, so daß Butter und Käse die Scheide bilden zwischen den Gerichten der Küche und der Konditorei. Besonders sei erwähnt, da hiergegen, namentlich in gewöhnlichen Restaurants, oft gefehlt wird, daß der Pudding, gleich allen entremets de douceur, nach dem Braten und dem etwa folgenden Gemüse serviert werden muß und daß das Eis, wie alles zur Konditorei gehörige, nicht vor dem Käse gereicht werden darf.« Dazu muß man bemerken, daß Herr von Malortie natürlich mit dem Pudding einen gekochten, warmen Pudding im Wasserbad meinte. Er wies noch auf folgendes hin: »Das Dessert bildet, wie bereits erwähnt, einen Hauptteil des Diners und ist Sache der Konditorei. Auf dasselbe wird, namentlich in England und Frankreich, was luxuriöse Ausstattung anbelangt, großer Wert gelegt, und es werden darauf auch in vornehmen Privathäusern oft große Summen verwandt, obwohl im allgemeinen nicht zu leugnen ist, daß viele solcher mit seltener Kunstfertigkeit hergestellten Gegenstände, namentlich am Schluße des Diners, höchstens das Schicksal von Schaugerichten haben, bewundert, aber nicht genossen zu werden.« Bei Hof und anderen offiziellen Anlässen war das Dessert jedoch das Entzücken und oft der Trost der Pagen, meist junge und immer hungrige Kadetten, denen freundliche Gäste am Ende des Diners so viel Bonbons und Konfekt

zusteckten, wie die Jungen in ihren Taschen in den Schwalbenschwänzen unterbringen konnten.

Zu den süßen warmen Speisen gehörten nun all die Köstlichkeiten, die nach dem ersten Weltkrieg aus der Mode gerieten. »Man nehme zehn Eier und werfe das Weiße weg!« hieß es spöttisch. Viele Familien hatten ihr Geld in der Inflation verloren und waren froh, wenn es zu einem Ei pro Nase beim Sonntagsfrühstück reichte.

Es waren jedoch nicht nur die Vermögen, sondern auch die Schnürmieder, die Schleppen und die Korsetts verschwunden, die jungen Frauen trugen die Kleider kurz, hielten sich schlank und hätten auch keine Lust dazu gehabt, wie einst die Köksch halbe Tage in der noch nicht so elektrifizierten Küche zu stehen und Cremes zu rühren. So wurden die entremets de douceur Wörter in Kochbüchern von einst, und wenn man ihre Register durchblättert, klingt es wie ein Lied: Charlotte russe à la vanille, Croquembouche de dattes, Pain d'oranges, Pouding de riz aux marrons, Fromage bavarois au chocolat, Beignets aux pêches, Timbale de poires à la bordelaise, Mousse au marasquin à la sultane, Nugat à la parisienne oder auf deutsch: Diplomatenpudding, Akazienblütenkrapfen, Kastanienkrusteln, Prinzregentenpudding, Kaiserinnenreis und so weiter.

Dessert, das ist wohl das wichtigste, ist nicht mit Süßspeise gleichzusetzen, denn süß sind auch die entremets de douceur, die warmen Gerichte aus der Küche, auch das Wort Nachtisch ist etwas zu verschwommen. Denn das Dessert war ein ganzer Akt des Diner-Schauspiels für sich, und wenn (oder: falls) Butter und Käse nach dem Braten gegeben wurden, was keineswegs üblich und allgemein war, so verschwanden die Platzteller, und die Tafel wurde mit dem extra und besonders schönen Dessert-Service gedeckt. Dann ging es an die Kunstwerke der Konditorei, der süßen kalten Küche.

Um bei dem eleganten Beispiel-Diner des Herrn von Malortie zu bleiben, dies wäre das Angebot bei einer kleinen Gesellschaft von 18 Personen:

2 Sorten Eis,
2 Assiettes Bonbons divers,
2 Assiettes Conserves,
2 Assiettes Pâtisserie,
6 Assiettes Fruits divers conservés,
   en partie confitures,
4 Assiettes Fruits naturels selon la saison.

Ein süßes kaltes Gericht tauchte übrigens schon vorher auf. Zwischen der sogenannten grosse pièce, also dem Braten des ersten Ganges und der folgenden kalten

Speise — gern eine Pastete oder etwas ähnliches — oder zwischen dieser und dem Braten, also dem großen Fleischstück des zweiten Ganges, — gab es Sorbet oder den um die Jahrhundertwende sehr beliebten Punch romaine oder korrekter: Punch glacé à la romaine. Das war ein leichtes Orangeneis, unter das zerbröselte italienische Meringuen gezogen wurden, in Gläsern angerichtet und kurz vorm Servieren mit Champagner und Rum begossen. Dieser Punsch sollte »rund, aber nicht fest sein«, und er tauchte auf den Speisekarten des holländischen wie des russischen, des österreichischen wie des preußischen Hofes auf und rief eine ganze Reihe von Rezeptvariationen hervor, die heute wieder in Mode gekommen sind. Keine Mode hat übrigens das kurioseste Dessert-Arrangement Friedrichs des Zweiten von Preußen gemacht, der seinen Gaumen und Magen offenbar durch das sicher nicht üppige und ausgeglichene Essen während seiner Feldzüge durch eine gewisse Gleichgültigkeit gegen die Erfordernisse des Leibes so überfordert hat, daß beide im Alter nach sonderbaren Reizen verlangten.

Die Menükarte des 5. August 1786, zwölf Tage vor seinem Tod, ist erhalten. Auf ihr kann man lesen, daß der Alte Fritz nach einer Kohlsuppe à la Fouqué, Rindfleisch mit Karotten, Des poulets en cannelons hätte bekommen sollen. Das hat er mit eigener Hand durchgestrichen und sich stattdessen côtelettes dans du papier bestellt. Danach gabs Petits pâtés à la romaine und Du saumon à la Dessau, was der Alte Fritz ankreuzte, Zeichen königlicher Zufriedenheit. Nach dem Salm und Geflügelbrüstchen dann: portugiesischer Kuchen, wieder von Seiner Majestät durchgestrichen und durch: »Des Gaufres« ersetzt. Es folgen (auf dem Küchenzettel) grüne Erbsen. Frische Heringe. Beides angekreuzt, und zum Schluß: saure Gurken. Und der Käse? Es waren die Preußenkönige, die im 19. Jahrhundert fast täglich »Beurre et fromage«, »Butter und Käse« oder »Käseschüssel« auf die Küchenzettel der königlichen Mittags- und Abendtafel schreiben ließen, ganz im Gegensatz zu anderen deutschen und europäischen Höfen, die keine so große Neigung zum täglichen Käsegang zeigten.

Auf den preußischen Menüzetteln kann man auch die Auflösung der klassischen Dessertordung — warme Nachspeisen aus der Küche, Käse, kaltes Dessert aus der Konditorei — verfolgen. 1898 gab es zum Geburtstag Seiner Majestät noch — in Sütterlin und in deutscher Sprache auf der Menükarte notiert — Mehlspeise mit Weintunke (also das entremet de douceur), Butter und Käse, Nachtisch.

1902 aber folgte beim Festessen zum gleichen Anlaß auf das Maraschinoeis (kaltes Dessert) die Käseschüssel und dann der Kaffee.

Diese Änderung ist wohl eine Folge anderer Arbeits- und Vorratsmöglichkeiten in der Küche gewesen. Wachsende Technisierung der Kücheneinrichtungen ließ andere Organisationsformen entstehen, und die bis heute während Debatte um den Platz, der dem Käse im Rahmen des Desserts zusteht. Jeder kann sich — wie man sieht — nach Gusto entscheiden, denn jede Möglichkeit hat ihre historische Berechtigung.

Ob große warme oder leichte kalte Nachspeisen: viele Rezepte der Jahre, in denen die allgemeine, deutsche kaiserliche Küche versuchte, europäischen Rang anzunehmen — durch Köche und Wissenschaftler, die sich unumwunden zum französischen Vorbild bekannten, von der Sprache bis zur Art zu decken, zu Tisch zu führen und die Essenden zu placieren — haben nach zwei verlorenen Weltkriegen nur in der Literatur und im Rezeptreservoir der großen Hotels und Restaurants überlebt. In Kochbüchern und in der Praxis der Privathäuser herrschten andere ökonomische Bedingungen, denn auch der wachsende Wohlstand der Jahre nach dem Zweiten Weltkrieg brachte weder Köchinnen, noch das Hilfspersonal in den Haushalt zurück, das man trotz Küchen- und Spülmaschinen für große Diners braucht.

Erst jetzt, nachdem auch in den Debatten über schlank und gesund eine kühlere und vernünftigere Gelassenheit aufklingt, beginnt die Lust am prachtvollen Süßen wieder aufzuwachen. Wer im alten klassischen Sinn das Dessert nicht nur als eine Nachspeise à la Kantine begreift, sondern als kunstvoll ausgewogenes Angebot mehrerer Süßspeisen und Früchte, nach der Saison komponiert, nach Farben und auch nach dem alten Vorbild in schönsten Schalen und Schüsseln angerichtet, der greift wieder nach den Rezepten der Küche des »fin de siècle«. Und blättert er dieses Buch durch, betrachtet er die Stilleben der fertigen Desserts und die schrittweisen Anleitungen zu ihrer Vollendung, so wird er feststellen: moderne Küchentechnik, Halbfertigprodukte, bessere Kühl- und Gefriermöglichkeiten haben die Vorarbeiten so verändert, daß man es sich wieder leisten kann, dem großen Dessert seinen angestammten Platz auf unseren Tischen einzuräumen.

Zuckerrohr und Zuckerrübe

Man sieht es ihm nicht an, man kann es auch nicht schmecken, woher der Zucker kommt, mit dem der Kaffee gesüßt oder die Desserts zubereitet werden — aus dem Zuckerrohr oder aus der Rübe. Es ist in jedem Fall Saccharose, die sich chemisch und geschmacklich vollkommen gleicht. »Rohr« und »Rübe« haben sich auch ungefähr den Weltmarkt geteilt, mit einem geringen Übergewicht des Zuckerrohrs. Anbau und Verarbeitung sind weitgehendst mechanisiert, jedenfalls in den Ländern, die den Zucker aus der Rübe gewinnen. Beim Zuckerrohr, das zum größten Teil in Entwicklungs-ländern produziert wird, kann man durchaus noch Anbau- und Erntemethoden finden, die Beschreibungen aus kolonialer Zeit entsprechen. Da wird noch die Machete geschliffen und Rohr für Rohr mit der Hand geschlagen. Je nach Gelände, ob es eben oder bergig ist, kann ein Spezialist bis zu 3 Tonnen pro Tag ernten. Gebündelt bringen es Maultiere, beladen mit 200 kg, bis zur nächsten, mit Traktoren zu befahrenden Straße. Ein harter Job in diesen feuchtheißen tropischen Gebieten.

Zucker, zwischen weiß und dunkelbraun

Wenn man vereinfacht auch nur zwischen zwei Zuckerarten unterscheidet, nämlich dem braunen und dem weißen Zucker, so gibt es dazwischen eine ganze Reihe verschiedener Sorten. Sie sind zwar nicht alle für Desserts von großer Bedeutung, doch können gerade von den dunklen Sorten einige als würzende Zutat verwendet werden.

Zuckerkristalle sind von Natur aus farblos, wenn sie uns auch durch die Lichtbrechung weiß erscheinen. Beim Entzug des Zuckers aus dem Zuckerrohr oder der Rübe gehen nicht nur der Zucker, sondern auch andere Stoffe (Pflanzenreste) in den Saft über, die durch Filtrieren zum größten Teil wieder ausgeschieden werden. Dieser Saft ist nur vorgereinigt und enthält Bestandteile, die erst durch das Eindicken des Zuckersaftes weiter abgetrennt werden, indem der Zucker auskristallisiert. Die sirupartigen Rückstände (Melasse) aber lassen sich durch einfaches Zentrifugieren nicht restlos entfernen und haften an den Kristallen. In dieser Phase ist es der »Rohzucker« oder braune Zucker, dessen Farbe und Geschmack von den mehr oder weniger anhaftenden Rückständen geprägt wird. Weiteres Auswaschen und Raffinieren machen diesen Rohzucker dann zu der uns bekannten »Raffinade«, die allen Anforderungen bei der Zubereitung von Desserts in bester Weise gerecht wird.

Brauner Zucker, bei uns auch »Farinzucker« genannt, war lange Zeit als minderwertig, weil ungereinigt, verpönt; ausgenommen die Lebküchner und Teetrinker, die den ganz typischen Geschmack (in Form von Kandis) schätzten. Inzwischen hat man diese würzenden Zuckersorten wieder entdeckt, nicht nur für Irish coffee, sondern auch dann, wenn es darum geht, süßen Saucen oder Cremes eben diese besondere Note zu geben.

1 **Raffinade** ist wohl der gebräuchlichste Zucker, nämlich der weiße Streuzucker. Er wird in verschiedenen Körnungen angeboten und vorrangig bei der Dessertzubereitung verwendet.

Puderzucker wird aus Raffinade ganz besonders fein gemahlen und als Zutat für Desserts verwendet, wenn er sich schnell auflösen soll; ansonsten zum Überziehen und Dekorieren.

Staubzucker heißt in Österreich der Puderzucker; er ist aber nicht ganz so fein gemahlen.

2 **Würfelzucker weiß** wird aus Raffinade gepreßt. Mit ihm läßt sich die Schale von Zitrusfrüchten abreiben; zum Aromatisieren von süßen Saucen.

3 **Würfelzucker braun.** Er wird aus braunem Zucker gepreßt und ist in Frankreich und England beliebt zum Süßen von Kaffee.

4 **Zuckerhut,** die traditionelle Form ist auskristallisierte Raffinade. Wird heute nur noch für die »Feuerzangenbowle« verwendet.

5 **Weißer Kandis** wird aus reiner Zuckerlösung durch langsames Kristallisieren gewonnen. Diese Kristalle werden in verschiedenen Größen angeboten.

6 **Brauner Kandis** erhält seine Farbe vom Ausgangsprodukt, dem braunen Zucker. Wird aber auch mit Zuckercouleur eingefärbt.

Grümmel ist ein sehr aromatischer, gestoßener brauner Kandis.

7 **Brauner Zucker** ist Rohzucker, der (besonders auf dem englischen Markt) von hell- bis dunkelbraun angeboten wird.

8 **Demerara-Zucker,** eine der vielen braunen Zuckersorten mit relativ grober Körnung.

9 **Hagelzucker** ist ein grobkörniger, aus Raffinade hergestellter Zucker. Ideal zum Garnieren von Gebäck und Desserts.

Vom leichten Sirup zum Karamel

Sicher wird Zucker überwiegend in kristalliner Form, als weißer Streuzucker (Raffinade) oder als Puder- oder Staubzucker für Desserts verwandt, doch verlangen viele Zubereitungsmethoden flüssigen Zucker. Und Zuckersirup (Läuterzucker) ist äußerst vielfältig zu verwenden, sei es für Saucen, Fruchteis, Sorbets und viele andere Rezepte. Es lohnt sich, ihn auf Vorrat zu kochen. Der Patissier hat Läuterzucker immer zur Hand, übrigens eine überholte Bezeichnung aus der Zeit, als man die Raffinade noch nicht kannte und den Sirup »läutern«, also mit Hilfe von Eiweiß klären mußte. Das ist heute überflüssig, aber der Name ist geblieben.

Zucker kochen

Die Raffinade muß zunächst einmal mit Wasser (die Menge wird durch den gewünschten Zuckergrad bestimmt) vermischt werden. In einem Kupfertopf wird diese Mischung zum Kochen gebracht und zwischendurch umgerührt, damit sich der Zucker auch gleichmäßig auflöst. Sobald die Zuckerlösung kocht, darf keinesfalls mehr gerührt werden, weil sonst der Zucker kristallisieren könnte, der Fachmann nennt es »absterben«. Dies zu verhindern ist das Wichtigste während des ganzen Vorgangs, deshalb müssen auch am Rand des Topfes ansetzende Zuckerkristalle mit Pinsel und Wasser immer wieder aufgeweicht und abgewaschen werden. Kocht man auf Gas (es ist empfehlenswert, weil es leicht zu regulieren ist), sollten die Flammen nicht an den Wänden des Topfes emporschlagen.

Der Verwendungszweck bestimmt letztlich die Dichte der Zuckerlösung, das ist das Verhältnis von Zucker zu Wasser. Um nicht unnütz lang kochen zu müssen, sollte nicht mehr Wasser als nötig verwendet werden. Siehe die nebenstehende Tabelle. Und wann ist der richtige Grad erreicht? Auch das zeigt die Tabelle. Ausgenommen beim Läuterzucker, wird die Zuckerdichte am einfachsten mit dem Thermometer, also auf einem kleinen Umweg über die Temperatur gemessen. Oder wenn kein Zuckerthermometer zur Hand ist, mit den traditionellen Zuckerproben, die aber weder sehr präzise, noch besonders hygienisch sind.

Zuckersirup

Für Desserts der wichtigste Grad gekochten Zuckers. Die Dichte des Zuckersirups (Läuterzucker) kann über die Temperatur nur ungenau festgestellt werden. Deshalb verwendet man dafür eine Zuckerwaage (Aräometer), die in Grad Baumé die Zuckerkonzentration angibt. Dabei muß man aber berücksichtigen, daß dieses Instrument bei hoher Temperatur niedrigere Werte anzeigt, als wenn der Sirup kalt gemessen wird. Wer keine Zuckerwaage zur Verfügung hat, kann aber Sirup auch nach den folgenden Rezepten kochen, die bei genauer Einhaltung der Werte ein exaktes Ergebnis garantieren.

Leichter Sirup: 500 g Zucker mit 1 l Wasser 1 Minute kochen. Das ergibt etwa 1,2 l Sirup von 17° Baumé, heiß gemessen. Abgekühlt zeigt die Waage etwa 20° Baumé.

Mittlerer Sirup: 500 g Zucker mit 70 cl Wasser 1 Minute kochen. Ergibt etwa 1 l Sirup, heiß gemessen 21° Baumé, abgekühlt 24° Baumé.

Das Rezept von Zuckersirup in der nebenstehenden Tabelle ist ein konzentrierter Sirup, der ideal auf Vorrat zu halten ist und mit seiner dickflüssigen Konsistenz und Dichte von 30-32° Baumé dem traditionellen Läuterzucker entspricht. Er kann auch mit Wasser verdünnt werden, wenn das Rezept Sirup mit geringerer Konzentration verlangt. Diese muß dann aber mit der Zuckerwaage kontrolliert werden.

Noch ein Wort zum Zuckercouleur, der endgültig letzten Station beim Zuckerkochen. Es ist Karamel, der über 180° C erhitzt, also verbrannt wurde. Er wird mit heißem Wasser aufgegossen und nochmals aufgekocht. Dieser dunkelbraune Sirup, der übrigens nicht mehr süß schmeckt, wird zum Färben von Cremes etc. verwendet.

Den Rand des Topfes sauberzuhalten, ist unbedingt notwendig. Die Sirupspritzer setzen sich fest und kristallisieren. Dieser Prozeß würde sich vom Rand auf die Flüssigkeit übertragen. Deshalb werden die Spritzer mit einem feuchten Pinsel aufgeweicht und abgewaschen. Diesen Vorgang in Abständen von wenigen Minuten wiederholen, bis der Sirup den gewünschten Grad erreicht hat.

Glukosesirup, ein zähflüssiger Stärkezucker, nicht zu verwechseln mit Glucose (Traubenzucker). Er ist zwar kein Wundermittel, aber eine kleine Hilfe, damit der Zucker beim Kochen nicht so leicht kristallisiert (abstirbt). Auf 500 g Zucker etwa 30 g zugeben. Dies hat nur den Nachteil, daß Glukosesirup im Einzelhandel nicht angeboten wird; der Bäcker oder Konditor wird aber sicher gern aushelfen.

Zuckersirup/Läuterzucker: 500 g Zucker mit 1/2 l Wasser 1 Minute kochen. Das Thermometer zeigt 102° C und, mit der Zuckerwaage gemessen, heiß 28° Baumé, kalt 30-32° Baumé. Die Menge ergibt etwa 80 cl. Ein »Universalsirup« für Eis, Sorbets, Salatsaucen; er hat die ideale Dichte, um auf Vorrat gehalten zu werden.

 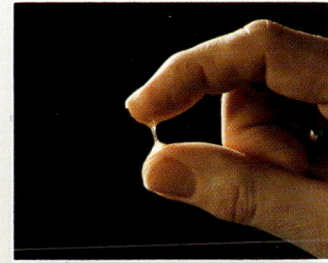

Schwacher Faden: 500 g Zucker mit 1/4 l Wasser bis 104° C kochen. Für die Gegenprobe: Zeigefinger und Daumen mit Wasser anfeuchten und vom Kochlöffel etwas Sirup abnehmen. Beim schnellen Öffnen und Schließen der Finger entsteht ein »kurzer« Faden. Wird bis 108° C weitergekocht, läßt sich ein »langer« Faden ziehen. Dieser hochkonzentrierte Sirup wird für Kompott, Konfitüre etc. verwendet.

Flug: 500 g Zucker mit 1/4 l Wasser bis 112° C kochen. Probe: Durch eine kleine Drahtschlinge (Rouladennadel), die kurz in den Sirup getaucht wird, bläst man vorsichtig. Es sollen kleine Bläschen entstehen. Wird bis 114° C weitergekocht und bläst man kräftig durch, sollen große, bzw. zusammenhängende Blasen entstehen. Dieser Grad wird »starker« Flug genannt. Wird für Fondant oder italienische Meringue verwendet.

Ballen oder Kugel: 500 g Zucker mit 1/4 l Wasser zu einer Temperatur von 116-118° C kochen. Die Probe: Daumen und Zeigefinger in Eiswasser anfeuchten, etwas Zuckersirup vom Kochlöffel nehmen und sofort in das Eiswasser tauchen. Der Zucker muß sich leicht zu einer Kugel rollen lassen. Für italienische Meringue oder Buttercreme verwenden.

Bruch: 500 g Zucker mit 1/8 l Wasser bis 140° C kochen. Wird etwas Zucker in Eiswasser gegossen, muß er sofort festwerden, bleibt aber etwas klebrig. Durch Weiterkochen wird der Bruch immer härter. Bei etwa 153-155° C bricht er wie Glas und klebt nicht mehr. Zum Bruch gekochter Zucker wird zum Glasieren von Früchten, für Spinnzucker, zum Gießen und Ziehen von Dekorationen verwendet.

Karamel: 500 g Zucker mit 8 cl Wasser kochen. Ab 160° C fängt der Zucker an zu bräunen und kann, je nach Verwendungszweck, dunkler gekocht werden, bis etwa 180° C. Als heller Karamel wird er für Krokant und zum Überziehen von Gebäck (Windbeutel), etwas dunkler für Crème au caramel verwendet. Für Karamel kann der Zucker auch ohne Wasser geschmolzen werden. Unter ständigem Rühren etwa 1/3 der Zuckermenge schmelzen, den Rest dann darin nach und nach auflösen.

FRÜCHTE AUS ALLER WELT

Vom Gartenobst bis zu den ausgefallensten tropischen Früchten

Sie sind schon immer dagewesen, seitdem menschliche Spuren um ihre Büsche herumführten, und in allen Geschichten vom Garten Eden und von den Wohngefilden der Götter kommen die Früchte vor, süß und manchmal ewige Jugend verheißend wie die Äpfel der Hespriden oder zur Sünde verlockend wie der Apfel des Paradiesbaumes. Sie sind immer schon dagewesen und haben wie eigens für den Menschen geschaffen reif und rot oder gelb im Laub auf ihn gewartet. Pflücken und essen: erste Fertiggerichte der Welt, und wenn auch die griechischen und lateinischen Schriftsteller Früchte als Zutaten der Fleisch- und Fischgerichte erwähnen, so sind Früchte der Abschluß, also das früheste Dessert unserer Geschichte.

Auch Homer und Ovid zählten bei der Beschreibung von Gastmählern oder bei anderen Abhandlungen jene Früchte auf, die wir seitdem das ganze Mittelalter hindurch bis etwa zur Zeit unserer Großeltern immer wieder in der Literatur und Küchenliteratur antreffen: Datteln und Rosinen wurden getrocknet gehandelt und in den Norden transportiert, Feigen zogen sich die Hausfrauen in Böhmen und am Rhein noch um die Wende zu unserem Jahrhundert selber in Glashäusern oder an sonnig-südlichen Hängen wie dem Kaiserstuhl, um sie frisch auftischen zu können, die Kirschen- und Pflaumenfamilien gewannen durch die botanische Kunst der Mönche an Rundheit und Süße, und das Angebot wurde nur noch durch den Apfel aus China, die Apfelsine, bereichert, und um ihre Verwandten, die auch die langen Reisen in gemäßigte und kalte Klimata einigermaßen überstanden.

Wenn auch in deutschen Kochbüchern die exotischen Früchte später als in England oder Holland auftauchen, so sagt das nichts über die Kenntnis derselben. Georg Meister, geboren 1653, Orientalisch-Indianischer Kunst- und Lustgärtner mit Churf. Sächs. Durchl. gnädigsten Privilegio, war zehn Jahre Gärtner bei einem deutschen Arzt in Batavia und konnte dort auch auf Handelsreisen Blumen, Bäume, Sträucher und Früchte Indiens, der Inselwelt und Japans kennenlernen. Er zeichnete und beschrieb alles ausführlich, wie zum Beispiel Durian, Mangostane, Papaya, auch Kokosnuß und viele andere, die uns auch heute noch relativ fremd sind. Nachzulesen ist das in: »Eine aufrichtige Beschreibung Derer meisten Indianischen/als`auf Java Major, Malacca und Jappon, wachsenden Gewürtz-Frucht-und Blumen-Bäume/wie auch anderer raren Blumen/Kräuter- und Stauden-Gewächse/sampt ihren Saamen/nebst umbständigen Bericht deroselben Indianischen Nahmen/so wol ihrer in der Medicin als Oeconomie und gemeinem Leben mit sich führendem Gebrauch und Nutzen;...« erschienen 1692 in Dresden. Einige der wunderschönen Kupferstiche von exotischen Früchten werden auch in diesem Kapitel abgebildet sein. Doch zurück zur Küche.

Henriette Davidis zählt in ihrem Kapitel über »Frische Früchte« zwar Apfelsine und Zitrone auf, auch Maulbeeren, Pfirsiche und Aprikosen, Quitten und Melonen, aber Bananen tauchen nur einmal zusammen mit Orangen in einem Rezept für einen Obstsalat auf, mit dem vorsichtigen Zusatz: »Amerikanische Vorschrift«, was mehr wie eine Warnung als eine Empfehlung klingt. Auch bei den »Getrockneten Früchten« geht es bei ihr nicht über die Smyrna-Feigen hinaus. Erst in den Kochbüchern für die Tropen werden »Kaltschale von Ananas«, Marmeladen von Mangos und Guaven, »Papaiakompott« und Dessert von Passionsfrüchten beschrieben. Das war 1933. Damals gab es schon deutsche Bananendampfer mit Kühlkammern, die zwischen Hamburg und den Kanarischen Inseln oder Mittelamerika hin- und herpendelten, aber ihre Besitzer mußten emigrieren, und es brach mehr zusammen als der Handel mit Südfrüchten. Ein oder zwei Jahrzehnte nach dem Ende des Zweiten Weltkriegs haben Wirtschaftsblüte, Flugtransporte, Gefrier- und Tiefkühlmöglichkeiten samt dem internationalen Tourismus den Bekanntheitsgrad der entferntesten Früchte so gesteigert, daß das Alphabet heute von A wie Ananas, B wie Baumtomate und C wie Cherimoya bis zu R wie Rambutan, S wie Sapote und T wie Tamarinde reicht, von Z wie Zitrone ganz zu schweigen.

Sie ergänzen sich meist vortrefflich, die Exoten und unser heimisches Gartenobst. Zum Beispiel in einem Fruchtsalat, gefüllt in eine ausgehöhlte Wassermelone. Sie kann mit wenigen Handgriffen in einen kleinen Korb verwandelt werden. Zwei Segmente der Melone so herausschneiden, daß ein Streifen als Henkel stehenbleibt. Der Korbrand kann dann noch zusätzlich mit einem halbrunden Ausstecher recht dekorativ ausgeschnitten werden.

23

Früchte selbst konservieren?

Über diese Thema kann man verschiedener Meinung sein. Die einfache Vorratshaltung unserer Großeltern ist heute nicht mehr aktuell; dazu gibt es von der Industrie viel zu viele, zu gute und preiswerte Angebote aller Art, als daß sich die Mühe lohnen würde, einzukochen, nur »um auch im Winter Obst zu haben«.

Was macht es dann attraktiv für den Haushalt, für den Feinschmecker und auch für den Profi, Früchte selbst einzumachen? Auch für gehobene Ansprüche bietet die Industrie in einer fast unüberschaubaren Pa-

Einkochen kann durchaus zeitgemäß sein.
Schon wegen der Qualität, die durch erstklassige Früchte und individuelle Rezepte beeinflußbar ist. Für die Hausfrau kann es aber auch preisgünstiger sein, vorausgesetzt, sie stellt ihre eigene Arbeitsleistung nicht in Rechnung.

lette Obstkonserven an, gleich ob in Dosen, Gläsern oder als Tiefkühlware, ob süß oder mit und ohne Alkohol, gezuckert und kandiert.

Allerdings, so positiv auch immer die Produkte der Industrie sein mögen, Früchte der Spitzenqualität werden eben industriell selten verarbeitet. Und die teuerste Marmelade ersetzt nicht diejenige, die in kleinen Mengen mit Früchten erster Qualität zubereitet, nach speziellen, individuellen Rezepten hergestellt wurde. Das sind die beiden Hauptgründe, warum Konservieren für den Patissier und auch im Haushalt in kleinen Mengen lohnend ist. Für die Hausfrau ist es ganz sicher auch preisgünstiger, wenn sie Ihren Anstrengungen keinen Stundenlohn zugrunde legt. Die Spitzenangebote zur Reifezeit der einzelnen Obstarten können wahrgenommen und raffinierte eigene Rezepte zur Haltbarmachung von Spezialitäten angewendet werden.

Exoten, ein Grund zum Selbsteinkochen!

Mal von den Kosten abgesehen, denn die meisten exotischen Früchte sind bei uns noch recht teuer, kann man gerade dieses Obst nur selbst verarbeiten; es fehlt im Konfitüren-Angebot der Industrie weitgehendst. Anders ist es bei Kompottfrüchten. Sie gibt es teilweise in hervorragender Qualität im Handel, und es wäre sicher Unsinn, die teuren frischen Feigen einzukochen. Wohl lohnt es sich manchmal, Exoten einzufrieren, und dies ist bei Sorten mit geringerem Wasseranteil gut möglich. Bei Konfitüren und Marmeladen hingegen gibt es ungeheuer viele Möglichkeiten zum Experimentieren mit Exoten. Sie können sowohl einzeln verarbeitet als auch mit anderen Früchten gemischt werden. Wird preiswertes, einheimisches Obst dazu verwendet, so ergibt es nicht nur ganz originelle neue Geschmacks-Nuancen, die Konfitüre wird dadurch auch billiger. Darüberhinaus ist man bei exquisiten Rezepturen beweglicher, kann mehr variieren, weil eben die Mengen kleiner sind. Außerdem sind den Verwendungsmöglichkeiten kaum Grenzen gesetzt. Angefangen von eingemachtem Obst und raffinierten Kompotten für die verschiedensten Desserts bis hin zu exklusiven Früchten in Alkohol. Sie können auf vielfältige Weise für Cremes und Eis verwendet werden. Bei individueller Zubereitung und Würzung gibt es dafür keinen industriell gefertigten Ersatz.

Auch Tiefgefrieren ermöglicht ganz neue Verwendungen. So kann man in der Obstsaison vor allem Beerenfrüchte einzeln, mit Stiel einfrieren, um sie später aufgetaut als Dekoration zu verwenden. Die nun wieder begehrten Wildfrüchte lassen sich ebenfalls gut tiefgekühlt konservieren. Auch dafür bietet die sonst so clevere Industrie dem Patissier keinen Ersatz.

Einkochen oder Einlegen ist also durchaus zeitgemäß. Es kann mit der besseren Qualität begründet werden oder auch, weil es oft preisgünstiger ist. Ganz sicher muß es aber in den Fällen verteidigt werden, die dem Patissier oder der Hausfrau Raum für eigene Rezeptentwicklungen lassen. Natürlich auch bei der Verwendung solcher Früchte, die von der Industrie übersehen werden.

Rhabarber

Sein Name wird aus dem Griechischen abgeleitet: er ist der Fremdling (Barbar) von der Rha, einem Fluß, den wir unter dem Namen Wolga kennen. Der Rhabarber war, wie alte Urkunden bezeugen, vor ca. 5000 Jahren in China als Heilpflanze bekannt. Von dort aus gelangte er nach Ruß-

land. Die Griechen, bzw. vermutlich die Skythen, entdeckten ihn an der Wolga und brachten ihn nach Süden. — Bei uns ist er noch gar nicht so lange heimisch: 1840 machte bei Hamburg ein Bauer einen Versuch mit Rhabarberpflanzen, die er von einem Engländer bekommen hatte. Da das »Gewächs« gut gedieh, breitete sich der Rhabarber rasch aus. Er wird wie Obst behandelt, obwohl er, streng botanisch, ein Gemüse ist — weil er die Gestalt einer Staude hat! Wir unterscheiden 3 Gruppen, nach Stiel- und Fleischfarbe: 1. grünstielig-grünfleischig; 2. rotstielig-grünfleischig; 3. rotstielig-rotfleischig. Rhabarber ist reich an Vitaminen, Mineralstoffen und vor allem an Zitronen- und Apfelsäure. Das macht auch unsere Rhabarbersorten zu den reinsten »Heilpflanzen«. Die Hauptsaison ist von April bis Juli. In dieser Zeit kann man mit den apart-säuerlichen Stielen eine Blutreinigungskur machen oder aber auch schlemmen. Mit Ingwer, Zimt, Orangensaft und -schale wird seine Säure gemildert. Notwendig ist es aber nicht. Gerade wegen seiner Säure ist Rhabarber als Dessert hervorragend nach einem fetten oder schweren Essen geeignet. Abgesehen von Kuchen und Torten lassen sich köstliche Cremes herstellen, Kompotte, Marmeladen und Rhabarberwein.

Name: Rhabarber, bot. Rheum rhaponticum, Fam. der Knöterichgewächse; engl. rhubarb, franz. rhubarbe; **Herkunft:** China; **Form:** langstieliges Gewächs mit großen gelappten Blättern. Es werden nur die Stiele verwendet; **Farbe:** grün oder rot mit Übergängen; **Anbau:** im gemäßigten Klima, in der BRD mit Schwerpunkten in den Vierlanden bei Hamburg, Rheinland, Pfalz, Niedersachsen, Baden, Württemberg.

Blutrhabarber mit rotem Fleisch und roten Stielenden gehört zu den herben Sorten. Ein Vertreter der milden ist »Himbeerrhabarber« mit hellem Fleisch und grünen Stielenden.

Die Wildfrüchte

Manchmal leuchtend und farbig, manchmal klein und unscheinbar, oft verwirrend in ihrer Vielfalt, bietet uns die Natur Früchte von Bäumen und Sträuchern an, die, beinahe vergessen, aufgrund ihrer Qualität und ihres herrlichen Aromas endlich das ihnen zustehende Ansehen wieder erlangen.

Die Sanddornbeere (bot. Hippophaë rhamnoides) stammt aus Asien, ist aber auch in unseren Breiten seit Jahrhunderten bekannt. Daß sie einen Höchstgehalt an Vitamin C hat, weiß man jedoch erst seit 1940. Die orangegelben bis roten Beeren wachsen an einem Dornstrauch mit schmalen, silbrigen Blättchen, dicht um den Zweig herum. Sie reifen im Herbst. Roh sind sie ziemlich sauer, doch Sanddornsaft und Sanddornmark sind eine Köstlichkeit in der Verarbeitung für Desserts.

Die Hagebutte (bot. Rosa canina) ist eine Frucht der Heckenrose. Ihre roten, meist länglichen Beeren reifen im Herbst und sind hohe Vitaminträger. Sie werden nach dem ersten Frost gepflückt. Doch Vorsicht: Im Innern sind viele kleine behaarte Kerne, die restlos entfernt werden müssen, da sie auf der Haut einen unangenehmen Juckreiz hervorrufen. Das Fruchtfleisch wird zu Mark (eine schwäbische Spezialität), Marmelade, Fruchtwein und Likör verarbeitet.

Der Schlehdorn, auch Schwarzdorn genannt (bot. Prunus spinosa), hat kugelige, blau-schwarz bereifte Steinfrüchte, nicht ganz kirschengroß. Sie reifen im Spätherbst. Nach dem ersten Frost schmecken sie angenehm mehlig-süß. Sie müssen dann sehr schnell verarbeitet werden, da sie überreif sind. Aus dem Fruchtfleisch werden Süßmost, Sirup, Marmelade, Likör und der herrliche Schlehengeist hergestellt.

Die Vogelbeeren sind erbsengroße, rote, in Dolden an Fruchtständen wachsende Scheinfrüchte des Ebereschenbaumes (bot. Sorbus aucuparia). Sie enthalten viel Vitamin C und Provitamin A und haben einen sehr hohen Sorbinsäuregehalt. Daher sollen sie auch entzündungshemmend wirken. Die Beeren, meist die der mährischen Eberesche, werden von September bis zum ersten Frost geerntet und zu Saft, Kompott (wie Preiselbeeren), Paste, Magenbitter, Likör und Wein verarbeitet.

Brombeeren, Himbeeren, Hagebutten, Sanddorn, Preiselbeeren, Schlehen und Holunder sind Früchte, die die freie Natur uns schenkt. Wir müssen nur diese Schätze heben und genußbringend verarbeiten. Die Beeren des Waldes sind nicht nur hohe Vitamin- und Mineralstoffträger, sondern sie haben auch die Frische, die Würze und den Duft des Waldes in sich. — Kaltschalen, Kompott, Fruchtmark, Säfte und die köstlichen geistigen Getränke wie Himbeer- und Schlehengeist, Brombeerlikör, Hagebutten- und Holunderbeerwein und der spritzige Hollersekt, wie könnte man dies vergessen.

Die Gartenerdbeere

Die Gartenerdbeere, bot. Fragaria ananassa, aus der Familie der Rosengewächse, von der es heute mehr als 1000 Sorten gibt, kam von Frankreich, aus Versailles, her zu uns. Sie entstand aus Kreuzungen der Scharlacherdbeere und der großen Chileerdbeere. In Frankreich trägt sie den Namen des Fregattenkapitäns Frezier, der sie dort Mitte des 18. Jahrhunderts einführte: fraise.
In Deutschland wird sie erwerbsmäßig erst seit 1840 angebaut. Allerdings wurde sie schon um 1750 in den Hofgärten Georgs II. von Hannover aus englischen Stecklingen gezogen. Die Hauptanbaugebiete liegen um Hamburg, in Niedersachsen, im Rhein-Main-Gebiet, der Pfalz und in Bayern. Leider besteht die Tatsache, je größer und schöner sie aussehen, desto weniger enthalten sie Aroma.

Die weiße Johannisbeere

Bot. Ribes album, aus der Familie der Steinbrechgewächse. Diese weißen Beeren, mit ihrem süßsäuerlichen Geschmack, haben für den Markt keine größere Bedeutung. Für den, der sie mag, sind sie eine ausgesprochene Liebhaberei. Ebenso wie ihre roten und schwarzen Schwestern sind sie reich an Vitaminen und Fruchtsäuren, doch im Anbau und in der Verarbeitung sehr empfindlich. Außerdem verderben sie schnell. Bekannte Sorten sind die »Weiße aus Jüterborg« und die »Weiße Versailler«. Die weißen Johannisbeeren werden gern zu Gelees, Marmeladen und Süßmost verarbeitet.

Die Walderdbeere

Die echte, wildgewachsene Walderdbeere, bot. Fragaria vesca L., aus der Familie der Rosengewächse, verdient heute mehr denn je den Namen »Königin der Früchte«, als die sie schon die römischen Dichter Vergil und Ovid besungen haben. Sie hat ihr herrliches Aroma über die Jahrhunderte bewahrt! Bei unserem Einkauf sollten wir nach Möglichkeit auch keine »Monatserdbeeren« erstehen, da sie in Kulturen angebaut werden und dadurch in der Güte ihres Geschmacks und Aromas verloren haben. Eine äußerlich schöne, große Frucht garantiert kein Aroma. Übrigens, was wir als Frucht ansehen, ist nur der fleischige Blütenboden, auf dem die Früchte, die vielen kleinen Kerne, Nüßchen genannt, sitzen.

Die rote Johannisbeere

Im Österreichischen heißt sie Ribisel, bot. Ribes rubrum, und kommt aus der Familie der Steinbrechgewächse. Sie stammt aus Eurasien. Ihre kleinen, runden roten Beeren sitzen traubenförmig an einem Fruchtstand und schmecken herbsüß. Sie sind reich an Vitaminen und Mineralstoffen, wie alle Beerenfrüchte. Die wichtigsten Sorten sind die »Rote Vierländer«, die »Rote Holländische« und die »Rote Versailler«. Ihre Erntezeit geht bei uns von Ende Juni bis Ende Juli. Sie wird vorwiegend zu Saft, Gelee, Marmelade, Süßmost und Fruchtwein verarbeitet.

Die schwarze Johannisbeere

Gichtbeere, Bocksbeere, Krausbeere, Wanzenbeere — die Volksnamen, die eine Frucht im Lauf der Jahrhunderte bekommt, lassen meist auf Heilwirkung, Geschmack oder Beliebtheit schließen. Die schwarze Johannisbeere, bot. Ribes nigrum, hat den höchsten Gehalt an Vitaminen C und P, der bei Beeren überhaupt zu finden ist. Die Beeren schmecken säuerlich-bitter, und nicht jeder mag sie roh. Die wichtigsten Sorten sind »Schwarze Burgunder« und »Königliche von Neapel«. In Frankreich gedeihen die besten in der Gegend von Dijon, wo sie zu den weltbekannten »Cassis«-Likören (z. B. Crème de Dijon) verarbeitet werden. Sehr begehrt sind sie auch für Saft, Süßmost, Sirup, Marmelade und Gelee.

Die Stachelbeere

Im Österreichischen heißt die haarige oder auch glatte Frucht Agrasl, bot. Ribes grossularia. Sie stammt aus dem Westhimalaja und aus Südeuropa. Heute ist sie in den meisten gemäßigten Zonen verbreitet. — Gleich nach den Weintrauben hat die Stachelbeere in reifem Zustand den höchsten Zuckergehalt aller einheimischen Beeren. Diese vielsamige, kugelige Beere unterscheidet man nach der Farbe in gelbe, rote und grüne Sorten, und nach der Schale in glattfrüchtige oder behaarte Sorten. Die bekannteste deutsche ist die »Triumph«, eine berühmte rote Beere ist die englische »Bloodhound«. Stachelbeeren werden meist zu Kompott, Marmelade und dem köstlichen Stachelbeerwein verarbeitet.

Die Himbeere

Himpelbeere, Harnbeere, Honigbeere, Hübele, bot. Rubus idaeus, aus der Familie der Rosengewächse. Die köstliche Frucht stammt aus Eurasien und wächst wild in allen gemäßigten Klimaten. Die kegelförmige Beere setzt sich aus vielen kleinen Steinfrüchtchen zusammen. Vor ihrem Genuß sind die Dornen gesetzt, falls man sie im Garten kultiviert. Besser natürlich, aromatischer, reicher an Vitaminen, Mineralstoffen und Fruchtsäuren sind die wildgewachsenen Waldhimbeeren. Und je höher die Region ist, aus der sie kommen, um so wertvoller sind sie. Im Bayerischen Wald, in der CSSR und in den Balkanländern werden sie gewerblich gesammelt. Die Verwendungsmöglichkeiten sind geradezu unbegrenzt.

Die Brombeere

Ihre Volksnamen sind Hundsbeere, Kratzbeere, Kratzbrumm, Brommelbeere; bot. Rubus laciniatus, aus der Familie der Rosengwächse, d. h. ihre Ranken haben Dornen. Wie die Himbeere besteht sie aus vielen kleinen Steinfrüchtchen. Überall kann man Brombeeren erstehen, die in Kulturen gezogen wurden. Doch halten sie keinem Vergleich mit wildgewachsenen Beeren stand. Die »wilden« haben das bessere Aroma, mehr Vitamine und Mineralstoffe. Die dunklen schwarzroten Früchte, die die Griechen Titanenblut nannten, reifen im Spätsommer. Sie werden gewerblich gesammelt im Bayerischen Wald, der Oberpfalz, der CSSR und in den Balkanländern. Ihre Verwendung ist ebenso vielseitig wie die der Himbeere.

Die Moosbeere

Die Moos- oder Torfbeere ist eigentlich eine Doppelgängerin der Preiselbeere. Doch wurden in den USA großfrüchtige Sorten durch Züchtungen erzielt, die Cranberry, bot. Vaccinium oxycoccus macrocarpus. Sie ist reich an Vitaminen und Mineralstoffen und wird wie die Preiselbeere verwendet. Abgesehen von ihrer Größe unterscheidet sie sich an der Blüte: bei der Preiselbeere ist auf der Frucht eine zackige Krone, bei der Cranberry ein Teller, ähnlich der Heidelbeere. Sie wird vorwiegend in Holland, Polen und den USA angebaut. Auch ihr Aroma entfaltet sich erst beim Kochen. Dabei knallen die Beeren laut, wenn sie platzen.

Die Heidelbeere

Blaubeere, Bickbeere, Schwarzbeere sind ihre Volksnamen, bot. Vaccinium myrtillus L., aus der Familie der Heidekrautgewächse. Die schwarzblauen bereiften Beeren sind reich an Vitaminen und Mineralstoffen. Hauptsammelgebiete sind die Mittelgebirge, Bayerischer Wald und Oberpfalz. Die bayerischen Beeren werden jedoch wegen ihres kräftigen Aromas und der hohen Öchsle- und Säuregrade überall bevorzugt. In der Haupterntezeit gibt es einen eigenen Heidelbeer-Express von der Bundesbahn. Die größeren Kulturheidelbeeren haben kein vergleichbares Aroma, auch weniger Vitamine und Mineralstoffe. Für unsere Desserts sind die zwar äußerlich schönen, aber wäßrigen Früchte nicht geeignet.

Die Preiselbeere

Ihre Volksnamen sind besonders lustig: Tütbeere, Krackbeere, Fuchsbeere, Riffelbeere, Grandel, Kronsbeere; bot. Vaccinium vitis Idaea L., aus der Familie der Heidekrautgewächse. Die kugeligen roten Beeren wachsen auf Heideböden, Hochmooren, an sonnigen Hängen und in lichtem Hochwald. Sie sind reich an Vitamin C, haben einen herb-säuerlichen Geschmack, vertragen Frost und reifen im August bis September. Ihr Aroma entfalten sie erst beim Kochen, roh sind sie nicht zu verwenden. In der Oberpfalz und im Bayerischen Wald werden die Beeren gesammelt, Importe kommen aus Skandinavien. Die kleine würzige Preiselbeere darf nicht mit den großen amerikanischen, in Kulturen gezogenen Beeren verwechselt werden.

Der Holunder

Holler, Fliederbeeren (die nichts mit dem Fliederstrauch zu tun haben) sind die Volksnamen, bot. Sambucus nigra L. Er ist ein eurasischer Strauch, der wild an Wald-, Weiden- und Wegrändern wächst, aber in größerem Ausmaß in Dänemark und Österreich angebaut wird. Seine kugeligen schwarzen Beeren hängen an Stengeln der Blütendolden. Sie sind wertvoll durch Fruchtsäuren und Mineralstoffe, daher werden sie auch zu Heilzwecken verwendet. Die Erntezeit geht von September bis November. Es werden die Fruchtstände abgeschnitten. Die Blüten werden als Tee, aber auch zu Backwaren verwendet, die Beeren zu Sirup, Saft, Fruchtwein und Branntwein.

Saison für Kirschen

Europäische Kirschen sind bei uns von Mai bis Oktober auf dem Markt; kleine Mengen zu hohen Preisen erhält man auch im Winter aus Südafrika. Die Kirsche gehört zum Steinobst und stammt aus Kaukasien. Dort wurde sie auch zuerst kultiviert. Zwar kannten die Römer schon Wildkirschen, was aber ihr Feldherr Lucullus im Jahr 74 v. Chr. von einem Schwarzmeerfeldzug nach Italien brachte, waren Bäume bereits veredelter Süßkirschen.

Ihren Namen hat die Kirsche nach dem Ort, von dem sie die Römer mit nach Hause brachten, der Hafenstadt Kerasos. Die Kirsche breitete sich schnell im übrigen Europa aus. Rund 200 Jahre nach ihrer »Übersiedlung« war sie an den Rheinufern, in Britannien und auch im nördlichen Europa heimisch.

Kirschen sind wertvolle Vitaminträger. Sie enthalten die Vitamine B_1, B_2, C, die Sauerkirschen noch A, dazu Kalium, Phosphor und Eisen.

Die Vielzahl der Kirschensorten wird in zwei Gruppen geteilt, in Süß- und Sauerkirschen. Daneben gibt es die Randgruppe der Bastardkirschen.

Die Süßkirsche

Sie kommt in verschiedenen Farben vor: dunkel, d. h. von rot über braun bis ins schwarz gehend, bunt, d. h. rot auf hellem Grund und rein gelb. Man trennt sie wieder in zwei Sorten. Die weichfleischigen Herzkirschen sind leider sehr transportempfindlich. Zu ihren bekanntesten Namen gehören »Kassins Frühe«, »Ochsenherzkirsche« und die »Schwarze tartarische Herzkirsche«. Die festfleischigen Knorpelkirschen reifen etwas später. Die bekanntesten sind »Bigarreau Napoléon« und die »Hedelfinger Riesenkirsche«.

Die Sauerkirsche oder Weichsel

Sie kommt nur in den Farben hellrot und dunkelrot vor. Man unterscheidet zwei Gruppen, die Baum-und die Strauchweichseln. Zu den Baumweichseln gehören neben den »Schattenmorellen« »Heimanns Rubin«, wie der Name schon sagt, eine Rubinweichsel mit sehr aromatischem Geschmack. Zu den Strauchweichseln gehö-

ren die Amarellen wie z. B. die »Diemitzer Amarelle«, »Ludwigs Frühe« und die Maraschken aus Dalmatien. Die »Maraschka« hat ein besonders würziges Aroma und wird zur Herstellung des berühmten jugoslawischen Maraschino-Likörs verwendet. Ebenfalls zu den Sauerkirschen gehören die Glaskirschen. Sie haben eine helle, durchscheinende Haut und festes, farbloses Fruchtfleisch. Die bekannteste ist die »Schöne von Choisy«.

Die Bastardkirsche ist eine Kreuzung von Süß- und Sauerkirsche. Die beste und bekannteste Sorte ist die »Königin Hortense«.

Die Verwendung der Kirsche

Als Tafelkirschen werden vorwiegend Süßkirschen angeboten. Im Haushalt werden sie eingekocht (sterilisiert), zu Kompott und Marmelade verarbeitet. Industriell werden sie ebenfalls ohne Stein konserviert, es werden kandierte Früchte, Marmelade, Süßmost, Dessertwein und Kirschwasser hergestellt. Die Sauerkirschen werden überwiegend industriell verwendet. Tiefkühlprodukte, Saft, in Dosen und Gläsern konservierte Früchte, Dessertwein und Likör werden angeboten.

Zwei herrliche Exemplare der **dunkelroten »Schattenmorelle«.** Ihr Wuchs hat allerdings nichts mit Schatten zu tun. Der Name leitet sich von dem französischen Château Morel, also Burg Morel, ab. Durch Verballhornung wurde dann »Schatten« daraus. Sie gehört zu den Baumweichseln wie auch die englischen »Duke«-Sorten.

Süß- und Sauerkirschen, eine kleine Auswahl aus der großen Familie: **1** Ungarische Weichsel, »Pander« oder »Köröscher Sauerkirsche« genannt; **2** die Buntscheckige gehört zu den Knorpelkirschen; **3** »Schwarze Tartarische Herzkirsche«, eine Sorte der weichfleischigen Süßkirschen; **4** hellrote Strauchweichseln mit hellem Saft wie z. B. die Amarellen.

Name: Süßkirsche, bot. Prunus avium; Sauerkirsche, bot. Prunus cerasus; engl. cherry, franz. cerise; **Herkunft:** Kaukasien; **Form:** rund bis herzförmig; **Farbe:** schwarz, gelb, bunt; **Anbau:** in fast allen Ländern der gemäßigten Klimazonen, vor allem in Europa (hier Deutschland und Italien), dann folgen die USA.

Früchte der Sonne
- Aprikosen, Pfirsiche und Nektarinen

Diese duftenden, saftigen, samthäutigen und glatten Früchte gehören ebenfalls zum Steinobst, von dem man sagt: innen hart, außen zart. Doch nicht nur das verbindet sie, auch ihre Lebensbedingungen sind die gleichen. Sie benötigen mildes, warmes Klima, sie sind äußerst frostempfindlich und werden daher, abgesehen von den wenigen Gebieten bei uns, in großem Ausmaß in Spanien, Frankreich (Gebiet von Roussillon und Rhônetal), in allen Mittelmeerländern, Österreich, Südosteuropa, Israel, Australien, Südafrika, Nord- und Südamerika angebaut. Die Verwendung dieser so beliebten Früchte ist sehr vielseitig: frisch als Tafelobst, konserviert werden sie für Desserts und Backwaren aller Art verarbeitet, sie dienen der Herstellung von Marmeladen, Konfitüren, Likören und Weinen. Sogar ihre Steine werden verwendet: das Innere zur Herstellung von Likören, zu Pasten wie dem Marzipanersatz Persipan und zu Mandelölersatz.

Die Aprikosen, die im Österreichischen Marillen heißen, kamen zur Zeit Alexanders des Großen (etwa um 330 v. Chr.) von Asien nach Europa. Bis Ende des 17. Jahrhunderts rechnete man die goldgelben Früchte zu den Frühpfirsichen. Von daher kann man ihren Namen ableiten: lat. praecox, frühreif. Sie sind reich an Vitamin A und C und an Kalzium, Phosphor und Ei-

sen. Die bevorzugten Sorten sind die italienische »Ambrosia« und die französische »Nancy«. Die wertvollsten kommen jedoch von den Kulturen der »Ungarischen Besten«. Sehr interessant ist es, daß über die Hälfte des Weltexportes von Spanien, Frankreich und Ungarn bestritten wird, und daß 2/3 des Weltexportes von Westdeutschland und der Schweiz aufgenommen werden. Der riesige Konsum teilt sich wie folgt: Frischware aus Spanien, Frankreich und Südosteuropa; Konserven aus

Pfirsiche der Sorte »South Haven«. Die Reifezeit der apfelgroßen Früchte geht in westdeutschen Gebieten von Ende August bis Anfang/Mitte September. Die Sorte ist gelbfleischig, hat einen leicht lösbaren Stein und ist gut zum Einmachen geeignet. Sehr schön ist hier die eingesenkte Fruchtnaht (Narbe) zu sehen.

Weißfleischiger Frühpfirsich. Diese Sorten haben ein intensiveres Aroma als die gelbfleischigen. Doch sind die »gelben« wegen ihres Aussehens beliebter. In Italien werden daher vor der Ernte dieser Frühpfirsiche an den Bäumen die Blätter entfernt, damit die Früchte voll das Sonnenlicht aufnehmen und an Farbe gewinnen.

Aprikosen und Nektarinen sind Früchte des warmen Klimas. Da ihre Blütezeit noch vor der Kirschblüte liegt, sind sie in unseren Breiten äußerst frostgefährdet. Sie gedeihen und reifen bei uns nur in milden, warmen Gegenden wie es die deutschen Weinbaugebiete sind. Und dort nur an geschützten Stellen.

Name: Aprikose, bot. Prunus armeniaca L.; engl. apricot, franz. abricot; **Herkunft:** Armenien; **Form:** rund bis leicht oval, samthäutig mit eingesenkter Fruchtnaht (Narbe); **Farbe:** gelb-orange; **Größe:** etwa pflaumengroß; **Anbau:** in allen milden, warmen Gebieten mit mediterranem Klima.

Name: Pfirsich, bot. Prunus persica L. Batsch.; engl. peach, franz. pêche; **Herkunft:** China; **Form:** rund, samthäutig, mit mehr oder weniger eingesenkter Fruchtnaht; **Farbe:** grünlich bis gelb, oft rotgeflammt; **Größe:** apfelgroß; **Anbau:** in allen milden, warmen Gebieten mit mediterranem Klima.

Name: Nektarine, gehört zur Gattung der Pfirsiche; engl. nectarine, franz. nectarine; **Herkunft:** Kreuzung von Pfirsich und Pflaume; **Form:** kugelig rund mit Fruchtnaht; **Farbe:** gelb-rötlich bis rotgeflammt; **Größe:** wie Pfirsich; **andere Merkmale:** glatte Haut, festes Fruchtfleisch, steinablösend; **Anbau:** Kalifornien, Südafrika, Japan, weniger Südeuropa.

Australien und Südafrika; die beliebten getrockneten Aprikosen kommen aus Kalifornien, der Türkei und dem Iran.

Die Pfirsiche, mit ihrem Duft und ihrer Samthaut, haben es uns nicht minder angetan. Lange wurde angenommen, daß unser liebstes Sommerobst aus dem alten Persien kommt (lat. malum persicum, persischer Apfel), aber die neue Forschung verlegt ihn nach China. Wie es auch sei, die charmanten Früchte sind nicht ohne Tücken in bezug auf ihren Stein. Danach werden sie auch gruppiert: 1. Pfirsiche mit schwer lösbarem Stein (man nennt sie Nager oder Härtlinge), 2. solche mit leicht lösbarem Stein. Wobei die Frühpfirsiche und die Sorten zu Beginn der Saison meist zu den »Nagern« gehören. Dann gibt es Pfirsiche mit glatter Haut: A. die Nektarinen mit leicht lösbarem Stein, B. die Brugnolen mit schwer lösbarem Stein. Die beiden letzten Arten sind Kreuzungen von Pfirsich und Pflaume und haben außer der glatten Haut noch etwas festeres Fruchtfleisch als Unterscheidungsmerkmal. Sie werden vorwiegend in Südafrika, Kalifornien und Japan angebaut.

Pfirsiche und ihre Verwandten sind reich an Vitaminen und Mineralstoffen. Die wichtigsten Sorten sind »South Haven« mit weißlich-gelbem Fleisch, »Red Haven« mit goldgelbem Fleisch und »Hale«, eine Sorte, die aus den USA stammt.

Die Pflaumenfamilie

Mit ihren etwa 2000 verschiedenen Sorten, die auch von Experten kaum mehr auseinander gehalten werden können, zeigt sich die Pflaume in einer recht verwirrenden Vielfalt. Doch steht fest, daß nach Fruchtcharakter und Abstammung Zwetsche, Reineclaude und Mirabelle Unterarten der Pflaume sind. Danach richten sich übrigens auch die EG-Standards.

Die Pflaume, die für uns heute ein geradezu europäisches Obst darstellt, stammt aus dem Kaukasus, den Gebieten rund um das Kaspische Meer und aus Turkestan. Ihre heutigen Arten kommen meist von orientalischen Kreuzungen. Man unterscheidet sie nach Farbe, Größe, Form und Ablösbarkeit des Steines. Unsere Pflaume hat eine rundlich-ovale Form, hat abgerundete Enden und eine deutlich erkennbare Fruchtnaht. Die Farbe geht von rötlich-blau bis ins tiefe Violett. Ihr gelbes Fruchtfleisch ist sehr saftig und aromatisch. Daher eignet sie sich hervorragend als Tafelobst. Natürlich wird sie auch zu Mus und Marmelade verkocht, zum Tiefkühlen und zur Saftherstellung verwendet. Feinschmecker geben sie in

Zwetschen und Pflaumen sind in ihrer Vielfalt oft schwer zu trennen. Hier haben wir eine Zwetschenart, die, wie die »Bühler Frühzwetsche«, den Pflaumen recht ähnlich sieht. Sie zeigt gegen die offizielle Regel eine Fruchtnaht und ihre Enden sind runder als sie sein sollten. Doch beim Stielansatz laufen sie relativ spitz zu.

einen Rumtopf oder machen sie süß-sauer ein. Leider löst sich der Stein sehr schlecht! Die bei uns bekannten Pflaumensorten sind die frühreife »Ruth Gerstetter« (reift in der ersten Julihälfte), die »Lützelsachser« und »Rivers Frühpflaume«.

In Westdeutschland werden Pflaumen und Zwetschen der Rangfolge nach angebaut in Baden-Württemberg, Nordrhein-Westfalen und Bayern. Dann folgen die übrigen Landesteile mit mehr oder weniger großen Erträgen. Aus Italien, Algerien und Spanien kommen vorwiegend japanische Sorten wie z. B. die »Susine«. Sie ist gelb oder rot, nie blau! Für die Trockenpflaume sind hauptsächlich Dalmatien und Kalifornien zuständig.

Die Zwetsche

Ihr Name (auch Zwetschge) ist durch eine Lautverschiebung entstanden. Als »Damaszener Pflaume« wurde sie von Kreuzfahrern aus Syrien nach Europa gebracht. Der Form nach ist sie länglicher gebaut als die Pflaume, hat relativ spitze Enden und ist in der Farbe mehr blau (bereift) als violett. Die Fruchtnaht fehlt. Die Zwetsche hat sehr aromatisches festes Fruchtfleisch und ist absolut steinablösend! Vorwiegend wird sie als Kompottfrucht und zu Mus verwendet. Hervorragend eignet sie sich als Dörrobst und zur Herstellung von Zwetschenwasser, jugoslawisch »Slivovitz«, böhmisch »Slibowitz« genannt. Die bekannteste deutsche Zwetsche ist die »Bühler Frühzwetsche« (die allerdings viel Ähnlichkeit mit der Pflaume hat). Die Bühler Region in Mittelbaden ist das geschlossenste und größte Anbaugebiet in Deutschland. Im August reift dann die »Blaue Königin von Bühl«. Beliebt sind auch einige rötliche Sorten wie »The Czar« und »Queen Victoria«,

Reineclauden, eine grüne Sorte. Im Anbau sind sie sehr empfindlich, brauchen viel Wärme und guten, nicht zu schweren Boden. Am besten gedeihen die anspruchsvollen und pflegebedürftigen Bäume im Weinbauklima. Je nach Sorte gibt es gelbe Reineclauden mit rötlichem Schimmer oder auch solche mit gold-gelber Farbe.

die aus England stammen. Bei den spätreifen Zwetschen steht an erster Stelle die »Hauszwetsche«. Hier sind von großer Bedeutung die Lieferungen aus Jugoslawien und Ungarn, die die obstreichsten Länder Europas sind. In Jugoslawien gehen auf einen Einwohner 6 und in Ungarn 8 Obstbäume. Im Winter werden Pflaumen aller Art aus Südafrika und Argentinien angeboten.

Name: Pflaume, bot. Prunus domestica, aus der Fam. der Rosengewächse (Rosaceae); engl. plum, franz. prune; **Herkunft:** westliches Asien; **Form:** rundlich-oval mit runden Enden; **Farbe:** rötlich-blau bis violett, mit einem Duftfilm bereift; **Anbau:** Gebiete von Rhein, Main, Pfalz, Bayern, Niedersachsen, Balkanländer, v. a. Jugoslawien und Ungarn, dann Italien, Spanien, Algerien, Nord - und Südamerika, Südafrika.

Name: Zwetsche, auch Zwetschge, bot. Prunus oeconomica, Fam. siehe Pflaume; engl. quetsche, franz. quetsche; **Herkunft:** wie Pflaume; **Form:** länglich-oval, mit spitzen Enden, hat keine Fruchtnaht, bzw. sie ist nicht erkennbar; **Farbe:** blau, bereift; **Anbau:** wie Pflaume.

Name: Reineclaude, bot. Prunus insititia var. italica; Fam. wie Pflaume; engl. greengage, franz. reineclaude; **Herkunft:** wie Pflaume; **Form:** kugelig-rund; **Farbe:** je nach Sorte grün, grün-gelb mit rötlichem Schimmer; **Anbau:** in der ganzen BRD, besonders bevorzugt in allen Weinbaugebieten.

Name: Mirabelle, bot. Prunus syriaca, Fam. wie Pflaume; engl. cherry plum, franz. mirabelle; **Herkunft:** wie Pflaume; **Form:** kugelig-rund, kleiner als die Pflaume; **Farbe:** gelb, mit roten Pünktchen oder Backen; **Anbau:** wie Reineclaude, vor allem Weinbaugebiete.

Zwei grünlich-gelbe Mirabellen, denen man den süßen Saft ihres Fruchtfleisches schon von außen ansieht. Sie enthalten Vitamin C und wertvolle Mineralstoffe wie Kalium, Kalzium, Phosphor und Eisen. Mirabellen werden auch zur Diät bei Fettsucht, Kreislauf- und Magenstörungen benutzt, aber nicht aus dem Rumtopf!

Die Reineclaude

Sie ist nach der französischen Königin Claudia (um 1550) benannt. Oft wird sie auch als Reneklode oder Ringlotte bezeichnet. Sie gehört zu den Edelpflaumen. Ihr Geschmack ist außerordentlich süß und aromatisch, daher wird sie gern als Kompottfrucht verwendet. Leider löst sich ihr Kern sehr schlecht. Auch zu Branntwein (in französisch Prunelle) wird sie sehr viel verarbeitet. Geschält, entsteint, gedörrt und gepreßt können wir die süßen Früchte auch unter dem Namen »Prünellen« kaufen. Die wichtigsten Sorten sind »Goldene Reineclaude« (fast grün), »Graf Althanns Reineclaude« (violett, eine böhmische Sorte) und »Oullins Reineclaude« (gelb-grün). Sie reifen etwa von Mitte Juli bis September.

Die Mirabelle

Sie gehört ebenfalls zu den Edelpflaumen, allerdings ist sie wesentlich kleiner als ihre Schwestern. Ihre Form ist kugelig-rund, die Farbe gelb mit roten Bäckchen oder Pünktchen. Das feste Fruchtfleisch ist sehr süß, weswegen sie meist als Kompottfrucht und zu dem berühmten Mirabellengeist verarbeitet wird. Die beliebtesten Sorten sind die »Mirabelle von Nancy« und die »Mirabelle von Metz«. Ihre Reifezeit liegt bei uns so wie bei den Reineclauden, von Mitte Juli bis Mitte September. Eine interessante Frucht ist auch die Kreuzung der »Mirabelle von Nancy« und der »Viktoria«-Pflaume; sie heißt »Mirakosa«, ist etwas größer als die »Hauszwetsche«, hat eine gelbe Schale mit roten Pünktchen, würzig süßes Fleisch und ist gut steinablösend. Die »Mirakosa« wurde zum ersten Mal 1952 im Rheinland angebaut.

Weintrauben

Goldene Herbsttage, klarblaue Luft, Trauben voll schwerer Süße — freuen wir uns, daß wir im »Weingarten der Welt« sind, obwohl Weinreben in allen Kontinenten angebaut werden. Die ersten Reben kletterten noch an Baumstämmen empor und zwar an den Südrändern des Kaspischen Meeres, also nicht gerade in Europa. Die dort ansässigen Semiten schätzten die Früchte sehr und brachten den Weinstock nach Kleinasien zu den Phöniziern. Von diesen gelangte er zu den Griechen. Hier wiederum eigneten sich die Römer die göttlichen Reben an, und mochten sie auch auf ihren Zügen nach Gallien und Germanien nicht missen, so daß auch da der Weinstock kultiviert wurde.

Wir verzehren vorwiegend »weiße« (grünlich bis gelbe) Trauben. Sie haben meist größere Beeren als die »dunklen« (blau oder rötlich), etwas kleineren Trauben, obwohl diese oft besser schmecken. Daneben gibt es kernlose Sorten, die sich nur bedingt durchgesetzt haben. Aus der unendlichen Fülle »unserer« europäischen Trauben haben vor allem zwei große Sorten den Markt und unsere Herzen erobert: die »Datteltrauben« und die »Muskattrauben«.

Die »Datteltrauben« haben ihren Namen aufgrund ihres Aussehens. Die Beeren sind sehr groß, hängen nicht so nah aufeinander, haben eine festere Schale und sind daher nicht so transportanfällig. Es gibt sie in verschiedenen Sorten.

Die »Muskattrauben« haben einen leichten Duft nach Muskat und ein ganz eigenes Aroma. Diese »Muskateller« gibt es in weißen und blauen Sorten. Sie sind auch die Grundlage für eine Reihe beliebter Weine, die bei der Zubereitung von Desserts oft eine große Rolle spielen wie Malaga, Porto, Marsala und Samos.

Eine weithin bekannte Traube ist die »Meraner Kurtraube«. Sie hat eine sehr dünne Schale und ist für den Transport nicht besonders gut geeignet. Deshalb werden die meisten auch an Ort und Stelle verzehrt.

Da gibt es noch den sog. »Treibwein« aus Belgien und Holland, der vom Winter bis zum Frühsommer auf dem Markt ist: Trauben, in Glashäusern mit Licht- und Wärmeregulierung gezogen, wunderschön aussehend; doch in Geschmack und Aroma nicht im geringsten zu vergleichen mit den in der freien Natur unter der Sonne gereiften Trauben, deren Erntezeit eben von September bis Ende November geht.

Name: Beeren der Weinrebe, bot. Vitis vinifera L., engl. bunch of grapes, franz. grappe de raisin; **Herkunft:** Mittelasien; **Form:** runde Beeren an großen Rispen; **Farbe:** weiß, bzw. grünlich-gelb und blau; **Anbau:** in allen mild gemäßigten und mediterranen Klimabereichen. Inlandsproduktion: Pfalz, Hauptimporte: aus allen Mittelmeerländern, im Winter bis Frühsommer Treibwein aus Holland und Belgien (Glashauskulturen).

Entscheidend sind die geschmackliche Qualität, Aroma und Süße. Weintrauben, die Früchte der Götter, das Schönste und Beste, das es gibt — auch für uns. Doch nicht entscheidend sind die Größe der Beeren und Trauben zu allen Jahreszeiten, sondern die Qualität, die sich eben nur in den für Trauben typischen Klimabereichen und ihren natürlichen Jahreszeiten voll einstellt.

Äpfel

Der Apfel gehört zu den ältesten Früchten der Erde. Schon im Paradies war er Anlaß zum größten Zerwürfnis der Welt; der Apfel des Paris, der schönen Helena zugedacht, löste schreckliche Kriege aus — er war ein Symbol der Schönheit, der Jugend und der Macht, denken wir nur an den Reichsapfel.

Der Apfelbaum stammt aus der Gegend zwischen dem Schwarzen und dem Kaspischen Meer. Von dort breitete er sich auf der ganzen Erde aus, nur nicht in den Tropen, sonst überall. Wer sich allerdings auf den Garten Eden im Paradies verlegt, der müßte den Urapfel in der fruchtbaren Gegend zwischen Euphrat und Tigris suchen. Da soll das Paradies gewesen sein.

Da Apfelkulturen schon immer viel Aufwand erforderten, war es vorwiegend die Sache der Herrscher, Könige und Pharaonen, den Anbau zu fördern und zu betreiben. So hat Ramses II. (gest. 1225 v. Chr.) mit seinen Apfelplantagen im Nildelta gro-

ßen Ruhm erlangt. Die Römer lernten den Apfel bei den Griechen kennen und verbreiteten ihn, gemäß ihrer Gewohnheit, im ganzen Imperium bis nach Germanien. Allerdings gab es hier vor 5000 Jahren auch schon kultivierte Äpfel, wie die Forschungen um die Pfahldörfer am Bodensee erbrachten. — Später setzte sich Karl der Große (768 bis 814) für den Anbau von Obstkulturen und speziell für den Apfel ein.

Heute ist der Apfel mit seinen weltweit etwa 20 000 Sorten die Frucht schlechthin für gesunde und kranke Tage. Mit mehr als 20 wertvollen Mineralstoffen ist er geradezu ein »medizinisches« Obst, und wegen der Fruchtsäuren nennt man die Äpfel mehr oder weniger liebevoll die »Zahnbürsten der Natur«.

Doch wollen wir jetzt weg von den »banalen« Verwendungszwecken. Wir wollen schlemmen mit den besten Äpfeln, gleich ob heiß oder kalt, gefüllt, gebacken, gekocht, gebraten, mit oder ohne Alkohol, für Sommer und Winter.

Allerdings kommen dafür aus der Unzahl der allein europäischen Sorten nur einige wenige in Betracht und von diesen wieder nur die besten Exemplare. Wenn offiziell die Äpfel in drei Gruppen gegliedert werden, Tafelobst, Wirtschaftsobst, Mostobst, so kommt für unsere Zwecke nur bestes Tafelobst in Frage, auch wenn im einfachen Haushalt aus den anderen, durchaus oft guten Früchten manche leckere Speise bereitet werden kann. Für unsere Desserts wird nur die allerbeste Qualität verarbeitet. Hier sollen als erste Sorte der »Rote« und

---

Name: Apfel, bot. Malus domestica, Fam. der Rosaceae; engl. apple, franz. pomme; **Herkunft:** Mittelasien; **Form:** rund, mit abgeflachter Kelch- und Stielseite; **Farbe:** je nach Sorte von hellgrün über gelb bis leuchtend- und dunkelrot; **Anbau:** in allen gemäßigten Klimazonen der Welt, in ca. 20 000 verschiedenen Sorten.

Cox Orange und **Golden Delicious** lassen uns von der Sommersonne kosten. Sie gehören beide zu den saftig süßen Sorten, die sich größter Beliebtheit erfreuen. Cox Orange stellt allerdings hohe Anforderungen an Boden und Pflege, um seine beste Qualität zeigen zu können. Ähnliche Ansprüche stellt auch der Golden Delicious, der sehr viel Wärme braucht, um voll auszureifen.

Der gelbe Boskop gehört zu den sehr großen Äpfeln. Seine Schale ist rauh, die Farbe gelbgrün und auf der Sonnenseite rotverwaschen. Er ist sehr saftig und erfrischend herb.

Der Glockenapfel hat seinen Namen der Form wegen bekommen. Sein Fruchtfleisch ist knackig und saftig, sein Aroma feingewürzt. Er schmeckt erfrischend säuerlich.

der »Gelbe Boskop« stehen, dann der »Glockenapfel«, der »Cox Orange« und der »Golden Delicious«. Sie alle haben ihr Hauptanbaugebiet bei uns im Alten Land im Norden und am Bodensee im Süden, da hier hohe Luftfeuchtigkeit und gleichmäßiges Klima am ehesten gewährleistet sind. Auch im Rheinland, in der Pfalz und in Süd-Oldenburg gibt es hervorragende Plantagen für Tafelobst. Außer für spezielle Desserts werden Äpfel auch verarbeitet zu Kompott, Gelee, Apfelwein, Apfelschaumwein und Branntwein: wer kennt nicht den köstlichen Calvados!

Birnen

Die Birne, »unsere Birne«, stammt natürlich aus Asien, zwar ist es Westasien, aber immerhin... Aus Wild- und Holzbirne und aus der persischen Birne entwickelten sich im Lauf der Jahrtausende zahlreiche Kultursorten, daß wir jetzt ungefähr auf 1500 gekommen sind. Allein in Deutschland soll es etwa 700 Sorten geben!

Die ersten bekannten Kulturbirnen wuchsen auf dem Peloponnes in Griechenland, der deswegen auch den Beinamen »Apia« bekam, das heißt nämlich »Birnenland«. Zur weiteren Verbreitung der Birne in der alten Welt trugen wie üblich die Römer bei.

Die Birne ist das an Fruchtsäuren ärmste Obst. Diesen Mangel macht sie jedoch mit so vielen Mineralstoffen wieder wett, daß sie damit den Apfel weit übertrifft. Kalzium, Kalium, Phosphor, Eisen in Hülle und Fülle. Wegen ihres großen Kalianteils baut sie sogar überflüssiges Körperfett ab und entwässert sehr stark. Sie macht also überhaupt nicht dick — im Gegenteil! Die Birne ist nicht nur gesund, sie ist eine saftige Köstlichkeit. Daher hat ihr auch Theodor Fontane ein großes literarisches Denkmal in seiner Ballade »Herr von Ribbek auf Ribbek im Havelland« gesetzt.

Die Birnen werden aufgrund der vielen Sorten nach äußeren und inneren Merkmalen zu Familien zusammengefaßt wie z. B. Bergamotten, Muskateller, Butter-, Flaschen-,

Alexander Lucas, eine späte Butterbirne, gehört zu den edlen Tafelsorten. Sie ist relativ groß, am Stielende kegelförmig und weitet sich dickbauchig zum Kelch hin. Sie kann grasgrün sein, bis ins Gelbgrün übergehen. An ihrer Sonnenseite ist sie leicht braunrot verwaschen. Eine sehr saftige und süße Birne.

Clapps Liebling ist der Name dieser mittelgroßen, gemütlich dickbauchigen Birne. Sie wurde schon 1860 von ihrem Züchter Zaddeus Clapp in Massachusetts erzielt. Auf ihrer glatten Schale mit der grünlich-gelben bis goldgelben Farbe hat sie feine rote Pünktchen. Sie ist sehr saftig und hat ein zartwürziges Aroma.

Schmalzbirnen u. a. — Interessant ist, daß die Birne am Baum nicht ausreift, sondern erst nach dem Pflücken. Um so wichtiger ist es natürlich für hochwertiges Tafelobst, daß es gut gelagert wird. Je nach Sorte wird sie von Juli bis Ende Oktober gepflückt. Nicht nur zum Reifen liebt die Birne viel Wärme, sie ist auch sehr empfindlich gegen Blütenfrost. Daher wird sie in milden warmen Klimaten angebaut. Bei uns werden die Gebiete an Rhein und Main bevorzugt, Niedersachsen und die Pfalz.

Birnen werden zu Marmelade, Obstwein, Saft, Nektar und Likör verarbeitet, nicht zuletzt zu Branntwein, dem herrlichen Birnengeist.

Name: Birne, bot. Pyrus domestica, Familie der Rosaceae; engl. pear, franz. poire; **Herkunft:** Westasien; **Form:** apfelgroß, doch kegelförmig bauchig; **Farbe:** von grün über Gelbtöne bis zu goldgelb und rosig. Je nach Sorte auch rotbraun geflammt; **Anbau:** in allen gemäßigt milden Klimazonen, von China über Australien, Südafrika, Nord- und Südamerika, allen Mittelmeerländern, Spanien zum übrigen Europa und den südosteuropäischen Staaten.

Quitten

Sie sind Früchte für Kenner und Liebhaber; doch wer sie mag, der liebt sie heiß.

Die Quitte stammt aus dem östlichen Kaukasus, wo sie noch heute wild wächst. Die Römer nahmen ihren Strauch aus Kydonia im alten Kreta (heute Kanea) mit und siedelten ihn weiter nördlich wieder an. Als Symbol der Fruchtbarkeit war die Quitte bei Griechen und Römern eine der Liebesgöttin heilige Frucht. Auch kochten die Griechen Quitten bereits mit Honig ein. Dieses Mus nannten sie melimelon. Weitere Kunde kommt, und mit ihr die Quitten, zu uns erst wieder aus Portugal, wo die Frucht »marmelo« heißt. Aus ihrem Mus entstand die deutsche »Marmelade«, bzw. das Wort dafür. Die Quitten sind reich an Vitaminen und Mineralstoffen. Sie werden nur in gekochtem Zustand weiterverarbeitet, dann aber als Spezialitäten wie Marmelade, dickes Mus, Quittenbrot, -paste, -likör, Fruchtschnitten in verschiedene Spirituosen eingelegt. Alles in allem, eine süße Liebhaberei, auch für aparte Desserts.

Wir unterscheiden **Birnenquitten** und Apfelquitten. Beide Sorten haben einen sehr starken Duft und sollen daher nicht mit anderem Obst zusammen gelagert werden.

Name: Quitte, bot. Cydonia oblonga, Familie der Rosaceae; engl. quince, franz. coing; **Herkunft:** östlicher Kaukasus; **Form:** je nach Sorte apfel- oder birnenförmig; **Farbe:** stark gelb, mit leichtem weißem Flaum in der Reifezeit; **Anbau:** vorwiegend Mittelmeerländer, Spanien, Portugal, Balkan, USA, in kleinen Mengen in ganz Mitteleuropa.

Die Melonenfamilie

Schon der Gedanke an die großen, runden oder ovalen Gebilde mit den verschiedensten Farbschattierungen von grün bis gelb ruft Bilder von glühenden Tagen, heißen Städten und hitzeflimmernden Landschaften hervor.

Ihr Name kommt aus dem Griechischen und bedeutet so viel wie »großer Apfel«. Dennoch sind es Beerenfrüchte, die von verschiedenen Lianenarten abstammen und wie die Kürbisse zu den kletternden, kriechenden oder rankenden Gurkengewächsen und daher eigentlich zu den Gemüsen gehören. Sie gedeihen nur in warmen Ländern.

Die Vielzahl der Sorten, die im westlichen Europa angeboten wird, läßt sich in zwei Gruppen aufteilen, in Zuckermelonen und Wassermelonen.

Die Zuckermelone

Sie stammt aus Asien. Heute wird sie in allen klimatisch geeigneten Ländern kultiviert, vorwiegend in Italien, Spanien, Portugal, Zypern, Israel, Südafrika, Mexiko und Chile. Kleinere Anbaugebiete finden sich auch in Südosteuropa wie in Ungarn, Jugoslawien, Bulgarien und in der Türkei. Sie erreichen im allgemeinen ein Gewicht von einem bis vier Kilo. Die für uns wichtigsten Sorten der Zuckermelone sind: Die Glatte Melone, auch Ananasmelone genannt. Ihre Form ist oval, die Farbe gelb. Die Schale hat nur eine geringe Rippenbildung. Das Fruchtfleisch ist gelb bis orangefarben und schmeckt leicht nach Ananas.

Die Kantalupe, auch Cantaloupe. Die Form ist rund, ihre Schale ist rauh und hat grüngelbe Rippen. Ab und zu sind Exemplare mit Warzen bedeckt, daher hat sie auch den Namen »Warzenmelone«. Ursprünglich stammt die Kantalupe aus Armenien. Von dort wurde sie im 15. Jahrhundert von Missionaren nach Italien, in die Nähe von Rom gebracht. In der kleinen Ortschaft Cantalupa, das heißt »wo Wölfe singen«, wurde sie zuerst angebaut.

Die Netzmelone, auch Honigmelone. Ihre Form ist oval. Die grüne Schale ist mit einem rauhen, gelben Netz überzogen. Das Fruchtfleisch hat grünliche Farbe und schmeckt sehr aromatisch.

Melonen aus Europa. Hier eine kleine Auswahl aus der reichen Palette der Melonensorten, die bei uns angeboten werden: **1** gestreifte Wassermelone mit dem Namen »Crimson Sweet«, bei uns meist »Russische Melone« genannt, **2** Wassermelone »Sugar Baby«, sie soll besonders süß sein, **3** Zuckermelone der Sorte »Honey Dew«, **4** ebenfalls eine Honigmelone, **5** Netzmelone, **6** Ogenmelone, **7** zwei Kantalupemelonen, die im Vordergrund der Sorte »Charentais«.

Die Ogenmelone. Sie kommt aus Israel und war dort ursprünglich für den Inlandbedarf neu gezüchtet worden. Ihre Form ist rund, leicht abgeflacht, die Farbe gelb mit wenigen hellgrünen Streifen. Das Fruchtfleisch ist sehr aromatisch. Ihren Namen hat sie von dem Kibbuz Ogen, wo sie zuerst angebaut wurde. Heute wird sie bereits in Spanien und Holland gezogen.

Die Wassermelone

Sie stammt aus den Steppen Afrikas, wo sie noch heute wild wächst. Wie auch die Zuckermelone, dient sie den Eingeborenen als Nahrungsmittel und Flüssigkeitsspender. Seit Jahrtausenden baut man sie aber auch an den Mittelmeerküsten und im Orient an. Sie wird bereits in der Bibel erwähnt. Heute kultiviert man sie auch im Süden der UdSSR, in Südamerika und in China.

Im Gegensatz zur Zuckermelone erreicht sie ein Gewicht bis zu 15 Kilo. Die Form ist rund, die Schale glatt, und in der Farbe weist sie die verschiedensten Schattierungen von grün auf. Das Fruchtfleisch ist rosa bis leuchtend rot, von leicht süßlichem Geschmack, sehr wasserhaltig und daher ungemein erfrischend.

Ogenmelonen im Plastikhaus. Sie sind eine Kreuzung aus Israel, werden aber bereits in Spanien und Holland gezogen. Im Freien gelangen Melonen in unseren Breiten nicht zur Reife, wohl aber unter Glas und in Treibhäusern, wie sie vor allem in Holland betrieben werden. Für uns wirkt sich das recht günstig aus, da die Ogenmelone sehr transportempfindlich und bei längeren Strecken nur für die Luftfracht geeignet ist. Eine Eigenschaft, die sich mehr oder weniger im Preis niederschlägt.

Die Verwendung der Melone

Die Verwendung der Melone, gleich welcher Sorte, ist einfach. Um festzustellen, ob eine Melone reif ist, muß sie an der Blütenstelle auf Daumendruck leicht federnd nachgeben. Die Zuckermelonen verströmen zusätzlich am Blütenende einen starken, aromatischen Duft.

Melonen werden frisch und gut gekühlt in Spalten angeboten, auch mit Zucker oder Likör oder anderen Spirituosen gewürzt, oder auch als Bestandteil von Obstsalaten verwendet.

Wassermelonen auf dem Markt von Palermo. Ihre Namen haben sie oft von der Gegend, in der sie angebaut werden. So heißt eine beliebte Wintermelone »Palermitano«. Die meisten italienischen Wassermelonen werden allerdings im Po-Delta gezogen.

Melonenernte in Spanien. Für Europa ist Spanien das größte Ausfuhrland für Zuckermelonen. Neben den runden Honigmelonen werden auch ovale Zuckermelonen, wie sie hier zu sehen sind, exportiert. Es sind die Sorten »Cuper«, »Amarillo liso«, und »Onteniente«.

Melonen aus Sizilien. Neben Spanien hat Italien die nächstgrößten Anbaugebiete für Melonen. Voller Stolz zeigt dieser sizilianische Bauer zwei prächtige Fruchtexemplare von seinen Feldern in der Nähe von Corleone: eine stark oval geformte Honigmelone und eine mittelgroße, gestreifte Wassermelone der Sorte »Miyako«.

Name: Zuckermelone, bot. Cucumis melo L., gehört zu den Gurkengewächsen (Cucurbitaceae), engl. sweet melon, franz. melon; **Herkunft:** Vorderasien; **Form:** alle Variationen von rund bis spitz-oval; **Farbe:** gelb bis gelbgrün, mit Rippen- oder Netzzeichnung; **Gewicht:** bis zu 4 Kilo; **Anbau:** Spanien, Portugal, alle Mittelmeerländer, Israel, Südafrika, Mexiko, Chile, Südosteuropa, Holland in Treibhäusern.

Name: Wassermelone, bot. Citrullus lanatus oder vulgaris, gehört zu den Gurkengewächsen (Cucurbitaceae), engl. watermelon, franz. pastèque; **Herkunft:** Steppen Afrikas; **Form:** rund bis leicht abgeflacht; **Farbe:** verschiedenste Schattierungen von dunkel- bis hellgrün; **Gewicht:** bis zu 15 Kilo; **Anbau:** Mittelmeerländer, Südrußland, Orient, Nord-, Südamerika, China.

Der Granatapfel

Schon im Hohenlied Salomonis wurde der Granatapfel besungen, und lange vor Griechen und Römern waren bei Phöniziern und Ägyptern Blüten und Früchte heilige Symbole der Liebe und der Fruchtbarkeit. Später verbreitete sich der Granatapfel im Mittelmeerraum, von den Römern hat er seinen lateinischen Namen. Und im südlichen Spanien wurde eine Provinz nach ihm benannt: Granada, noch heute das größte spanische Anbaugebiet. Die Frucht findet sich auch im spanischen Staatswappen. — Der Granatapfel liebt warmes, nicht zu feuchtes Klima. Die lederartige glatte Haut ist zuerst grün oder rot und wird dann gelbbräunlich. Der Blütenkelch steht mit sechs harten Spitzen hoch. Wegen dieses Aussehens diente er als Vorlage für das Zwiebelmusterporzellan. Fruchtschale und Rinde werden noch heute zum Färben verwendet, wegen ihres hohen Gerbsäuregehaltes.

Name: Granatapfel, bot. Punica granatum, Fam. der Granatapfelgewächse; engl. pomegranate, franz. grenade; **Herkunft:** Persien, Afghanistan; **Form:** rund, mit abstehendem Blütenkelch, apfelgroß; **Farbe:** rötlichgelb bis bräunlich, lederartige Haut; **Anbau:** Mittelmeerländer, Vorderer Orient, Israel, Kanarische Inseln, Madeira, Kalifornien, Südamerika.

Der Granatapfel ist eine Scheinfrucht. Die blaßroten Kerne, von Fruchtkammern umschlossen, sind die Früchte. Die süßsäuerlich schmeckenden Körnchen werden ausgelöffelt oder für Süßspeisen, Eisdesserts, Obstsalate verwendet, mit und ohne Alkohol. Auch Saft und der herrliche Grenadinesirup werden daraus hergestellt.

Die Kakifrucht

Erst im 19. Jahrhundert breitete sich der Kakibaum, eine asiatische Ebenholzart, im Mittelmeerraum aus. Heute werden Kaki in Italien bis in die Höhe von Verona angebaut. Wegen des hohen Gerbsäuregehaltes müssen die saftigen Früchte zum Verzehr absolut reif sein — erst dann verliert sich der herbe Geschmack. Die Kaki ist dann allerdings nicht nur eine zuckersüße Frucht, sondern auch überreich an Karotin und Vitamin A. In Japan wird sie daher getrocknet auch als »Katerkiller« am Neujahrsmorgen gegessen! Von den verschiedensten Sorten sind für den europäischen Verbrauch die wichtigsten: »Kaki Lycopersicum« mit sehr hohem Gerbsäuregehalt und »Kaki Vanille«. Diese Sorte kann auch schon vor der völligen Reife gegessen werden. Sie hat einen leichten Vanillegeschmack.

Name: Kaki, Kakiapfel, -feige, japanische Aprikose, bot. Diospyros kaki, Fam. der Ebenholzgewächse; engl. chinese persimmon, franz. kaki; **Herkunft:** Japan, China, Korea; **Form:** ähnlich einer Orange; **Farbe:** goldgelb bis tomatenrot; **Anbau:** Mittelmeerländer, Südfrankreich, Israel, Kalifornien, Florida, Südamerika, Japan, Indien, Australien.

Götterpflaume wird sie auch genannt. Wenn ihre Haut glasig aussieht, sich die Frucht weich anfühlt, ist sie reif und schmeckt himmlisch süß. Das Aroma ist leicht aprikosenartig. Sie wird verwendet frisch zum Auslöffeln, zu Obstsalaten, anderen Desserts, auch als Mus, Kompott, Sirup, Saft, Marmeladen und Konfitüren.

Die japanische Mispel

Wie Äpfel, Birnen, Himbeeren und Rosen gehört sie kurioserweise zur Familie der Rosengewächse. Sie stammt aus China und kam erst im 18. Jahrhundert über Japan nach Europa, wo sie vorwiegend im Mittelmeerraum kultiviert wurde. Wir beziehen sie frisch und als Konserven (Loquat) meist aus Italien und Spanien. Ihren deutschen Namen »Wollmispel« hat sie wegen ihrer immergrünen langen Blätter, die an der Unterseite einen dichten Filz tragen. Die Sträucher und Bäume blühen weiß und stark duftend im Herbst und tragen im Frühjahr ihre leuchtenden Früchte. Diese, etwa pflaumengroß, aber birnenförmig, haben festes, doch zartes, saftiges Fruchtfleisch, das süßsäuerlich schmeckt. Das Aroma ist je nach Sorte verschieden, mal aprikosen-, pflaumen- oder apfelähnlich.

Name: Japanische Mispel, Wollmispel, Loquat, bot. Eriobotrya japonica, Fam. der Rosengewächse; engl. japanese medlar, oder -plum oder loquat, franz. nèfle du Japon; **Herkunft:** China; **Form:** je nach Sorte birnenähnlich, pflaumengroß; **Farbe:** je nach Sorte gelb bis goldgelb, aprikosenfarben; **Anbau:** in allen Mittelmeerländern, Südfrankreich, Kalifornien, Florida, Mittel- und Südamerika.

Auch die Wollmispel ist eine Scheinfrucht. Die bohnenähnlichen dunkelglänzenden Kerne werden wie bittere Mandeln verwertet. Die Haut ist zäh und gerbstoffhaltig und muß abgezogen werden. Die Mispeln eignen sich hervorragend für Obstsalate, Fruchtgelees, Cremes, andere Desserts, Konfitüren und Sirup.

Kaktusfrüchte

Die Kaktusfeige stammt aus den Trockengebieten Amerikas. Im 16. Jahrhundert brachten sie spanische Seefahrer von Mexiko ins Mittelmeergebiet. Heute wächst sie auch in tropischen und subtropischen Klimaten. — Die stacheligen Früchte werden ab August grün geerntet und müssen nachreifen bis sie dunkelgelb, rötlich oder braun sind. Sie haben ein erfrischend süßes, nach Birne schmeckendes Fruchtfleisch.

Name: Kaktusfeige, Kaktusbirne, Stachelbirne, bot. Opuntia ficus indica, Fam. der Kakteengewächse; engl. indian fig, prickly pear, franz. figuier d'Inde; **Herkunft:** Mexiko, tropisches Amerika; **Form:** oval, birnenähnlich, etwa eigroß; **Farbe:** grün, über gelblich bis braun; auf der Außenhaut kleine Verdickungen, auf denen die Stacheln sitzen; **Anbau:** Mittelmeergebiet, Tropen und Subtropen, Australien.

Vorsicht vor den Stacheln dieser delikaten Frucht, die zwar winzig klein, aber besonders unangenehm sind. Am Blüten- und Stielende mit Daumen und Mittelfinger anfassen, Kappen nicht ganz durchtrennen, einmal längs schneiden und Frucht herausschälen. Vorzüglich zu Obstsalaten, auch cremigen Desserts.

Feigen und Datteln, frisch und getrocknet

Die Feige, bot. Ficus carica, aus der Familie der Maulbeergewächse, stammt aus Kleinasien, wo sie schon im Altertum als Volksnahrung von höchster Bedeutung war. Bald gedieh sie rund ums Mittelmeer. Heute finden wir sie auch in Nord- und Südamerika, Südwestafrika und Australien. Mit der Dattel hat sie gemein, daß es weibliche und männliche Bäume gibt. Die Befruchtung übernimmt eine Gallwespenart, die nur in männlichen Früchten lebt. Die Bäume tragen dreimal im Jahr, zum ersten Mal nach 8 bis 10 Jahren, dann 40 Jahre lang. — Feigen sind Scheinfrüchte an einer Blütenstandsachse. Je nach Sorte sind sie hellgrün, gelb bis violett.

Feigen werden meist getrocknet gekauft. Unser Bedarf wird vorwiegend aus der Türkei, Griechenland und Portugal gedeckt. Auf dem Bild sieht man, wie in Griechenland die Feigen auf Bastmatten an der Luft auf flachen Dächern getrocknet werden. Später werden sie noch gepreßt.

»Mit dem Fuß im Wasser, mit dem Kopf in den Flammen« — das sind die besten Lebensbedingungen der Dattelpalme, bot. Phoenix dactylifera, wie ein arabisches Sprichwort es sagt. Ihre Heimat ist Mesopotamien, dort wurde sie vor 5000 Jahren kultiviert. Sie verbreitete sich dann im Irak, Iran, Nordafrika, in allen alten Kulturländern des Mittelmeerraumes. Seit 200 Jahren wird sie in Kalifornien angebaut, heute wächst sie in fast allen tropischen Gebieten der Erde. Wegen ihrer Zweihäusigkeit, wie bei der Feige, werden zur Blütezeit männliche Blütenkolben in die weiblichen Bäume gehängt. Erst nach 8 bis 10 Jahren tragen die Palmen Beerenfrüchte an Fruchtständen. Vom 30. bis 100. Jahr bringen sie die höchsten Erträge. Die meisten Trockendatteln beziehen wir aus dem Irak, Iran und Nordafrika, frische aus Israel.

»Smyrnafeigen« aus der Türkei und »Muskatdatteln« aus Nordafrika sind die bekanntesten und besten Sorten dieser Köstlichkeiten der Natur. Mit ihrem auf der Zunge schmelzenden Fruchtfleisch, das bei beiden reich ist an Zucker, Eiweiß, Mineralstoffen und Vitamin A und B, haben sie frisch wie getrocknet geradezu unbegrenzte Verwendungsmöglichkeiten. In den Ursprungsländern schon zu Mark, Paste, Schnaps und Wein verarbeitet, verwenden wir die Früchte zu Obstsalaten, Kompott, Konfekt (Datteln mit Marzipan gefüllt), Cremes, Puddings, süßem Kleingebäck und Kuchen verschiedenster Arten.

Die Zitrusfamilie

Angefangen bei den Mandarinen, die im Spätherbst die Saison eröffnen, über Orangen, Zitronen, bis hin zur Grapefruit, stellen sich die Zitrusfrüchte in einer kaum zu überschauenden Vielfalt dar. Tangerinen, Ortanique, Wilking, Limette, Bergamotte, Kumquat, Pomelo — köstliche Früchte, die alle von einer Stammfrucht herkommen, der Zedrat-Zitrone, bot. Citrus medica. Sie kann ein bis zwei Kilo schwer werden und hat eine dicke, wulstige Schale. Wo sie zuerst bekannt war, ob in Indien, im alten Persien oder in Mesopotamien, ist ungewiß. Eventuell war diese Frucht der »Apfel der Erkenntnis«, eine recht säuerlich-bittere Angelegenheit, wie alle Vorgänger unserer heutigen Zitrusfrüchte. Ziemlich sicher haben die Juden in der babylonischen Gefangenschaft diese Frucht kennengelernt. Nach der Eroberung Babylons durch die Perser, 539 v. Chr., kultivierten sie sie in Palästina. Seit 150 v. Chr. gehört sie in der jüdischen Religion zum Ritual als »Etrog«, die auch beim Laubhüttenfest ihre Bedeutung hat. Da die Etrog auch in den jüdischen Kolonien rund ums Mittelmeer für rituelle Zwecke benötigt wurde, erklärt sich ihre rasche Verbreitung. Nichtjuden verwendeten sie zu medizinischen Zwecken und, wegen der ätherischen Öle, die der ganzen Zitrusfamilie zu eigen sind, auch als Duftmittel und Gewürz. — Heute findet man die Zedrat-Zitrone in Kalifornien, Brasilien, Süditalien, Griechenland und auf Korfu. Aus ihren Schalen wird Zitronat (Sukkade) hergestellt.

Die Limone, 500 v. Chr. bereits von dem chinesischen Philosophen Konfutse erwähnt, soll mit der Sauerorange aus dem südlichen Himalaja von arabischen Händlern in den Mittelmeerraum gebracht worden sein, wo die Etrog bereits bekannt war. Sie brachte den hohen Askorbinsäuregehalt mit, wegen dessen die Zitrone unser wichtigster Vitamin-C-Träger ist. Doch auch heute ist sie wegen ihrer Öle nicht aus der Parfüm- und Kosmetikindustrie wegzudenken. Die Sauerorange, auch spanische Bitterorange, unveredelt Pomeranze genannt, einst Zierpflanze an fürstlichen Höfen, dient heute zur Herstellung von Orangeat, Pomeranzenlikör (Curaçao, Grand Marnier), Marmeladen und Konfitüren.

Die Apfelsine, der Apfel aus China, stammt ebenfalls aus dieser Familie. Ihrer Blüten und ihres Duftes wegen muß die Wanderung nach Westen einem Triumphzug gleich gewesen sein. Schon 800 v. Chr. sollen in den berühmten hängenden Gärten der Königin Semiramis von Babylon Orangenbäume geblüht haben. In Europa wurden sie erst vor 400 Jahren angebaut, in den südfranzösischen Gütern des Herzogs An- toine von Bourbon. Als die »Orangerien« blühten, legte man auch in Portugal und Spanien Gärten an, zu Handelszwecken aber erst Ende des 18. Jahrhunderts. Die Orange schmeckt heute nicht nur köstlich, sondern enthält, einem Naturwunder gleich, verschiedene Fruchtsäuren, Zuckerarten, 13 Mineralstoffe und 14 Vitamine. Die Schale beherbergt elf verschiedene Aromastoffe.

Pampelmusen sind keine Grapefruits. In Ostasien werden noch heute die großen, etwas birnenförmigen Früchte angebaut. Vor allem in China spielen sie zur Zeit des Mooncake-Festes, Ende August, besonders für Kinder eine große Rolle.

Zitronen werden in Italien oft dreimal geerntet, doch blühen die Bäume nur zweimal. Primofiori werden grünglänzend gepflückt, Limoni läßt man zum Gelbwerden hängen, für die Verdelli werden die Bäume erneut zum Blühen gebracht.

Orangen, Zitronen und Grapefruits zu filieren, ist nicht schwer. Voraussetzung ist jedoch ein äußerst scharfes Messer. Die Frucht wird aufrecht auf ein Brett gestellt, und die Schale in großzügigen Streifen abgeschnitten.

Die Filets werden einzeln herausgeschnitten, wenn die Frucht geschält ist. Natürlich muß darauf geachtet werden, daß die weiße Haut zwischen Schale und Fruchtfleisch vorher völlig entfernt wurde.

Die Blutorangen

gehören zu der zweiten Gruppe von Orangen, die wir im Winter beziehen können. Sie teilen sich auf in Vollblut, Halbblut und Doppelblut (innen tiefrot bis bläulich). Die bekanntesten Sorten sind Sanguine und Mori. Vor den Blutorangen gibt es die Blondfrüchte. Zu ihnen gehören die saftigen Navelorangen, auch die länglichen, sehr aromatischen Shamoutis. — An die Blutfrüchte schließen sich Spätorangen an, deren bekannteste Valencia Lates und Navel Lates sind.

Die Kumquat,

Zwergzitrone, Zwergorange, bot. Citrus fortunella, stammt aus dem südöstlichen China und Japan. Als Zierpflanze eingeführt, wird sie heute wegen ihres säuerlichwürzigen Aromas als Cocktailfrucht ver

Die Zitrone, bot. Citrus limon, wird angebaut in allen Mittelmeerländern, ganz Amerika, Südafrika, Australien und Asien. Grünglänzende Früchte sind reif. Ihnen fehlten nur kühle Nächte, die die Farbe aller Zitrusfrüchte beeinflussen.

Die Apfelsine, bot. Citrus sinensis, einst sehr bitter im Geschmack, ist heute eine der köstlichsten Früchte der Welt. Anbau im gesamten Mittelmeerraum und in allen tropischen und subtropischen Ländern.

Die Mandarine, bot. Citrus reticulata Blanco, ist eine sehr aromatische Frucht mit leicht lösbarer Schale. Ihr Name kommt von »Mandara«, der Insel Mauritius. Heute wird sie in allen Ländern mit warmem Klima kultiviert.

Pomelo, die alte Pampelmuse, bot. Citrus decumana, stammt aus Malaya. Für unseren Geschmack etwas zu pappig, ist sie im ostasiatischen Raum noch bekannt. Eine neue Züchtung kommt jetzt aus Israel auf den Markt.

Die Clementine ist eine Kreuzung von Mandarine und Pomeranze. 1902 wurde sie im Garten des Paters Pierre Clément in Algerien entdeckt. Sie ist rotorange , sehr süß und hat keine Kerne. Anbaugebiete wie alle Zitrusfrüchte.

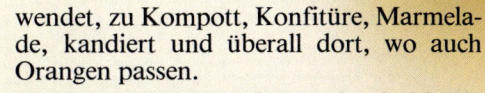
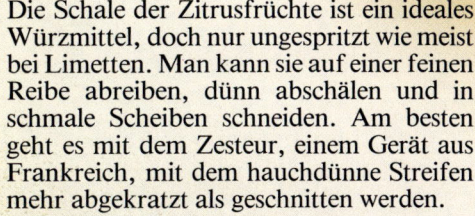

wendet, zu Kompott, Konfitüre, Marmelade, kandiert und überall dort, wo auch Orangen passen.

Die Schale der Zitrusfrüchte ist ein ideales Würzmittel, doch nur ungespritzt wie meist bei Limetten. Man kann sie auf einer feinen Reibe abreiben, dünn abschälen und in schmale Scheiben schneiden. Am besten geht es mit dem Zesteur, einem Gerät aus Frankreich, mit dem hauchdünne Streifen mehr abgekratzt als geschnitten werden.

Die Limette, bot. Citrus aurantii folia,

ist milder im Aroma als die Zitrone. Sie stammt aus den Tropen und wächst auch da, wo andere Zitrusfrüchte gedeihen.

Die Grapefruit, spanisch Pomelo,

bot. Citrus paradisi, hat ihren Namen von engl. grape (= Traube). Reich an Vitaminen, Mineralstoffen und Spurenelementen, hat sie einen leicht säuerlich-bitteren Geschmack. Die beiden Hauptarten sind diejenigen mit gelb-grünlichem Fruchtfleisch und die »Pink-Sorten« mit rosa Fruchtfleisch. Letztere sind im Aroma etwas milder.

Ananas

Sie ist die Königin der Früchte — und war es schon vor 500 Jahren. Als Christoph Columbus auf seiner zweiten Seereise zum neuentdeckten Kontinent bei der Antilleninsel Guadeloupe eintraf, bekam er von freundlichen Eingeborenen diese Frucht mit ihrem überwältigenden Aroma und dem prächtigen Blätterschopf als duftenden Willkommensgruß dargeboten. »Nana meant«, die erlesene Frucht, so nannten sie die »hellhäutigen Wilden«, deren Vorväter die Stauden bei der eigenen Eroberung der karibischen Inseln vom südamerikanischen Festland, vermutlich aus Paraguay, mitgebracht hatten. Die Ananas war die echte Königin all der köstlichen Früchte, die die Europäer damals zum ersten Mal versuchen konnten. Und wann immer einer der Seefahrer in späteren Jahren die Begegnung mit den Indianern malte oder zeichnete, der grüne Stachelschopf der Ananas reckt sich stolz auf jedem Bild. — Die Spanier nannten die Frucht, wohl wegen ihrer Ähnlichkeit mit einem Pinienzapfen, »piñon«, die Engländer übernahmen es, und so wurde »pineapple«, ein Pinienapfel, daraus. Die Portugiesen, die die Spanier im Kampf um Kolonien und Seemacht später ablösten, gaben der erlesenen Frucht wieder ihren richtigen Namen und sagten »ananaz«. Sie aber hatte sich unterdessen Europa erobert: als Pflanzenornament in Architektur und Malerei, an Wänden, Säulen, kleinen Obelisken, als Prachtstück neben Portalen und — natürlich als wohlriechender Schmuck auf den Festtafeln der europäischen Fürsten und Herren. Bei einem Menü für die Madame de Maintenon, im Jahre 1652, prangten sechs Ananasfrüchte auf der Tafel. Das bedeutete, die goldene Frucht aus der neuen Welt war gesellschaftsfähig geworden. Mit der aufblühenden Lebens-und Genußlust nach dem Ende des Dreißigjährigen Krieges kam die Ananas-Mode mit vielem anderem aus Frankreich auch in die deutsche Koch- und Kulturgeschichte. Ananas, um die Wende zu unserem Jahrhundert in Treibhäusern gezogen, waren Köstlichkeiten, die in immer neuen Rezepturen für Cremes, Gelees, Parfaits und Sturzkuchen gefeiert wurden. Doch noch 1911 klagte ein Küchenmeister darüber, daß sie »nicht in umfassender Weise bei uns zur Verwendung kommt. Sie verdient, ebenso populär zu werden wie die Apfelsine und die Zitrone.« Das ist unterdessen geschehen, nicht zuletzt durch die Ananaskonserven aus Hawaii. Dort wurden 1886 von einem englischen Pflanzenzüchter rund 1000 Ananaspflanzen importiert und damit der Grund für sich immer schneller ausbreitende Kulturen gelegt.

Die Ananas ist die Sammelfrucht einer Staude mit lanzettenförmigen Blättern und nadelähnlichen Blattspitzen. Zur Blüte treibt aus der Blätterrosette eine ca. 30 cm hohe »Ähre«, an der viele kleine rosa Blüten aufbrechen. Jede Blüte bildet später eine Beere, die mit der fleischigen Blütenachse zu einem Fruchtverband zusammenwächst. Von der einzelnen Beere ist von außen nur noch der kleine harte Schuppenteil mit einem verhärteten Blättchen zu sehen. — Die Ananaspflanze liebt feuchte Wärme und viel Wasser, sie mag keinen Wind, keine Kälte und keinen

p.119.

Annanas.

Die Ananas, bot. Ananas comosus, aus der Familie der Ananasgewächse; engl. pineapple, franz. ananas, läßt sich gut in Kulturen anlegen: Seitentriebe oder Kronenschopf mit Knospe werden in die vorbereitete Erde gesteckt. Nach kurzer Zeit treiben sie Wurzeln. Heute wird sie in den Tropen der ganzen Erde kultiviert, v. a. in der Karibik, Mexiko, Brasilien, Azoren, Afrika (Kenia, Elfenbeinküste), Australien und Asien.

Zum Schälen die Ananas an den Blättern fassen, mit einem scharfen Messer längs einschneiden. Dann das Messer schräg halten, Schale dünn abtrennen, dazu die Ananas drehen. Beide Kappen entfernen, Schalenreste mit einem Spitzmesser ausstechen. Um den holzigen Strunk zu entfernen, Ananas vierteln, Strunk längs ausschneiden, die Viertel je nach Gebrauch in Stücke teilen.

Schatten. Daher werden auf den Azoren die meisten Kulturen in Glashäusern angelegt. Durch gezieltes Schließen und Öffnen der Fenster wird ein optimales Klima erzeugt, das die Stauden schneller und öfter fruchten läßt. Im Aroma sollen diese Ananas die besten sein. Allerdings sind sie für den Versand noch druckempfindlicher als Freilandfrüchte. Zum Nachreifen hängt man sie am besten am Blätterschopf auf. Die Frucht ist reif, wenn die Schale keine grünen Stellen mehr hat, auf Druck leicht nachgibt, und wenn kleine Blätter sich leicht auszupfen lassen. Eine Ananas sollte nie im Kühlschrank aufbewahrt werden. — Zusätzlich zu den Vitaminen A und C, Eisen und Kalzium, enthält die Ananas noch Bromelin, ein eiweissspaltendes Ferment, das heute in der Medizin bei Ernährungsstörungen verwendet wird. Doch auch die Ureinwohner von Paraguay benutzten die Ananas zu Heilzwecken.

Die Annonen

Wer je eine reife Cherimoya aß, ist von ihrem Zauber gefangen. Das weiße, manchmal bläulich schimmernde Fleisch schmeckt wie eine Mischung von Erdbeere, Himbeere, Birne, vielleicht mit einem Hauch von Zimt als Würze. Die Cherimoya zählt zu den besten Früchten der Welt. So verwundert es nicht, daß sie, gleich den verfallenen Tempeln der Inkas wie ein Schatz aus einer vergangenen Welt zu uns kam. Ihre harten, schwarzglänzenden Kerne wurden von Archäologen in alten Gräbern gefunden, denn schon die Inkas kultivierten diese köstliche Frucht. In den nördlichen Anden, in den Hochtälern Ecuadors und Perus wurde sie wiederentdeckt. Heute baut man sie, zusammen mit den anderen Annonenarten, fast überall da an, wo auch Zitrusfrüchte gedeihen (in Spanien ist sie seit 400 Jahren bekannt), doch die Cherimoya braucht Höhenklima, in der Ebene verliert sie an Aroma. — Die andere wichtige Sorte, die bei uns allmählich bekannt wird, ist die Netz- oder Ochsenherzannone. Sie wird größer als die beiden anderen. Ihr Fruchtfleisch ist noch cremiger als das der Cherimoya, fast ein wenig ölig, so daß diese Frucht noch größere Verwendungsmöglichkeiten für Desserts anbietet, als die anderen Sorten. Das süße, an Erdbeeren mit Sahne erinnernde Fruchtfleisch eignet sich hervorragend zur Herstellung von Cremes aller Art — köstlich mit Sekt, Likör, oder Limettensaft gewürzt — Fruchtsaucen, Eisdesserts und anderem mehr. Äußerst wichtig ist es jedoch, daß die Annonen nicht im Kühlschrank gelagert werden!

In der Annonenfamilie gibt es weit über 100 Arten als Bäume, Sträucher und Kletterpflanzen, die aber für uns keine Bedeutung haben. Einige davon sind in den Tropen Afrikas heimisch.

Die Stachelannone, Sauersack, bot. Annona muricata, engl. soursop, franz. corosoll, ist länglich und hat stachelförmige Erhebungen. Das saftige, etwas säuerlich schmeckende, weiße Fruchtfleisch wird vorwiegend zu Eis und Erfrischungsgetränken verarbeitet. Doch gibt es Varianten, die weniger Säure enthalten.

Die Cherimoya, bot. Annona cherimola Mill., engl. sugar apple, franz. chérimole, wird zurecht auch »Süßsack« genannt, denn sie enthält besonders viel Traubenzucker und ist reich an Vitamin C. Die Haut hat leichte Schuppenstruktur, ist grün, ledrig weich und wird beim Reifen braun bis schwärzlich.

Der Zimtapfel, Zuckerapfel, bot. Annona squamosa, engl. caneel apple, franz. pomme canelle, wird im Handel meist fälschlicherweise als »Annone« bezeichnet, obwohl das der Name der Gattung ist. Die Schale ist stark geschuppt mit warzenartigen Verdickungen. Ihr Geschmack ist sehr süß und erinnert an saftige Birnen mit Zimt.

Die Netzannone, Ochsenherzannone, Rahmapfel, bot. Annona reticulata, engl. bullock's heart, franz. cœur de bœuf, hat ihre Namen zurecht. Das Fruchtfleisch ist gelblich und besitzt nur wenige Kerne. Diese Frucht erfreut sich besonders in Indien und Indonesien als »Rahmapfel« größter Beliebtheit.

Avocado

Die tropische Steinobstfrucht, bot. Persea americana Mill. oder P. gratissima, aus der Familie der Lorbeergewächse, ist eine der ältesten Früchte der neuen Welt. Durch Gräberfunde in den Gebieten der Azteken und Maya wurde bekannt, daß im Raum dieser alten Reiche der Avocadobaum bereits vor 8000 Jahren kultiviert wurde. Der Name leitet sich von dem aztekischen »ahuakatl« ab. Die andere Bezeichnung »Palta« kommt von dem Indio-Stamm der Paltas in den Anden, die ebenfalls diese Frucht anbauten.

Von den etwa 400 Sorten gibt es drei Typen, die für planmäßigen Anbau geeignet sind. Der mexikanische Typ: Die Blätter riechen stark nach Anis, die Früchte sind klein, haben eine dünne Schale und ebenfalls Anisaroma. Der Guatemala-Typ: Kein Anisgeruch, die Früchte sind mittelgroß bis groß, mit dicker lederiger Schale. Reife: 12 bis 16 Monate. Der Antillen- oder westindische Typ (Tieflandsform der Avocados): Kein Anisgeruch, die Früchte sind groß, aber mit dünner lederiger Schale.

Avocados werden hartreif geerntet. Erst beim Liegen werden sie weich. Heute baut man Avocados in allen tropischen und subtropischen Gebieten an, von Amerika über Afrika bis nach Ostasien. Da die Früchte sehr empfindlich sind, kann man sie nur mit Kühlschiffen oder per Luftfracht verschicken. Wir beziehen Avocados vorwiegend aus Israel. Auch hier gibt es die verschiedensten Sorten wie die hellgrüne »Ettinger«, die »Fuerte« mit sehr rauher Schale, die runde dunkle »Nabal« und die kleine ovale »Hass«, deren Schale gerunzelt und fast schwarz ist.

Der Name »Butterfrucht« zeichnet die Avocado als eine der nahrhaftesten tropischen Früchte aus. Neben Mineralstoffen, hohem Eiweißgehalt, den Vitaminen A, B, E, C, enthält sie bis zu 30% Öl, das aus ungesättigten Fettsäuren besteht. Das weiß-gelbliche Fruchtfleisch hat eine cremige Konsistenz und schmeckt leicht nußartig. Man kann es zwar nur roh, aber sowohl pikant als auch süß zubereiten. Für Desserts werden Avocados mit Zitronensaft, Rotwein oder Sherry als Creme verarbeitet oder mit Likör oder Cognac parfümiert. Sehr apartes Eis kann man mit Kaffee oder Kakao herstellen, und mit weißem Rum werden sie zu Likör angesetzt.

Die Baumtomate

auch Tamarillo genannt, ist die Frucht des Tomatenbaumes, bot. Cyphomandra betacea (Cav.) Sendt., aus der Familie der Nachtschattengewächse. Seit vielen Jahrhunderten wird diese Frucht von den Indios im nördlichen Südamerika kultiviert. Der »Baum« hat eine buschartige Gestalt, kann aber drei bis fünf Meter hoch werden. Die Blätter sind herzförmig, bis zu 40 cm lang. Mit seinen schönen großen rosa oder weißen Sternblüten (Durchmesser 10-15 cm) gehört der Tomatenbaum zu den exotischen Schönheiten der Anden. Die eiförmigen Beerenfrüchte hängen meist zu dritt traubenähnlich an ihren langen Stielen und sind orange- bis scharlachrot glänzend. Die Schale der Früchte ist bitter und sollte abgezogen werden. Das vitaminreiche Fruchtfleisch ist saftig, schmeckt herb-süß und hat ein aprikosenähnliches Aroma. Für Desserts werden die Baumtomaten frisch bei Obstsalaten und Eisspeisen verwendet, aber auch als Mark und Konfitüre weiterverarbeitet.

Heute ist die Baumtomate in fast allen tropischen und subtropischen Ländern verbreitet, bis nach Indien in die Vorberge des Himalaja. Zu Handelszwecken wird sie angebaut in ganz Südamerika, Afrika, hier vorwiegend Kenia, dann Sri Lanka, Indonesien, Neuseeland und Australien.

Banane

Flughunde und Elefanten sind ihre Feinde, sie hat bis zu dreißig Finger an ihren acht bis vierzehn Händen, sie krümmt diese Finger aus dem gleichen Grund, aus dem ihre Liebhaber in ihre südliche Heimat reisen: um sie von allen Seiten von der Sonne wärmen zu lassen, und wir tragen seit unserer Kindheit ein vollkommen falsches Bild von ihr mit uns herum, denn in allen Obstgeschäften werden und wurden ihre Stauden verkehrt herum präsentiert: Bananen hängen nämlich nicht, sie wachsen von unten nach oben, wie Zacken ineinander geschobener Kronen.

Die Banane, gehörig zur Familie der Musaceae, der Bananengewächse, läßt sich heute aufgrund der verwirrenden Vielfalt der Arten botanisch überhaupt nicht mehr formgerecht klassifizieren. Doch gehört sie zu den ältesten bekannten Kulturfrüchten. In mehr als 200 Arten kam sie vom Himalaja aus nach Vorderasien, Afrika, die Kanarischen Inseln, Madeira und von dort aus erst im 16. Jahrhundert vermutlich nach Westindien. Obwohl man sie in früheren Zeiten in reifem Zustand wenig weiter als eine Tagesreise transportieren konnte, außer sie war getrocknet, wurde sie doch Jahrhunderte vor unserer Zeitrechnung in Hindu-Epen besungen, ihr Abbild zierte assyrische und javanische Tempel und Pyramiden. Chinesische Staatsbeamte beschrieben die nahrhafte, sättigende und bekömm-

Eine typische Bananenplantage auf der Westseite der Insel Martinique. Da die Stauden keine Festigkeit haben, sind sie besonders gefährdet. Unwetter und Wirbelstürme dieser Breiten können in Sekunden ganze Plantagen vernichten.

liche Frucht ebenso wie römische Naturforscher. Auch Alexander der Große war ihr bei seinem Zug von Persien nach Indien begegnet. Dann, zu Beginn des 15. Jahrhunderts, pflanzten die Portugiesen Bananen auf den Kanarischen Inseln. Doch dauerte es bis in die achtziger Jahre des vorigen Jahrhunderts, ehe sie als frische Frucht nach Europa verschifft werden konnte. Je schneller dann die Schiffe wurden und je besser man die leicht verderbliche Frucht kühl halten und so die Reife bremsen konnte, desto unaufhaltsamer wurde ihr Siegeszug auf Europas Märkten. Dem kam auch die Tatsache entgegen, daß Bananen immer Saison haben, weil sie das ganze Jahr über blühen, Früchte ansetzen und geerntet werden können, unabhängig von einer Jahreszeit. Allerdings brauchen sie tropisch-feuchtwarmes Klima dazu. Die Bananen, gleich ob unsere bekannten Obstbananen, die kleineren Zuckerbananen oder die Mehl- oder Gemüsebananen, wachsen so: Aus den Augen von Wurzelstöcken (Rhizomen) oder Schößlingen (Kindeln) entwickeln sich in zwölf bis vierzehn Monaten bis zu zehn Meter hohe Scheinstauden. Sie haben keinen holzigen Stamm, verschränken nur die Blattstielscheiden so als ob. Aus deren Mitte wächst ein einziger Blütenkolben, der fast anderthalb Meter lang werden kann und an dem sich von oben nach un-

p. 81.

Pisang.

Zuckerbananen aus Südostasien. Sie werden nur 10 bis 12 cm lang und sind wesentlich süßer, aromatischer als Obstbananen. Diese asiatische Art wird jetzt auch im tropischen Amerika kultiviert. Leider ist sie nicht zum Transport geeignet.

Eine Bananenstaude mit kleinen, unreifen Früchten, die sich noch nicht nach oben gebogen haben. Sehr schön ist hier die Blüte zu sehen, die von den Einwohnern Südostasiens als Gemüse gedünstet gegessen wird. Ein vorzügliches Gericht.

So wachsen sie: Bananenstauden mit ihren Büscheln und Händen und den nach oben gebogenen Fingern — immer der Sonne entgegen, denn Schatten mögen sie nicht. Die Bananen im Bild sind unreif, auch noch nicht zum Schneiden geeignet.

Rote Zuckerbananen auf Sri Lanka. Nicht zu verwechseln mit Gemüse- oder Apfelbananen. Von der Farbskala der Bananensorten, die bis ins Violette geht, haben wir wenig Ahnung, da eigentlich nur die gelben Obstbananen zum Transport geeignet sind.

ten Blüten öffnen und Früchte wachsen und zwar wie Hände mit Fingern. Deshalb gaben ihnen die arabischen Händler diesen Namen, denn »Finger« heißt arabisch »banan«. Ein Bananenbüschel besteht aus acht bis vierzehn Händen mit je zehn bis zwanzig Bananen. Ist die Staude abgeerntet, wird sie abgeschlagen. Aus den neuen Schößlingen wächst dann die neue Staude.

Georg Meister hat das 1692 auch schon beschrieben. Nur wurde die Banane damals noch »Püsang«, »Pisang« oder »Pysan« genannt, »wie die Malayer auf Malacca/und von ihnen auch die Holländer sie heißen«.

Die Bananen sind aromatisch und weich, wenn die Schale sattgelb ist und kleine braune Streifen oder Flecken aufweist. Sie halten sich am besten an kühlem Ort. Im Kühlschrank können sie allerdings an Aroma verlieren. Sie sind eine gute Ergänzung zu säuerlichen Früchten, denen sie Milde verleihen. Generell eignen sie sich hervorragend zu Creme- und Eisspeisen, auch gebacken und flambiert zu Desserts aller Art.

Die Guave

Bisher waren Zitrusfrüchte die großen Vitamin-C-Spender. Das hat sich geändert, seit verstärkt exotische Früchte bei uns angeboten werden, denn viele der »Exoten« haben einen höheren Vitamin-C-Gehalt. Die Guave, bot. Psidium guajava L., aus der Familie der Myrtengewächse, ist jedoch geradezu eine Bombe an Vitamin C. Bis zu fünfmal kann sie mehr enthalten als Zitrusfrüchte. Dazu ist sie reich an Vitamin A und B, Kalzium, Eisen und Phosphor. Schon 1535 wurde in einer historischen Schrift über die Neue Welt die Köstlichkeit der Guave beschrieben. Dies veranlaßte sofort Spanier und Portugiesen, den Anbau der Früchte auf die Philippinen und die Küstengebiete Indiens auszudehnen. Von dort verbreiteten sich die Guaven in allen tropischen und subtropischen Ländern der Welt. — Ursprünglich stammten sie aus den Tropen Mittel- und Südamerikas, vorwiegend dem heutigen Mexiko, Peru und Ecuador. Die Früchte des kleinen, bis zu acht Metern hohen Guavenbaumes, sind rundlich, oval bis birnenförmig und haben die Größe eines kleinen bis mittleren Apfels. Die gelblich wächserne Haut umschließt das zarte Fruchtfleisch, das weiß, gelb, rosa oder rot sein kann. Die ehemals zahlreichen harten Kerne sind durch Züchtungen erheblich verringert worden. Es gibt sogar schon Früchte ohne Kerne. Das Aroma ist sehr mild und zart-säuerlich — über den Geschmack läßt sich fast streiten: Quitten, Feigen, Birnen vereinen sich, und je nach Sorte und Gegend, aus der die Frucht stammt, glaubt man mehr das eine oder andere hervorzuschmecken. — Die größten Kulturen außer in Mexiko und Brasilien sind in Kalifornien, Florida, Südafrika, aber auch im Orient und in Israel.

Guaven sind sehr vielseitig verwendbar. Sie werden dünn geschält, die Kerne entfernt. Hervorragend zu Obstsalaten, Kompott, Gelee, Marmeladen; Saft, Nektar, Mus und Paste eignen sich auch wunderbar zu Cremes, Flammeris und Eisspeisen. Mit Branntwein und Gewürzen werden die Früchte zu Likör angesetzt.

Kiwi, eine köstliche Schönheit in einem schlichten Kleid

Früher wurde sie nur »chinesische Stachelbeere« genannt, bot. Actinidia sinensis, aus der Familie der Strahlengriffelgewächse. Von dieser Frucht gibt es einige wichtige Arten: Actinidia sinensis Planchon, klein und rund wie die europäische Stachelbeere, dann Kokuwa, bot. Actinidia arguta, eine japanische großfruchtige Art, in Ostasien wegen ihres Honiggeschmackes sehr beliebt und eine andere Weiterzüchtung, die Actinidia sinensis Hayward, die vorwiegend in Neuseeland und Kalifornien angebaut wird. Es gibt sie auch zusammen mit neueren Sorten in Frankreich (Korsika), Italien und Spanien — eine russische Züchtung ist kälteunempfindlich. — Die Kiwi, eine tropische Kletterpflanze, war schon im alten China bekannt und verbreitet vom Jangtsekiangtal bis zum Himalaja. 1906 wurde sie zum ersten Mal in Neuseeland gepflanzt. Ihren jetzigen Namen hat die Kiwi vom »Kiwi«, einem neuseeländischen Laufvogel aus der Familie der Straußvögel, dessen Körperform und Farbe die Frucht ähnlich sieht. — Die Kiwi hat einen außerordentlich hohen Vitamin-C-Gehalt, dazu Vitamin A und D, Eisen, Kalium, Gerbsäure und ein eiweißlösendes Enzym, dessentwegen sie auch zum Mürbmachen von Fleisch verwendet wird. Die Frucht ist reif, wenn sie auf Fingerdruck leicht nachgibt. Sie kann noch hart gepflückt und in Kühlschiffen transportiert werden. Doch reift die Kiwi sofort, wenn nur geringste Mengen Äthylengas in ihrer Nähe ausströmen: Dieses Gas ist in ihren Stengeln und in Benzinabgasen enthalten, auch Äpfel und Birnen verströmen diese Art von Duft...

Kiwis roh genossen, sind an sich schon eine Götterspeise. Man kann die Fruchthälften auslöffeln, mit Spirituosen parfümiert, auch dünn schälen und in Scheiben schneiden. Ihr Geschmack ist eine Kombination von Erdbeere, Himbeere und Stachelbeere, natürlich mit Abweichungen. Sie eignen sich hervorragend für Obstsalate, Rumtopf, Creme- und Eisspeisen, roh und als Kompott zu Flammeri und Aufläufen, für Konfitüren, Fruchtpaste und Fruchtsaucen.

Litschi, Rambutan und Longane

Litschi, die Lieblingsfrucht chinesischer Kaiser der alten Dynastien, bot. Litchi sinensis, aus der Familie der Seifenbaumgewächse, gilt als die feinste Frucht aus Südchina. Seit 3000 Jahren werden die »Leechees« in Ostasien kultiviert, heute natürlich auch in anderen subtropischen Gebieten wie Indien, Indonesien, Australien, Madagaskar, Südafrika, Kenia, Brasilien und Florida. — Litschi und ihre Verwandten Rambutan, bot. Nephelium lappacea, und Longane, bot. Euphoria longana Lam., wachsen an hohen, strauchartigen Bäumen. Die Früchte hängen in Rispen bis zu 30 Stück an Zweigen. Sie sind etwa mirabellengroß, rundlich bis oval. Die Schale der Litschi ist in kleine Segmente mit jeweils einer Noppe aufgeteilt, ist dünn, spröde und von weinroter Farbe, die dann braun wird, vor allem bei kühler Lagerung. Im Innern der Frucht liegt ein schwarzer, ungenießbarer Kern, der von einem dicken, glasig-weißen Samenmantel umgeben ist. Dieses Fruchtfleisch hat ein feines süßes Aroma, das leicht nach Muskatnuß schmeckt. — Litschis dürfen nicht unreif geerntet werden, sie reifen nicht nach. Wegen der besseren Haltbarkeit der Früchte wird die Ernte jedoch etwas vorgezogen, leider auf Kosten des Aromas.

Litschis sind sehr vielseitig in ihrer Verwendung, da sie, je nach Gericht, ihr Aroma leicht verändern. Sie werden daher viel zu Fleischspeisen verwendet. — In China werden Litschis auch in Büscheln an der Sonne getrocknet und als »Litschinüsse« verkauft. Vermutlich kommt daher der Name »chinesische Haselnuß«. Für Desserts sind diese Köstlichkeiten, wie auch Rambutan und Longane, beliebt als Kompott, bei Obstsalaten, Kaltschalen. Sie werden verwendet zu Cremes, auch mit Quark und Rum, flambiert bei Soufflés und Eisdesserts.

Die Kapstachelbeere

bot. Physalis peruviana, hat weder mit unserer Stachelbeere, noch mit der chinesischen Stachelbeere, der Kiwi, etwas zu tun — sie gehört wie Tomaten und Kartoffeln, aber auch wie die Lampionblume (Judenkirsche), zu den Nachtschattengewächsen. In ihrer Wildform ist sie vorwiegend in Mexiko und Guatemala und in Amerika südlich des Äquators beheimatet und wurde schon zu Zeiten der Inka- und Aztekenreiche als beliebte Frucht verwendet. Ihre Kultivierung erfuhr sie jedoch auf einem völlig anderen Kontinent: Vor etwa 200 Jahren gelangte sie mit Seefahrern nach Südafrika, wo die Pflanze als Mittel gegen Skorbut gezogen wurde. Doch bald erkannten findige Pflanzer ihren vollen Wert. Heute wird sie als Konfitüren- und Dessertfrucht, die hohe Devisen bringt, außerdem noch angebaut in Kenia, Madagaskar, Vorderindien, Java und Australien. Die Kapstachelbeere hat unter ihrer bastfarbenen Blatthaube die Form und Größe einer Kirsche und wächst an tomatenähnlichen Büschen, die etwa 70 bis 90 cm hoch werden. Ist die Frucht reif, hat die Blatthaube eine gelblich-graue und die Beere eine sattgelbe Farbe. Der Geschmack ist sehr erfrischend und erinnert im Aroma an eine Mischung von reifen Ananas und Papaya.

Rambutan, die rotgewellte Schönheit, gedeiht nur im feucht-heißen Tropenklima. Auf ihrer Schale hat sie lange, weiche, rote Haare. Die Form ist oval, ansonsten gleicht sie der Litschi und Longane. Ihr Aroma ist erfrischend süßsäuerlich. Leider verdirbt sie schnell und wird bei uns nur selten frisch angeboten.

Die Longane, das »chinesische Drachenauge«, wurde ebenfalls im alten Ostasien geschätzt. Sie ist etwas kleiner, von orangegelber Farbe, die dann braun-gefleckt wird. Ihr Geschmack ist etwas säuerlicher als der der Litschi. Die Früchte sind, wie die Rambutan, nicht lange haltbar und werden hier meist nur als Konserven angeboten.

Die Kapstachelbeere, Erd- oder Ananaskirsche, auch Tomatillo genannt, ist reich an Vitamin A, B_{12}, C, Kalzium und Eisen. Sie wird verwendet zu Konfitüren, Kompotten, Cremespeisen, Früchte-, Eisbechern und als Kuchenbelag. Zum Zuckern die rohen Beeren anstechen, da der Zucker nicht durch die glatte Haut geht.

Die Mangofrucht, für uns ein Geschenk der Tropen, ist nach der Banane das wichtigste Volksnahrungsmittel für die Bewohner der tropischen Länder. Die Verwendung der Mango für uns ist sehr vielseitig. Doch sollte sie bei Desserts möglichst als Einzelfrucht auftreten, da ihr Aroma so vollkommen ist. Eine Köstlichkeit ist die Mango mit Sahne, Eis, zu Vanille- und Quarkcremes, Flammeris, auch als Belag für Kuchen und Torten. Weiter genießen wir sie als Kompott oder Püree für Eis, Shakes aller Art, Mangocreme, -charlotte, -fruchtgelee.

Eine Mango schälen. Mit einem scharfen Messer schneidet man die Haut vier- oder mehrmals von oben nach unten ein. Die Schale läßt sich dann zwischen Messer und Daumen nach unten abziehen, wenn die Frucht zwar reif, aber noch fest ist. Bei vollreifen Früchten hilft nur, sie mit der Schale aufzuschneiden und auszulöffeln.

Eine Mango aufzuschneiden, ist gar nicht so einfach. Da der Stein sehr flach ist, wird an seinen Breitseiten oben und unten je eine Scheibe abgeschnitten, so nahe wie möglich an ihm vorbei. Das um den Stein befindliche Fruchtfleisch extra abschneiden. Man kann es dann gewürfelt oder püriert weiterverarbeiten.

Die Mangofrucht

Der immergrüne Mangobaum, bot. Magnifera indica L., aus der Familie der Anacardiengewächse, stammt aus dem indischburmesischen Monsungebiet bis hin zu den Ausläufern des Himalaja. Buddha selbst ruhte in seinem Schatten und seit mindestens 4000 Jahren wird der Baum in Indien kultiviert. In Sanskritschriften ist er eine bekannte Kulturpflanze. Auch in der indischen Mythologie und im buddhistischen Ritual nimmt er einen großen Platz ein. Alle indischen Herrscher schätzten den Baum und seine Früchte sehr und ließen große Kulturen anlegen. Die besten Sorten, die heute bekannt sind, soll es schon im 16. Jahrhundert gegeben haben. Im 14. und 15. Jahrhundert kam der Mangobaum schließlich durch portugiesische Seefahrer nach Westafrika und Brasilien. Heute ist er in allen Tropengebieten, teils noch in den Subtropen verbreitet, bis hin nach Kalifornien, Florida, Ägypten und Israel.

Die Mangofrucht ist überreich an Vitamin A, B und G. In der Form ähnelt sie einer Riesenpflaume, etwa 10 cm lang, mit leicht abgeflachten Seiten, birnen- oder nierenförmig, manchmal rundlich. Sie kann auch so groß wie eine Melone werden. Die Farbe wechselt je nach Sorte, Klima und Bodenbeschaffenheit von grün bis gelb, mit dunkleren Flecken, andere sind rotbackig oder völlig rot. Wegen dieser Verschiedenheit kann man die Reife einer Mango nicht an der Farbe erkennen. Wenn sie auf Druck leicht nachgibt, einen angenehm süßen Duft verströmt und eventuell kleine braune Flecken hat, ist sie reif. Die Haut ist ledrig und ungenießbar. Das goldgelbe Fruchtfleisch umschließt einen großen flachen Stein, an dem es fest haftet. Daraus ergeben sich mancherlei Schwierigkeiten bei der Verarbeitung. Bei vollreifen Früchten ist das keine saubere Sache, da sie viel Saft enthalten. Und Flecken der Mango sind aus Textilien nur schwer zu entfernen. — Manchmal tritt bei einigen Früchten ein leichter Terpentingeschmack auf. Dieser läßt sich vertreiben, wenn die Frucht gekühlt, nicht eiskalt, serviert wird. Nach dem Genuß von Mango, gleich ob roh oder als Konserve, sollte man zwei Stunden lang weder Milch und Wasser noch Alkohol trinken. Aus unbekannten Gründen können Magenbeschwerden auftreten, die zwar ungefährlich, aber unangenehm sind. — Die reife Mango ist höchst druckempfindlich. Daher wird sie für unseren Bedarf vor ihrer Reife geerntet. Bei Zimmertemperatur reift sie nach. Die bekanntesten Sorten sind »Langra«, »Alphonso«, »Kent« meist von roter Farbe, »Mango Blanco«, »Haden« und »Sangra«, die sehr fein im Aroma ist.

Die Kokosnuß

Die Frucht der Kokospalme ist eigentlich eine Steinfrucht, denn das, was wir in harter Schale mit braunem Faserbart als Nuß kaufen, ist der unreife Kern oder Same, dem die lederartige Schale und die dicke Faserschicht schon in Sri Lanka oder auf den Philippinen, den Hauptausfuhrländern, abgelöst worden ist. Die sogenannten frischen Kokosnüsse sollen ein süßes und schneeweißes Fleisch besitzen, und das Wasser muß in ihnen plätschern, wenn man eine Nuß schüttelt. Schlägt man zumindest zwei ihrer drei Grübchen (Keimporen oder Augen) unter dem Bart auf, mit Nagel und Hammer, so kann man zuerst das Kokoswasser ausgießen. Dann beklopft man rundum die harte Schale, damit sich das Fleisch lockert, zerschlägt oder zersägt die holzige Hülle und schabt das Fruchtfleisch heraus.

Da die Kokospalme alles liefert, was die Bewohner der Tropen früher zum Leben brauchten, nannte man sie in der Südsee und in Indien »Baum des Lebens« oder »Baum des Himmels«: das Wasser der unreifen Nüsse ließ die Menschen auch auf Inseln ohne Quelle und Regenwasser überleben. Das Fleisch des reifen Kerns wird stark ölhaltig, also sättigend. Die Kernschale wird Schüssel, Wasserpfeife, Schnitzmaterial. Die Faserhülle liefert

Material für Seile und Netze. Aus den Blüten gewinnt man Palmwein, »Toddy«. Junge Schößlinge werden als Palmgemüse gekocht, ausgewachsene Blätter zu Matten und Dächern geflochten. Der Stamm dient als Bau-, Möbel- und Feuerholz.

Die Kokospalme, bot. Cocos nucifera L., wächst schneller als andere Palmarten, kann bis zu dreißig Metern hoch werden, und ihr Stamm besitzt eine solche Elastizität, daß sie auch tropischen Wirbelstürmen standhalten kann. Sie trägt fünfzehn bis zwanzig Nüsse, die von Blüte zu Reife etwas über ein Jahr brauchen und ohne Pause abgeerntet werden können: bis zu hundertzwanzig Stück pro Jahr. Hauptsächlich werden vollreife Nüsse gepflückt, um aus dem fetten Fleisch Öl und Kopra zu gewinnen.

In vielen Rezepten aus den Tropen taucht Kokosmilch auf. Damit ist nicht das natürliche Wasser der Frucht gemeint. Diese Milch oder Sahne (Cream) wird wie Mandelmilch in der Küche gewonnen. Die Raspel wird in kochendem Wasser eingeweicht und wieder ausgepreßt. Nach amerikanischen Rezepten halbiert man die Nuß, schiebt sie zuerst 15 Minuten bei 200 Grad ins Rohr, gießt dann ihren Saft mit etwas Wasser auf, so daß man so viel Flüssigkeit wie Fleisch hat, püriert beides im Mixer und passiert es.

Vom »Klapper-Baum« schreibt Georg Meister 1692 »... so dieses Baumes Früchte und sein edler Saft die hungrigen als durstigen Indianer / ja Europäer selbsten speiset und träncket / vor der großen Sonnen-Hitze decket und beschirmet ...«

Reife Kokosnüsse mit ihrer vollständigen Außenschale. In den Handel gelangt nur die »innere« Nuß, der Kern, mit einigen Bastfäden. Das Fruchtwasser der Kokosnuß ist nur bei unreifen Früchten vorhanden, bei reifen ist es eingetrocknet.

Die King-Coconut, bot. Cocos nucifera aurantiaca, dient vorwiegend der Erfrischung. In ihrem Inneren befindet sich über 1/2 Liter sehr aromatischer Saft. Man schneidet eine Kappe ab, die sattgelbe Schale ist nicht hart, und trinkt die Frucht aus.

Die Mangostane ist nicht nur eine köstliche, sondern auch eine kostbare Frucht, die auch in Südostasien nicht billig ist. Das Foto wurde in Ambalangoda auf Ceylon, dem heutigen Sri Lanka, aufgenommen. Hier werden in der Hauptsaison der Mangostanen, etwa von Juli bis September, die beliebten Früchte auf Holzgestellen an den großen Straßen verkauft. Interessanterweise wird die Mangostane von den Einheimischen nur roh verzehrt, da ihnen das Aroma zu delikat ist, als daß es durch andere Zutaten eventuell vermindert werden könnte.

Die Mangostane

Der Mangostanenbaum, bot. Garcinia mangostana L. gehört zu der Familie der Guttiferae, gleichbedeutend mit der Bezeichnung Hypericaceae, was in beiden Fällen zu deutsch die Familie der Hartheugewächse bedeutet. Seine Frucht, die Mangostane, ist eine aparte Schöne, bei der es nicht verwundert, daß sie, zusammen mit zahlreichen verwandten Arten, aus Malaysia stammt. Vermutlich gehört der Baum zu den alten Kulturgewächsen Südostasiens. — In Europa noch kaum bekannt, wird die Mangostane in Asien als eine der köstlichsten Früchte geschätzt. Doch ist ihr Anbau heute nicht mehr auf die Monsungebiete Asiens beschränkt, auch in den tropischen Ländern Südamerikas ist die Mangostane heimisch geworden. Eine Kultivierung größeren Stils ist allerdings noch schwierig, weil die gezielte Vermehrung der Pflanzen bisher nicht sehr erfolgreich war. Außerdem benötigt der über 12 m hohe Baum 10 bis 15 Jahre, um zum ersten Mal zu tragen.

Die Früchte werden etwa tomaten- bis orangengroß, sind rund, dazu oben und unten leicht abgeplattet. Am Stiel tragen sie wie eine Halskrause die etwas eingerollten Kelchblätter. Die Schale, rotbraun bis braunviolett, ist ziemlich dick und fest. Das Fruchtfleisch schimmert weiß oder cremig und erinnert in seinem Aussehen etwas an Litschis. Im Gegensatz zu jenen umschließt es jedoch nicht einen großen Kern, sondern ist in vier oder mehr dickfleischige, saftige Segmente aufgeteilt, in denen einige grüne Kerne liegen.

Das Aroma der Mangostane ist in keiner Richtung zu beschreiben. Es kann wirklich »nur«, geradezu schwärmerisch, als unaussprechlich gut, wunderbar und höchst delikat bezeichnet werden. Die Mangostane ist für Europäer wohl die aromatischste und vom Geschmack her kostbarste tropische Frucht, die wir kennen. Daher sollte sie auch, wenn sie schon den langen Weg zu uns gefunden hat, sehr sorgfältig behandelt werden. Aufgrund ihrer festen Schale ist sie gut haltbar und kann nach dem Transport im Kühlschrank einige Tage aufbewahrt werden. Doch ist sie äußerst geruchsempfindlich durch ihre dicke Schale hindurch! Man darf sie nur in einem absolut dicht schließenden Gefäß aufbewahren, sonst ist ihr ganzes Aroma weg.

Als Dessertfrucht eignet sich die Mangostane, außer daß sie roh angeboten wird, hervorragend zu leichten Cremes, Kombinationen mit Sahne und zu Eisspeisen. Unübertroffen jedoch ist ein Sorbet von Mangostanen.

Papaya

Papayas sind die tropischen Früchte, für deren Beschreibung die meisten Analogien aufgeboten werden: die Früchte sitzen rund und etwa so groß wie Melonen an den übermannshohen Bäumen, die keine Äste, sondern nur eine dichte Blätterkrone haben. Die Baummelonen, wie die Papayas deshalb auch genannt werden, treiben Blüten, die wie Maiglöckchen duften, und die zuerst grünen Früchte nehmen allmählich die Form einer Birne an. Sie können bis zu neun Kilogramm schwer werden, das Erntegewicht beträgt jedoch um 500 Gramm. Die Haut sollte nicht mehr grün sein, sondern zumindest gelb gefleckt. Schneidet man eine Frucht durch, so sieht man in der Mitte hunderte von schwarzen klebrigen Kernen, pfefferkorngroß, scharf im Geschmack wie Kresse, obgleich man sie nicht mitißt. Das Fruchtfleisch ist dagegen so fest wie das eines Kürbis und schmeckt nach Aprikosen oder Himbeeren und Waldmeister.

Bleibt noch zu ergänzen: sie ist reich an Vitamin C, enthält ein eiweißspaltendes Enzym namens Papain, und ihr — wenn nicht ganz reif, dann etwas fades — Aroma wird gern mit Zitronen, Limetten und anderen Zitrusfrüchten betont und durch frische Kokosnuß, Bananen und Ananas ergänzt. Unreife Papayas werden in den Erzeugerländern wie Gemüse, auch zu Suppen oder zum Überbacken verwendet.

Die Papayas gedeihen in allen tropischen Gegenden, stammen aus Mexiko, und erst Lufttransporte aus Hawaii und Israel haben die empfindlichen Früchte in die Obstgeschäfte der nördlichen Halbkugel gebracht.

Die Engländer haben die Papayas in ihrer Kolonialzeit die Frühstücksfrucht getauft: eine frisch gepflückte Frucht durchschneiden, die Kerne herausnehmen, das Fleisch zuckern und aus der Schale löffeln. Die karibische Küche hat besonders viele Rezepte für Marmeladen und Konfitüren entwickelt. Deutsche Farmersfrauen in Afrika haben Obstkuchen mit Papayafüllung gebacken, zur indonesischen Reistafel reicht man frische Papayascheiben, mit denen man sich zwischen oder zu den scharfen Beilagen die Zunge kühlen kann. Und in allen tropischen Ländern, in denen der Nachtisch fast immer aus frischen Früchten besteht, gehören auch halbierte Papayas dazu: oft mit anderen Früchten.

In Europa beginnt die Frucht allmählich bekannt zu werden, wenn auch im Larousse Gastronomique nur lakonisch steht: »Die Frucht ist süß und durch ihren Enzymgehalt besonders leicht verdaulich.«

In Nordamerika nennt man sie Pawpaw (nicht papaw, wie man es manchmal liest), schätzt sie wegen ihres niedrigen Kaloriengehaltes, 77 Kalorien auf hundert Gramm Fruchtfleisch, und empfiehlt: noch zu grünliche Früchte nicht im Kühlschrank, sondern feucht, warm, aber auch nicht in direkter Sonnenbestrahlung ein bis zwei Tage nachreifen zu lassen. Reife Früchte haben eine überwiegend gelbliche Schale, geben dem Druck der Hand leicht nach und sollten nur wenige Stunden zwischen Einkauf und Verbrauch im Kühlschrank aufbewahrt werden, am besten jedoch gar nicht.

»Von Papayen« schreibt der Orientalisch-Indianische Gärtner, daß die Früchte wie »Teutsche Melonen« aussehen, »grüngelbig/inwendig mit vielen schwartzen Kernen/und haben einen scharffen Geschmack/fast wie Senff...«.

Die Papaya, bot. Carica papaya, aus der Familie der Melonenbaumgewächse, wurde von den karibischen Einwohnern »Baum der Gesundheit« genannt: wegen der Heilkraft ihres Milchsaftes bei Verwundungen und der guten Wirkung der Früchte auf den Magen.

Die reife Papaya hat ein sehr saftiges Fruchtfleisch, doch die Kerne müssen entfernt werden. Als Desserts mit Cognac oder Portwein parfümieren. Auch zu Creme- oder Eisspeisen und zu Obstsalaten eignet sie sich hervorragend.

Die Passionsfrucht

Die Familie der Passionsblumengewächse ist sehr groß. Über 300 Arten dieser tropischen Kletterpflanze sind bekannt, meist aber nur in Wildformen, deren Früchte zum großen Teil ungenießbar sind. Doch die Blüten aller ihrer Arten sind von einer unbeschreiblichen Schönheit. Hier im Bild die zauberhafte Blüte der »Purpurgranadilla«, bot. Passiflora edulis Sims. Die »Passionsblume« ist bei uns seit dem 17. Jahrhundert bekannt. Ihren Namen erhielt sie von spanischen Missionaren, die in der geöffneten Blüte die Leidenswerkzeuge Christi erkannten. Einige Arten der Passionsfrüchte, auch die Purpurgranadilla mit ihren tief eingeschnittenen dreiteiligen Blättern, sind alte indianische Kulturpflanzen, wie aus archäologischen Funden in Peru hervorgeht. Die Früchte der Purpurgranadilla (von spanisch: rotes, kleines Granatäpfelchen) werden etwa hühnereigroß, doch rund und sind purpurfarben bis braun-violett. Die Haut ist etwas ledrig und schrumpft schnell. Daher sollten die Früchte bald verwendet werden. Schneidet man sie auf, so befinden sich im Innern viele kleine Kernchen, umgeben von einer geleeartigen, sehr saftigen Masse. Diese Pulpe schmeckt süß-säuerlich und hat ein volles, starkes Aroma, das an verschiedene tropische Früchte erinnert.

Wesentlich ertragreicher als die Purpurgranadilla ist ihre Mutante mit dem bot. Namen Passiflora edulis var. flavicarpa. Sie ist größer, hat eine gelbe, glatte, etwas dickere Schale und ist im Geschmack fast gleichwertig. Zwar ist sie kälteempfindlich, wird aber jetzt überall in tropischen Gebieten in Kulturen angebaut. Eine andere, ebenfalls sehr ertragreiche Sorte ist die »Gelbe Passionsfrucht«, bot. Passiflora laurifolia L. Sie hat im Gegensatz zur Purpurgranadilla und ihrer Mutante lange ovale Blätter. — Die Blüten der Passionsfrüchte öffnen sich meist am Nachmittag und schließen sich etwa gegen 22 Uhr. In dieser Zeit muß die Bestäubung stattfinden. Normalerweise wird das von Insekten, vorwiegend von einer bestimmten Bienenart, übernommen. Sind diese Bienen jedoch nicht vorhanden — die meisten Kulturen befinden sich ja nicht im Ursprungsland — so müssen die Blüten (wie auf dem zweiten Bild zu sehen) vor allem in Afrika und Asien einzeln von Hand bestäubt werden. — Die offizielle Farbe der apfelgroßen Früchte ist gelb, kann jedoch von zitronengelb über ocker bis zu rötlichorange variieren, je nach Standort und Klima der Kulturen. Die abgebildeten Früchte stammen aus Sri Lanka — aus Brasilien gibt es orangefarbene Exemplare derselben Sorte. — Zuletzt sei, mehr als Kuriosum, die »Riesengranadilla« genannt, bot. Passiflora quadrangularis L. Sie kann bis zu 26 cm lang werden und sieht dann wie ein dicker, länglicher Kürbis aus. Doch fehlt ihr das typische Aroma, der Geschmack ist fad. Passionsfrüchte werden heute in Kalifornien, Florida, Brasilien, Afrika, Indien, Neuseeland, Australien und Hawaii angebaut.

Die Verwendung der drei erstgenannten Sorten ist fast gleich, wenn auch die unansehnliche Purpurgranadilla an Geschmack und Aroma die anderen wesentlich übertrifft. Die Früchte werden roh ausgelöffelt, zu Flammeri und Pudding gegeben und bei Obstsalaten verarbeitet. Sehr wichtig für uns ist jedoch der konzentrierte Maracujasaft, eine hervorragende Delikatesse für Cremes, Quarkspeisen, Eis, Gelees, Shakes und andere Getränke. Nicht vergessen sei auch der beliebte Maracuja-Likör mit seinem unwiderstehlichen Aroma, der die einfachsten Desserts zu Köstlichkeiten verwandelt.

Exotische Raritäten oder
— auf den Standort kommt es an

Reisen nach Südostasien, in die Tropen und Subtropen Afrikas, in die Karibik, nach Mittel- und Südamerika erschließen einem Paradiese mannigfacher Art. Für uns speziell ist interessant die überschwengliche Fülle, besser, der verschwenderische Reichtum an Früchten, den die Natur dort offeriert. Unerreichbare exotische Kostbarkeiten, voll von Süße und Wohlgeschmack, sind jedoch für die Einwohner tropischer Gebiete reine Alltäglichkeiten. Zwar erscheint die eine oder andere Frucht einmal bei uns in hoch spezialisierten Delikatessengeschäften, verschwindet aber oft auch ebenso schnell wieder. Andere werden zu echten »Rennern«, man denke an Kiwi- oder Kakifrüchte.

Doch abgesehen von den kultivierten tropischen Früchten, die auch meist für den Export gezüchtet werden, gibt es eine Unzahl wild wachsender oder für den Eigenbedarf angebauter Sorten, von denen wir in Europa noch keine Ahnung haben. Unter diesen Sorten sind eine ganze Menge, die sicher auch wirtschaftlich kultiviert werden könnten. Es gibt auch eine Reihe von Früchten mit lokaler Bedeutung, die bereits als Konserven angeboten werden, wie zum Beispiel Woodapple oder die Baelfrucht aus Sri Lanka. Doch haben sie es teilweise schwer, ungeachtet ihrer Qualität, sich auf den Märkten der Industriestaaten durchzusetzen. Daher stellt sich die Frage: Neue Desserts aus unbekannten exotischen Früchten? Sie kann eindeutig positiv beantwortet werden, wenn auch mit einigem Vorbehalt für uns, die Importstaaten. Denn nicht alle tropischen Raritäten gelangen in der gewünschten Qualität zu den Verbrauchern. Aber die Mehrzahl dieser Früchte ist in bester Weise für Desserts geeignet, wenn auch recht wenig Rezepte aus den Ursprungsländern zur Verfügung stehen. Der Grund dafür ist sehr einleuchtend: in diesen tropischen Gebieten wurden und werden die Früchte kaum weiterverarbeitet oder geschmacklich veredelt, sondern sie dienen dem frischen Verzehr. Das hat sich auch durch die Kolonialisierung kaum geändert, obwohl Franzosen, Holländer, Spanier und auch Engländer einige Spezialitäten entwickelt haben. Doch nur sehr wenige und diese wiederum sind bei uns meist schon bekannt. Es ist kaum zu verstehen, daß in den besten Restaurants dieser Paradiese an tropischen Früchten, sei es in Südostasien, Afrika oder Mittel- und Südamerika, mit größten Schwierigkeiten und der daraus resultierenden mä-

ßigen Qualität, europäische Desserts mit Sahne und Buttercreme imitiert werden, während in Paris ein »Sorbet aux Mangostanes« inzwischen zum beliebten Nachtisch geworden ist. Dort in Übersee hat man sozusagen die Früchte vor der Tür und überläßt es den Einheimischen, aus diesen göttlichen Gaben etwas zu machen.

Gerade Eiscremes, Sorbets und Granités und die leichten Eiercremes sind es, für die man die tropischen Früchte vortrefflich verwenden kann. Natürlich auch für Fruchtsalate. Doch basierend auf den traditionellen Grundrezepten gibt es für den Patissier und die engagierte Hausfrau ungezählte Möglichkeiten neuer Kreationen. Eine Auswahl für die Zukunft zu treffen, ist wohl unmöglich. Deshalb sind auch bei den folgenden exotischen Früchten einige genannt, die sich zumindest bei uns nicht durchsetzen werden. Dafür wird es sicher Früchte geben, die hier nicht erwähnt sind. Denn, wie schon betont, ist es nicht nur die Schwierigkeit des Transportes von frischen Früchten allein, die sie uns vorenthält. Ein gutes Beispiel sind dafür die hervorragenden Konserven aus Sri Lanka, die für den Transport keinerlei Hemmnis bilden. Aber sie sind bei uns nicht zu bekommen. Wie auch immer es sei oder werden mag, so sollen hier Anregungen gegeben werden, nicht bei dem Herkömmlichen zu verweilen, sondern mit unbekannten exotischen Früchten zu experimentieren und Neues auszuprobieren. Die Mühe lohnt bestimmt. Nicht zuletzt muß jedoch erwähnt werden, daß bei den Bezeichnungen der einzelnen Früchte oft ein großes Durcheinander herrscht. Mehrere Namen für eine Frucht sind keine Seltenheit. Sie sind entstanden aus den Bezeichnungen der jeweiligen Ureinwohner, den Ländern und den Namen der früher oft wechselnden Kolonialherren. Diese Tatsache erleichtert die Orientierung natürlich nicht, sollte aber auch nicht abschrecken, von den paradiesischen Früchten Gebrauch zu machen, wann immer es möglich ist. Nur, man sollte auch bei den Exoten wählerisch sein und nicht allein der Neuheit wegen kaufen. Sehr oft werden Früchte angeboten, die überreif oder was noch schlimmer ist, schlichtweg »grün« sind. Das kann man z. B. oft bei Papayas feststellen, die dann auch bei behutsamster Lagerung auf dem sonnigen Fensterbrett nicht mehr ausreifen und somit für Desserts unbrauchbar sind.

Auswahl eines Händlers am Stadtrand von Singapur, eine Fülle feinster Früchte, uns zum Teil bekannt. Doch auch fremde zeigen sich wie Durian, die Stachelfrucht im Vordergrund, mit einem Geruch, der selbst die Abenteurer unter Feinschmeckern die Nase rümpfen läßt über diese in ihrer Heimat hochbezahlte Delikatesse.

Die Acerola- oder Barbados-Kirsche, bot. Malpighia glabra L., auch M. punici-folia L., gehört zur Familie der Ahorngewächse und gedeiht in den Tropen und Subtropen Zentral- und Südamerikas. Sie stammt von den Westindischen Inseln. Der strauchartige Baum blüht rosa oder violett und bekommt 2 bis 3 cm große rote Kirschen mit 3 Kernen, die mit den europäischen Kirschen allerdings nichts zu tun haben. Die Früchte haben den höchsten Vitamin-C-Gehalt von allen bekannten Früchten und Gemüsen der Welt, mindestens 30 mal so viel wie die Zitrone. Sie schmecken süßsäuerlich aromatisch. In den Anbauländern wird sie roh gegessen, aber auch zu Saft verarbeitet. Bei uns ist er vorwiegend in Reformhäusern als »Cerola-Saft« zu haben. Er eignet sich sehr gut zu Sorbets und Eis.

Bael- oder Beli-Frucht, bot. Aegle marmelos L., aus der Familie der Rautengewächse, gedeiht in den Subtropen und Tropen vorwiegend Süd- und Südostasiens. Sie stammt aus Indien und wird dort auch am stärksten angebaut. — Die Beal-Frucht hat die Größe einer Orange und besitzt eine harte Schale, ähnlich der Kokosnuß. Das Fruchtfleisch, gelblichorange, ist weich, schmeckt erfrischend säuerlich und sehr aromatisch. Es eignet sich püriert hervorragend für Eis, Sorbets und Fruchtcremes. In Indien wird die Beli-Frucht, reich an Vitamin A und C, frisch gegessen, zu Getränken verarbeitet oder auch in Scheiben geschnitten als Trockenfrucht verkauft. Als »Beli Cream«, püriert, gezuckert und sterilisiert, wird sie in Konserven aus Sri Lanka angeboten.

Bael- oder Beli-Frucht

Der Cashew-Apfel, auch Kaschu-Apfel, bot. Anacardium occidentale, ist eine alte indianische Kulturfrucht aus dem Gebiet von Mexiko. Durch spanische und portugiesische Seefahrer kam sie bereits im 16. Jahrhundert nach Ostafrika und In-

dien. Der »Apfel« ist länglich, 8 bis 15 cm lang, gelb bis rötlich glänzend. An seinem Ende hängt die Cashew-Nuß, die eigentliche Frucht. Der Cashew-Apfel ist nichts als der verdickte Stiel der Nuß. Dieses »Fruchtstielobst« mit säuerlich herbem Geschmack, entwickelt zusammen mit Zucker ein sehr feines Aroma. Es werden Saft, Gelee, Wein, Likör und Konfitüren hergestellt.

Die Dattelpflaume, auch Lotuspflaume genannt, bot. Diospyros lotus L., stammt aus der Familie der Ebenholzgewächse und ist eine Verwandte der Kakifrucht. Sie kommt aus dem Himalaja und wird jetzt weltweit von Kalifornien über den Mittelmeerraum bis nach Japan kultiviert. Die kirschgroße Beerenfrucht geht in der Farbe von gelb bis schwarzblau und hat ein süßes Fruchtfleisch. Saft und Püree eignen sich gut zu Quark- und Cremespeisen, auch zu Eis.

Die Durian, Durione, auch Stinkfrucht, bot. Durio zibethinus, gehört zum Ölobst. Ursprünglich auf den Inseln Südostasiens beheimatet, wird sie jetzt auch im tropischen Afrika und Südamerika angebaut. Wegen ihres kloakenähnlichen Geruches, der von der Schale ausgeht, hat sie in Asien Transportverbot in öffentlichen Verkehrsmitteln. Nichtsdestoweniger wurde sie schon erfolgreich vom Nobel-Kaufhaus Globus in Zürich importiert. In ihrer Heimat ist diese kindskopfgroße Stachelfrucht eine teure Delikatesse. Ihr Fruchtfleisch, cremig gelb mit zahlreichen Samen, schmeckt aromatisch sahnig und wird in Asien zu Konfekt und Marmelade verarbeitet.

Durian

Die Feijoa, auch pineapple guava genannt, bot. Acca sellowina (Berg), gehört zur Familie der Myrtengewächse. Ihr kleiner, gegen Trockenheit sehr beständiger Baum gedeiht in den Subtropen Südameri-

kas, wird heute aber auch in den entsprechenden Klimaten Afrikas und Asiens angebaut. Mit ihrer grünen Schale ähnelt die Frucht äußerlich der Avocado, beherbergt aber mehrere Kerne. Das gelbliche Fruchtfleisch, reich an Vitaminen, schmeckt aromatisch süß und eignet sich püriert gut zu Cremespeisen. In den Ursprungsländern wird die Feijoa meist roh gegessen.

Feijoa

Die Ikakopflaume, bot. Chrysobalanus icaco, ist im tropischen Südamerika beheimatet. Sie ist etwa pflaumengroß, die Farbe variiert von gelb über rot bis rotbraun. Im Innern beherbergt sie mehrere Steine. Das Fruchtfleisch hat einen strengen, doch süßen Geschmack. Die Ikakopflaume wird vorwiegend zu Kompott verarbeitet, auch als Konserve angeboten. Sie eignet sich für Eis und Cremes.

Der Jaboticaba-Baum, bot. Myrciaria auliflora Mart., aus der Familie der Myrtengewächse, gedeiht im tropischen Klima und ist ein wichtiger Obstbaum in Brasilien. Die kirschgroßen Früchte sitzen mit einem winzigen Stiel direkt am Baumstamm, sind etwa 2 bis 3 cm groß und haben eine dunkel-, blaurote bis schwarze Haut, die sehr fest ist und nicht verzehrt wird. Die Pulpe, reich an Vitaminen, schmeckt süßsauer und recht aromatisch. Roh wird sie mitsamt den kleinen Kernchen gegessen, aber auch zu Saft und Marmeladen verarbeitet. Als Kompott oder auch bei Creme- und Eisspeisen bereichert sie die Reihe der exotischen Desserts.

Die Karambole, bot. Averrhoa carambola, aus der Familie der Sauerkleegewächse, ist eine sehr aparte Frucht, die aus Malaysia stammt. Heute ist sie in allen tropischen Gebieten verbreitet. Wir importieren sie vorwiegend aus Brasilien. Die Früchte werden 10 bis 12 cm lang, haben bei Vollreife dunkelgelbe Farbe und ein durchscheinendes Fruchtfleisch. Der Länge nach ist die Karambole fünfwinklig in Segmente geteilt. Die Früchte, in den Tropen sehr geschätzt, haben einen hohen Vitamin-Gehalt, schmecken jedoch etwas fad, aber süß. Man kann die Haut leicht abziehen, aber auch mitessen, ebenso die kleinen Kernchen im Innern. Die Karambole wird verwendet als Frischfrucht, zu Saft, Marmelade und Fruchtkonserven. Sie eignet sich aber auch, zusammen mit Zitronen- oder Limettensaft, sehr gut für Obstsalate und Eisdesserts. Quer aufgeschnitten stellt sie eine sternförmige, fruchtige Dekoration dar, sehr apart in Wein, Bowlen oder Sekt eingelegt.

Karambole

Lawalu, bot. Chrysophyllum Roxburghii, eine bei uns vorläufig noch völlig unbekannte Frucht, ist in Südostasien beheimatet. Sie hat etwa die Größe einer Zitrone. In reifem Zustand befindet sich unter einer dünnen Schale ockerfarbenes, mehliges, doch sehr süßes Fruchtfleisch. Da sie sehr wenig Fruchtsäure besitzt, sollte man vor dem Verzehr oder Weiterverarbeitung Zitronen- oder Limettensaft zusetzen. Dann jedoch eignet sie sich püriert sehr gut für Sorbets, Creme- und Eisspeisen. Die Lawalu wird leider noch nicht importiert.

Lawalu

Die Mellowfrucht, in der deutschsprachigen Literatur noch unbekannt, wird ab und zu aus Chile importiert. Die Frucht ist reif, wenn ihre Schale eine gelb-orange Farbe hat, eventuell mit bräunlich violetten Streifen. Sie läßt sich leicht schälen. Das Fruchtfleisch ist erfrischend saftig und schmeckt ähnlich wie Honigmelone. Daher eignet sich die Mellowfrucht wunderbar zu Obstsalaten und zu Desserts mit säuerlichen Saucen.

Mellowfrucht

Die Sapote oder Sapodille, bot. Achras zapota L., auch Mamilkara zapotilla, ist eine oft verwechselte Frucht, von der es unzählige Kultursorten gibt, die schwer einzuordnen sind. Ursprünglich eine alte indianische Frucht aus dem tropischen Mittelamerika, wird sie jetzt weltweit über die Karibik und Afrika bis nach Südostasien in allen Tropengebieten angebaut. Die ovalen, 6 bis 8 cm langen Früchte haben eine gelblich zimtfarbene, etwas rauhe Schale, die ein lachsfarbenes, saftiges Fruchtfleisch mit einigen dunklen Kernen umschließt. Der süßsäuerliche Geschmack erinnert an Honigmelone. Daher eignet sich die Sapodille sehr gut für Sorbets, Creme-und Eisspeisen, natürlich auch für Obstsalate. Aufgrund ihrer festen Schale ist sie gut zu transportieren, wenn man sie vor der Vollreife erntet.

Sapote oder Sapodille

Der Sternapfel, »Kaimito« bei den Indianern genannt, bot. Chrysophyllum caimito L., ist eine alte indianische Kulturfrucht. Der Baum stammt aus dem tropischen Zentralamerika und wird heute im übrigen Mittelamerika und auf den Antillen angebaut. Die Früchte, rötlich bis violett, haben eine harte Schale, im Innern jedoch geleeartiges weißes Fruchtfleisch mit einigen Kernen. Schneidet man sie quer auf, so zeigt sich ein Sternmuster. Der Geschmack ist sehr angenehm und süß. Leider reifen die Früchte nur am Baum aus und verderben dann schnell. Doch eignen sie sich hervorragend für Sorbets, Creme- und Eisspeisen und für Konfitüre.

Die Tamarinde, auch Sauerdattel genannt, bot. Tamarindus indica, stammt aus dem tropischen Sommerregengebiet Afrikas, wird heute aber weltweit in den Tropen und Subtropen angebaut. Die Hülsenfrüchte können 12 bis 20 cm lang werden und haben eine spröde braune Schale. Das Fruchtfleisch ist weich und saftig, doch extrem sauer. Daher wird es vor der endgültigen Verarbeitung meist zu Mus oder Sirup bereitet. Das Püree findet Verwendung bei Erfrischungsgetränken und als Würze von süßen Fruchtsaucen, Sorbets und anderen Eisspeisen.

Woodapple

Woodapple, bot. Ferolia elephantum, heißt ein riesiger Baum auf Sri Lanka, dessen Früchte die Größe einer Orange haben. Ihre Schale ist braun und dunkel gefleckt, dazu hart wie die einer Kokosnuß. Die Frucht ist reif, wenn sie sich beim Schütteln innen von der Schale getrennt hat. Das Fruchtfleisch, braunrot bis violett, riecht etwas unangenehm säuerlich, entfaltet aber in Verbindung mit Zucker ein apartes, feines Aroma. Daher eignet sich die Frucht vorzüglich für Cremes, Sorbets, Eisspeisen. Sehr gut harmoniert sie auch mit Joghurt. — In Ceylon, dem heutigen Sri Lanka, wird das Fruchtfleisch mit Zucker sterilisiert und als »Woodapple Cream« in sehr guter Qualität angeboten. Hauptabnehmer ist dabei Australien.

SÜSSES GUT GEWÜRZT

Dessertgewürze von Anis bis Zimt

Zucker, Eier, Milch und Mehl — Safran macht den Kuchen gel, so heißt es im Kinderreim, aber es ist im Lauf unserer europäischen Küchengeschichte nicht bei dem Safran geblieben, und auch nicht bei dem milden, aber doch immer gleichen Geschmack von Eiern, Milch und Mehl. Gerade weil alle Cremes und Breie und Dunstkochs durch die Grundelemente der Mehl- und Milchprodukte eine so wohlige und gemütliche Grundstimmung auf der Zunge und im Magen verursachen, sind sie die idealen Partner für die säuerlichen und süßen Zutaten von Beerenstrauch und Obstbaum und für die zahlreichen Gewürze, die im Lauf der Jahrhunderte den Weg in unsere Küchen gefunden haben. Es gibt da Klassisches: Die Birnen, die in Wein pochiert werden, würzt man mit Zimt. Die Sauce zum Schokoladenpudding oder zum roten Fruchtgelee wird mit geschlitzten Vanillestangen gekocht, während zum Pfefferminzflammeri geschmolzene Schokolade gehört. Und der Wein zur Punschcreme wird kräftig mit Zitronenschale und Nägelchen versetzt. Es gibt auch Kombinationen, die mehr mit Magie und Medizin zu tun haben als mit der Kochkunst: Wir haben fast vergessen, daß der strenge Duft der Nelken im Mittelalter, wie man damals glaubte, vor Pest schützen sollte. Und strenger, kräftiger Geruch mag nicht nur beim noch ungepflegten Rotwein die mangelnde oder schon nicht mehr erhaltene Qualität von Sahne oder Butter, Früchten oder Mehl überdeckt haben. Schließlich: Wer es sich leisten konnte, »Pfeffer« zu kaufen, wie man früher alles Gewürz nannte, das die »Pfeffersäcke« reich machte und die Landesherren, die sich oft das Privileg des Gewürzhandels vorbehielten, wer also tief in die Schubladen mit Kardamom und Muskat und so weiter greifen konnte, der bewies, daß er nicht unvermögend war.

Wir leben nun in einer Zeit, in der das Aroma der Früchte, die man im Laden und oft auch auf dem Markt kaufen kann, immer blasser und schwächer wird, weil sie zu früh und unreif geerntet werden. Ideale Transporteigenschaften gehen vor Geschmack und Duft. Das kann und muß man mit Gewürzen, mit Alkohol und mit einheimischen Kräutern ausgleichen. Milchprodukte dagegen haben insofern gewonnen, als Butter nicht mehr ranzig zu werden braucht und Sahne im Kühlschrank kaum mehr sauer werden kann. Ihre standardisierte Qualität also verlangt mehr denn je nach wechselnden Gewürzen, auch nach einem Parfümhauch von starken Likören oder Süßweinen. Der englische Trifle, der nach einem ähnlichen Rezept als deutsche Diplomatencreme bekannt und bei den Buddenbrooks als Plettenpudding in die Literaturgeschichte eingegangen ist, zeigt das besonders gut. Makronen und Biskuits werden in Sherry getränkt, mit frischen oder Himbeermarmeladen bedeckt und diese von einer Eiercreme, die sanften Vanilleduft entströmt: lieblicher Biskuitteig und ein mildes Gemisch aus Milch und Eiern werden so belebt durch säuerliche Fruchtsüße, durch Alkohol und das Gewürz, das zu allem paßt. Was mit wem harmonisiert, sollte jedoch nicht so durch Tradition festgelegt sein, daß es von Experimenten abhält. Nichts ist reizvoller, als das Übliche auf den Kopf zu stellen und Äpfel mit Ingwer und Eis mit Zimt zu würzen. Doch gilt bei den Gewürzen fürs Dessert wie bei allen anderen die Regel: Zurückhaltung ist besser als verschwenderisches Mischen. Ein Gewürz ist wie der Begleiter am Flügel. Ohne ihn geht es gar nicht, aber er muß so spielen, daß das Lied nicht übertönt wird.

Vanille und Zimt stehen unangefochten an der Spitze, wenn es um Gewürze für süße Desserts geht. Und die Vanille ist das Grundgewürz schlechthin, schon weil sie ein solch zartes Aroma hat und sich mit fast allen übrigen Gewürzen, auch den Alkoholikas, bestens verträgt. Aber unentbehrlich ist sie als geschmacksbestimmendes Einzelgewürz für feine Cremes. So gut wie alle Grundrezepte für Cremes aus Eiern oder Milch werden mit Vanille gewürzt, sei es die englische oder die Konditor-Creme, die Schlagsahne oder eine Karamel-Creme. Erst durch die Vanille erhalten sie den unvergleichlichen Geschmack, und man kann sie jederzeit mit Schokolade, Kaffee, Nüssen oder anderen würzenden Zutaten verändern, ohne daß das Vanille-Aroma dabei stört.

Exotische Gewürze und heimische Kräuter

Schon der Gedanke an Gewürze und Kräuter ruft bestimmte Vorstellungen und vermeintliche Gerüche in uns hervor. Wir schnuppern nach dem Duft der Vanille, einem Hauch von Zimt und Nelke und dem kräftigen Aroma der Bittermandel — oder die Frische der Minze weht wie ein leises Lüftchen an uns vorbei. — Doch haben es hier die Desserts in der großen Gruppe der »süßen Sachen« etwas schwer. Die Auswahl der Gewürze und Kräuter ist relativ gering, sieht man von den vielen Möglichkeiten mit Spirituosen und anderen würzenden Zutaten wie Nüssen, Mandeln, Schokolade, Kaffee und der großen Menge von Fruchtauszügen ab. Dafür gibt es aber die »ganz großen Gewürze« wie Vanille und Zimt, mit ihrem breiten Anwendungsbereich.

Anis

Dieses Gewürz ist der getrocknete Same der Anispflanze, bot. Pimpinella anisum L. Es gehört zu den ältesten Gewürzen der Welt und stammt vermutlich aus Ägypten. Wegen des starken Aromas wird Anis bei Desserts gering dosiert. Er eignet sich gut für süße Aufläufe, Puddings und Kompotte. Anis kommt heute aus Spanien, Italien, Griechenland, Bulgarien und der UdSSR.

Bittermandel

Bittere Mandeln sind Früchte von rötlich blühenden Mandelbäumen, bot. Prunus amygdalus amarum, schon 500 v. Chr. in Persien beheimatet. Als Gewürz ist Bittermandel bei Desserts überall da beliebt, wo der Mandelgeschmack verstärkt werden soll. Es paßt auch zu allen Steinobstarten wie Aprikose, Pfirsich und Pflaume, deren eigene Kerne man auch aufschlagen kann.

Ingwer

Bot. Zingiber officinale, aus den tropischen Gebieten Ostasiens stammend, wird bei uns in folgenden Formen angeboten: Als getrocknete Wurzel, ganz oder gemahlen, als Stem-Ingwer, in Dickzuckerlösung (Sirup) eingelegt, und die frische Wurzel. Sie sollte bevorzugt verwendet werden, weil ihr Aroma feiner und intensiver ist. Beim Einkauf aber darauf achten, daß die Wurzeln prall und fest sind. Eingelegter Ingwer ist Gewürz und Zutat zugleich, der Sirup kann ebenfalls zum Würzen, z. B. von Obstsalaten verwendet werden. Ingwer verträgt sich in allen Formen gut mit anderen Gewürzen.

Kardamom

bot. Elettaria cardamomum L. aus den feuchten Klimaten Indiens, liefert mit seinen Samenkapseln ein Gewürz, das schon im Mittelalter in Europa bekannt war. Er paßt zu allen Desserts, die Kaffee enthalten, auch mit Zimt und Nelken zu Apfel-, Birnen- und Pflaumenkompott.

Minze

Pfefferminze, bot. Mentha x piperita L., ein europäisches Kraut, von den Engländern für die Küche entdeckt. Für Desserts nur frische Minze verwenden. In kleinen Büscheln in Folie kann man sie gut einfrieren. Ihr leichter Mentholgeschmack paßt zu Fruchtsalaten, -eis und -saucen.

Muskat und Macis

Der Muskatbaum, bot. Myristica fragrans Houtt., stammt aus dem tropischen Regenwald der Banda-Inseln und Molukken. Bis ins Mittelalter kamen Macis und Nuß durch arabische Händler nach Europa. Für Desserts werden beide Gewürze besonders im englischen Sprachraum für Cremes, Sorbets und Kompotte benutzt.

Mohn

bot. Papaver somniferum L., stammt aus Kleinasien und ist seit dem Altertum bekannt. Aus der Blüte entwickelt sich eine Kapsel, in der hunderte von blaugrauen Körnchen liegen. — Mohn ist Gewürz und würzende Zutat. Er wird sparsam verwendet zum Bestreuen von Kleingebäck und reichlich als Füllung für Strudel, Knödel, Hörnchen.

Nelke

Das alte ostasiatische Gewürz ist die getrocknete Blütenknospe des Gewürznelkenbaumes, bot. Syzygium aromaticum L., mit der Urheimat Molukken wie die Muskatnuß. Einmal im Jahr werden die roten Knospen, die an Blütendolden sitzen, gepflückt und über Feuer oder in der Sonne getrocknet. Die Öldrüsen mit dem »Nelkenaroma« befinden sich in den Kelchblättern. Für Desserts verwendet man Nelken in Cremes (in Pulverform), Kompotten, Obstspeisen aller Art und Fruchtsaucen.

Safran

Die alte Gewürz- und Färberpflanze aus Vorderasien, bot. Crocus sativus, ist heute auch im Mittelmeerraum heimisch. Bei Desserts wegen des strengen Geschmacks nicht immer beliebt, ist Safran bewährt beim Färben von Cremes und Saucen. Vorsicht: Vanillecremes vertragen das Aroma nicht!

Waldmeister

Diese Maipflanze, bot. Galium odoratum auch Asperula odorata, wächst in Europa. Mit dem zarten, doch intensiven Duft ist der Geschmack beliebt in Cremes und Fruchtgelees. Er verträgt sich mit trockenem Weißwein, aber nicht mit anderen Gewürzen.

Zwei Gewürze in einer Frucht. Die pfirsichgroße Frucht des Muskatbaumes reißt an der Fruchtnaht auf, sobald sie reif ist. Unter der weichen Fruchthülle befindet sich leuchtend rot das erste Gewürz, Macis, fälschlich auch Muskatblüte genannt. Es umschließt die harte Schale, in der das zweite Gewürz, die Muskatnuß ruht.

Frischer, junger Ingwer, den dieser indische Bauer geerntet hat, ist inzwischen auch bei uns bestens eingeführt. Das Aroma ist intensiver und die Schärfe geringer. Geschält und in Scheiben geschnitten oder, noch besser, feingehackt durch die Knoblauchpresse gedrückt, ist er ein ideales Dessert-Gewürz.

Waldmeister das ganze Jahr. Er läßt sich gut einfrieren und behält vollkommen sein Aroma. Es hat sich bewährt, Waldmeister nicht zu Bündeln zu schnüren, wie er meist angeboten wird, sondern locker in Alu-Schachteln einzufrieren. Er kann dann wie frischer Waldmeister verwendet werden.

Vanille

Die Königin der Gewürze, bot. Vanilla planifolia, ist eine Liane aus der Familie der Orchideengewächse, die aus dem tropischen Urwald Mexikos stammt. Sie benötigt eine Stützpflanze - besonders gut gedeiht sie neben dem Kakaobaum. Ihre gelben Blüten werden in Plantagen mit Bambusstäben bestäubt. Diese Arbeit muß sehr schnell gehen, da sich jede Blüte nur für einige Stunden öffnet. Zur Gewinnung des Gewürzes werden die Fruchtkapseln vor ihrer Reife, noch grüngelb, geerntet. Man übergießt sie dann mit heißem Wasser, packt sie in Behälter und läßt sie in der Tropensonne schwitzen. Nach wochenlanger Behandlung färben sich die Stangen schwarzbraun und bleiben weich und biegsam. Mit Vanille würzten schon die Azteken ihren Kakaotrunk. Beides lernten dort die spanischen Eroberer kennen. 300 Jahre lang hatte Mexiko (die Spanier) das Monopol im Verkauf der begehrten Vanille. Doch Anfang des 19. Jahrhunderts gelang es Holländern und Franzosen, auf den Inseln ihrer Kolonien im indischen Ozean mit Setzlingen aus botanischen Gärten Kulturen anzulegen. Heute kommt Vanille vorwiegend aus Madagaskar, Réunion, den Komoren und Indonesien. In der Patisserie gebührt der Vanille der erste Platz vor allen Gewürzen, wenn auch ihr unvergleichliches Aroma erst in Verbindung mit Zucker zu seiner vollen Entfaltung gelangt. Sie gibt allen zarten Cremes und Saucen aus Eiern und Milch oder Sahne ihren unverwechselbaren Geschmack, ebenso der »feinsten Sorte vom Eis«. Vanille ist auch ein ideales Mischgewürz, verträgt sich sehr gut mit Zimt, Nelken, Schokolade und den meisten Spirituosen, die zum Würzen von Desserts verwendet werden.

Vanilleschoten in Bündeln sind bei uns für den professionellen Verbrauch bestimmt. Ansonsten werden die wertvollen Schoten, die leicht austrocknen, einzeln in Glasröhrchen angeboten. Außerdem als Pulver, mit oder ohne Zucker, wobei die Mischung einen Vanillepulveranteil von mindestens 5% haben muß.

Zimt und Zimt ist zweierlei

Der immergrüne Zimtbaum aus der Familie der Lorbeergewächse hat viele Arten. Doch als Gewürz wird die Rinde von nur zwei Typen verwendet: vom Ceylon-Zimtbaum, auch Kaneel, bot. Cinnamomum zeylanicum Bl. und vom Chinesischen Zimt, auch Zimtkassie, bot. Cinnamomum aromaticum N. oder C. cassia.

Ceylon-Zimt (im Bild links oben werden gerade Stangen getrocknet) ist hellbraun, zart süßlich in Duft und Geschmack. Je dünner die Rinde, um so höher der Anteil von Aroma. Getrocknet rollt er sich von beiden Seiten auf. Auch gemahlen ist er hell und zart duftend. Ceylon-Zimt kommt auch aus Südindien, von den Seychellen oder Madagaskar, doch hat er nicht die Qualität der Stangen, die von Ceylon, dem heutigen Sri Lanka stammen.

Kassia-Zimt ist heimisch im Süden Chinas, Indochinas und Indonesiens. Er erreicht die beste Qualität als Kassia Vera in den Anbaugebieten im Westen Sumatras. Im Bild links unten Kassia-Ernte. Zuerst wird am stehenden Baum die erreichbare Rinde geschält, bevor er gefällt wird. Die getrocknete Kassia ist dunkler in der Farbe, die Rinde hart, der Duft nicht so süßlich, der Geschmack kräftiger. Gemahlen ist wieder die dunklere Farbe typisch und der kräftige, etwas scharfe Geruch. Kassia hat keine schlechtere Qualität, sie ist nur eine andere Sorte für eine andere Verwendung.

Alternativ würzen? Natürlich! Beide Arten vertragen sich gut mit Zucker und sind damit ein ideales Gewürz für Desserts. Leichte Cremes oder Eiersaucen verlangen nach der süßlichen Milde des Ceylon-Zimts. Dagegen würzt man Kräftigeres wie Rotweinsaucen oder Kompotte einheimischer Früchte besser mit der schärferen Kassia. — Aus unreifen, getrockneten Früchten der Kassia, Rindenbruch und Blättern wird reines Zimtöl destilliert. Übrigens, Zimt ist eines der ältesten Gewürze der Welt!

Rum

Wenn es eine ideale, würzende Spirituose für Desserts gibt, dann ist es ganz ohne Zweifel Rum. Er verträgt sich mit fast allen anderen Geschmacksrichtungen und steigert oft noch ihre Wirkung.

Leider wird keine Spirituose so kritiklos konsumiert wie Rum, ob weiß oder braun. Doch der beste Rum ist kaum zu haben. Er ist das Destillat aus purem Zuckerrohr mit einem unvergleichlichen Aroma. Und weil nur Qualität Desserts zu »feinen Desserts« macht, muß man nach einem guten Rum wirklich suchen.

Weinbrand

Aus dieser Gruppe eignen sich fast alle, ob französischer Cognac, Armagnac oder die Weinbrände aus Deutschland, Italien oder Spanien, zum Parfümieren von Desserts. Das Weinbrandaroma ergänzt besonders gut den Geschmack säurearmer Früchte, und auch Eiercremes rundet es angenehm im Geschmack ab. Auch die Brände aus Trester, den Rückständen beim Weinkeltern, wie z. B. der Marc de Champagne oder der italienische Grappa, würzen Fruchtsalate und Kompott recht gut. Vorzüglich sind sie für ein erfrischendes Sorbet geeignet.

Klare Obstbrände

Ihr Duft allein würde schon genügen, aber der Alkoholgehalt wird gern in Kauf genommen, und außerdem sind sie ganz unkompliziert in der Anwendung. Das Destillat paßt immer zu der jeweiligen Frucht, also zu Kirschen das Kirschwasser usw. Besonders in Schlagsahne kommt das Aroma der Obstbrände in Verbindung mit den jeweiligen Früchten hervorragend zur Geltung. Nur, sie sollten im Gegensatz zu anderen Alkoholikas schwächer dosiert werden. Das trifft auch bei Obstsalaten zu, die nur mit einem Hauch gewürzt werden müssen.

Liköre

Regeln zum Würzen mit Likör scheitern schon an der Vielfalt des Gebotenen. Und strenge Maßstäbe an die Qualität sind nötig. Recht leicht lassen sich die Sorten einsetzen, die ein Grundaroma haben, also Aprikosenlikör, Orangenlikör, Mandellikör usw. Sie passen in jedem Fall zur jeweiligen Frucht, sind aber meist auch gut mit Schokolade und Vanille zu kombinieren. Schwieriger ist es mit Likören, die aus einer Vielzahl von würzenden Zutaten bestehen. Sie haben meist einen solch ausgeprägten Geschmack, daß sie im Dessert auch keine andere Würze neben sich dulden. In solchen Fällen kann man sich nur auf das vorgegebene Rezept verlassen, oder man probiert selbst mal was »Neues« aus, was oft nicht schwerfällt, wenn man sich das Aroma gut eingeprägt hat.

Wein

Er kann in einem Rezept Gewürz oder auch wesentliche, geschmacksgebende Zutat sein. Einmal kommt es auf die Menge an, z. B. in einem Weingelee, das zum größten Teil eben aus Wein besteht. Er kann aber auch Gewürz sein, vor allem, wenn es um so gehaltvolle Südweine wie Marsala für eine Zabaione oder um den süßen Creamsherry geht.

Bei Wein ist es aber vor allem die Qualität, der größte Beachtung geschenkt werden muß. Gerade weil er oft im Rezept über die Menge eines Gewürzes hinausgeht, ist der beste gerade gut genug.

Champagner und Sekt

Sein Prickeln überträgt sich auch auf das Dessert, und Wein ist durchaus kein Ersatz. Man muß nur mal bei einem Granité die Probe aufs Exempel machen, um den Unterschied ganz deutlich zu spüren. Aber, wie bei allen Produkten, ist letztlich die Qualität entscheidend.

Champagner sollte für Desserts ohnehin nur da verwendet werden, wo seine Stärke auch voll zur Geltung kommt, aber dann auch nur der beste. Und ebenso wie ein frisch gefülltes Glas Champagner soll auch das Dessert gleich genossen werden — sei es nun eine luftige Sabayon oder ein Sorbet. Champagner verträgt auch keine anderen würzenden Zutaten, außer frischen Früchten; dazu paßt er aber immer vortrefflich.

CREMES

Grundlage für feine Desserts

Creme — das klingt sanft und lieblich, nach der angenehmsten aller Nachspeisen, die buchstäblich auf der Zunge zergeht. Die Bayrische Creme ist wie ein Symbol für königliche Desserts, und Thomas Mann beschrieb die hanseatische Creme, die Mandel-Creme der Buddenbrooks, »ein Gemisch aus Eiern, geriebenen Mandeln und Rosenwasser«, in großen Kristallschalen zwischen Tee und Biskuits und dem eigentlichen Abendessen serviert, als ob es so etwas schon immer gegeben hätte. Schlägt man aber in einem Wörterbuch aus der Goethezeit nach, zum Beispiel bei Grimm oder Adelung, so findet man das Wort Creme weder unter C, noch unter K. Damals löffelte man solche Speisen noch als Mus (ehe es als mousse vornehm Furore machte) oder als Eierrahm, den Thomas Mann auch erwähnte, und zwar im Zusammenhang mit dem Plettenpudding — »ein schichtweises Gemisch aus Makronen, Himbeeren, Biskuits und Eierrahm...« Im Brockhaus von 1898 ist die Creme endlich ebenso wie auf den Menü-Karten dieser Zeit zu finden: »Creme, von franz. crème = Milchrahm, Sahne; ferner Bezeichnung für rahmartige Speisen aus Milch, Eiern und anderen Bestandteilen (Schokolade, Wein usw.), von welchen sie den näher bestimmenden Namen erhalten. In übertragener Bedeutung bezeichnet Creme das Auserlesenste, Beste von etwas, namentlich die vornehmste Gesellschaft.« Noch genauer sagen es die Küchenmeister der Jahrhundertwende: »...der aus dem Französischen ins Deutsche übernommene und auch nur schwer einzudeutschende Begriff der Cremes umfaßt eine große Reihe ziemlich verschiedener Speisegruppen, die nur das eine gemeinsam haben, daß rohe oder gekochte Sahne beziehungsweise Milch ihren Hauptbestandteil ausmachen.« Ordentlich und systematisch hat man es aber trotzdem unternommen, die »ziemlich verschiedenen Speisegruppen« nach ihren Herstellungsverfahren so einzuteilen, daß man sich über sie verständigen kann. Als Englische Creme international anerkannt wird die Eier-Grundcreme bezeichnet, die als Basis für eine ganze Reihe von Cremes und Saucen gilt. Dann die Custards, die süßen Eierstiche, sind heute als Crème au caramel oder in der noch feineren Form als »petits pots de crème« populär. Die Bayrische Creme, mit Gelatine gefestigter Eierrahm plus Schlagsahne, in mageren Kriegszeiten in Vergessenheit geraten, ist längst wieder unter der eleganten Bezeichnung Crème bavaroise Mode geworden und nicht als Eierrahm, »weil man in vielen Gegenden, wenn nicht in den meisten Rahm überhaupt nicht kennt«, wie die Kochlehrer des jungen Deutschen Reiches in kühler Verachtung landschaftlich provinzieller Überreste in Wortschatz und Gedankengut meinten. Die dritte Gruppe umfaßte die Crèmes françoises, auf dem Feuer bis dicht vors Kochen geschlagener Eierschaum, mit Gelatine gehalten, und dann gab es noch die Crèmes pâtissières, die Bäckerei-Cremes, die man früher noch mit Mehl kochte und als Hilfscreme bezeichnete. All diese Gebilde aus Eiern, Sahne und anderen köstlichen Zutaten gehören seit jeher zu einem vollständigen Festmenü, ob es nun aus drei oder aus einem Dutzend Gängen besteht. Wenn man sich alte Speisekarten betrachtet, so sieht man, daß der begleitende Wein gerade zu diesem Dessert noch einmal gewechselt wurde. Dem Rotwein, der den Braten und das Gemüse begleitete, folgte ein Champagne Crémant, ein schlichter Vin de Champagne, Muscat, Markobrunner oder der Punch à la romaine, eine halbgefrorene Mischung, die auch gern als Zwischengericht vorm Fleisch serviert wurde. Es liegt wohl in der Natur der Zutaten, daß es viele alte Rezepte gibt, die nicht altmodisch geworden sind, das heißt: die man ohne Zögern und ohne Veränderungen nachkochen kann, es sei denn, daß man alle Zutaten, die für ein Bankett für achtundvierzig Gäste gerechnet waren, halbiert oder viertelt. Im übrigen kann man wie Großmutter oder Urgroßmutter Köksch rühren und schlagen und kühlen und mischen, bedachtsam und mit Geduld. Wer einmal für ein großes Familien-oder Ess-Fest zwei oder drei oder fünf verschiedene Cremes vorbereitet und mit einer Schüssel zartem Kleingebäck serviert hat, der weiß, welche Begeisterung und Bewunderung man damit ernten kann. Und wie angenehm es ist, die (wenn man mag, schon am Vortag) fertig zubereiteten Cremes nur aus dem Kühlen zu holen und auf den Tisch zu stellen.

Ein Beispiel für eine gestürzte Creme:

Bavarois »Vanille-Kaffee«
Nach dem Grundrezept von Seite 65 wird die Vanille-Bavarois zubereitet. 1 EL Instant-Kaffee wird mit 1 EL heißem Wasser aufgelöst, dazu kommt 1 EL Tia Maria Likör, und mit dieser Mischung wird die Hälfte der Masse aromatisiert. Eine 1,5 l Form mit der Vanillecreme füllen, die Kaffeecreme in einen Spritzbeutel mit großer Lochtülle füllen. Die Tülle etwa 1 cm tief in die Vanillecreme stecken und die Kaffeecreme hineindrücken. Dadurch verteilt sich die Vanillecreme ganz automatisch am Rand. Dazu Schokoladensauce reichen.

CREMES

Eine Grundcreme für Desserts,

Die englische Creme

Crème à l'anglaise

Diese angenehm dickflüssige Creme ist zwar Ausgangsprodukt für eine ganze Reihe von Desserts, z. B. für die Crème bavaroise, weit bekannter aber ist sie als die traditionelle »Vanillesauce«. In der Patisserie unentbehrlich für Kompott, gestürzte Cremes, Flammeris oder auch zu warmen Desserts wie den berühmten »Wiener Buchteln«. Sie ist aber auch Grundprodukt für alle Sorten von gutem Cremeeis. Wie immer sie auch verwendet wird, ihre Zusammensetzung variiert nur gering. Hauptzutaten sind die Milch (manchmal auch Sahne), Eigelb, Zucker und Gewürz. Die zarte Bindung wird mit dem Eigelb erreicht, das durch Gerinnen die Flüssigkeit eindickt.

Das gesamte Eigelb darf aber nicht vollständig gerinnen, da sonst die Bindung wieder aufgehoben wird, und das Eigelb sich absetzt. Diesem Umstand muß bei der gesamten Zubereitung Beachtung geschenkt werden. Keinerlei Eiweißreste dürfen an den Eigelben haften, wenn sie mit dem Zucker verrührt werden, da sie sonst beim Erhitzen der Creme zu Klümpchen gerinnen würden. Dann kommt nach und nach die heiße Milch unter das Eigelb. Erst dann ist es weniger gegen das Gerinnen anfällig, und die Mischung kann direkter Hitze ausgesetzt werden, darf aber unter keinen Umständen zum Kochen kommen.

Zutaten für das Grundrezept:

6 Eigelb
100 g Zucker
1/2 l Milch
1/4 Vanillestange

1 **Die Eier trennen.** Das Ei am Tassenrand aufschlagen. Dotter über der Tasse von einer Schalenhälfte in die andere kippen, damit das Eiweiß abgetrennt wird und in die Tasse läuft. Der festere, gallertartige Teil am Rand des Dotters muß sorgfältig entfernt werden. Das Eigelb gibt man in die Rührschüssel.

2 **Den Zucker beifügen.** Die abgewogene Zuckermenge zu den Eiern in die Schüssel rinnen lassen und mit dem Schneebesen vorsichtig vermischen. Dann etwas schneller rühren. Damit die Schüssel dabei nicht hin und her rutscht, stellt man sie am besten auf ein feuchtes Küchentuch.

3 **Eigelb und Zucker cremig rühren.** Für diesen Arbeitsgang keinen Elektroquirl verwenden, nur den Schneebesen. Der Zucker soll sich langsam auflösen und mit den Eidottern eine cremige, keinesfalls schaumige Masse ergeben, da sonst die Creme zu viel Luft enthält. Daher nicht zu schnell rühren.

4 **Vanillemilch dazugeben.** Die Milch in einen Topf gießen und auf den Herd stellen. Die Vanilleschote der Länge nach aufschneiden und das Mark in die Milch kratzen. Aufkochen lassen. Mit einer Schöpfkelle die noch heiße Milch langsam zu der Eierzuckermasse geben. Dabei ständig rühren.

5 **Die Creme in einen Topf gießen.** Man gießt die Creme am besten gleich in den Milchtopf hinein, vorausgesetzt, die Milch hat sich nicht am Topfboden angelegt. Dann das Ganze auf den Herd stellen, und unter ständigem Rühren erhitzen. Vorsicht! Die Creme darf nicht aufkochen.

6 **Die Creme bis zur Rose abziehen** nennt es der Fachmann. Sie ist dann genügend erhitzt, wenn sie auf dem Kochlöffel leicht angedickt liegenbleibt oder sich beim Daraufblasen Kringel zeigen, die an die Form einer Rose erinnern. Aus hygienischen Gründen sollte man die erste Garprobe vorziehen.

7 **Die Creme durch ein feines Haarsieb passieren.** Vermutlich kommt vielen dieser Arbeitsgang überflüssig vor — er ist es nicht! Falls sich doch kleine Klümpchen gebildet haben, verschwinden sie auf diese Weise. Das Durchpassieren ist eine Qualitätssteigerung für die Creme und gehört zur gehobenen Küche.

Eine andere Garmethode für Eiercremes am Beispiel einer

Karamel-Creme

Crème au caramel

Die Zutaten, Milch, Eier und Zucker, sind die gleichen wie bei der englischen Creme, wenn auch in anderen Mengenverhältnissen. Geschützt durch ein Wasserbad, wird diese Creme jedoch im Ofen gegart. — Sie ist im Grunde nichts weiter als der bekannte Eierstich (franz. royale), eine pikante Mischung aus Milch, Eiern und Gewürzen, die im Wasserbad zum Stocken gebracht wird. Entscheidend für die Festigkeit, auch bei den süßen Varianten, ist der Eiweißanteil. Er bestimmt, ob die Creme dann »cremig«, also halbfest ist, oder ob sie, wie das Beispiel Karamel-Creme, gestürzt werden kann.

Die zartesten und feinsten dieser Gattung sind ohne Zweifel die »petits pots de crème«, zu deutsch Cremetöpfchen, die zu Unrecht im Schatten der Karamel-Creme stehen. Nicht nur, weil sie wegen des geringeren Eiweißanteils eine besonders geschmeidige Konsistenz haben, sondern auch ungeheuer variabel sind. Die Creme-Mischung wird in kleine Ragoutnäpfchen oder Glasschälchen gefüllt, die man in einen großen, tiefen Topf stellt. Dann vorsichtig heißes Wasser dazugießen, bis ca. 2 cm unter den Rand der Töpfchen. Die Creme bei 180° C Ofentemperatur zugedeckt ca. 20 Minuten stocken lassen und vor dem Servieren gut kühlen. Die Creme selbst kann vielfältig aromatisiert werden, z. B. mit Kaffee, geschmolzener Schokolade, geriebenen Nüssen, sowie allen Arten von Likören. Darüberhinaus ergeben sich eine Menge Kombinationsmöglichkeiten mit frischen Früchten, Kompott oder Fruchtsaucen.

Im Gegensatz zu diesen halbfesten ist der Eiweißanteil der gestürzten Cremes größer, oft auch das gesamte Milch-Eier-Verhältnis. Sie sind dadurch etwas fester, sollen aber trotzdem zart auf der Zunge schmelzen.

Für den Karamelspiegel:

100 g Zucker
2 cl Wasser
etwas Öl zum Ausfetten der Förmchen

Für die Creme:

1/2 l Milch
1/4 Vanillestange
90 g Zucker
3 Eier
2 Eigelb

Die Menge ist ausreichend für 6 Förmchen mit 16 cl Inhalt.

Die Förmchen werden mit Karamel ausgegossen. Der Zucker wird in einer Kasserolle erhitzt. Erst rühren, wenn er am Rand zu schmelzen beginnt. Dann langsam aber ständig rühren. Ist er vollständig aufgelöst, das Wasser auf einmal dazuschütten und den Karamel in die ganz leicht geölten Förmchen etwa 3 mm hoch einfüllen. Ein verbleibender Rest kann mit Wasser aufgekocht als Karamelsauce dazu serviert werden.

Nur die Milch wird mit der Vanillestange aufgekocht. Die Eier und Eigelb werden mit dem Zucker kräftig verrührt, aber nicht schaumig geschlagen. Nach und nach wird dann die heiße Milch untergerührt. Die Creme wird durch ein feines Sieb gegeben und in die Förmchen gefüllt. Im Wasserbad (Wassertemperatur 80°C) bei 200° C Ofentemperatur etwa 20 Minuten stocken lassen. Die Creme in den Förmchen gut kühlen und vor dem Stürzen mit einem spitzen Messer den Rand lösen.

Crème au caramel stürzen und sofort servieren, denn eiskalt und frisch gestürzt schmeckt sie am besten. Der aufgelöste Karamel haftet noch an der Oberfläche, und Karamelsauce kann zusätzlich dazu serviert werden. Übrigens, die Creme muß nicht unbedingt in den traditionellen konischen Timbaleformen zubereitet werden; es eignen sich auch Brioche- oder andere Formen. Nur einen flachen Boden sollen sie haben, damit die Karamelschicht nach dem Stürzen gut stehen bleibt.

CREMES

Schlagsahne

Crème Chantilly

Sie ist Lockerung und Bindung zugleich. Außerdem ist sie, nur mit Zucker und eventuell noch mit Vanille aufgeschlagen, eine Creme für sich, die ungeheuer vielfältig verwendbar ist. Für Füllungen von Desserts, zum Garnieren oder auch nur als Beigabe z. B. zu Kompott oder Eis. Geschlagene Sahne ist aber auch Lockerungsmittel für eine ganze Reihe von Cremes oder Halbgefrorenem. Ob sie nur leicht angeschlagen, also in cremigem Zustand verwendet wird, oder schnittfest geschlagen unter Cremes gezogen wird. In diesem Falle sorgt sie auch noch für die Standfestigkeit von Füllungen.

Sahne immer gut kühlen! Bei der Verarbeitung ist die Sahne meist problemlos, wenn nur einige wichtige Grundregeln beachtet werden. Frische Sahne, oft auch als »süße Sahne« bezeichnet, ist »konzentrierte Milch«, der durch Zentrifugieren Flüssigkeit entzogen wurde. Verschwunden vom Markt ist leider die wirklich »frische Sahne«, deren hervorragender Geschmack nur noch Erinnerung ist. Sie wird heute generell durch Erhitzen haltbar gemacht, was sich leider auf die geschmackliche Qualität nicht gerade positiv ausgewirkt hat.

Der Fettgehalt muß mindestens 30% betragen. Je höher er ist, desto leichter läßt sie sich aber aufschlagen. Wenn auch von »frischer Sahne« gesprochen wird, so sollte sie doch mindestens 2-3 Tage reifen. Diese Zeitspanne braucht sie aber meistens ohnehin, um vom Erzeuger zum Verbraucher zu gelangen. Sie ist dann ideal zum Schlagen, nimmt entsprechend viel Luft auf und vergrößert ihr Volumen auf das 2-3fache. Voraussetzung ist aber, daß sie so kühl wie möglich verarbeitet wird. Die Sahne selbst, die Geräte und wenn möglich auch der Raum, in dem sie geschlagen wird, sollten kühl sein. Sie wird dadurch luftiger, und die Gefahr, daß sie »zu Butter wird«, ist wesentlich geringer, sie ist flexibler. Ist sie zu warm, etwa Zimmertemperatur, dann kann es schnell geschehen, daß dieser unerwünschte Effekt eintritt, und sich das Fett von der Flüssigkeit trennt.

Frisch geschlagen schmeckt Sahne am besten. Sie kann zwar im Kühlschrank bis zu 12 Stunden aufbewahrt werden, sollte dann aber mit dem Schneebesen nochmals kurz aufgeschlagen werden. Von der Industrie angebotene Hilfsmittel zum Steifhalten der Sahne bewirken nur, daß sich die Flüssigkeit von der geschlagenen Sahne langsamer absetzt; weich wird sie aber trotzdem und natürlich auch geschmacklich nicht besser. Für die Qualität ist es nur von Nutzen, wenn sie, wo immer es möglich ist, nur frisch geschlagen verwendet wird.

Hilfreich für eine gute Qualität ist auch die Lagerung. Sowohl die ungeschlagene Sahne, mehr aber noch die Schlagsahne, nur absolut luftdicht verschlossen mit anderen (stark riechenden) Lebensmitteln im Kühlschrank lagern. Sie ist äußerst empfindlich und nimmt fremde Aromen sehr leicht auf. Eine Eigenschaft, die man bei ihr gar nicht schätzt, wenn z. B. Zwiebeln in ihrer Nähe waren, die sich aber recht positiv auswirkt, wenn frische, zerdrückte Walderdbeeren untergerührt werden. Keine andere Creme würde diesen Geschmack so steigern können.

1 **Sahne mit dem Handrührgerät schlagen?** Ja, aber nur bei halber Leistung, denn wenn sie luftig und locker werden soll, braucht sie entsprechend viel Zeit, um genügend kalte Luft in sich aufzunehmen. Den Zucker der flüssigen Sahne zusetzen, damit er sich während des Schlagens auflösen kann.

2 **Kreisende Bewegungen** verhindern weitgehendst, daß die Sahne ungleichmäßig aufgeschlagen wird. Sie nimmt sonst nur in der Umgebung der Rührbesen an Volumen zu und bleibt im übrigen Bereich flüssig. Wichtig: Nur mit vorgekühlten Geräten und möglichst in einem kühlen Raum arbeiten.

3 **Von Hand fertig schlagen** ist die sicherste Methode, um ein »Überschlagen« zu verhindern. Man bemerkt so, wenn es sich schwerer schlägt, und die Sahne ihre richtige Festigkeit erreicht hat. Auch Reste flüssiger Sahne am Rand können mit dem Schneebesen leichter mit untergeschlagen werden.

Bayerische Creme

Crème bavaroise

Eine Kombination aus der englischen Creme (Grundcreme), aufgelockert mit geschlagener Sahne und gebunden mit Gelatine. Sie zählt zu den berühmten internationalen Desserts und bekommt in ihrer neutralsten Zusammensetzung den Geschmack nur von den frischen Zutaten (Eier, Milch und Sahne) und von der Vanille. Eine zweite, jahrhundertealte, gestürzte Creme wird auf die gleiche Art bereitet, das klassische Blancmanger. Es erhält sein Aroma von süßen Mandeln, die nur in Milch erhitzt und dann ausgedrückt werden. Die Grundcreme und somit die Eier entfallen hier, und Lockerung und Bindung übernehmen Schlagsahne und Gelatine. Bayerische Creme kann aber auch nach allen Richtungen aromatisiert werden; mit Kaffee, Schokolade, Nüssen, Mandeln und den meisten Früchten. Geschmacklich und optisch interessant wird sie, wenn verschiedene Geschmacksrichtungen in Schichten in die Form gefüllt werden.

Bayerische Creme »Vanille«
mit Himbeersauce

    1/2 l Milch
       1 Vanillestange
       4 Eigelb
   100 g Zucker
       7 Blatt Gelatine (oder 15 g
         gemahlene Gelatine)
    1/2 l geschlagene Sahne

Die Zubereitung der Grundcreme ist identisch mit der englischen Creme. Die Gelatinemenge ist für eine Bayerische Creme zum Stürzen berechnet. Sie kann aber auch leichter und luftiger in Gläsern serviert werden. Dafür reichen dann 5 Blatt Gelatine aus.

1 **Die in kaltem Wasser gequollene Gelatine gut ausdrücken** und unter die leicht angewärmte Grundcreme geben. Rühren, bis sich die Gelatine vollständig aufgelöst hat. Ist dies nicht der Fall, kann die Grundmasse mit der Gelatine nochmals unter Rühren erhitzt werden, bis der letzte Gelatinerest gelöst ist.

2 **Die Grundcreme durch ein Sieb geben,** damit eventuelle Klümpchen noch herausgefiltert werden. Dafür in eine große Schüssel Eiswürfel und kaltes Wasser geben und eine entsprechend kleinere Schüssel hineinstellen. Sie muß aber so groß sein, daß die Sahne später mühelos untergezogen werden kann.

3 **Auf Eis kalt rühren.** Dabei aber keinesfalls mit dem Schneebesen schlagen, sondern nur behutsam rühren, denn die Grundcreme soll nicht schaumig werden. In der Zwischenzeit die Sahne schlagen. Ist die Grundcreme kühl und wird leicht dickflüssig, sofort herausnehmen.

4 **Die entscheidende Phase.** Die Grundmasse darf nicht zu warm und flüssig sein, weil sich sonst auch die geschlagene Sahne in der Creme wieder verflüssigt. Ist sie schon zu kalt, wird sie durch die ebenfalls kalte Schlagsahne sofort fest und es entsteht keine homogene Creme.

5 **Eine ideale Konsistenz** ist erreicht, wenn die Creme dickflüssig vom Löffel fließt. Während des Einfüllens die Form einige Male auf ein feuchtes Tuch aufstoßen, damit eventuelle Luftblasen entweichen können. Gut kühlen und zum Stürzen kurz in heißes Wasser tauchen. Mit Himbeersauce servieren.

Konditor-Creme

Crème pâtissière

Sie ist eine Grundcreme mit geradezu universellen Eigenschaften, allerdings auch mit vielen unterschiedlichen Bezeichnungen, die leicht zu Verwechslungen führen. Die Hauptzutaten, Milch und Zucker, werden mit Speisestärke gebunden, und Vanille ist das übliche Gewürz. Das Eigelb ist eigentlich schon eine Verfeinerung. Das Ergebnis ist dann das, was der Volksmund »Pudding« nennt, aber auch als Flammeri bezeichnet wird. Also eine gestürzte Creme, die wohl ohne Übertreibung zum volkstümlichsten Dessert wurde. Auch deshalb, weil sie weitgehendst problemlos zubereitet werden kann.

Als Vanille-Grundcreme kann sie nach dem Kochen kalt gerührt werden und behält so ihre cremige Konsistenz. Man kann sie aber auch in einem Gefäß erkalten lassen. Dadurch wird sie zur festen Creme, die zur weiteren Verwendung wieder cremig gerührt werden muß, bzw. am besten durch ein Sieb passiert wird. Sie ist dann wieder streichfähig und zu einer idealen Grundcreme geworden. Sie kann überall da verwendet werden, wo eine cremige Unterlage oder Füllung gewünscht wird, bei Obsttörtchen und anderen Desserts. Sie ist aber auch Lockerung für Buttercreme; mit Schlagsahne verrührt wird sie zur Füllcreme. Sie sollte aber grundsätzlich frisch verbraucht werden, da sie auch bei guter Kühlung nicht länger als 2 Tage haltbar ist.

> 100 g Zucker
> 40 g Speisestärke
> 4 Eigelb
> 1/2 l Milch
> 1/2 Vanilleschote

1 **Die Bindung vorbereiten.** Die Hälfte des Zuckers und die Speisestärke in eine kleine Schüssel geben. Die Eigelbe sehr sorgfältig vom Eiweiß trennen, weil Eiweißreste beim Aufkochen der Creme sofort Klümpchen hinterlassen. Etwa 1/4 der Milch zugießen.

2 **Mit einem kleinen Schneebesen verrühren.** Dabei sehr sorgfältig vorgehen, damit auch alle Zutaten gut vermischt werden. In der Zwischenzeit die Milch mit der zweiten Zuckerhälfte in einem entsprechend großen Topf mit der aufgeschnittenen und ausgeschabten Vanilleschote zum Kochen bringen.

3 **Die kochende Milch binden.** Zuvor die angerührte Speisestärke nochmals mit dem Schneebesen kurz durchrühren, weil sie sich sehr leicht am Schüsselboden absetzt. Dann langsam und gleichmäßig in die kochende Milch gießen und zugleich bei konstanter Hitze unterrühren.

4 **Die Crème pâtissière aufkochen** und dabei gleichmäßig mit dem Schneebesen durchrühren. Dieser Vorgang ist entscheidend für das Gelingen einer guten Creme. Hat die Creme einige Male richtig aufgekocht und ist eine homogene Masse entstanden, sofort vom Herd nehmen. Wird sie als Grundcreme weiterverwendet, in eine Schüssel gießen, und die Oberfläche mit Puderzucker besieben. Das verhindert bei Erkalten die Bildung einer festen Haut. Auch wenn sie in eine Form gefüllt wird, um als »Pudding« gestürzt zu werden, sollte die unangenehme Haut mit einer Zuckerschicht verhindert werden.

Füllcreme mit Eischnee, eine besonders leichte Variante des nebenstehenden Grundrezeptes, die aber nur etwa 4-6 Stunden ihre Luftigkeit behält. Die Grundcreme wird mit Eischnee aufgelockert. Während die Milch zum Kochen gebracht wird, werden 3 Eiweiß mit 60 g Zucker zu einem steifen Eischnee geschlagen. Ist die Konditorcreme richtig gebunden, den Topf auf dem Herd belassen, und den Eischnee mit dem Schneebesen unterrühren, bis die Creme einige Male aufwallt. Erst dadurch erhält sie ihre »Standfestigkeit«. Das Eiweiß gerinnt und verbindet sich gleichzeitig mit der Creme. Sie muß schnell verarbeitet werden, weil sie nur in heißem Zustand ihre cremige Konsistenz hat und mit dem Abkühlen sofort fest wird. Sie ist eine ideale Füllung, z. B. für feine Creme-Schnittchen oder andere Desserts, die sofort frisch gegessen werden können.

Füllcreme mit Schlagsahne

Crème pâtissière à la crème Chantilly

am Beispiel von Profiteroles.

A. Die glatt gerührte Grundcreme im Verhältnis 1:1 mit steifer Schlagsahne und nach Wunsch mit zusätzlichen Aromen verrühren. Eine luftige, leichte Creme, die auch in kleinsten Mengen zubereitet werden kann. Einziger Nachteil, sie hält sich nur wenige Stunden frisch.

B. Mit Gelatine-Zusatz ist die Creme haltbarer, aber auch nur in größeren Mengen herzustellen. Eine Profi-Füllcreme, die nach dem Grundrezept Konditor-Creme, aber nur mit 35 g Speisestärke zubereitet wird. Zusätzlich werden 6 Blatt Gelatine in der Creme gelöst.

200 g Grundcreme und 300 g normal gesüßte Schlagsahne ergeben etwa 75 Profiteroles, was 20 Portionen entspricht.

1 **Mit Gelatine zusätzlich absteifen.** Die Creme genau nach Grundrezept zubereiten und mit der Stärkebindung cremig aufkochen. Die Hitze reduzieren, und die eingeweichte und ausgedrückte Gelatine unterrühren (bis sie ganz gelöst ist). Die Creme in eine Schüssel füllen und mit Puderzucker besieben.

2 **Die Creme durch ein feines Sieb streichen.** Von der erkalteten Grundcreme die gewünschte Menge abwiegen und durch das Sieb streichen. Sie kann aber auch mit dem Handrührgerät glatt gerührt werden. Dann die Creme unter ständigem Rühren so weit erwärmen, bis die Gelatinebindung gelöst ist.

3 **Die Schlagsahne unterziehen.** Die richtige Temperatur der Grundcreme ist ausschlaggebend für eine gute Füllcreme. Sie sollte sich schon fast kühl anfühlen, aber noch dickflüssig sein. Die kühle Sahne steifschlagen und mit dem Schneebesen unter die Creme ziehen.

4 **Die Profiteroles füllen.** Sie werden vorher mit einem spitzen Messer auf der Unterseite geöffnet. Die Creme mit einem Spritzbeutel mit Lochtülle Nr. 5 einfüllen. Die übrige Creme bis zum Aufbrauchen bei Zimmertemperatur stehen lassen, damit die Gelatinebindung nicht wirksam wird.

5 **Die gefüllten Profiteroles kühlen,** damit die Creme leicht anzieht. Eine klassische Beigabe ist Schokoladensauce. Man kann aber auch fast alle Fruchtsaucen zu unserem neutralen Vanille-Geschmack servieren. Die Creme selbst kann aber auch mit Schokolade, Kaffee oder anderen Aromen zubereitet werden.

TEIGE FÜR DESSERTS

Die typischen Grundrezepte in Bildfolgen erklärt

Wollte man es ganz genau nehmen, so müßten alle süßen und auch einige der ungesüßten Teige in diesem Kapitel erscheinen.

Auf dem so breit gefächerten Gebiet der Desserts begegnen uns fast alle Teigarten — und sollte es »nur« eine Dekoration für einen Eisbecher, ein Sorbet u. a. sein, z. B. in Form eines Blättchens aus Hippenmasse oder Löffelbiskuit in Verbindung mit einer köstlichen Charlotte. Man könnte das gesamte Teigrepertoire bringen, angefangen beim einfachsten Biskuit bis zum ganz speziellen Teig für normannische Crêpes. Doch muß eine Grenze gezogen werden, wenngleich sie auch eine Zone der »Übergänge« sein soll. Die Technik der Teigherstellung hat allerdings einen großen Niederschlag in der Zubereitung der Desserts gefunden. Dies beginnt beim richtigen Schlagen von Eischnee, der für Cremes, Eis, Sorbets verwendet wird, geht über Hippenmasse und Biskuits bis hin zum Brandteig, der auch Grundlage für Soufflés sein kann.

Das folgende Kapitel beschränkt sich auf die Grundteige, die für eine ganze Reihe von Rezepten in diesem Buch verwendet werden können. Ein Beispiel: der Biskuit für eine Roulade. Er kann, wie üblich, mit Marmelade gefüllt, aufgerollt und in Scheiben geschnitten, zum Auslegen einer Charlotte Royale verwendet werden. Die Scheiben können aber auch Unterlage für ein Eisdessert sein. Wird der Biskuit nicht aufgerollt, kann man Streifen für gefüllte Schnittchen daraus schneiden oder andere Formen ausstechen.

Zu diesen variablen Teigen gehören auch die Hippenmasse, der Brandteig, der Mürbteig und, ganz besonders wichtig für Desserts, die Baisermasse oder Meringue. Sie bieten den Vorteil (wie z. B. Mürbteig oder Hippenmasse), daß sie als Teig längere Zeit, mit Folie zugedeckt, ohne Qualitätsverlust im Kühlschrank gelagert werden können. Ein Tortelett ist dann schnell ausgerollt und gebacken, oder aus der fertigen Hippenmasse kann in kürzester Zeit eine Dekoration für eine Eisbombe gebacken werden. Der Brandteig wiederum läßt sich in gebackenem Zustand als Eclair oder Windbeutel hervorragend einfrieren und jederzeit aufbacken. Meringue-Teilchen lassen sich, wenn sie im Ofen richtig durchgetrocknet wurden, über längere Zeit lagern. Außerordentlich wichtig ist dafür aber ein luftiger, trockener und geruchsneutraler Ort, denn sie sind äußerst empfindlich gegen fremde Gerüche.

Spezielle Teige, die nur für ein ganz bestimmtes Dessert oder eine besondere Dessertgruppe verwendet werden, sind in dem jeweiligen Kapitel zu finden. So ist, wie könnte es auch anders sein, ein Strudelteig bei den österreichischen Spezialitäten nachzulesen, ein Ausbackteig im Kapitel »Früchte raffiniert gebacken«.

Daß beste Qualität der Zutaten auch für Teige wichtig ist, sollte wohl nicht extra erwähnt werden müssen. Nur sie gewährleistet ein einwandfreies Endprodukt. Allerdings geraten so manche Profis hier in Gewissensnöte! Die Industrie überschüttet den Markt mit einer Unmenge von Hilfsmitteln, besonders für Biskuits, die zwar ein optisch gutes Ergebnis garantieren, geschmacklich aber völlig indiskutabel sind. — Oder der Blätterteig, der tiefgekühlt sowohl für den Klein- als auch für den Großverbraucher angeboten wird. Er geht einwandfrei auf und ist leicht zu verarbeiten, nur — den Geschmack von frischer Butter wird man nicht auf der Zunge spüren. Die Entscheidung wird in der Praxis manchmal schwerfallen. Dennoch muß noch einmal betont werden: ein hervorragendes Ergebnis in Bezug auf geschmackliche Harmonie und Qualität läßt sich nur mit Zutaten der allerbesten Sorte herstellen.

Qualität und Tradition sind für die gebackenen Desserts sicher immer noch von Bedeutung, wenngleich es heute nicht mehr so stimmungsvoll zugeht. Ob Mürbteig, Biskuit oder Brandteig, die Rezepte haben sich im Lauf der Zeit nur unwesentlich geändert, und Voraussetzung für feine Desserts ist immer noch die Verwendung bester und frischer Zutaten.

TEIGE FÜR DESSERTS

Löffelbiskuits

Biscuits à la cuiller

Ein zartes Gebäck mit speziellen Eigenschaften, das zu den verschiedensten Desserts oder als Zutat z. B. bei einer Charlotte verwendet wird. In der Patisserie sind Löffelbiskuits unentbehrlich. Der Teig dazu ist auch gleichzeitig der beste Test für einen guten, stabilen Biskuitteig schlechthin, da die Gebäckteile nicht »laufen« dürfen. So ist das Rezept für Löffelbiskuit auch für Mohrenköpfe, Petits fours und eben für alle Biskuits geeignet, die »Form zeigen« müssen. Auch die »Löffel« können, je nach Verwendungsart, in ihrer Form verändert werden: gerade gleichmäßig, ohne verdickte Enden oder nur ein Ende verdickt und vieles mehr.

Dazu sind natürlich saubere und fettfreie Arbeitsgeräte erforderlich, absolut frische Zutaten und genaues, sorgfältiges und behutsames Arbeiten.

Die Mengen der Zutaten im folgenden Rezept ergeben etwa 70 Löffelbiskuits. Natürlich kann das Rezept auch halbiert werden.

> 12 Eigelb
> 260 g Zucker
> 1/2 Vanilleschote
> 8 Eiweiß
> 120 g Speisestärke
> 130 g Mehl
> Puderzucker zum Bestäuben

1 **Nur ein Viertel der Zuckermenge zu dem Eigelb geben.** Die Eier müssen allerdings vorher einzeln über einer Tasse aufgeschlagen, und Dotter vom Eiweiß getrennt werden. Nicht eine Spur Eigelb darf in das Eiweiß gelangen. Ist der Zucker beim Eigelb eingerührt, auch das Mark der Vanilleschote dazugeben.

3 **Eiweiß zu Schnee schlagen.** In einem absolut sauberen und fettfreien Gefäß das Eiweiß luftig aufschlagen. Dann nach und nach den restlichen Zucker, am besten von einem gefalteten Papier, einrieseln lassen. Beim Handrührgerät mit der niedrigsten Drehzahl beginnen und nur langsam steigern.

4 **Die Speisestärke unter den Schnee ziehen.** Diese vorher auf ein Papier sieben. Dann mit einem Kochlöffel vorsichtig weiterarbeiten. Die Stärke nach und nach zugeben. Sie soll sich völlig mit dem steifen Eischnee verbinden. Der Schnee darf dabei auf keinen Fall zusammenfallen.

5 **Das schaumig gerührte Eigelb unter den Schnee heben.** Mit dem Kochlöffel in der Schüssel kreisen und dabei langsam die Eigelbmasse hineinlaufen lassen. Ein Tip: Nach jedem Kreis, den man ausgeführt hat, die Schüssel ein Stückchen in der entgegengesetzten Richtung drehen.

8 **Mit Puderzucker überstäuben.** Puderzucker mit einem Sieb über die Biskuits geben. Er ist zwar nicht unbedingt notwendig, aber die Oberfläche der Löffelbiskuits wird knuspriger und sie schmecken einfach besser. Dann bei 180° C backen. Nach 8-10 Minuten nachsehen, wie das Gebäck bräunt.

9 **Die gebackenen Löffelbiskuits vom Papier entfernen.** An sich geht das ganz einfach. Die Papierstreifen werden, einer nach dem anderen, über die Kante einer Blechschachtel, einer größeren Keksdose oder über die Tischkante gezogen. Die Löffelbiskuits lösen sich auf diese Weise selbst, ohne zu brechen.

Biskuit für eine Roulade

Biscuit pour une roulade

> 8 Eigelb
> 100 g Zucker
> 1 Msp. Salz
> etwas abger. Zitronenschale
> 4 Eiweiß
> 80 g Mehl
> 20 g Speisestärke

Die Zubereitung einer Biskuitroulade ist an sich nicht schwer, doch bei einer Füllung von Creme oder Schlagsahne streiten sich manche Geister, welche Methode die bessere sei, damit die erkaltete Teigplatte nicht bricht. Manche rollen sie sofort nach dem Backen auf, andere lassen sie vor dem Aufrollen erkalten.

2 **Eigelb mit Zucker schaumig rühren.** Dabei den Schneebesen im Kreis bewegen, nicht schlagen. Wird ein Handrührgerät verwendet, mit der niedrigsten Drehzahl beginnen und erst dann steigern, wenn ein Teil des Zuckers eingerührt ist. Der Zucker muß sich völlig auflösen. Die Mischung sieht hellgelb aus.

6 **Zuletzt das Mehl unterziehen.** Das Mehl wird abgewogen und über die Biskuitmischung gesiebt. Dann wieder mit kreisenden Löffelbewegungen das Mehl vorsichtig unter die Masse heben. Der Teig darf nicht an Standfestigkeit verlieren, weil sonst die Löffelbiskuits beim Backen die Form nicht halten.

7 **Die Biskuits auf Papier spritzen.** Pergament- oder Backtrennpapier in 10 cm breite Streifen schneiden und auf das Backblech legen. Spritzbeutel mit Lochtülle Nr. 7 mit Teig füllen und die »Löffel« aufspritzen. Die Enden sollen zungenförmig verdickt sein. Doch können auch andere Formen gewählt werden. Wenn einmal überhaupt kein verwendbares Papier vorhanden ist, kann der Teig auch auf das Blech gesetzt werden, das vorher leicht und gleichmäßig gefettet und mit Mehl bestäubt wurde. Allerdings müssen die gebackenen Biskuits sofort, solange sie noch warm sind, mit einem Messer vom Blech gehoben werden, da sie sonst ankleben und zerbrechen.

1 **Eigelbmischung unter den steifen Schnee ziehen.** Zuerst die Dotter mit einem Löffel Zucker, Salz und Zitronenschale verrühren, nicht schaumig schlagen. Unter den Schnee heben. Mehl und Stärke sieben, langsam in die Masse einrühren.

2 **Den Biskuitteig gleichmäßig aufstreichen.** Dazu das Backblech mit Pergament- oder Backtrennpapier belegen. Mit einer Winkelpalette oder einem Teigschaber verstreicht sich die Masse leicht. Bei einem Messer sind meist die Finger im Weg.

3 **Die Roulade noch heiß aufrollen,** wenn sie mit Marmelade gefüllt wird. Die Teigplatte auf ein feuchtes oder gezuckertes Tuch stürzen, sofort mit Marmelade bestreichen und aufrollen. Sonst mit feuchtem Tuch bedecken und erkalten lassen.

Baiser, Zartes aus Eischnee

Baiser/Meringue

Eiweiß und Zucker, der süßeste und luftigste Teig, den man sich denken kann. Baisergrundmasse kann aber auch abgewandelt werden, sowohl den Zuckergehalt betreffend, als auch mit Kaffee, Schokolade, Nüssen, Mandeln etc. Die Meringue wird gebacken zu Schalen und Böden; als Hülle für Eis nur kurz geflämmt. Die Masse wird auch in Form von Klößchen in Flüssigkeit gegart (oefs à la neige) oder für lustige Dekorationen gespritzt und gebacken.

Ein bewährtes Grundrezept:

1/4 l Eiweiß (von 8 Eiern)
250 g Zucker (feine Raffinade)
200 g Puderzucker
30 g Speisestärke (nur für gebackene Baisers)

Das Eiweiß wird leicht aufgeschlagen. Dann von der feinen Raffinade (damit bezeichnet man den normalen Streuzucker) 200 g langsam während des Schlagens dazugeben. Hat sich der Zucker gelöst, wird der Puderzucker mit den restlichen 50 g vermischt und mit einem Kochlöffel vorsichtig untergezogen. Werden Baiserschalen oder Böden auf Vorrat gebacken, so sollte noch Speisestärke zugefügt werden. Die Baisers bleiben dadurch trocken. Sie werden bei 120° C etwa 3 Stunden gebacken. Schon jetzt muß die Ofentür einen Spalt offenbleiben. Nach der Backzeit sollten die Baisers im abgeschalteten Herd noch über Nacht trocknen. Wer die Baisers gelblich gefärbt haben möchte, sie schmecken dann leicht nach Karamel, kann sie bei 150° C backen. Doch Vorsicht, unbedingt nach einer Stunde bereits nachsehen. Die Menge ergibt etwa 30 kleine Baisers.

1 Die Eier unbedingt einzeln trennen, auch wenn man weiß, daß sie frisch sind. Wenn nur eine Kleinigkeit vom Dotter in das Eiweiß läuft, so ist es unbrauchbar. Geschieht das über einer extra Tasse, ist nur ein Eiweiß nicht zu verwenden. Außerdem müssen alle Geräte absolut sauber und fettfrei sein.

2 Zuerst Eiweiß ohne Zucker aufschlagen, grundsätzlich mit dem Schneebesen. Ein Handrührgerät kann benutzt werden, doch verliert die Qualität dabei. Dann sollte mit niedrigster Drehzahl begonnen und nur langsam gesteigert werden. Ist der Schnee locker und weiß, nach und nach den Zucker beifügen.

4 Bis dieser Zucker aufgebraucht ist, wird der Eischnee, am besten mit dem Besen, in gleichmäßigem Tempo weitergeschlagen. Die Farbe soll matt weiß sein, die Zuckerkristalle müssen sich absolut aufgelöst haben. Hebt man den Schneebesen aus der Masse und die Spitzen bleiben stehen, ist sie »schnittfest«.

5 Mit dem Kochlöffel vorsichtig weiterarbeiten. Nicht mehr schlagen, die Masse fällt sonst zusammen! Jetzt Puderzucker und, je nach Art der Baisers, die Speisestärke auf ein Papier sieben, mit dem restlichen Zucker mischen und vorsichtig mit dem Kochlöffel unter den Schnee ziehen, bis die Masse glatt ist.

Italienische Meringue wird Fruchteis und Sorbets beigefügt. Wie im Grundrezept 200 g Zucker langsam unter den Eischnee schlagen. Dann weitere 250 g mit 1/8 l Wasser bis zum Flug (112° C) kochen. Mit dünnem Strahl unter den Schnee ziehen.

Baiser für Dekorationen

Diese Baisermasse wird im Wasserbad warm geschlagen. Sie entwickelt dabei nicht so viel Volumen, wird aber besonders zart und cremig. Für kleine Dekorationen ist sie außerordentlich gut geeignet, weil der Baiserfaden auch bei extrem dünner Tülle nicht reißt.

150 g Eiweiß (von 5 Eiern)
200 g Puderzucker

aufgelöster Pulverkaffee oder Kakaopulver, falls farbliche oder geschmackliche Veränderungen erwünscht sind. Die Baisermasse wird dadurch nicht flüssiger, behält also ihren Stand. Das Backrohr jedoch nicht über 100° C erhitzen.

1 Im Wasserbad aufschlagen. Eiweiß und Puderzucker werden zusammen kräftig durchgerührt und dann im Wasserbad aufgeschlagen. Dabei verändert sich langsam der Eischnee: er wird weniger luftig, dafür cremigschaumig. Die Masse ist »gar«, wenn sie eine steife Konsistenz hat, etwa bei 45-50° C.

3 **Den Zucker langsam einrieseln lassen.**
Am besten auf ein sauberes Papier schütten, dieses falten und während des Schlagens den Zucker langsam in einem dünnen Strahl in Abständen einrieseln lassen. Geschieht dies zu schnell, wird der Schnee nicht luftig genug, er wird »schmierig«.

6 **Den Spritzbeutel füllen,** sofern die Baisermasse gespritzt weiterverarbeitet wird. Dazu den Beutelrand weit umschlagen, mit dem Teigschaber die Masse einfüllen, den Rand hochziehen, Masse nach unten schütteln und den Beutel zudrehen. Eine Hand hält den Beutel, die andere führt beim Spritzen.

7 **Baisers oder Meringues auf Papier spritzen.** Pergament- oder Backtrennpapier auf das Blech legen. Damit das Papier nicht verrutscht, an den Ecken mit Eischnee am Blech ankleben. — Die Masse von diesem Rezept ist sehr luftig und leicht und eignet sich besonders für Baiserschalen und -böden.

2 **Dann die Masse wieder kalt schlagen.**
Die Festigkeit nimmt dadurch noch zu, ohne daß die Masse an Volumen verliert. Aufschlagen und Kaltrühren können ohne Qualitätsverlust mit dem Handrührgerät durchgeführt werden. Die letzte Phase gelingt jedoch am besten mit dem Schneebesen.

3 **Meringue-Pilze** können gut in verschlossenen Behältern auf Vorrat gehalten werden. Für die Stiele den Spritzbeutel mit Lochtülle Nr. 7 dick auf dem Papier ansetzen und, ohne weiter zu drücken, nach oben dünn abziehen. Als Pilzhüte Halbkugeln spritzen und vor dem Backen mit Kakaopulver überstäuben.

Hippenmasse

Pâte aux tuiles

Dieser Teig ist ideal für Desserts und Dekorationen aller Art, da er leicht geformt werden kann, solange er nach dem Backen noch warm ist. Der Name stammt von den »Hohlhippen« ab, franz. cannelons, den knusprigen und zerbrechlichen Teigröllchen, die meist zu Eis gegessen werden oder als Dessert mit Schokolade überzogen und mit Schlagsahne gefüllt, bei uns als »Schlotfeger« firmieren. Diese so vielseitig verwendbare Masse wird teils mit, teils ohne Mandeln hergestellt. Im folgenden Rezept werden die Mandeln in Form von Marzipan beigefügt.

Hier das Rezept:

    180 g Zucker
     50 g Marzipan-Rohmasse
      1 Msp. Zimt
      1 Msp. Salz
      3 Eier
    150 g Mehl
      5 cl Sahne

Die Zubereitung ist, wie man auch an der Bildfolge sehen kann, recht einfach. Allerdings ist sehr wichtig, daß die Masse glatt und streichfähig ist. Wenn das gesiebte Mehl untergerührt ist, muß sie Zeit zum »Ruhen« haben, mindestens eine Stunde. Natürlich kann man sie, gut mit Folie abgedeckt, auch längere Zeit im Kühlschrank aufheben. Nur — die Sahne darf erst kurz vor dem Backen eingerührt werden. Ist der Teig gebacken, läßt er sich gut formen, solange er noch warm ist. Er wird jedoch sehr schnell hart und knusprig, so daß äußerst rasch gearbeitet werden muß. Wenn er vom Rand her anfängt braun zu werden, am besten das Blech nur zur Hälfte aus dem Rohr ziehen und die Teigstücke schnell verarbeiten. Dabei ist es gleich, ob aus runden Teigplättchen kleine Körbchen oder mit Hilfe eines dicken Kochlöffelstiels o. ä. Röhrchen, bzw. »Hohlhippen« entstehen. Für Dekorationen aller Art können phantasievolle Formen mit Schablonen aufgestrichen und dann gebacken werden, die man, wie z. B. Blätter, zum Auskühlen über eine Rundung legen kann. Dadurch entstehen sehr reizvolle Perspektiven.

Die Backtemperatur beträgt 190° C. Nach 4-5 Minuten Vorbacken das Blech aus dem Ofen nehmen und abkühlen lassen. Anschließend fertig backen, jedoch den Teig ständig beobachten.

Die Menge ergibt etwa 40 Teigplatten mit einem Durchmesser von 10 cm.

1 **Zucker, Marzipan, Gewürze und höchstens ein Ei** werden mit einem Holzspatel gut miteinander verarbeitet, bis die Masse keine Klümpchen mehr hat. Dann rasch die beiden restlichen Eier mit einem Handrührgerät untermischen. Es muß schnell gehen, denn die Masse darf nicht schaumig werden.

2 **Mehl sieben und unterrühren.** Dabei wieder mit dem Holzspatel arbeiten, bis die Masse ganz glatt ist. Wer sicher sein will, daß keine Klümpchen vorhanden sind, streicht sie durch ein feines Sieb. Die Masse zudecken und eine Stunde im Kühlschrank ruhen lassen. Dann erst die Sahne unterrühren.

3 **Die Masse aufstreichen.** Das Blech wird dünn mit Fett bestrichen und mit Mehl bestäubt. Nun die gewünschten Formen markieren. Die Masse gleichmäßig dünn aufstreichen, damit sie nicht unregelmäßig braun wird. Deshalb das Blech nach 4-5 Minuten Vorbacken abkühlen lassen und dann fertigbacken.

4 **Jetzt muß schnell gearbeitet werden.** Am besten das Blech nur zur Hälfte aus dem Rohr ziehen. Die Teigplatte mit einer Palette vom Blech heben, schnell in eine Brioche-form legen und mit einem Schnapsglas hineindrücken. In etwa einer Minute ist das Körbchen fest. Herausnehmen und weiter so verfahren.

5 **Vielfältige Formen mit Schablonen.** Aus 1-2 mm starkem Karton können Schablonen in beliebigen Formen hergestellt werden. Die Motive vorzeichnen, dabei einen »Griff« zum Halten berücksichtigen und mit einem Klingenmesser (Cutter) ausschneiden. Der Phantasie sind dabei keine Grenzen gesetzt.

6 **Die Schablone wird auf das Blech gelegt,** das vorher gefettet und mit Mehl überstäubt wurde. Mit einem Messer mit runder Klinge oder einer kleinen Palette die Masse aufstreichen. Den Überschuß mit der aufrecht gestellten Klinge wieder abstreifen. Bei größeren Formen einen Teigschaber benutzen.

Brandteig

Pâte à choux

1/4 l Milch
125 g Butter
1 Msp. Salz
1 TL Zucker
200 g Mehl
5-6 Eier

Ein ganz »luftiger« Teig, wie geschaffen für Desserts: z. B. für die kleinen mit Sahne gefüllten Windbeutel, die Profiteroles, oder für Eclairs mit Moccacreme gefüllt, Schwäne, Kränzchen u. a. Brandteig eignet sich aber auch gut für spezielle Dekorationen. Dann muß der Teig etwas »fester« sein, d. h. man gibt weniger Eier dazu. Zusätzlich sollte er durch ein feines Sieb gestrichen werden, damit er sich hauchdünn spritzen läßt. Ist das Blech eingeschoben, so gießt man darunter in den Ofen eine Tasse Wasser und schließt sofort die Tür. Die »Schwaden« (Dampf) treiben das Gebäck schön auf. Die Backzeit beträgt bei 220° C etwa 15 bis 20 Minuten. Die Menge ergibt etwa 120 Teile.

Zuerst das Mehl auf ein gefaltetes Papier sieben. Dann Milch, Butter, Salz und Zucker in eine Kasserolle geben und aufkochen lassen. Jetzt das Mehl auf einmal in den Topf schütten, dabei ständig mit dem Kochlöffel oder Holzspatel rühren. Löst sich der Teig vom Topfrand und bildet einen Kloß, den Topf vom Feuer nehmen und etwas abkühlen lassen. Dann den Teig in eine Schüssel füllen und zuerst ein Ei hineinrühren. Es muß sich völlig mit dem Teig verbunden haben, dann erst das nächste Ei hineingeben und so fort. Der Teig ist fertig, wenn er seidig glänzt, geschmeidig und leicht zu spritzen ist. Werden Profiteroles, Eclairs oder andere Formen hergestellt, die Volumen benötigen, so wird im vorgeheizten Ofen mit »Schwaden« gebacken.

Mürbteig, mit oder ohne Zucker?

Dieser alten Streitfrage gehen wir aus dem Weg, indem wir zwei Rezepte beschreiben. Der (fast) ungezuckerte Teig harmonisiert gut mit frischem, süßem Obst als Belag oder mit süßen Cremes. — Die süße Variante eignet sich besonders gut zum Auskleiden von Torteletts. Außerdem zieht sich dieser Teig beim Backen nicht zusammen. Auch beim »Blind-Backen« rutscht er nicht vom Rand, wenn die Förmchen nicht allzu hoch sind. Auffüllen mit Hülsenfrüchten ist nicht nötig. Sehr wichtig ist für beide Teigarten, daß sie genügend lange im Kühlschrank ruhen können, mindestens eine Stunde, am besten über Nacht.

Für beide Rezepte gilt die gleiche Verarbeitung: Mehl auf die Arbeitsfläche sieben, in die Mitte eine Mulde drücken und dahinein weiche Butter, Zucker, Gewürze, Ei geben und mit der Hand verarbeiten. Dann das Mehl schnell unterwirken und zum Schluß die Milch beifügen. Je nach gewünschter Festigkeit des Teiges kann man etwas weniger oder mehr verwenden. Den Teig möglichst wenig bearbeiten, denn er wird leicht bröckelig — der Fachmann nennt es »brandig«. Wenn es doch passiert, ein Eiweiß darunterkneten. Die Backhitze beträgt 200° C. Die Zeit richtet sich nach der Stärke und Größe des Gebäcks.

Ein Rezept »fast« ohne Zucker:

260 g Mehl
120 g Butter
1 Ei
1/2 TL Salz
1 EL Zucker
2-3 EL Milch

Die Menge ergibt 450 g Teig, etwa 15 Torteletts von 10 cm Durchmesser.

Ein Rezept mit Zucker:

400 g Mehl
200 g Butter
130 g Puderzucker
1 Msp. Salz
1 Eigelb
2 EL Milch

Die Menge ergibt 800 g Teig, etwa 25-30 Torteletts.

SAUCEN UND GLASUREN

und Tips fürs Garnieren

An der Sauce erkennt man den Koch. Oder die Köchin. Das ist ein Satz, der sich ursprünglich auf die Sauce zum Braten bezieht, aber er kann ebenso für die Saucen gelten, die das Dessert begleiten oder, wie vor Süßigkeit geronnen, schmelzende Happen als Glasur überziehen. Und wie bei der fleischernen Sauce gilt auch das: jede Glasur und jeder Löffel Sauce ist so gut wie ihre geringste Zutat. Deshalb schmilzt man die beste Schokolade im Wasserbad, deshalb liest man die Walderdbeeren so sorgfältig aus, als ob man mit jeder einzelnen Frucht einen Preis erringen wollte. Und vor allem: jeder Wechsel der Zusammenstellungen schafft neue Reize. Warum denn sollte man immer und ewig zum Beispiel Himbeersauce zum Griespudding oder zum Vanilleeis servieren? Warum nicht einmal heiße Orangensauce? Oder selbstgerösteten Krokant, mit Zimt oder Kardamom gewürzt? Oder eine Kakaocreme mit Rosinen und Rum? Oder noch besser: lauter verschiedene Saucen zu einem Dessert, sodaß sich jeder nach Gusto bedienen kann. Das ist nicht nur ein Spaß für den Koch und den Gastgeber, es ist auch eine Herausforderung an die Phantasie, die seit eh und je von den Saucen ganz besonders gereizt worden ist. Saucen sind wie so vieles, was den Genuß des Essens erhöht, fröhliche und kapriziöse Kinder des Barock. Wieviel Eitelkeit und Ehrgeiz mit ihren Enstehungsstunden verbunden ist, sieht man schon daran, daß sie mehr als andere Gerichte mit dem Namen ihres Erfinders verbunden sind. Vergängliche Denkmäler kulinarischer Glanzleistungen, Erinnerungsstücke an eine Zeit, die so viel Jammer des Krieges gesehen hatte, daß sie das Überflüssige und das Kapriziöse und das Süße dankbar als Symbol für »Gottes reiche süße Huld«, aber auch als schönes Sinnbild von Üppigkeit und Glanz des Lebens genoß.

Man begann damals, Festes nicht mehr vornehmlich mit den Fingern zu essen, man gewöhnte sich daran, Brühe und Mus nicht mehr mit dem Löffel aus einem allgemeinen Napf zu schöpfen, gewöhnte sich ans Gedeck, an den eigenen Teller verschiedener Größe für verschiedene Zwecke samt Gabel und Messer und Löffel. Man war also gerüstet, sich Sauce aufs Essen zu gießen, hatte durch den aufblühenden Handel mit den ganz jungen Kolonien mehr als Bratapfel oder Hollermus auf diesen just in Mode gekommenen Tellern aus Porzellan. Gewiß, Hunger und Mangel strecken jede Sauce, aber wirtschaftliche Sättigung muß nicht immer etwas mit kulinarischer Vollkommenheit zu tun haben. Und wenn der Mangel zum Beispiel im Zweiten Weltkrieg gelehrt hat, wieder aus selbstgesammelten Wildfrüchten Mark zu kochen, so lehren uns heute manche Saucenpulver, daß das Praktische und das Schnelle gelegentlich mit dem Verzicht auf jenen fruchtigen Wohlgeschmack erkauft werden, der sich nur dann entfaltet, wenn man sich auch für die Sauce seine Zeit und frische Zutaten nimmt. So gehören die Saucen und Glasuren von Anfang an zu einer Sublimierung unserer Speisen, was in diesem Fall jedoch nicht als Verfeinerung oder Verfremdung des Einfachen zu verstehen sein muß. Denn wenn in der bäuerlichen Küche des Nordens die Früchte des Sommers in kluger Kombination aus süß und herb, aromatisch und sauer zusammen gekocht, durchs Sieb passiert, gesüßt und dann zur Milchgrütze gegessen wurden und werden, so ist das so einfach wie ein Volkslied und so schmackhaft, wie Getreidekorn und Beere schmackhaft sind. Paart sich hier das, was unter dem gleichen Himmel benachbart wuchs und reifte, so kann durch eine Vereinigung äußerster Extreme eine nicht weniger gute Wirkung erreicht werden. Das eben ist das Geheimnis dieser gleichzeitig überflüssigen und unverzichtbaren Zutaten, des idealen Zusammenspiels: das, was zum anderen kommt, braucht nur dazu zu passen. Denn die süße Sauce hat in der Regel die Aufgabe eines Begleiters, der sich dem Dessert im Geschmack anpassen soll, sodaß es seinen Charakter nicht verliert.

Auf den folgenden Seiten ist der Versuch gemacht worden, die süßen Saucen nach Grundrezepten zu ordnen. Das ist freilich nur in Grenzen möglich, weil es viele Kombinationen der Grundformen gibt. Gerade deshalb ist es jedoch wichtig, bei aller Kreativität präzise in Methode und Bezeichnung zu bleiben. Befolgt man schließlich das oberste Gesetz der guten Küche, nämlich beste Qualität und frische Zutaten zu verwenden und beim Kochen zu erhalten, so werden die süßen Saucen das volle Aroma der betreffenden Früchte, Gewürze und der anderen Zutaten sich entfalten lassen.

Qualität und Frische der Zutaten sind Voraussetzung für alle süßen Saucen, ganz besonders aber für Fruchtsaucen. Die Früchte machen es uns auch relativ leicht, nur Bestes zu verwenden, man muß sich nur ein wenig nach dem Angebot richten. Die saftigsten und feinsten Erdbeeren gibt es eben im Juni und die süßesten Pflaumen im September.

SAUCEN UND GLASUREN

Fruchtsaucen,

ein Thema mit unzähligen Variationen. Schon weil aus praktisch allen Früchten Sauce bereitet werden kann und in Verbindung mit anderen würzenden Zutaten, wie z. B. Likören, sich wirklich unzählige Kombinationsmöglichkeiten ergeben. Die verschiedenen Zubereitungsmethoden steigern die Vielfalt, weil bestimmte Früchte auf mehrere Arten verarbeitet werden können.

Bei dem heutigen Angebot von Früchten aus aller Welt muß es wirklich der Kreativität des Einzelnen überlassen bleiben, wie er »seine« Fruchtsauce zubereitet. Nur, gerade dieses große Angebot das ganze Jahr über sollte ein Plädoyer für die Sauce aus »frischen Früchten« sein. Sie ist die einfachste und schonendste Zubereitung und erhält ihr den reinsten Geschmack. Die Verwendung vollreifer Früchte reduziert zudem den nötigen Zuckerzusatz. Für frische Obstpürees eignen sich nicht alle Früchte gleich gut. Ideal sind die meisten Beerenfrüchte, sowie Aprikosen, Pfirsiche und Pflaumen. Unter den Exoten findet man einige besonders wohlschmeckende Sorten, so z. B. die Mango, die Kiwi, aber auch Mangostane, Guave oder Passionsfrüchte.

Frische Fruchtsaucen

entstehen aus dem Marktangebot und werden meist ganz spontan, so »à la minute« zubereitet. Diese Kreationen können gar nicht durch exakte Rezepte reglementiert werden, schon weil sie dem Zuckergehalt der einzelnen Früchte angepaßt werden sollten. So kann z. B. eine wirklich voll ausgereifte Mango, nur püriert und ohne Zuckerzusatz, eine hervorragende Sauce geben. Die folgenden Rezepte sollen deshalb nur Beispiele sein, sozusagen Grundrezepte, die sowohl vom Zuckergehalt, als auch in der Würzung variiert werden können. Ein weiterer Vorteil: frische Saucen können auch in kleinsten Mengen schnell zubereitet werden. Als Beigabe zu Desserts rechnet man etwa 6-10 cl pro Portion. Zum Süßen ist Läuterzucker am Praktischsten, denn er verbindet sich sofort mit dem Fruchtpüree und kann vorher auch aromatisiert werden. Z. B. mit einer Vanilleschote, Saft oder Abgeriebenem von Zitrusfrüchten, Zimtstange oder Nelken einfach aufkochen und wieder erkalten lassen. Ist kein Läuterzucker zur Hand, kann auch Puderzucker untergerührt werden, der sich auch rasch auflöst.

Kiwisauce

Sauce aux kiwis

3 Kiwis schälen (270 g Fruchtfleisch), im Mixer pürieren und durch ein Sieb passieren. 5 cl Ahorn-Sirup und 1 TL Limettensaft unterrühren. Für 4-6 Portionen.

Mit Zucker eingekocht

entwickeln einige Früchte einen stärkeren Geschmack, die Sauce ist dann allerdings auch weit süßer und gehaltvoller. Vor allem der Saft von Zitrusfrüchten ergibt, mit Zucker zu Sirup gekocht, feine säuerliche Saucen. Die sind haltbar und deshalb auch rationeller herzustellen.

Ein schnelle Variante dieser Saucen läßt sich aus allen Konfitüren und Gelees zubereiten. Sie können mit Wein, frischem Fruchtsaft oder Likören verrührt werden und sind zumindest ein Ausweg, wenn mal keine frischen Früchte zur Hand sind.

Weintraubensauce

Sauce aux raisins

20 cl Weißwein mit 80 g Zucker und 4 frischen Ingwerscheibchen aufkochen. 200 g weiße Trauben abziehen, vierteln und entkernen (ergibt etwa 150 g Fruchtfleisch), in die Flüssigkeit geben und 3 Minuten kochen. Abkühlen lassen und 2 cl Marc de Champagne (Trester-Branntwein) unterrühren. Für 4-6 Portionen.

Holundersauce

Sauce aux baies de sureau

300 g Holunderbeeren mit 6 cl Wasser, 110 g Zucker und 2 cl Zitronensaft weichkochen. Das Mus im Mixer pürieren und durch ein Sieb streichen. Kalt oder heiß servieren. Für 4-6 Portionen.

Mit Stärke gebunden

werden alle Fruchtsäfte oder dünnen Fruchtpürees sehr leicht zu einer cremigen Sauce. Mit wenigen Ausnahmen stehen sie aber in der geschmacklichen Wertung an letzter Stelle. Auf alle Fälle sollte so wenig wie möglich gebunden und die Speisestärke so gut wie möglich aufgekocht werden, damit sie ihre volle Wirkung erzielt. Ein großer Vorteil dieser Saucen, man kann mit Zucker sehr sparsam umgehen.

Pflaumensauce

Sauce aux prunes

20 cl Pflaumensaft mit 50 g Zucker aufkochen. 1 TL Speisestärke mit einem Teil der Flüssigkeit auflösen, einrühren und gut durchkochen lassen. 1 eingelegte Ingwerpflaume sehr fein würfeln und unterrühren. Für 4 Portionen.

Zitronensauce

Sauce au citron

20 cl Haut Sauternes mit 6 cl Zitronensaft und 90 g Zucker aufkochen. 1 TL Speisestärke mit wenig Flüssigkeit auflösen, einrühren und gut durchkochen lassen. Für 6-8 Portionen.

Heidelbeersauce

Sauce aux myrtilles

250 g frische Heidelbeeren mit 80 g Puderzucker im Mixgerät pürieren und anschließend durch ein feines Sieb passieren. 2 cl Crème de cassis unterrühren und zum Schluß 8 cl halbsteif geschlagene Sahne unterziehen.

Für 4-6 Portionen.

Ananassauce

Sauce à l'ananas

400 g Fruchtfleisch (entspricht einer mittelgroßen Ananas) zu 2/3 pürieren. 1/8 l Läuterzucker (20°) mit 1/2 Vanilleschote aufkochen und darin das restliche Fruchtfleisch in kleinen Stücken 1-2 Minuten kochen. 2 cl Cognac und das Fruchtpüree zugeben und erkalten lassen.

Für 6-8 Portionen.

Orangensauce

Sauce à l'orange

20 cl frisch gepreßter und durch ein Sieb gegossener Orangensaft wird mit 90 g Zucker und der in Streifen geschnittenen Schale einer ungespritzten oder unter heißem Wasser gut gebürsteten Orange etwa 3-4 Minuten eingekocht und dann mit 3 cl Grand Marnier verrührt. Erkalten lassen und mit oder ohne Schalenstreifen servieren.
Für 4-6 Portionen.

Heiße Himbeersauce

Sauce aux framboises

200 g vollreife, frische Himbeeren pürieren und passieren. 80 g Zucker und 8 cl kräftigen roten Burgunder mit einem kleinen Stückchen Zitronenschale aufkochen. Das Himbeerpüree zugeben und etwa 3-4 Minuten einkochen. Die Sauce kann natürlich auch kalt serviert werden.
Für 4-6 Portionen.

Aprikosensauce

Sauce à l'abricot

250 g vollreife Aprikosen blanchieren, schälen und die Steine entfernen. Im Mixgerät mit 5 cl Läuterzucker (20°) pürieren. 2 TL Limettensaft, 2 cl Aprikot brandy und 1 cl Cognac unterrühren.
Für 4-6 Portionen.

Sauce von Kakifrüchten

Sauce aux kakis

3 vollreife Kakifrüchte halbieren und mit einem Löffel das Fruchtfleisch (etwa 300 g) herausschälen. Im Mixgerät mit dem Saft von 2 Limetten und 40 g Puderzucker pürieren. 2 cl Cointreau unterrühren.
Für etwa 6 Portionen.

Walderdbeersauce

Sauce aux fraises de bois

Von 250 g frischen Walderdbeeren die Hälfte mit 2 cl Zitronensaft pürieren und durch ein Sieb passieren. Das Püree mit 60 g Zucker kurz aufkochen, die restlichen Walderdbeeren zugeben und 1-2 Minuten weiterkochen. 2 cl Cognac zusetzen und erkalten lassen.
Für 4-6 Portionen.

Sauce aus frischen Feigen

Sauce aux figues

300 g reife Feigen schälen, im Mixer pürieren und 4 cl Haut Sauternes zugießen. 6 cl Läuterzucker (20°) mit 1 EL Zitronensaft erhitzen und 1 TL grob gehackten, rosa Pfeffer zugeben. Erkalten lassen und mit dem passierten Feigenpüree mischen.
Für 4-6 Portionen.

Preiselbeersauce

Sauce aux airelles rouges

300 g vollreife Preiselbeeren in 10 cl Läuterzucker (20°) ca. 5 Minuten weichkochen. Durch ein Sieb streichen, 2 cl braunen Rum und eine Messerspitze Zimt unterrühren. Zum Schluß 8 cl Crème fraîche daruntermischen.
Für 4-6 Portionen.

Erdbeersauce

Sauce aux fraises

250 g vollreife Erdbeeren pürieren und durch ein Sieb streichen. 60 g Zucker mit 6 cl Wasser zum Kochen bringen, die in Streifen geschnittene Schale einer halben ungespritzten oder gut gesäuberten Orange zugeben, etwa 2 Minuten einkochen und 2 cl braunen Rum zusetzen. Die erkaltete Mischung mit dem Erdbeerpüree verrühren.
Für 4-6 Portionen.

Vanillesauce

Sauce à la vanille

Die »klassische« unter den süßen Saucen und zugleich Grundsauce für eine ganze Reihe weiterer Cremesaucen. Eine Mischung aus Milch, Eigelb, Zucker und Vanille, bei der das Eigelb durch Erhitzen die Bindung übernimmt. Sie ist in ihrer Zubereitung vollkommen identisch mit der englischen Creme auf Seite 62 .

> 6 Eigelb
> 100 g Zucker
> 1/2 l Milch
> 1/2 Vanilleschote

Eigelb und Zucker mit dem Schneebesen cremig rühren, die Vanillemilch langsam zugießen und die Mischung dann bis zur »Rose« erhitzen. Das ist kurz vor dem Siedepunkt, und die Sauce wird durch ganz leichtes Gerinnen des Eigelbs merklich dickflüssiger. Wird dieser Zeitpunkt verpaßt, flockt das Eigelb aus. Ist dies noch nicht zu weit fortgeschritten, kann man abhelfen, indem man den Topf in kaltes Wasser stellt, und mit dem Handrührgerät bei höchster Drehzahl durchrührt.

Wird die Vanillesauce als Grundsauce mit anderen Aromastoffen verarbeitet, so kann sie von vornherein ohne Vanille zubereitet werden. Oft soll aber nur ein Teil der Sauce abgewandelt werden, und dabei steigert das zarte Aroma der Vanille noch die zugesetzten Geschmackstoffe in ihrer Wirkung (z. B. bei Kaffee, gestoßenem Krokant, Nougat oder Likören).

Diese klassische Vanillesauce wird gelegentlich auch mit einer Sauce gleichen Namens verwechselt, die, mit Speisestärke gebunden, mit weniger oder keinem Eigelb auskommt und auch problemlos zubereitet werden kann. Obwohl sie in geschmacklicher Qualität nie die englische Creme erreicht, hat sie dort, wo an Eigelb und Zucker gespart werden soll, ihre Berechtigung.

Vanillesauce mit Stärke gebunden:

> 1/2 l Milch
> 40 g Zucker
> 1/2 Vanilleschote
> 10 g Speisestärke
> 2 Eigelb

Von der Milch 2-3 Eßlöffel zum Anrühren der Speisestärke abnehmen und den Rest mit dem Zucker und der Vanilleschote zum Kochen bringen. Inzwischen die Speisestärke mit der Milch und dem Eigelb gut verrühren. Die Vanilleschote aus der kochenden Milch nehmen, das Mark abstreifen und unter kräftigem Rühren mit dem Schneebesen die Sauce mit der angerührten Stärke binden. Einige Male aufwallen lassen und dann kaltrühren.

Teesauce

Sauce au thé

> 30 g Ceylon oder Assam Tee
> 6 cl Wasser
> 1/4 l Vanillesauce
> 1/8 l Sahne
> 60 g Zucker

Den Tee mit dem kochenden Wasser aufbrühen, 5 Minuten ziehen lassen und dann mit einem Leinentuch auspressen. Mit der Vanillesauce verrühren. Die Sahne mit dem Zucker halbsteif schlagen und unter die Sauce rühren. Für 12-15 Portionen.

Mandelsauce

Sauce aux amandes

> 1/2 l Vanillesauce
> 150 g Marzipan-Rohmasse
> 2 cl Amaretto (Mandellikör)

Unter die heiße Vanillesauce die Marzipan-Rohmasse in kleinen Flocken und den Amaretto rühren, bis die Sauce glatt ist. Durch ein feines Sieb passieren. Für 12-15 Portionen.

Heiße Schokoladensauce

Sauce au chocolat

> 1/4 l Sahne
> 30 g Bienenhonig
> 1/2 Vanilleschote
> 200 g Schokolade (Kuvertüre 60/40)

Die Sahne mit dem Honig und der Vanilleschote aufkochen. Dann die Vanille herausnehmen und das Mark abstreifen. Die Schokolade im Wasserbad auflösen, und die heiße Sahne nach und nach unterrühren. Für 6-8 Portionen.

Die Vanillesahne unter die aufgelöste Schokolade gießen. Dabei ständig rühren und die Flamme ganz abschalten. Die Sauce heiß servieren! Zur Herstellung von kalter Schokoladensauce wird dem Grundrezept Vanillesauce 125 g im Wasserbad aufgelöste Schokolade zugesetzt und gut untergerührt.

Weinschaumsauce

Sabayon

Die Weinschaumsaucen stellen eine große Familie dar. Aus einem Grundrezept können mit nur geringen Abwandlungen eine ganze Reihe internationaler Saucen zubereitet werden. Warm oder kalt, mit trockenem Weißwein, schwerem Burgunder, Marsala oder edlem Champagner. Einmal etwas luftiger und leichter, dann wieder cremiger und schwerer. — Die Bezeichnungen der Weinschaumsaucen sind recht unterschiedlich: Französisch »Sabayon«, im Italienischen »Zabaione«, zu deutsch ganz korrekt »Weinschaumsauce«, und im Österreichischen nicht ganz korrekt »Weinchaudeau« (von französisch »chaud«, warm). Dieser Ausdruck wird in Frankreich kaum verwendet, weil damit nur die warme Sauce gemeint ist. Aber genau das wird in Österreich oft verwechselt, weil hier Weinchaudeau auch kalt serviert wird. — Manchmal wird die Sauce als Creme bezeichnet, und das nicht zu Unrecht, wenn sie als eigenständiges Dessert gereicht wird, wie das besonders in Italien der Fall ist. Dort ist die Zabaione (übrigens nicht nur mit Marsala) das populärste Dessert.

Die Zusammensetzung einer Weinschaumsauce ist so unkompliziert, daß sie Varianten erlaubt, die sehr interessant schmecken. So eignen sich der Saft und teilweise auch die abgeriebene Schale von Zitrusfrüchten ganz ausgezeichnet als geschmackliche Ergänzung. Auch konzentrierter Fruchtsirup, z. B. von Himbeeren, Erdbeeren oder Aprikosen führt zu einer feinen Weinfruchtsauce. Nur, der Wein sollte immer noch spürbar sein!

Aus der Fülle der verschiedenen Rezepte werden drei Beispiele aufgeführt, die zwar nach der gleichen Methode zubereitet werden, deren Zusammensetzung aber doch recht unterschiedlich ist.

Die klassische Sabayon aus Frankreich

Sie wird nur mit Eigelb, Zucker und sehr trockenem Weißwein bereitet. Der Wein sollte am besten aus der Champagne-Region stammen.

> 6 Eigelb
> 200 g Zucker
> 1/4 l sehr trockener Weißwein

Grundsätzlich gilt: Das Eigelb wird mit dem Zucker immer erst cremig verrührt. Dann wird die Schüssel in das Wasserbad gesetzt und anschließend der Wein der Ei-Zuckermischung beigefügt. Dieses Grundrezept ist ganz besonders variabel, weil der trockene Weißwein sich mit allen Fruchtzusätzen sehr gut verträgt. Tauscht man den Weißwein gegen Champagner aus, so merkt man sofort eine prickelnde Steigerung des Ganzen.

Die italienische Zabaione

Sie ist zwar überall mit dem aromatischen Marsala bekannt, doch kann sie sehr gut »spanisch« mit Cream-Sherry abgewandelt werden. Fügt man dieser »spanischen« Variante noch frische pürierte Himbeeren zu, so entsteht eine hervorragende Delikatesse.

3 Eigelb
1 ganzes Ei
120 g Zucker
8 cl Marsala

Die Zubereitung wird genauso gehandhabt, wie es bei der Sabayon angegeben wurde und ebenso in der Bildfolge zu sehen ist.

Ein österreichisches Weinchaudeau

Diese Sauce ist immer etwas leichter und sollte deshalb sofort serviert werden, da sonst ihr ganzer Charme verlorengeht.

2 Eigelb
1 ganzes Ei
120 g Zucker
1/4 l trockener Weißwein

Der hohe Weinanteil bei diesem Rezept verlangt, daß alle Zutaten zusammen aufgeschlagen werden. Das sollte zwar im Wasserbad geschehen, doch versierte Österreicher machen das auf direktem Feuer, d. h. auf kleiner Gasflamme. Allerdings muß man hierbei sehr aufpassen, daß das Eigelb nicht gerinnt. Nimmt man die Schüssel zwischendurch kurz vom Feuer und schlägt dabei weiter, so wirkt sich das auf ein größeres Volumen sehr vorteilhaft aus.

1 **Eigelb und Zucker verrühren,** bis sie cremig sind. Dabei aber nicht schlagen, weil die Masse nicht schaumig werden soll: Dann die Schüssel in das Wasserbad setzen. Hierbei unbedingt darauf achten, daß der Boden der Schüssel mit der Eier-Zuckermischung nicht den heißen Topfboden berührt.

2 **Den Wein zugießen,** sobald die Schüssel im Wasserbad ist. Dabei ständig rühren. Das Wasser soll nicht mehr kochen, sondern gerade unter dem Siedepunkt gehalten werden. Mit dem Schneebesen kräftig schlagen, bis die Creme schaumig wird und das doppelte Volumen hat. Temperatur etwa 45° C.

3 **Kalte Weinschaumsauce** wird nach dem Erhitzen auf Eiswasser wieder kalt geschlagen. Die schnelle Abkühlung bietet den Vorteil, daß die Sauce nicht zu sehr an Volumen verliert, also schaumiger bleibt, als wenn sie bei Zimmertemperatur kalt geschlagen wird.

4 **Schaumig vom Löffel fallen** soll eine gelungene Weinschaumsauce. Die warme Sauce ist natürlich immer von etwas leichterer und luftigerer Konsistenz als die kalt geschlagene Variante. Außerdem wirkt sich das jeweilige Verhältnis der Eier-Zuckermasse zur Weinmenge auf die Festigkeit der Sauce aus.

Aprikosenmarmelade und Zuckersirup werden zusammen aufgekocht. Die Marmelade sollte aber vorher durch ein feines Sieb gestrichen werden. Etwa 8-10 Minuten sprudelnd kochen lassen, bis sie etwa um 1/3 eingekocht ist. Bei der Probe mit dem Kochlöffel muß sie klar und transparent sein.

Eiweißglasur zum Spritzen mit der Papiertüte sollte nur in kleinen Mengen mit einem Löffel gerührt werden. Durch das Handrührgerät würde sie zu schaumig; der Spritzfaden ist dann nicht zäh genug und reißt leicht ab. Den Zuckeranteil so weit erhöhen, bis die Glasur nicht mehr auseinanderläuft.

Fondant im Wasserbad erwärmen. Die Wassertemperatur sollte 40° C nicht übersteigen. Je nach dem wie flüssig er sein soll, etwas Läuterzucker und Eiweiß zusetzen und rühren, bis er gleichmäßig flüssig ist. Er sollte 35° C nicht übersteigen, weil er sonst nach dem Abtrocknen seinen Glanz verliert.

Aprikosenglasur

Glace à l'abricot

Sie wird auch Aprikotur genannt und findet überwiegend als Isolierschicht zwischen Gebäck und anderen Glasuren Verwendung. Sie eignet sich aber auch als schnelle, eigenständige Glasur, die jedoch nie vollständig fest wird. Außerdem kann sie nur in heißem Zustand verarbeitet werden und ist daher für extrem hitzeempfindliche Desserts ungeeignet.

120 g Zucker, 80 cl Wasser
1 EL Zitronensaft
200 g Aprikosenmarmelade

Den Zucker mit dem Wasser und Zitronensaft aufkochen und klären. Zu der passierten Aprikosenmarmelade gießen und sprudelnd einkochen. Soll die Glasur glasklar werden, kann sie zusätzlich durch ein Haarsieb passiert werden. Der säuerliche Geschmack harmoniert mit fast allen anderen Aromen, dennoch kann diese Glasur auch mit anderen Marmeladen gekocht werden. Obstwasser oder Likör eignen sich zum Parfümieren der Glasur.

Eiweißglasur

Glace au blanc d'œuf

Sie ist einfach in ihrer Zusammensetzung und problemlos zu verarbeiten.

150-180 g Puderzucker
1 Eiweiß (30 g)
2 TL Limetten- oder Zitronensaft

Den gesiebten Puderzucker mit dem Eiweiß und dem Zitronensaft so lange rühren, bis eine glatte, seidig glänzende Glasur entstanden ist. Am einfachsten geht es mit dem Handrührgerät bei höchster Umdrehung. Je nach der gewünschten Konsistenz kann die Glasur mit Eiweiß oder Puderzucker flüssiger oder dicker gehalten werden. Die Schüssel immer mit einem feuchten Tuch abdecken, weil die Oberfläche schnell abtrocknet.

Eiweißspritzglasur

wird nach dem gleichen Rezept zubereitet, doch sicher meist in kleinerer Menge. Zum Spritzen soll die Glasur besonders zäh sein, damit der Spritzfaden nicht reißt.

Fondant

Fondant

Er ist eine reine Zuckerglasur, für die Zucker bis zum »schwachen Flug«, das sind 113° C, gekocht wird. Auf einer Marmorplatte wird dieser Sirup dann »tabliert«, d. h. mit einer Palette ständig durchgearbeitet, bis er milchig-weiß ist. Diese Prozedur kann man sich aber sparen, weil die Fondant-Glasur in guter Qualität von der Industrie angeboten wird.

Dieser feste Fondant braucht nur im Wasserbad erwärmt und entsprechend verdünnt zu werden. Dafür kann Zuckersirup, Eiweiß oder auch Milch verwendet werden. Zum Parfümieren eignen sich alle kräftigen Alkoholikas. Wichtig ist, daß der Fondant ständig gerührt und nicht wärmer als 35° C wird. Er würde sonst nach dem Abtrocknen seinen Glanz verlieren und kristallisieren. Um diesem vorzubeugen, sollten auch die Oberflächen von Desserts oder Gebäckstücken zuerst mit einer dünnen Schicht Aprikotur isoliert werden. Die Feuchtigkeit kann somit nicht in das Gebäck eindringen und erhält den Fondant glänzend.

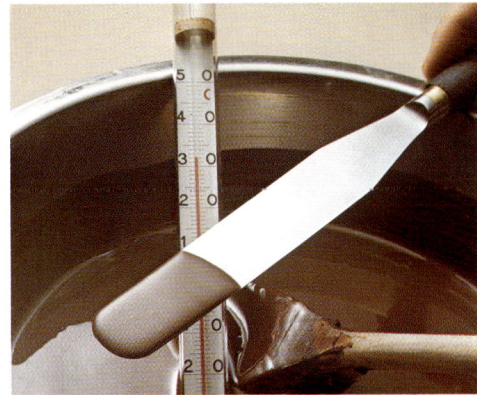

1 **Die Kuvertüre kleinschneiden,** die Hälfte im Wasserbad (etwa 50° C) auflösen. Den Rest zugeben, die Schüssel aus dem Wasserbad nehmen. Die Kuvertüre löst sich unter Rühren auf und kühlt die gesamte Menge zugleich ab. Wenn nötig, noch im Kühlschrank herunterkühlen, bis sie dickflüssig wird.

2 **Die kühle, dickflüssige Kuvertüre** im Wasserbad (etwa 40° C) unter ständigem Rühren langsam auf 32° C erwärmen. Das sollte in Etappen geschehen, damit sie nicht zu warm wird. Mit der Palette eine Probe entnehmen. Nach 2-3 Minuten muß sie fest sein und gleichmäßig seidig glänzen.

Ein Blatt durch temperierte Kuvertüre ziehen und auf Pergamentpapier erstarren lassen. Sollen die Blätter gebogen sein, auf ein mit Pergamentpapier belegtes Rollholz legen. Ist die Schokolade fest, wird das Blatt abgezogen, und selbst feinste Details werden auf dem Schokoladenblatt sichtbar.

Schokolade

Eine der Säulen der süßen Kunst und als Zutat oder Glasur (daher auch Kuvertüre vom französischen couverture = Decke) für Desserts von größter Bedeutung. Aber sie ist nicht ganz ohne Probleme, weil sie erst einmal »temperiert« werden muß, um geschmacklich und optisch zu befriedigen.

Warum Kuvertüre temperieren? Schokolade (Kuvertüre) besteht aus Kakaomasse, Kakaobutter und Zucker. Eine mittlere Qualität wird mit 60/40 bezeichnet, das bedeutet 60% Kakaomasse inclusive Kakaobutter und 40% Zucker. Der Schmelzpunkt von Kuvertüre liegt über 35° C, die richtige Temperatur zum Verarbeiten der flüssigen Kuvertüre bei etwa 32° C. Sie muß aber erst weit stärker abgekühlt werden, weil die Kakaobutter nur dann optimal bindet, wenn die Kuvertüre von einer niedrigen Temperatur langsam auf die nötigen 32° C erwärmt (temperiert) wird und nie umgekehrt. Das ist das »A und O« in der Behandlung von Kuvertüre.

Werden diese 32° C beim Erwärmen überschritten, muß die Prozedur von neuem beginnen; wieder abkühlen und langsam auftemperieren. Sie kann während der Verarbeitungszeit in einem Wasserbad von 30-32° C flüssig gehalten werden. Man sollte sie aber ab und zu durchrühren, damit sich keine Kakaobutter absetzen kann. Die ideale Temperatur der Desserts, die in Kuvertüre getaucht oder mit ihr übergossen werden, liegt bei etwa 20-24° C. Beachtet man die Regeln beim Temperieren, die übrigens auch für die Verwendung von Sahne- oder Milchkuvertüre gelten, so garantiert das auch einen gleichmäßigen Überzug und den Geschmack feiner, echter Schokolade. Wie für alle edlen Zutaten gibt es auch für Schokolade einen Ersatz, nämlich Schokoladenfettglasur. Sie ist zwar einfach in der Anwendung, weil das Temperieren entfällt, aber schon auf Grund ihrer Zusammensetzung (geringer Kakaoanteil auf Pflanzenfettbasis) indiskutabel im Geschmack.

Blätter aus Schokolade

Ein ganz einfacher Trick mit frischen Blättern. Damit kann man fast alle Desserts garnieren, und vor allem, sie können in beliebigen Mengen auf Vorrat hergestellt werden. Voraussetzung ist temperierte Kuvertüre und Blätter, die eine glatte Oberfläche, also keine feinen Härchen haben, weil sie sich sonst von der erstarrten Kuvertüre nicht lösen würden. Bewährt haben sich Lorbeerblätter, Rosenblätter (die besonders schön sind wegen ihres gezackten Randes) und die Blätter von Orangenbäumchen. Man faßt sie am Stiel und zieht sie über die Oberfläche der Kuvertüre. Etwas abstreifen, damit nicht zuviel Schokolade hängenbleibt, dann auf Pergamentpapier legen und erstarren lassen. Ist die Kuvertüre fest, wird das frische Blatt einfach abgezogen und zurück bleibt ein Schokoladenblatt mit den feinsten Äderchen des natürlichen Modells. Diese Blätter kann man natürlich auch aus Milch-Kuvertüre fertigen oder auch aus der »weißen« Schokolade, die aber nicht ganz so fest und stabil wird.

Kuvertüre auf einer Marmorplatte verstreichen. Dabei sollte man sehr schnell arbeiten, damit die Kuvertüre nicht fest wird, bevor sie gleichmäßig dünn verstrichen ist. Sie soll auch noch nicht hart sein, wenn sie mit einer Spachtel zu Röllchen geformt wird. Dabei die Spachtel schräg ansetzen und 2-3 cm vorschieben.

Die Form mit temperierter Kuvertüre füllen und sofort wieder in die Schüssel zurückgießen. Zum Erstarren mit dem Boden nach oben auf ein Kuchengitter setzen. Ist die Kuvertüre etwas fest, den überstehenden Rand mit einem Teigschaber abschneiden. Vollständig erkaltet, die Hohlkörper aus den Formen lösen.

Die Kuvertüre soll dickflüssig vom Löffel fallen und dabei ihre Form behalten, so daß beim Spritzen der Faden nicht auseinanderläuft. Filigrane Muster auf Pergament- oder Trennpapier spritzen. Die Zwischenräume, wie bei dieser Blume, können mit flüssiger Kuvertüre ausgefüllt werden.

Schokoladenröllchen

Eine Universal-Dekoration für Desserts, weil sie auch geschmacklich fast überall passen. Darüber hinaus sind sie noch leicht herzustellen, weil die Kuvertüre nicht unbedingt temperiert werden muß. Das geschieht ganz automatisch durch das dünne Aufstreichen auf eine Marmorplatte oder eine absolut glatte Kunststoffplatte. Die Kuvertüre sollte so lange gestrichen werden, bis sie fest wird. Dann allerdings muß sie sehr schnell mit einem Messer oder noch besser mit einer Metallspachtel »aufgerollt« werden, weil sie dafür noch geschmeidig sein muß. Die Spachtel schräg ansetzen, und »ganz von selbst« rollt sich die Schokolade auf. Diese Röllchen sind zunächst noch weich und sollten vollständig erstarren, bis sie für Dekorationen weiterverwendet werden oder auf Vorrat in einen gut verschließbaren Behälter kommen.

Schokoladen-Torteletts

Mit temperierter Kuvertüre lassen sich ohne Mühe dünne Hohlkörper gießen, die für Cremes, Eiscremes oder Sorbets ideale, eßbare Behälter abgeben. Dafür eignen sich die verschiedensten Formen, solche für Brioches, Torteletts, Timbales und andere. Sie sollten mit Watte sorgfältig gereinigt werden. Mit der Kuvertüre bis zum Rand füllen und sofort wieder ausgießen. Zurück bleibt eine dünne Schokoladenschicht in der Form. Z. B. soll ein Hohlkörper einer 50 g fassenden Form nur noch etwa 15 g wiegen. Der durch das Austropfen entstandene Rand wird abgeschnitten. Die Schokoladekörper im Kühlschrank vollständig erstarren lassen und dann vorsichtig aus den Formen lösen. Wenn nötig, die Form kurz auf eine harte Unterlage stoßen.

Schokolade zum Spritzen

Temperierte Kuvertüre ist dafür nötig und sie muß auch während der Verarbeitung konstant auf 32° C gehalten werden. Um sie zum Spritzen zu verdicken, wird unter 200 g Kuvertüre 40 g gesiebter Puderzucker und einige Tropfen Wasser gerührt. Aber Vorsicht, ein Zuviel an Wasser würde die Kuvertüre zu dick und unbrauchbar machen. Die gewünschten Formen können vorgezeichnet und darüber das Papier gelegt werden. Diese filigranen Schokoladen-Dekorationen können auf Vorrat angefertigt werden, sind aber sehr bruchempfindlich. Werden die Zwischenräume, wie die Blätter der Blume, mit flüssiger Kuvertüre ausgefüllt, sind sie weit stabiler. Milchkuvertüre oder die »weiße« Schokolade sind optisch besonders reizvoll. Diese Kuvertüre zum Ausfüllen sollte möglichst dünn gehalten sein, damit sie gut verläuft. Wenn nötig, etwas aufgelöste Kakaobutter darunterrühren, damit sie flüssiger wird.

Eine Spritztüte aus Pergamentpapier drehen. 1 Dafür wird ein Quadrat diagonal halbiert. Das Dreieck mit Daumen und Zeigefinger der linken Hand in der Mitte der Längsseite fassen und mit der rechten Hand das Papier nach links eindrehen. 2 Weiter aufdrehen und dabei mit der linken Hand die Spitze der Tüte festhalten. 3 Das überstehende Papierende nach innen falten und damit die Tüte fixieren. 4 Die Spritzglasur einfüllen und darauf achten, daß der Rand der Tüte sauber bleibt. 5 Beim Zusammenfalten muß die Naht (das seitliche Ende des Papiers) nach hinten zeigen. Zuerst die Luft aus der Tüte drücken und dann die Enden von außen nach innen zusammenfalten. 6 Mit einer scharfen Schere die Spitze abschneiden. Die Größe der Öffnung bestimmt dann die Stärke des Spritzfadens.

Mit einer einfachen Papiertüte spritzen sieht komplizierter aus, als es ist. Wichtig ist eine zähe Glasur, gleichgültig, ob Eiweiß- oder Schokoladenspritzglasur, weil dafür ein Faden nötig ist, der nicht abreißt. Man beginnt damit, die Tüte am Papier oder Dessert anzusetzen, drückt etwas Glasur heraus, damit sie festklebt, und hebt dann die Tüte unter gleichmäßigem Druck empor, um mit diesem Faden zu »malen«. Das ist aber nur bei Rundungen möglich. Bei Ecken muß man wieder auf das Papier oder Dessert zurück, um für die nächste Form neu anzusetzen.

Dekorationsmaterial kann man auch auf Vorrat herstellen. Bei Schokoladenspritzglasur ist es recht einfach, denn wenn sie nach wenigen Minuten fest ist, kann man sie vom Pergamentpapier abziehen. Bei Eiweißspritzglasur müssen die gespritzten Formen über Nacht antrocknen, damit man sie ohne Bruch vom Papier lösen kann. Dabei zieht man das Papier über eine harte Kante, und die Garnierungen lösen sich von selbst. Der Spritzglasurfaden darf dafür auch nicht zu dünn sein, weil die filigranen Formen sonst zu empfindlich wären. Weit stabiler sind sie, wenn die Zwischenräume mit etwas verdünnter und nach Wunsch auch gefärbter Glasur ausgefüllt werden. Man kann auch Eiweiß- und Schokoladenspritzglasur kombinieren. Zum weiteren Ausschmücken eignen sich Gold- oder Silberdragees, kandierte Rosenblätter, Veilchen, Pistazien, Belegfrüchte und was es sonst noch an süßem Dekorationsmaterial gibt. Für massive Blüten wird die Spritztüte etwas weiter abgeschnitten und damit die Blütenblätter von außen nach innen verjüngend gespritzt. Noch ein Tip: Die Glasur mit einigen Tropfen stark würzendem Alkohol abschmecken.

FLAMMERIS

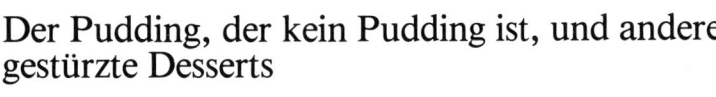

Der Pudding, der kein Pudding ist, und andere gestürzte Desserts

Als man den englischen Flummery — laut Langenscheidt: »Mehl- oder Haferbrei« — gerade Flammeri schrieb und aus dem Flammeri noch Tutti-frutti oder Welfenspeise herstellte, war die Welt noch in Ordnung. Wer Flammeri sagte und kochte, der wußte genau, was er tat: er nutzte die Quellfähigkeit der Getreideprodukte und anderer kohlenhydratreicher Bindemittel in heißer Flüssigkeit aus. Je feiner das Stärkeprodukt gemahlen war, desto eher kann es die Flüssigkeit zum Aufquellen bringen, desto kürzer ist also die Kochzeit. Eine Reisspeise braucht länger, bei einem Flammeri aus Speisestärke sind es nur Bruchteile einer Minute.

Bis in die dreißiger Jahre unseres Jahrhunderts hinein wurde auch in allen Lehrbüchern für Berufs- und Fachschulen und für den Haushalt ein Flammeri ein Flammeri genannt. Auch während des Krieges, als die Flüssigkeit entrahmte Frischmilch war, blieben die Begriffe in den Rezeptvorschlägen der NS-Reichsfrauenführung noch säuberlich getrennt. Doch seit 1910, seitdem das erste Oetker'sche Schulkochbuch auf dem Markt war, konnte man nach Rezept Nr. 7 mit Hinweis auf das damals ganz neue Puddingpulver einen »Grießbrei und Stärkepudding« kochen, der eigentlich ein Flammeri war. Und nach dem Ersten Weltkrieg, als dieses erste Dessert-Convenienceprodukt in Stärke-, Grieß-, Gelatine- und Sago-Puddingpulver eingeteilt wurde, kam diese Art, »Pudding zu kochen« der allgemeinen ökonomischen und sozialen Situation entgegen; es ging schnell, es war preiswert, es verbrauchte keine anderweitig notwendiger gebrauchten Zutaten wie zahlreiche Eier, Butter und Zucker. Das alles war erst recht ein Vorteil in den Jahren des Zweiten Weltkriegs und danach, als alle arbeitsfähigen Frauen berufstätig waren und wenig Zeit für aufwendige Nachspeisen hatten. Und eben nach dieser Zeit haben auch die Kochlehren der Gewerbeschulen und ähnlicher Institutionen den Kompromiß geschlossen. In einem Schulkochbuch aus dem Westermann-Verlag heißt es: »Durch häufige Verwendung der 'Puddingpulver' hat sich das Wort 'Pudding' für Süßspeisen eingebürgert.«

So wurde der Flammeri zum Pudding und ist es geblieben. Wer den alten echten Pudding meint, hat sich angewöhnt, vom »im Wasserbad gekochten Pudding« zu sprechen: denn gekocht wird der Flammeri-Pudding ja auch.

Zur Familie der Flammeris gehört eine andere Nachspeise, die nur in Norddeutschland und Skandinavien nicht Flammeri, sondern Rote Grütze genannt wird, während sie in mitteleuropäischen Kochbüchern als Flammeri von Obstsaft oder Roter Fruchtpudding auftaucht. 1851 wird in »Die mutterlose Jungfrau in ihrem Leben und ihrer Haushaltung« von Charlotte Späth zum ersten Mal Rote Grütze als »dänische Speise« erwähnt und auch als Flammeri gekocht, also: Fruchtsaft wird mit Stärke gebunden. Bei der Davidis findet man die Rote Grütze auch, wie oben beschrieben und in einer Form für die Herrschaftstafel: mit Rotwein und Eischnee und rohen eingezuckerten Beeren, während Rote Grütze im allgemeinen gern ein Spar-Rezept war: ich kann mich noch gut daran erinnern, daß in der kleinen Stadt, in der ich meine ersten Kinderjahre verbracht habe, nach dem Geleekochen immer ein Saft zweiter Ordnung zubereitet wurde, das heißt: man kochte den Obstbrei noch einmal auf, ließ ihn abermals durchs Mulltuch abtropfen und kochte aus diesem Saft mit Grieß oder Sago das, was im Norden Rote Grütze heißt. Ursprünglich war das Gericht tatsächlich eine Grütze: Grütze ist in Norddeutschland und in Skandinavien, auch in den östlichen Ländern, sehr viel länger als im Süden Deutschlands und Europas eine Alltagsspeise geblieben. Buchweizengrütze, Hafergrütze, Roggenmus, Weizenschrotbrei, das ißt man immer noch und manchmal wieder zum Frühstück, manchmal mit Milch, manchmal mit Sahne, und im Sommer wurde das Getreide statt in Wasser in Fruchtsaft gekocht. Je nach Landschaft und Familie liebt man auch heute noch fast rubinklare Fruchtflammeris, mit Stärke oder Gelatine gebunden, oder solche mit dem Biß des Grießkorns oder fruchtige, die frisches oder gedünstetes Obst enthalten. Wichtig ist für die Rote Grütze immer, daß sich die säuerlichen und die süßen Früchte harmonisch ergänzen.

Schöne Formen aus Steingut oder Kupfer, natürlich heutzutage auch aus Plastik, machen aus dem Flammeri erst den wohlbekannten »Pudding«. Auch Flammeris aus Reis oder Grieß können so gestürzt werden, wenngleich sie mit wesentlich leichterer Bindung auch in Schüsseln oder Gläsern serviert werden können.

Schokoladen-Flammeri

Flamerie au chocolat

Wenn auch der Name etwas ungewohnt, bzw. in Vergessenheit geraten ist, es stimmt schon: Unser »Pudding« ist ein Flammeri. Ein Flammeri mit Speisestärke gebunden und Schokolade, die natürlich durch Vanille, Kaffee oder eine andere geschmacksgebende Zutat ausgetauscht werden kann. Die Flammeris haben aber etwas mehr Bindung nötig als der »Schokoladenpudding«. Der Speisestärkeanteil sollte um 5 g auf 45 g erhöht werden. Eine besonders feine Variante: Karamelflammeri! Dafür den Zucker schmelzen bis er mittelbraun ist und mit der Milch aufkochen.

        40 g Speisestärke
         2 Eigelb
       100 g Zucker
       1/2 l Milch
       1/2 Vanilleschote
        60 g Kuvertüre
         2 Blatt Gelatine
             Eine Form von 0,5 l Inhalt
Zum Garnieren:
             etwas Sahne
             gehackte Pistazien
             Vanillesauce

Die Speisestärke, die Eigelbe und den Zucker mit etwas Milch gut verrühren. Die restliche Milch mit der Vanilleschote aufkochen, dann die im Wasserbad aufgelöste Kuvertüre zugeben. Die angerührte Stärke-Eigelb-Mischung in die Schokoladenmilch einrühren, und alles unter ständigem Rühren kurz durchkochen lassen. Vom Feuer nehmen und die eingeweichte, gut ausgedrückte Gelatine darunterrühren, bis sie ganz aufgelöst ist. In die mit kaltem Wasser ausgespülte Form füllen und im Kühlschrank 2 Stunden festwerden lassen.

Nach dem Stürzen mit Schlagsahne und gehackten Pistazien garnieren und Vanillesauce dazu reichen.

Die Menge ergibt 4 Portionen.

Grießflammeri mit Brombeeren

Flamerie de semoule aux baies de ronce

       1/2 l Milch
         1 Vanilleschote
             das Abgeriebene von 1 Zitrone
        50 g Grieß
         8 Blatt Gelatine
         5 Eigelb
       125 g Zucker
       3/8 l Sahne
         2 EL Puderzucker
             Eine Kranzform von 1,25 l Inhalt
             etwas Pflanzenöl
       400 g frische Brombeeren
             Sauce von 500 g Aprikosen
       1/4 l Sahne
         1 EL Zucker

Die Milch mit der Vanilleschote und der abgeriebenen Zitronenschale aufkochen. Durch ein feines Sieb passieren, in den Topf zurückgießen und zum Sieden bringen. Den Grieß unter ständigem Rühren hineinschütten und auf schwacher Hitze solange weiterrühren, bis die Masse leicht andickt, dann die eingeweichte, gut ausgedrückte Gelatine unterrühren. Die Eigelbe mit dem Zucker cremig schlagen und nach und nach zu der Grießmasse rühren. Auf Eiswasser kaltrühren und zum Schluß die mit Puderzucker steifgeschlagene Sahne sorgfältig unterziehen. Die fertige Masse in die dünn geölte Form geben, die Oberfläche glattstreichen und im Kühlschrank etwa 6 Stunden festwerden lassen.

Den Grießflammeri auf eine Platte stürzen und mit den Brombeeren, Aprikosensauce und Schlagsahne servieren.

Die Menge ergibt 8-10 Portionen.

Reis Trauttmansdorff

Riz Trauttmansdorff

         1 Vanilleschote
       1/2 l Milch
       120 g Langkornreis
        50 g Zucker
         1 Prise Salz
         1 Glas Sauerkirschen
             (Einwaage 460 g)
         4 cl Kirschwasser
         1 Stück Zimtstange
        40 g Zucker
       1/2 TL Speisestärke
       1/4 l Sahne

Die Vanilleschote längs aufschneiden, das Mark herausschaben, die Schote, das Mark und den Reis in die Milch geben. Zum Kochen bringen und zugedeckt bei milder Hitze etwa 1 Stunde ausquellen lassen. Dann den Zucker und das Salz unterrühren und die Masse erkalten lassen.

Die Kirschen abgießen und dabei den Saft auffangen. Die Kirschen mit dem Kirschwasser begießen und zugedeckt ziehen lassen. Die Hälfte des Kirschsaftes mit einem Stückchen Zimt und dem Zucker aufkochen, die angerührte Speisestärke hineinrühren und durchkochen lassen. Die marinierten Kirschen zugeben.

Die Sahne sehr steif schlagen und unter die erkaltete Reismasse heben. Abwechselnd Reis und Kirschen in Portionsschälchen schichten und jeweils mit einigen Kirschen dekorieren. Reis Trauttmansdorff gut gekühlt servieren.

Dieses traditionelle Reisdessert kann in mancherlei Hinsicht abgewandelt werden, z. B. mit Kompottfrüchten wie Pflaumen, Aprikosen oder Stachelbeeren. Aber auch gezuckerte, frische Früchte passen bestens, vor allem Mangos, Walderdbeeren und Heidelbeeren.

Die Menge ergibt 6 Portionen.

Schokoladenreis

Riz au chocolat

125 g Langkornreis
1/2 l Milch
1/2 Vanilleschote
150 g Zucker
200 g Blockschokolade (Kuvertüre)
50 g Butter
5 Blatt Gelatine
1/4 l Sahne
Eine Form von 1,25 l Inhalt
etwas Öl und Zucker für die Form

Zum Garnieren:
Schokospäne, 1 Belegkirsche

Den Reis in reichlich Wasser 2 Minuten sprudelnd kochen lassen, dann in ein Sieb schütten und unter fließendem kalten Wasser abwaschen. Die Milch mit der aufgeschnittenen Vanilleschote, dem Zucker, der in Stücke gebrochenen Schokolade und der Butter zum Kochen bringen. Dabei einige Male durchrühren, damit sich die Schokolade auflöst. Dann den gut abgetropften Reis hineingeben und zugedeckt 30 Minuten leise köcheln lassen. Der Reis soll die Milch ganz in sich aufnehmen; dann vom Feuer nehmen und die eingeweichte, gut ausgedrückte Gelatine einrühren. Abkühlen lassen, dabei öfters umrühren.

In der Zwischenzeit die Sahne steifschlagen und etwa 50 g davon zum Garnieren zurückbehalten. Die übrige Sahne unter den lauwarm abgekühlten Reis heben.

Die Form hauchdünn mit Öl ausstreichen und mit Zucker ausstreuen. Dadurch bekommt das Dessert eine schöne, glänzende Oberfläche. Die Reismasse einfüllen und im Kühlschrank etwa 2 Stunden festwerden lassen.

Zum Servieren den gestürzten Schokoladenreis mit der zurückbehaltenen Sahne, Schokospänen und einer Belegkirsche garnieren. Dazu schmeckt besonders gut eine Vanille- oder Mangosauce.

Die Menge ergibt 8-10 Portionen.

Reis nach Kaiserinart

Riz à l'impératrice

125 g roher, weißer Langkornreis
1/4 l Milch
60 g Zucker
30 g Butter
1 Vanilleschote
5 Eigelb
165 g Zucker
3/8 l Milch
8 Blatt Gelatine
2 cl Kirschwasser
1/2 l Sahne
Eine Form von 2 l Inhalt, etwas
Pflanzenöl zum Ausstreichen

Zum Garnieren:
etwas Sahne und Streifen von
Zitronenschale

Die Form dünn mit Pflanzenöl ausstreichen und zum Abtropfen des überflüssigen Öls umgekehrt auf Küchenkrepp legen.

Den Reis in reichlich Wasser 5 Minuten sprudelnd kochen lassen, in einem Sieb unter fließendem kalten Wasser abwaschen und abtropfen lassen. Milch, Zucker und Butter mit der Vanilleschote in einem Topf erhitzen; dabei ab und zu rühren, bis Butter und Zucker aufgelöst sind. Den Reis zugeben und in etwa 30 Minuten weichkochen.

Der fertige Reis soll die Milch völlig aufgenommen haben. In einem Sieb abtropfen lassen, die Vanilleschote herausnehmen.

Eigelb und Zucker cremig schlagen, und die erhitzte Milch in dünnem Strahl unterrühren. Die Creme in den Milchtopf zurückgießen und unter ständigem Rühren bis zur Rose abziehen. Die eingeweichte, gut ausgedrückte Gelatine einrühren, bis sie ganz aufgelöst ist. Die Creme durch ein feines Sieb streichen. Den Reis unterheben, das Kirschwasser zugeben, und die Masse auf Eiswasser kaltrühren. Sobald sie leicht dicklich wird, die geschlagene Sahne mit einem Kochlöffel vorsichtig unterziehen. Die Masse in die Form füllen und im Kühlschrank 4-6 Stunden festwerden lassen.

Vor dem Servieren mit einem spitzen Messer an der Innenseite der Form entlangfahren, die Form kurz in heißes Wasser tauchen, und den Reis auf eine Platte stürzen. Mit einem Sahnetupfer und Zitronenschale garnieren. Dazu paßt Pflaumenkompott mit Armagnac.

Für die klassische Variante dieses Desserts können 120 g gehackte Belegfrüchte zugegeben werden. Sie sollten mit dem Kirschwasser 2-3 Stunden mariniert werden.

Die Menge ergibt 8-10 Portionen.

Rote Grütze mit Sahne

Rødgrød med fløde

Sie ist in Dänemark daheim, aber auch in Norddeutschland. Ihr Name kommt von der Grütze, der Gersten-, Buchweizen- oder Hafergrütze, die zum Eindicken des Fruchtsaftes verwendet wurde. Also ein Arme-Leute-Essen, das sich zu einer echten, regionalen Spezialität entwickelt hat. Ein frischer, fruchtiger Pudding für die warme Jahreszeit, der sich immer mehr verfeinert vom Hauptgericht zum Dessert gewandelt hat. An die Stelle der Grütze ist dann Grieß oder Sago getreten, und heute verwendet man in den meisten Fällen Speisestärke. Nimmt man reine Kartoffelstärke, dann soll diese nur einmal aufwallen, weil sie durch langes Kochen zäh und leimig wird.

750 g rote Johannisbeeren
500 g reife Himbeeren
1 l Wasser
150 g Zucker
90 g Speisestärke
1/8 l trockener Weißwein
2 cl brauner Rum
1/2 l flüssige Sahne

Die Johannisbeeren waschen und von den Stielen zupfen. Mit den Himbeeren, dem Wasser und Zucker etwa 10-15 Minuten kochen, bis die Früchte zerfallen. Das Obst durch ein feines Sieb passieren oder etwas abkühlen lassen und maschinell entsaften. Den Fruchtsaft nochmals zum Kochen bringen. Die Speisestärke mit dem Weißwein verrühren und damit den Fruchtsaft eindicken. Er soll richtig aufkochen, bis die Grütze klar wird. Vom Feuer nehmen und den Rum unterrühren. Etwas abkühlen lassen, in eine große Schüssel gießen oder kleine Portionsschalen damit füllen. Die eiskalte Grütze mit der flüssigen Sahne servieren.
Für 8-10 Portionen.

Rote Grütze mit Früchten

Entremet aux fruits

250 g rote Johannisbeeren
250 g schwarze Johannisbeeren
250 g Himbeeren
3/4 l Wasser
120 g Zucker
60 g Speisestärke
150 g rote Johannisbeeren
250 g Himbeeren

Die Johannisbeeren mit den Himbeeren, Wasser und Zucker weichkochen und passieren. Den Saft mit der Speisestärke binden. Unter die lauwarm abgekühlte Grütze vorsichtig die ganzen Beeren rühren. Kalt mit Sahne oder Vanillesauce servieren.
Für 8 Portionen.

Rote Grütze hat Saison in der Zeit der frischen Beeren, dann, wenn sie vollreif und besonders süß sind. Die säuerliche Johannisbeere ist am beliebtesten, aber fast alle anderen Beeren können für Grütze verwendet werden, ob allein oder gemischt mit anderen Früchten. Serviert wird die rote Grütze in ihrer einfachsten Version schlicht mit Milch. In Dänemark reicht man flüssige Sahne oder leicht gesüßte Schlagsahne dazu. Aber auch die klassische Vanillesauce paßt sich dem säuerlichen Fruchtgeschmack in bester Weise an, oder leicht gesüßter, vanillierter Joghurt.

Grütze von Sauerkirschen

Entremet aux griottes

> 1 kg frische Sauerkirschen
> 1/4 l Sauerkirschsaft
> 1/2 l Wasser
> 120 g Zucker
> 1/2 Vanilleschote
> 50 g Speisestärke
> 2 cl Amaretto
> 2 cl Rum
> 3/8 l Sahne
> 1 EL Bienenhonig
> Mark 1/2 Vanilleschote
> 40 g geröstete, gehobelte Mandeln

Die Sauerkirschen von den Stielen befreien und entsteinen. Den Sauerkirschsaft und das Wasser mit dem Zucker und der Vanilleschote aufkochen, die Kirschen zugeben. Einmal aufkochen lassen, vom Feuer nehmen und noch etwa 10 Minuten ziehen lassen. Den Saft abseihen und in einem Topf wieder zum Kochen bringen. Die Speisestärke mit etwas Wasser anrühren und den Saft damit binden. Unter ständigem Rühren durchkochen, bis die Grütze klar wird. Die Kirschen wieder zugeben und vom Feuer nehmen. Den Amaretto und Rum zugießen und die Grütze lauwarm abkühlen lassen. In eine große Schüssel oder Portionsschälchen füllen und gut kühlen.

Die Sahne mit dem Honig und Vanillemark verrühren und über die Grütze gießen. Mit den gerösteten, gehobelten Mandeln bestreuen.

Für 8 Portionen.

Stachelbeer-Apfel-Grütze

Entremet aux groseilles vertes et pommes

> 3/8 l trockener Weißwein
> 140 g Zucker
> Saft und Schale einer Zitrone
> 1/2 Stange Zimt
> 300 g Stachelbeeren
> 400 g Äpfel (eine säuerliche Sorte)
> 30 g Speisestärke
> 3 EL Cream Sherry

In den Weißwein den Zucker, den Zitronensaft und die zu einer dünnen Spirale abgeschnittene Schale der Zitrone, sowie die halbe Zimtstange geben und aufkochen, bis der Zucker gelöst ist. Die Stachelbeeren waschen und putzen, die Äpfel schälen, das Kernhaus herausschneiden und in dünne Spalten teilen. Zuerst die Stachelbeeren in dem Wein weichdünsten. Dabei sollte die Flüssigkeit gerade unter dem Siedepunkt gehalten werden, weil die Beeren nicht platzen sollten. Mit einem Schaumlöffel herausnehmen. Dann die Apfelspalten weichdünsten und ebenfalls wieder herausnehmen. Die Speisestärke mit dem Sherry anrühren, damit den Wein eindicken und klarkochen. Die Beeren und Äpfel wieder zugeben und die Grütze in eine große Schüssel oder in Portionsschälchen füllen. Gut kühlen. Mit Vanillesauce oder geschlagener, leicht gesüßter Sahne servieren.

Für 6-8 Portionen.

Eine köstliche Grützen-Variante gelingt mit Rhabarber. Dafür wird der Zucker um 60 g auf 200 g erhöht, und die Äpfel werden gegen in Stücke geschnittenen Rhabarber ausgetauscht. Sie sollen nur kurz gedünstet werden, damit sie nicht auseinanderfallen.

Pflaumengrütze

Entremet aux prunes

> 1 kg Pflaumen
> 1/2 l Beaujolais
> 1/4 l Wasser
> 180 g Zucker
> 1 Nelke
> 1/4 Zimtstange
> Saft einer halben Zitrone
> 40 g Speisestärke
> 4 cl Pflaumenschnaps (Sliwowitz)

Die Pflaumen waschen, entsteinen und halbieren. Den Beaujolais mit dem Wasser, Zucker, Gewürz und Zitronensaft aufkochen. Die halbierten Pflaumen zugeben und bei schwacher Hitze halbweich dünsten. Die Speisestärke mit etwas Wasser anrühren, die Grütze damit eindicken. Durch das Rühren zerfallen die Pflaumen etwas. Will man das verhindern, müssen sie vor dem Eindicken mit einem Schaumlöffel herausgenommen werden und kommen anschließend wieder in die Grütze. Zum Schluß wird der Pflaumenschnaps untergerührt, und die Grütze wird in eine große Schüssel oder in Portionsschälchen gefüllt. Im Kühlschrank vollständig erkalten lassen. Mit flüssiger oder geschlagener und leicht gesüßter Sahne servieren.

Für etwa 8 Portionen.

Diese Pflaumengrütze schmeckt auch sehr gut, wenn sie nach traditioneller Art mit Sago gebunden wird. Dafür wird die Speisestärke gegen 100 g Sago ausgetauscht. Die Grütze muß aber auch entsprechend lang gekocht werden, bis der Sago glasig und vollkommen ausgequollen ist.

Wieviel Gelatine für Gelee?

Die Anwort müßte lauten »so wenig wie möglich«, weil eine Geleespeise dann am besten schmeckt, wenn sie nur ganz leicht gebunden ist. Das ist unproblematisch bei Gelee in Gläsern; soll es aber gestürzt werden, dann muß es auch seine Form behalten und dafür ist eine Mindestmenge Gelatine notwendig. Die beiden im Handel befindlichen Sorten, Blatt- und Pulvergelatine, können in gleicher Dosierung verwendet werden, und wenn man ganz sicher gehen will, kann man auch die Blattgelatine wiegen. Die einzelnen Blätter sind aber nicht sehr unterschiedlich im Gewicht. Etwa 2,1 g wiegt ein Blatt im Durchschnitt. Für Fruchtgelees ergeben sich folgende Werte:

Für leichtes Gelee in Gläsern:
1/2 l Flüssigkeit = 8-10 g oder 5 Blatt

Für gestürzte Gelees:
1/2 l Flüssigkeit = 14-16 g oder 7-8 Blatt

Berücksichtigen muß man noch die Wassermenge, die beim Einweichen von der Gelatine aufgenommen wird. Bei 8 Blatt sind es etwa 5 cl und bei Pulvergelatine (15 g werden mit 1/8 l Wasser eingeweicht) die gesamte Wassermenge. Bei Verwendung von großen Formen, 1,5 l sollte die Obergrenze sein, muß der Gelatineanteil etwas erhöht werden, weil das Gelee nach dem Stürzen durch das höhere Eigengewicht mehr Stabilität nötig hat.

Wie ein Fruchtgelee zubereitet wird, am Beispiel eines Orangengelees. Den Saft der Orangen und Zitrone auspressen und 1/2 Stunde stehen lassen, damit sich die Fruchtfleischteile nach oben absetzen können. **1** Ein Sieb auf eine Schüssel setzen und mit einem dünnen Leinentuch auslegen. Den Saft langsam eingießen und durchtropfen lassen, wobei die Fruchtteile eine zusätzliche Filterwirkung haben. Läßt diese Schicht keine Flüssigkeit mehr durch, das Tuch oben zusammenfalten, mit beiden Händen aufdrehen, und den Rest des Saftes herauspressen. **2, 3** Die Gelatine einweichen. Blattgelatine läßt man in reichlich kaltem Wasser ausquellen, für 8 Blatt 1/2 l, und drückt sie nach 10 Minuten aus. Sie hat dann etwa 5 cl Wasser aufgesaugt. 15 g Pulvergelatine wird mit mindestens 1/8 l kaltem Wasser eingeweicht und nimmt dieses in wenigen Minuten voll auf. **4** Den Wein mit einem Teil des Fruchtsaftes und dem Zucker aufkochen, damit sich der Zucker vollständig löst. Die Flamme abschalten und die eingeweichte Gelatine zugeben. Diese Mischung zum restlichen Fruchtsaft gießen. **5** Die Schüssel in ein größeres Behältnis mit Eiswürfeln und etwas Wasser setzen. Mit dem Schöpflöffel sehr sanft kaltrühren, damit keine Blasen entstehen. **6** Das Gelee muß kalt sein und bereits anfangen, etwas dickflüssig zu werden, wenn es in die Form gefüllt wird.

Orangengelee

Gelée à l'orange

      55 cl Orangensaft, frisch gepreßt
       5 cl Zitronensaft
      16 Blatt Gelatine
      1/2 l Wasser
      15 cl trockener Weißwein
     300 g Zucker
       2 cl Cointreau
         Eine Form von 1 l Inhalt

Den Orangen- und Zitronensaft filtern. Die Gelatine in kaltem Wasser einweichen. Den Weißwein mit etwa einem Drittel des Fruchtsaftes und dem Zucker aufkochen, damit sich dieser vollständig löst. Vom Feuer nehmen und die ausgedrückte Gelatine darin auflösen. Diese Mischung in den übrigen Fruchtsaft gießen, den Likör zugeben, auf Eis kaltrühren und in die Form füllen. 3-4 Stunden im Kühlschrank vollständig fest werden lassen. Das Gelee darf beim Stürzen keinen weichen Kern haben, da es sonst auseinanderbrechen würde.

Weingelee mit Früchten

Gelée de vin aux fruits

1/4 l trockener Weißwein
Saft einer Zitrone
120 g Zucker
5 Blatt Gelatine
2 Kiwis
2 Pfirsiche
1/2 Tasse entsteinte Sauerkirschen
1/8 l Sahne
1 EL Zucker

Den Wein, Zitronensaft und Zucker erhitzen, bis der Zucker gelöst ist. Die ausgedrückte Gelatine darin auflösen und abkühlen lassen. Mit den in Scheiben, bzw. in Stücke geschnittenen Früchten schichtweise in Gläser füllen. Die einzelnen Schichten immer erst im Kühlschrank festwerden lassen, bevor die nächste eingefüllt wird. Mit Schlagsahne garnieren. Für 4 Portionen.

Campari-Gelee

Gelée de Campari

110 g Zucker
6 cl Orangensaft
4 cl Limettensaft
5 Blatt rote Gelatine
1/4 l klarer Apfelsaft
10 cl Campari
Grand Marnier und Limetten-spalten

Den Zucker mit dem Orangen- und Limettensaft kochen, bis er sich aufgelöst hat. In der warmen Zuckermischung die ausgedrückte Gelatine auflösen und dann den Apfelsaft und Campari zugießen. Die Mischung auf Eis kaltrühren und in Gläser füllen. Über das erstarrte Gelee je 2 TL Grand Marnier gießen und mit einer Limettenspalte garnieren.

Für 4-6 Portionen.

Waldmeister-Gelee

Gelée d'asperule

1 Bündel Waldmeister (etwa 80 g)
2 cl Cognac
40 cl trockener, leichter Weißwein
10 cl Zuckersirup (20°)
8 Blatt Gelatine
2 cl Zitronensaft

Den Waldmeister in einer Glasschüssel mit dem Cognac und Weißwein übergießen und zugedeckt 1/2 Stunde ziehen lassen. Die Flüssigkeit abseihen. Den Zuckersirup erwärmen und die ausgedrückte Gelatine darin auflösen. Mit dem Zitronensaft zu der Weißweinmischung gießen, abkühlen lassen und in kleine Förmchen füllen. Im Kühlschrank erstarren lassen und auf Glasteller stürzen. Dazu schmeckt halbfest geschlagene Sahne.

Für 4-6 Portionen.

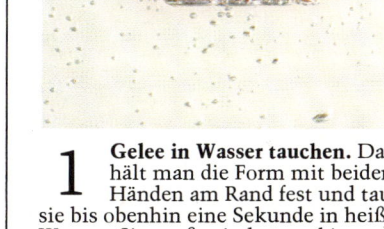

1 **Gelee in Wasser tauchen.** Dazu hält man die Form mit beiden Händen am Rand fest und taucht sie bis obenhin eine Sekunde in heißes Wasser. Sie muß mindestens bis zur Füllhöhe eingetaucht werden, damit sich das Gelee überall von der Form löst.

2 **Eine Platte auf die Form legen.** Vorher die Form rundum abtrocknen. Eine flache Platte, möglichst ohne Rand, mit der Oberseite nach unten darauflegen. Eine Glasplatte hat den Vorteil, daß man mit der Form sehr leicht ihre Mitte trifft.

3 **So wird das Gelee gestürzt.** Platte und Form mit beiden Händen fassen. Dann schnell umdrehen, damit das Gelee gleichmäßig aus der Form gleitet. Hängt es noch fest, Form und Platte mit beiden Händen leicht schütteln oder nochmals in das Wasser tauchen.

FRÜCHTE RAFFINIERT GEBACKEN

Von Beignets und Törtchen

Früchte in Teig sind ein ganz besonderer Genuß. Sie verbinden beides: das Üppige und das Leichte, das Sättigende und das Spiel mit dem Appetit, den immer vorhandenen Teig mit den Früchten des kurzen Sommers.

Erdbeeren, Kirschen, Johannisbeeren — schon vor so langer Zeit in unsere Gärten gekommen, daß sie uns als einheimisches Obst vorkommen — erinnern das ganze Jahr an die Wohltaten der Sonne, und wenn sorgfältig eingefrorene oder tiefgekühlte Früchte Mürbteigtörtchen zieren, so kann man sicher sein, daß man Erfog mit ihnen hat. Denn sie sind nicht nur ein kluger Gegensatz zu den kalorienreichen Cremespeisen oder den schwereren Puddings, die auf vielen Desserttischen nicht fehlen dürfen: man greift auch nach den Obsttörtchen wie von selbst.

Sie sind ohnehin exquisite Endformen einer langen Entwicklung, denn bis in unsere Zeit hinein war es schwer, die saftreichen, zartzelligen Sommerfrüchte so zu konservieren, daß man sie auch außerhalb ihrer Saison ästhetisch befriedigend verwenden konnte. Vielleicht erinnert sich der eine oder andere Leser an die armselig braunen Erdbeeren, die sich in den Einmachgläsern im Drang nach oben aneinander platt drückten und wie bleiche Gespenster einstiger Fülle und Prallheit im eigenen ausgelaufenen Saft schwammen. Sie waren trotzdem ein Sonntagsdessert, aber sie wurden begraben unter mitleidigen Schichten von künstlich rotem Gelee, das ihnen noch einmal den Glanz der einst leuchtenden Farbe verlieh, unter reichlich Schlagsahne oder unter einer nahrhaften Schicht Grießflammeri. In Österreich rollte man die Kirschen in den Strudel oder hob sie wie Rosinen unter einen Rührteig, während die ersten Siedler der Neuen Welt von den Indianern lernten, wie man sie in der Sonne trocknet, so daß sie tatsächlich großen Rosinen glichen.

Mit unseren tiefgekühlten und selbst eingefrorenen Früchten ist es leicht, als Dessert Sommerfrüchte auf und in Teig zu servieren, aber es bleibt immer ein Rest, mit dem uns die Natur zeigt, daß wir ihr unterworfen bleiben werden: Holder- oder Hollerküchlein gibts nur, wenn der Flieder- oder Holderbusch, wie man den Holunder auch nennt, im Frühsommer in voller weißer Blüte steht. In manchen Städten kann man die Fliederblüten auf dem Markt kaufen, aber das Land hat man meist seinen Hollerbusch am Zaun oder in der Feldhecke, auf einer Schutthalde, am Waldrand oder an einer alten Mauer (denn dieser Busch ist genügsam), von dem man sich zur rechten Zeit einen Korb Dolden abschneidet.

Unsere Großeltern haben noch viele Stellen dieser Art gekannt und meistens streng geheimgehalten: junger Waldmeister wurde für die erste Maibowle ebenso in einem bestimmten lichten Waldstück selbst gepflückt wie die wilden Erdbeeren, die Waldhimbeeren und die Brombeeren am sonnigen Hügelhang oder am Rande von Koppeln: ein Vergnügen für die Familie, ein unvergleichlicher Genuß und außerdem einer, der nichts als den eigenen Schweiß und manchmal zerkratzte Hände kostete — was früher öfter für solche Unternehmungen ausschlaggebend war, als man sich heute noch vorstellen kann.

Aus welchem Grunde man jedoch mit Milchkanne oder Korb (keine Plastikbeutel nehmen! In ihnen entsteht zu rasch die gefürchtete feuchtwarme Kammer, in der die empfindlichen Blüten und Früchte zu rasch zergehen) heute die alten Wege zum Hollerbusch oder zu den verborgenen Waldbeeren wieder aufnimmt: Blüten und Früchte zum Aus- oder Verbacken müssen gründlich gewaschen werden, nicht nur der Insekten wegen, sondern vor allem, weil die Natur auch am Rain und Waldessaum nicht mehr so unverdorben ist wie einst.

Holderküchle, diese süddeutsche Spezialität (Rezept auf der nächsten Seite), sind genaugenommen eine Ausnahme in diesem Kapitel. Denn was da in Teig getaucht und gebacken wird, sind die Blüten des Holunderstrauches und nicht dessen Früchte. Aber sie zeigen, wie vielfältig die Möglichkeiten sind, Früchte mit Teig zu veredeln.

Ausgebackene Früchte

Sie sind auch eine Gruppe von Desserts, die ob ihrer vielen Variationsmöglichkeiten nicht annähernd erschöpfend behandelt werden können. Fast jede Frucht taugt zum Ausbacken, und rechnet man die möglichen Füllungen und Saucen dazu, so ergeben sich Unmengen an Kombinationen. Außerdem ist es eine äußerst schmackhafte Garmethode. Für alle ausgebackenen Früchte kann ein Grundteig verwendet werden, mal dicker, mal flüssiger, je nach gewünschter Stärke des Teigmantels und statt mit Wasser oder Milch mal mit Wein oder Bier zubereitet. Mit wenig Hefe, mit Bier oder Mineralwasser wird der Teig übrigens besonders locker, mit Wein aber knuspriger. Und welches Fett eignet sich zum Ausbacken? Nur beste Qualitäten! Neben frischem Butterschmalz, das natürlich am besten schmeckt, gibt es heute feinste Pflanzenfette, die zumindest den Vorteil haben, absolut neutral im Geschmack zu sein und das Aroma der eingebackenen Früchte steigern. Gleichgültig aber, ob man Butterschmalz oder Pflanzenfett verwendet, wichtig ist, daß das Fett frisch ist. Wenn es schon mal verwendet wurde und verunreinigt ist, muß es vor dem Gebrauch gefiltert werden, weil die Teigreste oder Brösel beim Backen verbrennen würden. Genaues Einhalten der Temperatur ist ebenfalls für ein gutes Ergebnis ausschlaggebend. Die elektrischen Friteusen mit thermostatischer Temperaturregelung sind dafür sehr empfehlenswert und garantieren eine gleichmäßige Qualität.

Gebackene Sauerkirschen

Beignets de griottes

Voraussetzung dafür sind helle Sauerkirschen mit Stiel, denn nur dann kann man sie zum Eintauchen in den Teig und anschließend in das heiße Fett bequem anfassen.

> 150 g Mehl
> 1/8 l leichter Weißwein
> 2 Eigelb
> 20 g Vanillezucker
> 1 Msp. Zimt
> 1 Msp. Salz
> 2 Eiweiß
> 30 g Zucker
> 500 g reife Sauerkirschen
> Fett zum Ausbacken
> Puderzucker zum Besieben

Das Mehl in eine Schüssel sieben und mit dem Wein, Eigelb und Gewürz mit dem Schneebesen glattrühren. Etwa 15-20 Minuten ausquellen lassen. Dann das Eiweiß mit dem Zucker zu Schnee schlagen und unter den Mehlteig heben. Die gewaschenen und abgetrockneten Kirschen beim Stiel anfassen, durch den Teig ziehen und sofort in das heiße Fett (180° C) gleiten lassen. Etwa 2-3 Minuten, bis der Teig schön hellbraun ist, fritieren, mit einem Schaumlöffel herausheben und auf Küchenkrepp abtropfen lassen. Mit Puderzucker besieben. Für 8-10 Portionen.

Holderküchle

Beignets de sureau   Abb. S. 94

Man muß sie schon mögen, diese regionale Spezialität aus Süddeutschland, wegen ihres strengen aber sehr aparten Geschmacks.

> 15 voll aufgeblühte Holunderblüten
>   (Fliederblüten)
> 200 g Mehl
> 6 cl Milch
> 8 cl leichter Weißwein
> 2 Eier
> 1 Msp. Salz
>   Abgeriebenes von 1 Zitrone
>   Fett zum Ausbacken
> 2 Tl Zucker
>   Puderzucker zum Besieben
>
> 1/4 l Sahne
>   etwas Vanillemark
> 1 EL Zucker

Die Holunderblüten unter fließendem kalten Wasser waschen und auf Küchenkrepp sehr sorgfältig ablaufen lassen. Das gesiebte Mehl mit der Milch und dem Wein verrühren, dann mit dem Schneebesen die Eier, das Gewürz und den Zucker darunterschlagen. Den Teig etwa 20 Minuten ausquellen lassen. Die trockenen Holunderblüten beim Stiel anfassen und in den Teig tauchen. Herausheben, etwas vom Teig ablaufen lassen und sofort in das heiße Fett (180° C) geben. Traditionell sollen sie in Butterschmalz gebacken werden. Nach etwa 2 Minuten — sie sollen schön hellbraun sein — herausnehmen und abtropfen lassen. Mit Puderzucker besieben und mit vanillierter, halbsteif geschlagener Sahne servieren.

Pro Person 1-2 Holderküchle reichen.

Verehrer von Holderküchle behaupten zwar, man dürfe die Blüten nicht waschen, weil dadurch der Blütenstaub verloren ginge und damit auch der besondere Geschmack. Selbst wenn dies zutrifft, sollte man sie dennoch kurz abspülen, weil sich doch allerhand kleines Ungeziefer in den Blüten verbergen kann.

Gebackene Feigen/ Beignets de figues. 8 reife, frische Feigen (à etwa 60 g) schälen. Aus 150 g Mehl, 2 Eigelb, 1/8 l Weißwein, 1 El Öl und 1 Msp. Salz einen glatten Teig rühren und etwa 20 Minuten ausquellen lassen. 2 Eiweiß mit 30 g Zucker zu Schnee schlagen und diesen unter den Teig ziehen. Die Feigen am Stiel fassen oder auf einen Holzspieß stecken, mit Teig überziehen und in heißem Fett (180° C) etwa 3 Minuten hellbraun ausbacken. Heiß mit kalter Himbeersauce servieren. Dafür 200 g frische Himbeeren pürieren, mit 60 g Zucker und 6 cl Rotwein 3-4 Minuten kochen, durch ein feines Sieb filtern und kühlen. Für 4 oder 8 Portionen.

Pflaumenkrapfen mit gebackenen Salbeiblättern/ Beignets de prunes aux feuilles de sauge. 150 g Mehl mit 1/8 l hellem Bier verrühren und etwa 20 Minuten ausquellen lassen. Mit 1 Msp. Salz und Zimt würzen und mit 2 Eiern glatt verrühren. 16 reife Pflaumen, möglichst mit Stiel, aufschneiden und den Stein entfernen. 80 g Marzipan-Rohmasse mit 1 cl Sliwowitz verkneten und damit die Pflaumen füllen. In den Backteig tauchen und bei 180° C etwa 2-3 Minuten hellbraun backen. 16 frische Salbeiblätter ebenfalls durch den Teig ziehen und fritieren. Mit den Pflaumen auf Tellern anrichten und mit Aprikosensauce servieren. Für 8 Portionen.

Schlosserbuben/ Beignets de prunes au chocolat. Aus 150 g Mehl, 2 Eigelb, 1/8 l Weißwein, 2 EL Öl und 1 Msp. Salz einen Teig rühren, 20 Minuten ausquellen lassen. 2 Eiweiß mit 30 g Zucker zu Schnee schlagen und unter den Teig ziehen. 16 große, weiche Dörrpflaumen entsteinen und anstelle des Steins je eine Mandel einsetzen. Die Pflaumen auf eine Gabel spießen, durch den Teig ziehen und in heißem Fett (180° C) schön braun backen. 50 g Kuvertüre fein raspeln und damit die fast abgekühlten Schlosserbuben bestreuen. Anschließend werden sie mit Puderzucker besiebt. Dazu paßt eine italienischen Zabaione aus Marsala sehr gut. Für 4 Portionen.

Glasierte Apfel-Beignets/ Beignets de pommes glacés. Aus 200 g Mehl, 2 Eiern, 1/8 l Apfelsaft, 1/8 l Weißwein, 1 Msp. Salz und dem Abgeriebenen einer kleinen Zitrone einen Ausbackteig rühren und etwa 20 Minuten ausquellen lassen. 750 g Äpfel einer säuerlichen, festen Sorte schälen, das Kernhaus ausstechen und in Spalten schneiden. 500 g Zucker mit 1/8 l Wasser 2 Minuten kochen, 1 EL Zitronensaft zugeben und 3-4 Minuten weiterkochen, bis etwa 145° C. Die Apfelstücke mit einer Gabel anstechen, durch den Teig ziehen, im Fett (180° C) etwa 2 Minuten backen, dann in den Sirup tauchen und in Eiswasser abschrecken. Schlagsahne mit Zimt würzen, dazu reichen. Für etwa 12 Portionen.

Pflaumen-Torteletts

Tartelettes aux prunes

> 200 g Mehl
> 100 g Butter
> 70 g Puderzucker
> 1 Msp. Salz
> 1 Eigelb
> 1 EL Milch
>
> 150 g geschälte, geriebene Mandeln
> 120 g Butter
> 120 g Puderzucker
> 1 gestrichener EL Speisestärke
> 2 Eier
> 2 cl Sliwowitz
> 200 g Konditorcreme
>
> 500 g reife Pflaumen
> Aprikotur zum Bestreichen
> 50 g gehobelte Mandeln

Aus Mehl, Butter, Puderzucker, Salz, Ei-gelb und Milch einen Mürbteig bereiten, kühlen, etwa 3-4 mm stark ausrollen und die Tortelettförmchen damit auslegen. Sie werden »blind«, also ungefüllt, bei 200° C halbgar gebacken.

Die geriebenen Mandeln mit der weichen Butter und dem Puderzucker (mit dem Knethaken geht es besonders gut) glattrüh-ren. Die Speisestärke und nacheinander die Eier zugeben, dann den Sliwowitz. Zum Schluß löffelweise die kalte, passierte Kon-ditorcreme zugeben. Diese Creme in die Torteletts streichen und bei 200° C fertig-backen, bis die Creme hellbraun ist. Die Torteletts können mit allen Früchten belegt werden, die mit der Mandelcreme harmo-nieren. Besonders gut schmecken aber fri-sche, kurz blanchierte Pflaumen. Sie wer-den ganz in kochendes Wasser gelegt. Kocht das Wasser erneut auf, vom Feuer nehmen und noch 2-3 Minuten ziehen las-sen. Schälen, halbieren, entsteinen und auf den Torteletts verteilen. Mit Aprikotur dünn abglänzen und den Rand mit den ge-hobelten, gerösteten Mandeln einstreuen.
Für 12 Torteletts à 10 cm Durchmesser.

Fruchtbaisertörtchen

Tartelettes aux fruits et meringue

Eine glückliche Kombination von knuspri-gem Mürbteig, dem Geschmack der Man-delcreme, säuerlichen Beeren und süßem, luftigem Baiser.

> 200 g Mehl
> 100 g Butter
> 70 g Puderzucker
> 1 Msp. Salz
> 1 Eigelb
> 1 EL Milch
>
> 80 g Marzipan-Rohmasse
> 2 cl brauner Rum
> 120 g Konditorcreme
> 500 g Beerenfrüchte
> 1/8 l Eiweiß (von 4 Eiern)
> 200 g Zucker

Aus Mehl, Butter, Puderzucker, Salz, Ei-gelb und Milch einen Mürbteig bereiten, kühlen und dann etwa 3-4 mm stark ausrol-len. Die Tortelettförmchen damit auslegen. Sie werden »blind«, also ungefüllt ge-backen.

Die Marzipan-Rohmasse wird mit dem Rum und der passierten Konditorcreme verrührt. In die Torteletts verteilen und die-se damit ausstreichen. Die Beeren daraufgeben. Johannisbeeren, Heidelbeeren oder Brombeeren können roh verwendet wer-den. Stachelbeeren sollten aber in leichtem Zuckersirup etwas blanchiert werden. Das Eiweiß mit dem Zucker zu steifem Schnee schlagen, mit Spritzbeutel und Sterntülle auf die Torteletts spritzen und im heißen Ofen oder unter dem Grill bräunen.
Für 12 Torteletts von etwa 10 cm Durch-messer.

Obstpasteten

Bouchées aux fruits

Pasteten aus Blätterteig eignen sich beson-ders gut zum Füllen mit frischen Früchten, sei es in Verbindung mit einer leichten Crème chiboust (einer Konditorcreme mit Eiweiß, Seite 67) oder mit Schlagsahne. Aber frisch sollen sie serviert werden, damit der Blätterteig noch knusprig und durch die Creme oder den Fruchtsaft nicht durchge-weicht ist.

Dafür werden aus Blätterteig (selbstge-macht mit Butter oder fertiger, tiefgekühl-ter Teig) halbhohe Pasteten in üblicher Weise hergestellt. Der Teig wird etwa 5-6 mm stark ausgerollt. Mit glatten oder gezackten Ausstechern Ringe von 9 cm Au-ßendurchmesser ausstechen. Den restlichen Teig zusammendrücken und etwa 2 mm stark ausrollen. Gleichgroße Böden ausste-chen und darauf die Ringe mit Eigelb befe-stigen. Die Pasteten hellbraun backen.

Pasteten mit Kiwi und Melone:

> 30 g Marzipan-Rohmasse
> 2 cl Kirschwasser
> 3/8 l Sahne
> 30 g Zucker
> 12 Blätterteig-Pasteten
> 6 Kiwis
> 1 Honigmelone von etwa 750 g

Die Marzipan-Rohmasse mit dem Kirsch-wasser weichkneten. Die Sahne mit dem Zucker steifschlagen und zunächst nur 1-2 Löffel davon mit dem Marzipan verrühren. Dann die restliche Sahne unterrühren und in die Pasteten (am besten mit dem Spritz-beutel und großer Tülle) verteilen. Die Ki-wis schälen und in Scheiben schneiden und aus der Melone Kugeln ausstechen. Das Obst in die Pasteten füllen und mit Aprikotur oder Gelee abglänzen.
Für 12 Portionen.

Kirschtörtchen

Tartelettes aux cerises

>   180 g Mehl
>   50 g geriebene Mandeln
>   120 g Butter
>   80 g Puderzucker
>   1 Msp. Salz
>   1 Eigelb
>   1 EL Milch
>
>   150 g Zucker
>   8 cl Wasser
>   1/2 Zimtstange
>   500 g frische Sauerkirschen
>   80 g geriebene Mandeln
>   60 g Semmelbrösel
>   60 g weiche Butter
>   1 Eigelb
>   400 g Konditorcreme

Aus Mehl, Mandeln, Butter, Puderzucker, Salz, Eigelb und Milch einen Mürbteig kneten, gut kühlen und etwa 4 mm stark ausrollen. Gezackte Tortelettförmchen damit auslegen und bei 200° C backen.

Den Zucker mit dem Wasser und Zimt klarkochen und darin die entsteinten Sauerkirschen nur einmal schwach aufkochen lassen. Sie sollen im Sud erkalten. Die Mandeln mit den Semmelbröseln zusammen braun rösten. Damit die Törtchen ausstreuen und die abgelaufenen Sauerkirschen darübergeben. Die Butter mit dem Eigelb und der passierten Konditorcreme unter Rühren erwärmen und über den Kirschen verteilen. Bei 220° C überbacken, bis die Oberfläche braun ist.

Für 12 Tortelets von 10-12 cm Durchmesser.

Brombeer-Schaumtörtchen

Meringues aux baies de ronce

Sie sind nur ein Beispiel für die vielen Kombinationsmöglichkeiten von Baiser und Früchten. In welcher Form der Baiser auch gebacken wird, belegt oder gefüllt mit Früchten und vielleicht noch mit Schlagsahne garniert, er harmoniert in jedem Fall mit den frischen, kühlen Früchten, vor allem mit säuerlichem Obst. Auch mit Cremeeis oder Halbgefrorenem lassen sich die Törtchen hervorragend kombinieren.

>   1/4 l Eiweiß (von 8 Eiern)
>   250 g Zucker (feine Raffinade)
>   150 g Puderzucker
>   20 g Speisestärke
>
>   50 g Kuvertüre
>   Saft und Schale einer Orange
>   50 g Zucker
>   250 g Brombeeren
>   Schlagsahne und Mandeln zum
>   Garnieren

Aus Eiweiß, Zucker, Puderzucker und Speisestärke eine steife Baisermasse schlagen, wie im Grundrezept auf Seite 72 beschrieben. Mit einer Lochtülle Nr. 7 Böden in Form einer Spirale von etwa 8 cm Durchmesser spritzen, darauf einen Tupfenrand anbringen und backen. Wenn sie abgekühlt sind, mit der flüssigen Kuvertüre ausstreichen. Den Orangensaft und die Schalenstreifen mit dem Zucker einige Minuten einkochen. Die Törtchen mit den Brombeeren belegen und mit dem Orangensirup überpinseln. Mit einem Sahnetupfen und gehobelten Mandeln garnieren.

Für 8-10 Törtchen.

Früchte in Brioches

Brioches aux fruits

Frisches Obst und zarter Teig von Brioches ergänzen sich vortrefflich, gleichgültig ob es ein imposantes großes Dessert für 4 oder mehr Personen ist, eine Nachspeise für zwei oder ein kleines Brioche als Einzelportion.

Briocheteig

Pâte à brioche

>   15 g frische Hefe
>   2 EL Milch
>   4 Eier
>   40 g Zucker
>   1 TL Salz
>   350 g Mehl
>   200 g Butter
>   1 Eigelb und 1 EL Milch
>   zum Bestreichen

Hefe in lauwarmer Milch auflösen. In einer entsprechend großen Schüssel Eier, Salz und Zucker verrühren, aber nicht schaumig schlagen. Mehl hineinsieben, zuletzt die aufgelöste Hefe beifügen. Den Teig am besten mit der Hand (das ist für einen Hefeteig noch immer das »Bekömmlichste«) zusammenkneten, bzw. schön glatt schlagen. Dann die geschmeidige Butter flockenweise nach und nach unterarbeiten. Der Teig soll zwar weich sein, muß sich aber noch gut »schleifen«, d. h. zu Kugeln formen lassen. Dann soll er gehen und sein Volumen verdoppeln. Anschließend kurz durchkneten und, mit Folie bedeckt, über Nacht im Kühlschrank lagern (das ist der Qualität sehr förderlich) oder nochmals gehen lassen und verarbeiten. — Teig in entsprechend schwere Portionen abwiegen. Auf einer bemehlten Arbeitsplatte zu Kugeln formen und mit der Handkante dann das »Köpfchen« abtrennen, das ist etwa 1/3 der Kugel. Das große Teigstück in das ungefettete Förmchen legen, mit dem Daumen eine Vertiefung drücken und die kleine Kugel hineinsetzen. Brioches, mit einem Tuch zugedeckt, nochmals gehen lassen. Eigelb mit Milch verrühren, die Brioches damit bestreichen und knusprig braun backen.

Backzeit: 10-12 Minuten bei 220° C für kleine Brioches; 15-20 Minuten bei 220° C für große Brioches.

Die Menge ergibt etwa 25 kleine Brioches von 9 cm Durchmesser oder 5 große Brioches von 12 cm Durchmesser.

Und so werden die Brioches gefüllt: Zuerst wird ihnen der »Kopf« abgeschnitten, dann das Unterteil mit einem spitzen Messer etwas ausgehöhlt. Je nach Früchten werden beide Teile, das Köpfchen von der Schnittseite her, mit aromatisiertem Zuckersirup getränkt. Nun frische Früchte einfüllen und das Köpfchen wieder aufsetzen. Die Früchte können mit Gelee oder Aprikotur bestri-

chen oder die gefüllten Brioches mit einer Sabayon oder einer anderen Sauce serviert werden.

Eine sehr gute und auch sehr schnelle Variante sind heiß servierte Früchte-Brioches. Frisch gebackene Brioches lassen sich fast ohne Qualitätsverlust einfrieren und bei Bedarf wieder auftauen. Sind einmal keine ofenfrischen Brioches zur Verfügung, werden sie aufgebacken, ausgehöhlt und mit heißen Kompottfrüchten gefüllt. Das schmeckt nicht nur hervorragend, sondern ist auch in kurzer Zeit herzustellen. Natürlich kann man die Sache noch etwas aufwendiger gestalten; z. B. können die Brioches oder das Kompott mit einem passenden Alkohol parfümiert werden. Außerdem machen sich die heiß gefüllten Brioches auch sehr gut mit einer warmen Sauce.

Brioches mit Walderdbeeren

Brioches aux fraises de bois

80 g Zucker
1/2 Vanillestange
1/8 l Wasser
3 cl brauner Rum
200 g frische Walderdbeeren

Zucker und aufgeschnittene Vanillestange mit Wasser zum Kochen bringen. Schote wieder entfernen, Sirup etwas abkühlen, Rum zusetzen. Damit die ausgehöhlten Brioches und die Köpfchen beträufeln. Mit Walderdbeeren füllen, den restlichen Sirup darübergeben.

Die Menge reicht für 2 große oder 10 kleine Brioches.

Himbeer-Brioches

Brioches aux framboises

50 g Zucker
2 EL Bienenhonig
1 TL Zitronensaft
1/8 l Wasser
5 cl Himbeergeist
300 g frische Himbeeren
2 EL gehobelte, geröstete Mandeln

Zucker, Honig und Zitronensaft mit Wasser 2-3 Minuten sprudelnd kochen lassen. Etwas abkühlen, Himbeergeist zugeben. Brioches damit tränken, Himbeeren einfüllen. Mit restlichem Sirup Himbeeren beträufeln, Mandeln darüberstreuen.

Die Menge reicht für 2 große oder 10 kleine Brioches.

Heiße Früchte-Brioches

Brioches chaudes aux fruits

80 g Zucker
1/8 l Wasser
200 g geschälte, halbierte Aprikosen
100 g frische Brombeeren
3 cl Cognac
Weißwein-Sabayon

Zucker und Wasser aufkochen. Aprikosen zugeben, dünsten bis sie glasig sind. Brombeeren und Cognac beifügen, noch 2-3 Minuten ziehen lassen. In heiße Brioches füllen. Mit restlichem Sirup die Köpfe tränken. Brioches mit Sabayon übergießen und die Köpfe daraufsetzen.

Die Menge reicht für 2 große oder 10 kleine Brioches.

Petits fours
mit frischen Früchten

Diese Obsttörtchen sind die kleinste fruchtige Nascherei, die man sich vorstellen kann. Überaus variabel, sind sie von Frühsommer bis Herbst eine charmante Abwechslung im großen Reigen der Desserts. Überraschen Sie doch einmal nach einem gelungenen Menü Ihre Gäste damit — natürlich nur, wenn es wirklich frische Früchte gibt.

Doch schon beim Backen der Törtchen, d. h. bei der Auswahl der Förmchen, beginnen die Variationsmöglichkeiten. Es sollte wirklich nicht nur eine Art von Förmchen verwendet werden, sondern alles, was zur Verfügung steht. Reizende Gebilde gibt es in Blümchenformen, dann runde, ovale, rechteckige, fünfeckige — die Freude am Variieren braucht hier nicht gezügelt zu werden.

Die kleinen Törtchen werden aus Mürbteig »blind« gebacken, also ohne Füllung. Zur Isolierung werden sie dünn (mit einem Pinsel) mit aufgelöster Schokolade ausgestrichen. Dadurch bleibt der Mürbteig trotz der fruchtigen Füllung schön knusprig, und Schokoladengeschmack paßt zu allen Früchten. Die Törtchen dann mit Crème pâtissière füllen, glattstreichen und mit Früchten der Saison belegen. Dazu können alle Früchte verwendet werden, die roh gut schmecken: Beeren, Aprikosen, Pfirsiche, geschälte Pflaumen, Weintrauben, auch Exoten wie Kiwis, Mangos, Feigen, Papaya oder Kap-Stachelbeeren. Große Früchte werden in Würfel oder in Scheiben geschnitten. Die Fours können jeweils mit etwas Alkohol, passend zur Frucht, parfümiert werden. Garnieren kann man mit gehackten Pistazien, kandierten Kirschen etc. Müssen diese gefüllten Köstlichkeiten einige Stunden appetitlich überdauern, ist eine Schutzschicht aus Fruchtgelee angeraten. Sie können aber auch mit Aprikotur (vielleicht mit etwas Rum parfümiert) abgeglänzt werden.

KOMPOTT, SALATE

und Früchtchen mit Geist

Im ersten großen hochdeutschen Wörterbuch aus dem Jahre 1775 gibt es das Wort Kompott noch nicht. Auch nicht Compote. Hundert Jahre später vermerkt der Brockhaus von 1898 unter dem Stichwort: »eingemachte Früchte als Zukost zu Braten oder Mehlspeisen«, und das zeigt den Rang, den diese Speise damals besaß. Wer jedoch Latein in der Schule und einen Lehrer gehabt hat, der es für Unfug hielt, diese Sprache als tot zu bezeichnen, der ist sicher von ihm darauf aufmerksam gemacht worden, daß das lateinische compositum (von componere für zusammenlegen, zu einem Ganzen zusammenbringen) in beiden deutschen Wörtern weiterlebt, Kompost und Kompott, oft nicht nur sprachlich verwandt, sondern auch kausal als zusammengehörig empfunden. Kompott, lehrt diese Sprachglosse, sollte also mit Verstand zusammengestellt und zubereitet werden, so daß aus Allerlei und allerei Verschiedenem ein harmonisches neues Ganzes entsteht. Die Zutaten seien wohlgeartete Früchte, auf die der Gärtner stolz sein kann, und am Herd fehle nicht die Geduld, die — auch einfachsten und scheinbar leicht herzustellenden Gerichten gegönnt — den guten Koch erst ausmacht. Obst ist zart, hat zarte Zellwände, ein zu starkes Feuer, eine zu lange Kochzeit — schon zerfällt, was nur etwas weicher werden soll, und der kostbare Saft läuft aus. Darin sind sich nun die englischen und französischen und deutschen Verfasser von Kochlexika und -büchern im großen 19. Jahrhundert einig: Kompott kann man aus frischen und getrockneten Früchten kochen (das Trocknen war früher eine so übliche Konservierungsmethode wie das Tiefkühlen, nur billiger), und zwar mit mehr oder weniger Wasser, je nach der Saftigkeit der verwendeten Früchte: Himbeeren und Johannisbeeren sind darin also sparsamer, Marillen und Pflaumen brauchen Unterstützung. Sie werden dafür ihrer Schale beraubt, um das Zarte noch mehr zu betonen. Einig sind sich die Experten in Süd und Nord auch darin, daß bei bestimmten Früchten gar kein Wasser verwendet werden muß, weil ihr eigener Saft zum Garen ausreicht. Und: daß alle Früchte nur kurz gegart werden dürfen, damit sie nicht zerfallen oder gar zu Mus verkochen. Es wird schließlich empfohlen, Kompotts zu würzen — mit Zimt, Zitronenschale, Alkohol und so weiter —, aber stets zurückhaltend, damit das eigentliche Aroma nicht überdeckt wird; Kompott nur in einem Geschirr zu kochen, das für nichts anderes verwendet wird (damit sich kein fremder Geruch einschleicht), am liebsten in einem irdenen, gut glasierten Topf (der ohnehin nur ein laue Mittelhitze aushielt und in dem die Früchte pochiert und nicht gekocht wurden). Das alles liest sich gut, aber es hat den Niedergang des Kompotts, wohl in den Jahren in und zwischen den beiden Weltkriegen, nicht verhindern können. Sparsamkeit und Zuckerknappheit ließ aus ihm etwas werden, was als praktische Nachspeise für das Alltagsessen zu Hause galt, als billiger Nachtisch für Esser, bei denen es nicht so darauf ankam: Kranke, Kantinengäste und Kinder. Ihnen stellte man das Kompott aus dem Keller hin, fleißig verarbeitetes Fallobst oder freundliche Gabe von Nachbarn mit einem Garten, meist weiche Früchte in einem dünnen farblosen Saft, und in den Jahren nach der Währungsreform setzte das obligate Pfirsichkompott aus der Dose die trübselige Tradition fort. Wer Früchten jedoch die Ehre antut, sie wie einstmals mit Liebe und Muße so zu kochen, daß sie ihre Gestalt kaum und ihren Wohlgeschmack erst recht nicht verändern, der entdeckt, was für ein edles Dessert aus ihnen entsteht, wenn man nur erste, reife Qualität verwendet und, mit Sirup oder Honig, Gewürzen oder anderen Früchten, Champagner oder Likören würzt. Das gleiche gilt für die Fruchtsalate. Sagt man: »Nichts schmeckt besser als Früchte so, wie sie sind«, so bieten sich Obstsalate als beste Möglichkeit an, diese naturbelassenen Früchte trotzdem festlich zu servieren. In England und in Norddeutschland liebt man den sogenannten ersten Sommersalat. Das sind nichts als Erdbeeren, Johannisbeeren, weiß, rot und schwarz, und Weichseln (Sauerkirschen), geputzt, entstielt und -steint, abwechselnd — mit Vanillezucker bestreut — in eine Kristallschale geschichtet. Steigerung: Das Ganze wird entweder mit Champagner begossen oder mit Schlagsahne bedeckt. Ein Schema fürs ganze Jahr, fürs ganze Leben.

Nur die besten, frischesten Früchte sind gerade gut genug für einen Obstsalat, einzige Maxime für dieses »Ideal-Dessert«. Aber auch für Kompott oder gar heiße und flambierte Früchte gilt dieser Grundsatz, denn Obst sollte optimal reif sein, gut schmecken und darüber hinaus auch noch preiswert sein. Das ist ohnehin der richtige Zeitpunkt, denn dann ist Saison, und die kann auch ganzjährig sein, wenn man nicht gerade im Februar nach saftigen Erdbeeren verlangt. Denn genau dann gibt es die besten und süßesten Orangen! — Und warum nicht Orangensalat im Februar?

Frisches Kompott

Es sind schonendst gegarte, frische Früchte, deren Aroma durch diese Zubereitung noch gesteigert wird. Fast alle Fruchtsorten können zu Kompott verarbeitet werden, einige eignen sich aber besonders gut; z. B. Äpfel oder Pflaumen und andere Früchte wie Rhabarber oder Preiselbeeren können überhaupt erst durch die Verarbeitung mit Zucker ihr Aroma entfalten. Die Methode, zuerst einen Sirup zu kochen und darin die Früchte zu pochieren, erhält ihnen den Eigengeschmack wohl am besten.

Aprikosen-Kompott:

1 kg Aprikosen
250 g Zucker
40 cl Wasser
Saft einer Zitrone
2 cl Amaretto (Mandellikör)

Die Aprikosen kurz in heißem Wasser blanchieren, schälen, halbieren und entsteinen. Den Zucker mit dem Wasser und Zitronensaft zum Kochen bringen und etwa 2-3 Minuten kochen. Wenn nötig abschäumen. Die Aprikosen zugeben und die Hitze gerade unter dem Siedepunkt halten. Nach etwa 8-10 Minuten sind die Aprikosen weich. Den Mandellikör zugießen und erkalten lassen. Man kann aber auch die Früchte aus dem heißen Sud nehmen, und den Sirup durch Einkochen konzentrieren.

Für etwa 8 Portionen.

Früchte in Wein pochiert

Sozusagen ein besonders feines Kompott, bei dem das Wasser durch Wein ersetzt wird. Traditionelle Zusammenstellungen sind Pflaumen oder Kirschen in Rotwein; Birnen, Äpfel oder Stachelbeeren werden meist in leichtem Weißwein pochiert. Eine Delikatesse: Trockenfrüchte (wie z. B. Pflaumen, Aprikosen, Feigen oder Äpfel) in Rotwein pochieren, nach Möglichkeit mit Honig süßen und mit Zimt und Nelken würzen.

Weiße Pfirsiche in Bordeaux:

4 große, weiße Pfirsiche
1/2 l roter Bordeaux
60 g Zucker
1/2 Zimtstange (Kassia)
2 cl Cognac

Die Pfirsiche in heißem Wasser kurz blanchieren und die Haut abziehen, halbieren und die Steine entfernen. Den Rotwein mit dem Zucker und der Zimtstange aufkochen, die Pfirsiche zugeben und die Hitze sò weit reduzieren, daß sie gerade unter dem Siedepunkt weichpochiert werden. Das dauert etwa 12-15 Minuten. Sie sollten weich sein, aber nicht zerfallen. Die Pfirsiche aus dem Weinsud nehmen, diesen etwa 5 Minuten einkochen lassen, mit dem Cognac parfümieren und die Pfirsiche wieder hineingeben. Erkalten lassen.

Für 4 oder 8 Portionen.

In Alkohol eingelegt

Die Früchte entwickeln durch den Alkohol ein wundervolles Aroma, und der Alkohol selbst, durchsetzt mit dem Saft des Obstes, ergibt einen fruchtigen Likör. Es können alle Früchte, einzeln oder gemischt, verwendet werden, doch müssen sie absolut fleckenlos und gerade reif sein. Empfehlenswert ist das Einlegen mit Zuckersirup, der mit dem Alkohol vermischt wird. Es führt aber auch die bekannte »Rumtopf-Methode«, nämlich Zucker über die Früchte streuen und dann mit dem Alkohol übergießen, zum Erfolg. Wichtig ist, daß das Alkohol - Zucker - Früchte - Verhältnis stimmt. Je höher der Alkoholgehalt, desto weniger Zucker ist nötig und umgekehrt.

Erdbeeren in braunem Rum:

1 kg feste Erdbeeren
300 g Zucker, 10 cl Wasser
1 cl Limettensaft, 1/2 Vanilleschote
1 l brauner Rum (45 %)

Die Erdbeeren waschen und in einem Sieb ablaufen lassen. Den Zucker mit dem Wasser, Limettensaft und Vanilleschote unter Rühren zum Kochen bringen. Etwa 3 Minuten (bis 110°C) kochen und abkühlen lassen. Ist der Sirup noch warm, den Rum zugießen und die Vanilleschote herausnehmen. Die Erdbeeren in Gläser schichten, die abgekühlte Sirup-Rum-Mischung darüberschütten. Die Gläser verschließen und 6-8 Wochen durchziehen lassen.

Eine Melone »zackig« geteilt, das geht mit einem kleinen spitzen Messer recht einfach. Es wird jeweils bis zur Mitte durchgestochen. Der Kreis kann vorher mit dem Messer markiert werden. Um Kugeln oder ovale Formen aus dem Fruchtfleisch zu stechen, verwendet man einen sogenannten »Kartoffelausstecher« in rund oder oval.

Obst zum Dessert

Ein frischer, reifer Apfel aus der kühlen Obstschale kann ein wahrer Genuß und ein komplettes Dessert sein, nur, der Apfel muß eben wirklich gut und vollreif sein. Das ist das Geheimnis für alle Desserts aus Obst. Das Beste ist gerade gut genug, und zwar zur Erntezeit, zur Zeit des größten Angebots. Das wirkt sich nicht nur auf den Preis aus, sondern in erster Linie auf den Geschmack. Aprikosen, Pfirsiche oder Kirschen sind z. B. im Dezember-Angebot keine Seltenheit mehr, aber ihr Aroma ist gewiß nicht ernst zu nehmen und taugt bestenfalls zur snobistischen Dekoration des Obstkorbes. Es gilt also, die Jahreszeiten zu würdigen (einige Exoten ausgenommen, z. B. Kiwis), und nur wirklich reifes, frisches Obst zu verwenden. Das ist einleuchtend bei Salaten aus rohen Früchten, hat aber auch seine Berechtigung beim Kompott, das durchaus nicht mit der »Konserve« verwechselt werden sollte, denn diese ist in ihrem Aroma meilenweit von einem Kompott aus frischen Früchten ent-

fernt. Ganz davon abgesehen, daß einige Obstsorten erst durch das Garen in Sirup oder Wein ihr volles Aroma entfalten. So sollte auch nicht streng zwischen Salat und Kompott unterschieden werden, denn oft ergeben Kombinationen aus rohen Früchten und Kompott, in Verbindung mit interessanten Saucen, ganz raffinierte Desserts.

Auch das Auge sollte an diesem farbigen Genuß teilhaben dürfen. Da können ausgehöhlte Früchte wie Melonen, Ananas oder Avocados zu Behältnissen für den Obstsalat werden, oder die Früchte sind liebevoll ornamental auf Tellern angerichtet. Da helfen auch solche Spielereien wie ein aus Marmelade gespritzter Rand, der die Sauce in ihrer Fasson hält. Aber auch das raffinierteste Arrangement sollte nicht die geschmackliche Harmonie ignorieren.

Fruchtsalat mit Mangopüree

Salade de fruits à la purée de mango

> 2 Nektarinen
> 2 Tamarillos (Baumtomaten)
> 2 Kiwis
> 1 cl Zitronensaft
> 2 cl Zuckersirup (20°)
> 1 EL passierte Erdbeermarmelade
> 1 vollreife Mango (etwa 400 g)
> Saft einer halben Limette
> 2 TL Bienenhonig
> 1/2 Tasse Johannisbeeren
> Melissenblätter zum Garnieren

Die Nektarinen kurz blanchieren und die Haut abziehen, entsteinen und in Spalten schneiden. Die Tamarillos und Kiwis schälen und in Scheiben schneiden. Die Früchte in eine Schüssel schichten und mit der Mischung aus Zitronensaft und Zuckersirup übergießen. Im Kühlschrank 1 Stunde durchziehen lassen, dann auf Tellern anrichten. Ringsum einen Rand aus der passierten Erdbeermarmelade spritzen. Das Fruchtfleisch der Mango mit dem Limettensaft und Bienenhonig im Mixgerät pürieren. Das Püree auf oder neben den Früchten verteilen, die Johannisbeeren darüberstreuen und mit den Melissenblättern garnieren.

Für 4 Portionen.

Gefüllte Melone

Melon farci

> 2 kleine Honigmelonen à 600 g
> 80 g Zucker
> Saft und Abgeriebenes einer Orange
> 2 cl Dom Bénédictine

Die reifen Melonen »zackig« halbieren und die Kerne mit dem Löffel herausnehmen. Den Saft in eine Schüssel ablaufen lassen. Aus dem Fruchtfleisch Kugeln ausstechen. Den Rest herausschälen und den Saft auspressen. Er wird mit dem Zucker, dem Orangensaft und dem Abgeriebenen etwa 3 Minuten gekocht. Die Kugeln in die ausgehöhlten Melonenschalen füllen. Unter den abgekühlten Sirup den Likör rühren und die Mischung über die Melonenkugeln gießen. Eiskalt servieren. Man kann die Melonenhälften auch auf gestoßenem Eis anrichten.

Für 4 Portionen.

Italienische Aprikosen

Abricots italiens

600 g frische Aprikosen kurz blanchieren und die Haut abziehen, halbieren und entsteinen. 1 EL Bienenhonig mit 80 g Zucker und dem Saft und Abgeriebenen einer unbehandelten Orange und 1/2 Zitrone aufkochen und etwa 3-4 Minuten leicht weiterkochen. Die in Spalten geschnittenen Aprikosen und 50 g gestiftelte Mandeln zugeben und weitere 2 Minuten ziehen lassen. Mit 4 cl Amaretto (Mandellikör) parfümieren und abkühlen lassen. Eiskalt mit oder ohne Schlagsahne servieren.
Für 4 Portionen.

Früchte mit Orangensauce

Fruits à la sauce à l'orange

Von einer Honigmelone (etwa 750 g) Kugeln ausstechen. 3 frische Aprikosen blanchieren, die Haut abziehen und in Spalten schneiden. Den Saft von 2 und das Abgeriebene einer unbehandelten Orange mit 60 g Zucker aufkochen und um etwa 1/3 reduzieren. 2 cl braunen Rum und 2 cl Cointreau unterrühren, die Früchte in die warme Sauce geben und darin erkalten lassen. Auf die Teller mit passierter Erdbeermarmelade einen Rand spritzen und die gut durchgekühlten Früchte mit der Sauce darin anrichten. Frische Himbeeren darübergeben.
Für 4 Portionen.

Feigen und Cox Orange

Figues et Cox Orange

1/8 l trockenen Weißwein und 1 EL Zitronensaft mit 100 g Zucker etwa 2 Minuten sprudelnd kochen, vom Feuer nehmen und 50 g Rosinen zugeben. 16 kleine grüne Feigen schälen, halbieren und in der kalten Flüssigkeit 2-3 Stunden marinieren. Einen großen Cox Orange schälen, in Stifte schneiden, mit den Feigen auf 4 Tellern anrichten und kühlen. Die Sauce mit den Rosinen auf schwachem Feuer etwas reduzieren, abkühlen lassen und über den Desserts verteilen.
Für 4 Portionen.

Mango mit Tamarillosauce

Mango à la sauce aux tamarillos

2 große, reife Mangos (von etwa je 450 g) schälen und den Stein herausschneiden. Das Fruchtfleisch in Scheiben schneiden und auf Tellern anrichten. Mit einigen Tropfen Limettensaft beträufeln und gut kühlen. 4 vollreife Tamarillos schälen und pürieren. Durch ein feines Sieb streichen. Mit 4 cl Zuckersirup (20°), einer Messerspitze Zimt, dem Saft einer Limette und einem Spritzer Pfefferminzlikör verrühren und zu den Mangoscheiben gießen. 4 EL Joghurt dazugeben (oder dekorativ mit einer Papiertüte in die Mitte der Sauce spritzen) und mit frischen Minzeblättern bestreuen.
Für 4 Portionen.

Früchte mit Granadillasauce

Fruits à la sauce aux fruits de la passion

1 Banane in Scheiben schneiden. 1 Orange schälen und ebenfalls in Scheiben schneiden. 100 g Erdbeeren abzupfen und halbieren. Die Früchte auf Tellern anrichten und kühlen. Aus 3 Purpur-Granadillas (Passionsfrüchte) die Kerne mit dem saftigen Fruchtfleisch löffeln und mit 2 EL Ahornsirup und dem Saft 1 Limette aufkochen. Durch ein Sieb passieren. 50 g frische oder tiefgekühlte Preiselbeeren zugeben und 1-2 Minuten auf kleiner Flamme ziehen lassen. 2 cl braunen Rum zugeben, abkühlen lassen und eiskalt über die Früchte gießen. Mit Minzeblättern garnieren.
Für 4 Portionen.

Grapefruit-Dessert

Dessert aux pamplemousses

2 Grapefruits schälen und die Segmente ohne Haut herausschneiden. In eine Schüssel schichten, mit 2 EL Zucker bestreuen und 3 cl weißen Rum darübergießen. Zugedeckt 2-3 Stunden marinieren. Die überschüssige Marinade abgießen, zum Kochen bringen, bis auf etwa 2 EL reduzieren und wieder abkühlen lassen. Die Grapefruit-Segmente auf Tellern anrichten. 1/8 l Sahne halbsteif schlagen, mit der kalten, reduzierten Marinade und einem Hauch geriebener Muskatnuß abschmecken. Auf die Grapefruits verteilen, mit halbierten Erdbeeren garnieren und mit gestoßenem Krokant bestreuen.
Für 4 Portionen.

Birne, Pflaumen und Ingwer

Poire aux prunes et gingembre

2 Birnen (Alexander Lucas) schälen, halbieren, das Kernhaus ausstechen und in dünne Scheiben schneiden. 2 cl Zitronensaft mit 4 cl Birnengeist und 6 cl Zuckersirup (20°) vermischen und damit die Birnen 1 Stunde marinieren. 16 Pflaumen blanchieren und schälen, dazu 40 g in Stifte geschnittenen, eingelegten Ingwer geben und in einer Kasserolle mit der Marinade der Birnen etwa 4-5 Minuten kochen und erkalten lassen. Auf 4 Teller einen Rand aus Aprikosenmarmelade spritzen, die Birnen darin anordnen und die kalten Pflaumen mit Ingwer und Sauce darübergeben. Mit je einer Pecannuß garnieren.
Für 4 Portionen.

Orangen mit Preiselbeeren

Oranges aux airelles rouges

4 Orangen sorgfältig schälen, in Scheiben schneiden und in eine Schüssel schichten. Je nach Süße der Früchte mit 40-80 g Zucker bestreuen und mit 4 cl braunem Rum übergießen. Zugedeckt 4-6 Stunden marinieren und dann die Flüssigkeit abgießen, mit 4 cl Wasser verdünnen und zum Kochen bringen. 150 g frische Preiselbeeren zugeben und etwa 2 Minuten leicht kochen lassen. 40 g geviertelte Walnüsse und einen Spritzer Pernod zugeben, heiß wieder über die Orangen gießen und alles gut kühlen.
Für 4 Portionen.

Exotensalat

Salade exotique

1 kleine Cherimoya, 2 Baumtomaten, 2 Kiwis und 1/2 kleine, frische Ananas. Die Früchte schälen und in Scheiben, bzw. Stücke schneiden. 20 Lychees schälen und entkernen. Die Früchte auf Tellern anrichten. Aus dem Saft einer Limette, einer kleinen Messerspitze (wirklich nur ein Hauch) Cayennepfeffer, einem Spritzer Pernod und 4 cl Zuckersirup (20°) eine Sauce rühren und über den Früchten verteilen. Gut kühlen. 1 große, vollreife Mango (etwa 450 g) oder zwei kleine schälen, den Stein herauslösen und das Fruchtfleisch pürieren. Nur wenn nötig zuckern und über oder neben den Früchten verteilen.
Für 6 Portionen.

Fruchtsalat mit Joghurtsauce

Salade aux fruits à la sauce de yogourt

4 Tassen gemischte Früchte, in diesem Fall sind es Kugeln von einer Wassermelone, Orangenfilets, Aprikosen, Banane, Erdbeeren, Äpfel, Weintrauben, Ananas und Johannisbeeren, in einer Schüssel mit 10 cl Zuckersirup (20°), dem Saft 1/2 Zitrone und 2 cl Cointreau etwa 1/2 Stunde marinieren. 10 cl Joghurt mit 2 EL saurer Sahne, dem Saft 1/2 Zitrone, 4 cl Zuckersirup (20°) und 1 cl Cognac verrühren und über die eiskalten Früchte verteilen. Mit gehobelten, gerösteten Mandeln garnieren.
Für 4 Portionen.

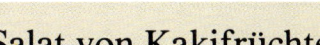

Komposition mit Nektarinen

Composition aux nectarines

Das Fruchtfleisch (mit Kernen) von zwei Passionsfrüchten mit 4 cl Weißwein und 50 g Zucker 4 Minuten kochen und durchpassieren. 2 cl Cointreau und 80 g Walderdbeeren zugeben und erkalten lassen. 2 vollreife Nektarinen blanchieren und die Haut abziehen, halbieren, die Steine entfernen und kühlen. Auf 4 Tellern einen dünnen Rand aus passierter Erdbeermarmelade spritzen, die halben Nektarinen daraufsetzen und mit den Walderdbeeren füllen. Die Sauce darübergießen. Dazu je einen Löffel Kiwisauce geben und pro Portion 2 in Scheiben geschnittene, eingelegte Kumquats anrichten. Mit Blättchen von Zitronenmelisse garnieren.
Für 4 Portionen.

Salat von Kakifrüchten

Salade aux kakis

2 geschälte Limetten in hauchdünne Scheiben schneiden. 4 reife Kakifrüchte ebenfalls schälen, in Scheiben schneiden und eventuelle Kerne entfernen. Auf Tellern anrichten, mit 1 EL Pistazien bestreuen und gut kühlen. 8 cl Zuckersirup (20°) mit 6 cl Grand Marnier kurz aufkochen, 1 Tasse frische Brombeeren zugeben, vom Feuer nehmen und dann eiskalt über den Kakisalat geben.
Für 4-6 Portionen.

Flambierte Früchte

»Desserts mit zweifelhaftem Ruf« könnte man sie nennen, weil sie oft nur wegen des Feuerzaubers zelebriert werden, und die Qualität nach der Höhe der Flammen eingestuft wird. Aber die umstrittene Praxis des Flambierens kann bei seriösem Umgang mit Alkohol zu absolut guten Ergebnissen führen. Das ist auch ganz logisch, weil Spirituosen, vor allem kräftig schmeckende Liköre, durch das Flambieren sozusagen reduziert werden. Durch das Abbrennen verfliegt der Alkohol und zurück bleibt die geschmackliche Essenz, das Gewürz für die Frucht-Desserts. Daß sich dafür eine ganze Reihe exotischer Früchte vorzüglich eignen, ist inzwischen bekannt. Ganz besonders Bananen, für die D. Sunil, Sous-Chef vom Colombo-Interconti, ein spezielles Rezept bereit hat. Er verwendet natürlich die kurzen, an der Staude gereiften Zuckerbananen. Das folgende Rezept ist aber auf jene Bananen abgestimmt, die wir im Handel erhalten. Auch der braune Arrak (der aus dem Nektar der Kokospalme destilliert wird), muß durch weißen Arrak ersetzt werden.

Flambierte Bananen

Bananes flambées

> 3 reife Bananen (etwa 500 g)
> 40 g Butter zum Anbraten
> 30 g Butter
> 80 g brauner Zucker (Farinzucker)
> Saft einer Limette
> Saft von 2 Orangen
> Abgeriebenes einer Orange
> 4 cl Grand Marnier
> 1 cl Arrak

Die Bananen schälen und längs durchschneiden. Die Butter in einer Pfanne zerlassen und die Bananen von beiden Seiten bei starker Hitze kurz anbraten und warmstellen. Die Butter in der Flambierpfanne zerlassen und den Zucker darüberstreuen. Unter ständigem Rühren schmelzen und den Limetten- und Orangensaft sowie die abgeriebene Orangenschale zugeben. Die Sauce etwa 2-3 Minuten bei starker Flamme einkochen. Den Grand Marnier und Arrak zugeben, die Pfanne etwas schräg halten, den Alkohol anzünden und abbrennen lassen. Dann die angebratenen Bananen zusammen mit dem Bratfond zugeben und in der Flüssigkeit nochmals richtig erhitzen.

Einer zweiten Methode zufolge kann man auch den Alkohol erst über die Bananen gießen und dann entzünden. Sie schmecken zwar dadurch kräftiger, werden aber auch etwas brauner. Damit sie nicht zu dunkel werden, muß man die Flamme manchmal auch vorzeitig auslöschen.

Für 4-6 Portionen.

Eine Variante mit frischen Erdbeeren: Nach dem gleichen Rezept und denselben Mengen, nur mit ausgetauschtem Alkohol, können frische Erdbeeren zubereitet werden. Sie sollen geputzt, halbiert und in der zerlassenen Butter ganz kurz angebraten werden. Die Orangensauce einkochen und mit 3 cl braunem Rum und 2 cl Bénédictine flambieren. Dann die Erdbeeren wieder in die Sauce geben und erwärmen.

Nach der gleichen Methode kann man mit frischen Aprikosen verfahren. Diese kurz blanchieren, die Haut abziehen und entsteinen. Den Bénédictine durch Mandellikör ersetzen.

Obst mit Schokoladeneis

Fruits à la glace au chocolat

40 g Butter
4 Scheiben einer frischen Ananas
2-3 Kiwis
80 g brauner Zucker (Farinzucker)
1/8 l frischer Ananassaft
4 cl brauner Rum
120 g frische Erdbeeren
4 Kugeln Schokoladeneis
Schlagsahne zum Garnieren

Die Butter in einer Pfanne zerlassen und die Ananas- und Kiwischeiben darin kurz von beiden Seiten anbraten. Herausnehmen und warmstellen. Den Zucker in der gleichen Pfanne mit dem restlichen Bratfond schmelzen. Mit dem Ananassaft aufgießen. Den Rum darübergeben und durch Schräghalten der Pfanne entzünden. Abbrennen lassen und die angebratenen Früchte zusammen mit den frischen, halbierten Erdbeeren darin erhitzen. Auf Tellern anrichten, jeweils eine Kugel Schokoladeneis dazugeben und mit einer Sahnerosette garnieren.

Für 4 Portionen.

Flambierte Kirschen

Cerises flambées

80 g brauner Zucker (Farinzucker)
1/8 l leichter Rotwein (Beaujolais)
Saft einer halben Zitrone
1 EL Johannisbeergelee
30 g Butter
Schale einer halben Zitrone
250 g Süßkirschen
3 cl Kirschwasser

Den Zucker in der Pfanne schmelzen. Er soll schön hellbraun sein. Mit dem Rotwein und Zitronensaft ablöschen und das Johannisbeergelee zugeben. In dieser Mischung die Butter zerlassen, die Zitronenschale zugeben und das Ganze etwa 2-3 Minuten einkochen. Die Kirschen zugeben (man kann sie vorher entsteinen, dadurch verlieren sie aber beim Dünsten viel Saft und fallen zusammen). Nach weiteren 2 Minuten das Kirschwasser darübergeben und entzünden. Völlig abbrennen lassen.

Für 4 Portionen.

Diese flambierten Kirschen harmonieren ganz vorzüglich mit Vanilleeis. Sie passen aber auch sehr gut als heiße Füllung für Crêpes. Sie sollten dann zusätzlich pro Portion mit einem Löffel eiskalter Schlagsahne serviert werden.

Pfirsich mit Vanilleeis

Pêche à la glace à la vanille

1/2 l Wasser
250 g Zucker
ein ganz kleines Stück Zimt
4 frische, weiße Pfirsiche
200 g frische Himbeeren
70 g Zucker
8 cl Burgunder Rotwein
4 cl Marc de Bourgogne
4 Kugeln Vanilleeis
Schlagsahne und Schokoblättchen zum Garnieren

Das Wasser mit dem Zucker und der Zimtrinde aufkochen. Die Pfirsiche kurz in heißem Wasser blanchieren und die Haut abziehen. In dem Läuterzucker 2-3 Minuten ziehen lassen und vom Feuer nehmen. Die Himbeeren pürieren, passieren und mit dem Zucker und Burgunder zum Kochen bringen. Nach etwa 3 Minuten den Marc de Bourgogne zugeben und anzünden. Abbrennen lassen, sofort die Pfirsiche aus dem Läuterzucker nehmen und in die Sauce geben. Darin wieder erhitzen und mit der Sauce übergossen auf Tellern anrichten. Pro Portion jeweils eine Kugel (oder mit dem Spritzbeutel gespritztes) Vanilleis geben, mit Schlagsahne und Schokoladenblättchen garnieren.

Für 4 Portionen.

DESSERT-SPEZIALITÄTEN

Klassisches und Modernes

Ein Tisch, nein: eine Tafel voller Desserts, ein süßes Büfett, eine bewunderungswerte Versammlung internationaler Berühmtheiten aus Teig und Schaum und Wohlgeruch, das ist für viele die Vorstellung vom Schlaraffenland. Wer gerne reist, der kennt die Desserttische in den viktorianischen Hotels an der englischen Seaside, in den eleganten französischen Restaurants, kennt die Theken und Etageren beim Demel in Wien und in ehrwürdigen Familienbetrieben zwischen Zürich und Chur. Er kann verfolgen, wie erfolgreich diese Meisterwerke der Patisserie und der Kochkunst sind. Er freut sich sicher, daß es auch in einheimischen Restaurants üblich wird, die großen klassischen Desserts wie zu Kaisers Zeiten auf Damast und Marmor, in Silber und Kristall zu offerieren. Und er nimmt sich vielleicht vor, so etwas ähnliches zu Hause zu kopieren. Das kann man eigentlich nur empfehlen und befördern, denn am Anfang steht zwar eine oft nicht unerhebliche Vorarbeit, aber dann braucht der Gastgeber (oder die Gastgeberin) die fertigen Prunkstücke nur ins Kühle zu stellen, manchmal genügt tatsächlich die Speisekammer. Der Kühlschrank wird also nicht überfüllt. Und vielen großen Desserts tut es gut, wenn sie über Nacht stehen und ihre Aromen entfalten können. Von den französischen Restaurants haben wohl alle anderen gelernt, wie ein Dessertbüfett beschaffen und komponiert werden muß: etwas Frisches und Fruchtiges wie Obstsalate oder Beeren der Saison, von ihrem eigenen Mark oder Sorbet begleitet, etwas Mageres und Zartes für alle, die sich zuerst einmal mit Rücksicht auf die kalorische Leichtigkeit an das verlockende Angebot wagen, also Gelees, Obstkuchen, schaumige Cremes mit Quark. Und dann die Stars der Versammlung, die internationalen Desserts, die Charlotten und Meringuetorten, die Gâteaux und Savarins, die Platten mit leuchtenden Petits fours, die schneeweißen Schwäne aus Baiserteig, Eiskugeln zwischen den Flügeln, die Bayerischen Cremes mit ihren verschiedenen Geschmäckern, die kaiserlichen Reisspeisen und... und... und... Und welch sinnlicher Genuß, sich mit blitzendem Besteck von diesem und jenem eine Nocke, ein Stück, eine Scheibe abnehmen und auf dem Teller anordnen zu lassen. Welch ein Vergnügen, den gesponnenen Zucker, die unglaublich feinen Schokoladendekorationen zu bewundern und zu knabbern. Das war eine Zeitlang außer Mode geraten. Dekorationen sind überflüssig, ein Dessert ist ein Dessert, das schmückt sich mit der eigenen Üppigkeit. Es schmückt sich aber unvergleichlich schöner mit einer Rose aus Marzipan, mit einem Hippenbogen, mit Tupfern aus Brandteig oder Schlagsahne, mit Schokoladenarabesken und Wolken aus Eischnee. So dekorativ und außerdem praktisch man ein Dessert gleich auf seinem Teller oder in seiner Schale anrichten kann, so schön und vor allem so großzügig wirkt eine Kollektion dieser Desserts, von denen jedes eine Geschichte erzählen kann. Mit diesen stattlichen Gerichten begann auch Ende des vorigen Jahrhunderts der Patriotismus in der Küche entweder höchst devote oder naiv nationalstolze Blüten zu treiben. Die großen Desserts, die mit Pomp aufgetragen wurden oder wie Denkmäler auf Sockeln aus Talg und Zucker auf den Tafeln standen, stellten nicht nur historische Ereignisse dar und spielten auf gewonnene Schlachten an, sondern sie huldigten den Fürsten und Helden (des betreffenden Landes, die als Gäste mit am Tisch saßen oder denen zu Ehren das Essen gegeben wurde). Zu Kaisers Geburtstag hockte zum Beispiel ein preußischer Marzipan-Adler auf einem Pudding in den Landesfarben Schwarz und Weiß. Zum Flottentag rauschte ein Segelschiff aus Tragant wie über eine Speise, die von Meereswogen aus Baiserteig umspült war, ganz zu schweigen von den zuckernen Zwergen und Rodlern und Häschen, die auf Jahreszeitliches oder spezielle Feste anspielten. Das war die Zeit, in der Torten nach Prinzregenten benannt wurden, nach Opernsängerinnen und Kriegstriumphen, als ein Gâteau erst »de Prusse« oder — nach 1871 — »de Compiègne« heißen mußte, um eines Galadiners würdig zu sein. Doch so oder so: Champagner trank man am liebsten dazu, und das braucht man nicht zu ändern.

Ein Beispiel klassischer, französischer Patisserie im »Bristol« in Paris. So ein Büfett kommt der Vorstellung vom Schlaraffenland wirklich nahe, schon weil alles Süße mit viel Geschick so prunkvoll hergerichtet werden kann. Ob es der heutigen Auffassung vom »Dessert« entspricht, wird vielleicht der Feinschmecker entscheiden. Aber er wird sich auch beeindrucken lassen von der Fülle des Gebotenen.

Bayerische Creme »Vanille«

Crème bavaroise à la vanille

> *6 Eigelb, 120 g Zucker*
> *1/2 l Milch, 1 Vanilleschote*
> *7 Blatt Gelatine*
> *1/2 l geschlagene Sahne*

Die Grundcreme wird wie die englische Creme zubereitet, also Eigelb mit Zucker cremig gerührt, die mit der Vanilleschote aufgekochte Milch untergerührt und das Ganze dann bis »zur Rose« abgezogen. In dieser Grundcreme wird die Gelatine aufgelöst und möglichst auf Eis abgekühlt. In der Zwischenzeit die Sahne steifschlagen und in dem Moment unter die Creme ziehen, wenn diese beginnt dickflüssig zu werden. In diesem Augenblick ist sie kühl genug, um die Festigkeit der Schlagsahne zu erhalten, aber noch flexibel genug, um in Formen oder Gläser gefüllt zu werden.

Bayerische Creme mit Makronen:

> *50 g Mandelmakronen*
> *3 cl Kirschwasser*
> *1 EL Bienenhonig*
> *Eine Form von 1,5 l Inhalt*

Die Makronen grob zerkleinern, mit Kirschwasser und Honig beträufeln, gut durchziehen lassen. Die Form mit 2/3 der Creme füllen, die Makronen in die Mitte schütten und mit der restlichen Creme zustreichen. Im Kühlschrank etwa 2 Stunden erstarren lassen, stürzen und mit eiskalter Kaffeecreme servieren. Für etwa 8 Portionen.

Bayerische Creme mit Fruchtsalat:

Dafür wird das Grundrezept halbiert und nur mit 2 Blatt Gelatine gebunden.

> *600 g frische Früchte (Pfirsiche,*
> *Kiwis, Birnen und Himbeeren)*
> *6 cl Zuckersirup (20°)*
> *2 cl brauner Rum, 2 cl Maraschino*
> *10 cl Sahne, 2 TL Zucker*

Den Fruchtsalat mit Sirup und Alkohol 1/2 Stunde marinieren. Die Creme zubereiten, zur Hälfte in eine Glasschale füllen, darauf den Fruchtsalat anrichten und den Rest der Creme darübergeben. Die Sahne mit dem Zucker steifschlagen und die Creme damit garnieren. Für 6 Portionen.

Bayerische Creme mit Erdbeersauce:

> *200 g frische Erdbeeren*
> *4 cl Zuckersirup (20°)*
> *2 cl Cognac*
> *1/8 l Sahne und frische Erdbeeren*

Die vorstehende, leichte Creme findet dafür Verwendung. Sie wird in Gläser gefüllt. Die Erdbeeren pürieren und mit dem Sirup und Cognac vermischen. Über die Creme gießen und mit einer Sahnerosette und halben Erdbeeren garnieren. Für 4-6 Portionen.

Bayerische Creme »Pistazie«/ Crème bavaroise aux pistaches. 40 g geschälte Pistazien mit 1 Msp. Salz und 30 g Puderzucker karamelisieren, abkühlen lassen und fein stoßen. Aus 3 Eigelb, 60 g Zucker und 1/4 l Milch eine englische Creme bereiten und darin 4 Blatt Gelatine auflösen. Abkühlen lassen und anschließend 1/4 l geschlagene Sahne unterziehen. Unter die Hälfte der Creme 60 g aufgelöste Kuvertüre und 2 cl Rum rühren und in die Förmchen füllen. Unter die restliche Creme die karamelisierten Pistazien ziehen und als zweite Schicht einfüllen. Im Kühlschrank erstarren lassen, stürzen, mit gehackten Pistazien bestreuen und mit Erdbeersauce servieren. Für 6 Portionen (6 Förmchen à 10-12 cl Inhalt).

Bayerische Creme »Orange«/ Crème bavaroise à l'orange. 3 Eigelb, 50 g Zucker, Abgeriebenes und Saft einer Orange cremig rühren und 1/4 l aufgekochte Milch unterrühren. Die Creme erhitzen, bis sie dickflüssig wird, darin 4 Blatt Gelatine auflösen. 80 g Zucker schmelzen, bis er flüssig und hellbraun ist. 50 g gehobelte Mandeln unterrühren, den Krokant auf eine geölte Arbeitsplatte geben, flachrollen und erkalten lassen. Fein zerstoßen und mit 2 cl Orangenlikör unter die bereits dickflüssig werdende Creme rühren. 1/4 l geschlagene Sahne darunterziehen und in kleine Förmchen füllen. Fest werden lassen, stürzen und mit Schokoladensauce servieren. Für 6 Portionen (6 Timbaleförmchen mit 12 cl Inhalt).

Bayerische Creme »Erdbeer«/ Crème bavaroise aux fraises. 100 g Erdbeeren pürieren, mit 4 cl Zuckersirup und 3 cl Cointreau verrühren. 90 g Zucker mit Saft und Abgeriebenem 1 Orange zu Sirup einkochen. 3 Eigelbe damit cremig rühren. 1/4 l Milch aufkochen, unter die Eigelbe rühren und bis »zur Rose« abziehen. Darin die Gelatine auflösen. Abkühlen lassen und dann 1/4 l geschlagene Sahne unterziehen. 1/3 der Creme unter das Erdbeermark rühren, in die Förmchen füllen und die Orangencreme hineinspritzen. Kühlen, stürzen und mit Meringueblumen garnieren. Mit Schoko-Rum-Sauce servieren. Für 6 Förmchen von 10-12 cl Inhalt.

Bayerische Creme »Schokolade«/ Crème bavaroise au chocolat. Aus 4 Eigelb, 120 g Zucker, 30 cl Milch und 1 Vanilleschote eine englische Creme bereiten, 4 Blatt Gelatine darin auflösen. 30 cl Sahne mit 30 g Zucker steifschlagen und unter die kühle, aber noch flüssige Creme rühren. 1/3 davon in die Förmchen verteilen und unter die restlichen 2/3 3 cl Bénédictine und 80 g flüssige, aber fast kalte Kuvertüre rühren. Mit einem Spritzbeutel die Schokoladencreme in die noch weiche Vanillecreme hineindrücken. Kühlen, stürzen und mit flüssiger Kuvertüre überspritzen. Mit Aprikosensauce servieren. Für 8 Förmchen von 10 cl Inhalt.

113

Erdbeer-Charlotte

Charlotte aux fraises

        4 Eigelb
      50 g Zucker
        1 Msp. Salz
        3 Eiweiß
      60 g Mehl

    180 g Erdbeermarmelade
        2 cl Cognac

    200 g Erdbeeren
        1 EL Vanillezucker

        2 cl Cognac
        4 Eigelb
    100 g Zucker
    1/4 l Milch
    1/2 Vanilleschote
        4 Blatt Gelatine
        1 cl Cognac
    1/4 l Sahne
        1 EL Zucker
      80 Aprikotur
           Eine Halbkugelform von 1 l In-
           halt (Eisbombenform)

Mit Rouladenscheiben die Form auslegen, und zwar so dicht wie möglich, damit möglichst kleine Zwischenräume entstehen. Die über den Rand ragenden Scheiben abschneiden. Sie können nach dem Füllen mit zum Belegen des Bodens verwendet werden.

Den Biskuitteig zubereiten wie auf Seite 70/71 beschrieben und etwa 22 x 22 cm groß aufstreichen, backen, sofort auf ein angefeuchtetes Tuch stürzen und das Papier abziehen. Die Erdbeermarmelade wenn nötig passieren und mit dem Cognac verrühren. Damit die Biskuitplatte bestreichen und aufrollen. Erkalten lassen und in dünne, höchstens 8 mm starke Scheiben schneiden. Damit die Halbkugelform so dicht wie möglich auslegen.

Die Erdbeeren waschen und halbieren. Gut abtropfen lassen, in eine Schüssel legen, mit dem Vanillezucker bestreuen und mit dem Cognac übergießen. Im Kühlschrank mindestens 1/2 Stunde durchziehen lassen. Die Eigelbe mit dem Zucker cremig rühren. Die Milch mit der Vanilleschote aufkochen, wie bei der englischen Creme unter die Eigelbe rühren und dann erhitzen, bis die Creme bindet. Die in kaltem Wasser eingeweichte und wieder ausgedrückte Gelatine darin auflösen und den Cognac zugießen. Die Creme auf Eis abkühlen, bis sie anfängt dickflüssig zu werden. In der Zwischenzeit die Sahne mit dem Zucker steifschlagen und im richtigen Moment, wenn die Creme leicht anzieht, vorsichtig unterziehen. Etwa 2/3 in die mit den Biskuitscheiben ausgelegte Form füllen und unter den Rest der Creme die Erdbeeren heben. Damit die Form vollständig füllen und mit Rouladenscheiben (oder, falls vorhanden, mit einer Biskuitplatte) abdecken. Im Kühlschrank etwa 2 Stunden fest werden lassen. Auf eine Platte stürzen und mit Aprikotur (heißer Aprikosenmarmelade) die Oberfläche bestreichen. Mit einer in Kuvertüre getauchten Erdbeere garnieren und mit Schokoladensauce servieren.

Für 6-8 Portionen.

Charlotte mit Kiwis

Charlotte aux kiwis

12 Löffelbiskuits
2 Kiwis
1 EL Bienenhonig
2 cl Kirschwasser
4 Eigelb
80 g Zucker
1/4 l Milch
1 Vanilleschote
4 Blatt Gelatine
30 cl Sahne
30 g Zucker

1 Kiwi
1 Maraschinokirsche
1/8 l Sahne
1 EL Zucker
1 EL gestoßener Krokant
Eine gerippte Form von 1 l Inhalt

Den Boden der Form mit Zucker bestreuen, damit die Creme beim Stürzen nicht anhängt, und in die Rippen Löffelbiskuits stellen. Sehr einfach geht das, wenn sie bereits konisch aufgespritzt wurden. Ansonsten müssen sie entsprechend zugeschnitten werden. Die Kiwis schälen und in Scheiben schneiden. In eine Glasschüssel legen und mit dem Bienenhonig und Kirschwasser übergießen. Zugedeckt im Kühlschrank etwa 1/2 Stunde durchziehen lassen. Die Eigelbe mit dem Zucker cremig rühren. Die Milch mit der Vanilleschote aufkochen, wie bei der englischen Creme unter die Eigelbe rühren und die Creme dann bis zur Rose abziehen. Die in kaltem Wasser eingeweichte Gelatine gut ausdrücken und in der warmen Creme auflösen. In Eiswasser abkühlen, bis sie dickflüssig wird. In der Zwischenzeit die Sahne mit dem Zucker steifschlagen und dann unter die Creme ziehen. Dreiviertel davon in die vorbereitete Form füllen. Darauf die Kiwischeiben legen und mit der restlichen Creme zustreichen. Im Kühlschrank vollständig erstarren lassen, das dauert etwa 2 Stunden, und auf eine Platte stürzen. Mit Kiwischeiben und einer Maraschinokirsche belegen. Darüber einen Rand aus Schlagsahne spritzen und mit gestoßenem Krokant bestreuen.
Für 6 Portionen.

Eine gerippte Form ist ideal für eine Charlotte, weil die Löffelbiskuits ohne zu verrutschen in die Form gestellt werden können. Besonders einfach geht das, wenn die Biskuits bereits konisch aufgespritzt wurden. Sie brauchen dann nicht mehr zugeschnitten werden.

115

Kokosnuß-Creme

Crème de coco

Eine echt exotische Creme, für die man nach Möglichkeit auch frische Kokosnüsse aufbrechen sollte. Sie ergeben eine ungleich schmackhaftere Milch, als wenn sie aus getrockneter Kokosrapel hergestellt würde. Und wenn die Creme ganz »original« werden soll, dann muß mit Treacle, dem Sirup aus der Kokospalme gesüßt werden, aber Rübensirup ist ein guter Ersatz.

> 300 g frisch geraspelte Kokosnuß
>   (etwa 2 Nüsse) oder Kokosraspel
> 3/8 l Milch (es sollte etwa 30 cl
>   Kokosmilch ergeben)
>   4 Eigelb
> 60 g Treacle (Palmsirup) oder
>   Rübensirup
>   4 Blatt Gelatine
>   3 cl brauner Rum
>   2 cl Limettensaft
>   3 Eiweiß
> 60 g Zucker
> 1/4 l Sahne
>
>   1 Limette und Schokoladenröllchen
>   zum Garnieren

Die Kokosnüsse an den »Augen« anbohren, die Flüssigkeit ablaufen lassen und die Nüsse aufschlagen oder durchsägen. Die Kopra (das Kernfleisch der Kokosnuß) fein reiben und in eine Schüssel geben. Die Milch einmal aufkochen, heiß über die Kokosraspel gießen, gut durchkneten und zugedeckt abkühlen lassen, bis sie lauwarm sind. In ein Sieb ein Leinentuch legen, die Kokosraspel samt Flüssigkeit hineingießen und ausdrücken, bis die Raspel trocken sind.

Die Eigelbe mit dem Treacle oder Rübensirup schaumig schlagen. Die Kokosmilch bis kurz vor dem Siedepunkt erhitzen und unter Rühren langsam zu der Eigelbmasse schütten. Diese Mischung dann wie eine englische Creme langsam erhitzen, bis sie leicht dickflüssig wird und den Kochlöffel überzieht. Vom Feuer nehmen und die in kaltem Wasser eingeweichte und wieder ausgedrückte Gelatine darin auflösen. Rum und Limettensaft unterrühren und abkühlen, bis die Creme lauwarm ist. Das Eiweiß zu Schnee schlagen, den Zucker langsam einrieseln lassen und den steifen Schnee unter die Creme ziehen. Zum Schluß die geschlagene Sahne mit dem Kochlöffel behutsam unterheben. Die Creme in Gläser füllen und jeweils mit einer Limettenspalte und Schokoladenröllchen garnieren.

Die Menge ergibt etwa 6 Portionen.

Creme von Mangostanen

Crème de mangostanes

150 g Mangostanenpüree (von etwa 6
   Früchten)
150 g Konditorcreme (S. 66)
  4 Blatt Gelatine
  1 TL Limettensaft
1/8 l Sahne
 50 g Zucker

  2 EL kalte Schokoladensauce
  4 Hippenblätter

Die Mangostanen schälen, die Kerne entfernen und das Fruchtfleisch durch ein feines Sieb passieren. Die Konditorcreme ebenfalls durch das Sieb streichen und mit dem Fruchtpüree unter Rühren erwärmen. Die in kaltem Wasser eingeweichte Gelatine ausdrücken und darin auflösen. Den Limettensaft zufügen und die Mischung fast erkalten lassen. Die kalte Sahne mit dem Zucker steifschlagen und unter die Creme ziehen. Sie soll sofort fest werden. In einen Spritzbeutel mit großer Sterntülle füllen und in Gläser spritzen. Mit kalter Schokoladensauce übergießen und jeweils mit einem Blatt aus Hippenmasse garnieren.

Die Menge ergibt 4 Portionen.

Ingwercreme

Caribbean ginger mousse

20 cl Milch
  3 Eigelb
 50 g Zucker
  4 Blatt Gelatine
 80 g eingelegter Ingwer
  2 cl Ingwersirup
  8 cl brauner Rum
  3 Eiweiß
1/4 l Sahne
 60 g Zucker

1/8 l Sahne, 20 g Zucker
   Schokoladenröllchen

Die Milch aufkochen, Eigelb und Zucker cremig rühren. Die heiße Milch langsam unter die Eigelbmischung rühren und dann — wie die englische Creme — bis zur Rose abziehen. Die gut ausgedrückte Gelatine darin auflösen und durch ein feines Sieb filtern. Den in feine Würfel geschnittenen Ingwer (1 EL davon für die Garnierung zurückbehalten) zugeben. Den Sirup mit dem Rum erhitzen, anzünden und abbrennen, bis die Flamme erlischt. Abgekühlt unter die Creme ziehen. Ist sie fast kalt, zuerst den steifen Eischnee, darauf gleich die geschlagene Sahne unterziehen. Die Ingwercreme in Gläser füllen und im Kühlschrank erstarren lassen. Mit Schlagsahne, Ingwerwürfeln und Schokoröllchen garnieren.

Die Menge ergibt 6 Portionen.

Creme von Ahornsirup

Crème au sirop d'érable

  4 Eigelb
 50 g Farinzucker (brauner Rohzucker)
250 g Ahornsirup
  6 Blatt Gelatine
  4 Eiweiß
3/8 l Sahne

   Saft einer Orange und Zitrone
 40 g Zucker
  3 cl Orangenlikör

Die Eigelbe mit dem Farinzucker cremig rühren, bis der Zucker fast aufgelöst ist. Den Ahornsirup zugießen und die Mischung unter ständigem Rühren erhitzen, bis die Creme leicht dickflüssig wird und — wie bei einer englischen Creme — den Kochlöffel überzieht, also kurz vor dem Siedepunkt ist. Vom Feuer nehmen, die eingeweichte und gut ausgedrückte Gelatine darin auflösen und erkalten lassen. Das Eiweiß zu steifem Schnee schlagen und unter die Creme ziehen, anschließend die geschlagene Sahne. Mit Spritzbeutel und Sterntülle in Gläser spritzen. Erkalten lassen und mit eiskalter Orangensauce übergießen. Dafür den Saft von Orange und Zitrone mit dem Zucker einkochen und den Likör zugeben. Die Creme mit je einer Schokoladenblüte garnieren.

Die Menge ergibt 4-6 Portionen.

Waffelröllchen mit Heidelbeeren

Cornets aux myrtilles

> *150 g Puderzucker*
> *2 Eier*
> *8 cl Milch*
> *250 g Mehl*
> *Mark einer halben Vanilleschote*
> *60 g Butter*
> *Öl für das Waffeleisen*
>
> *1/4 l Sahne*
> *25 g Zucker*
> *Mark einer halben Vanilleschote*
> *60 g gestoßener Krokant*
>
> *80 g Zucker*
> *8 cl Saft frischer Johannisbeeren*
> *2 cl Limettensaft*
> *1 Msp. Zimt*
> *3 cl Rum*
> *250 g frische Heidelbeeren*

Den Puderzucker in eine Schüssel sieben und mit den Eiern schaumig rühren. Dann die Milch und das Mehl abwechselnd unter den Teig geben. Das Vanillemark zufügen und zuletzt die flüssige, aber nur leicht warme Butter in feinem Strahl unter den Teig rühren. Einige Minuten ruhen lassen und dann im Waffeleisen backen. Sie können aber auch dünn auf ein gefettetes Backblech gestrichen und im Ofen gebacken werden. Nach dem Backen sofort über ein rundes Holz von etwa 3 cm Durchmesser legen und aufrollen. Die Sahne mit Zucker und Vanillemark steifschlagen und in die Waffelrollen mit dem Spritzbeutel von beiden Seiten einfüllen. Die Enden in Krokant drücken.

Den Zucker mit dem Johannisbeer- und Limettensaft und dem Zimt etwa 2-3 Minuten einkochen. Dann den Rum zugeben, anzünden und abbrennen lassen. Die frischen Heidelbeeren in die Sauce geben und erkalten lassen.

Für etwa 12-15 Portionen.

Schaum-Rosetten

Œufs à la neige

Eines der klassischen Desserts, die in vielen Variationen auf den Speisekarten der ganzen Welt zu finden sind. Das unten beschriebene Rezept ist sozusagen die »Grundausstattung«, die noch mit vielen Extras angereichert werden kann. Tatsächlich verträgt sie sich auch wegen ihres zarten Geschmacks mit Schokolade, Kaffee, allen Früchten und Fruchtsaucen und auch mit Alkoholikas.

> *6 Eiweiß*
> *200 g Zucker*
> *Vanillesauce (englische Creme) aus 1/2 l Milch, Seite 62*

Das Eiweiß zu steifem Schnee schlagen und den Zucker nach und nach einrieseln lassen. Diese Baisermasse in einen Spritzbeutel mit Sterntülle Nr. 12 füllen, ein Pergamentpapier mit Wasser beträufeln und darauf die Rosetten spritzen. In der Zwischenzeit 2-3 l Wasser in einer flachen Kasserolle aufkochen und die Hitze reduzieren, daß sie gerade unter dem Siedepunkt bleibt. Eine Palette in Wasser tauchen, die Rosetten damit vom Papier nehmen und in das Wasser gleiten lassen. Von jeder Seite 3-4 Minuten garen. Mit dem Schaumlöffel herausnehmen, kurz abtropfen lassen und dann auf die vorbereitete, kalte Vanillesauce setzen.

Noch einfacher ist die Zubereitung, wenn die Baisermasse mit einem feuchten Eßlöffel abgestochen und direkt in das Wasser gegeben wird.

Für etwa 8 Portionen.

Saint-Honoré-Törtchen

Saint-Honoré chiboust

Eines der Traditions-Desserts, das auch oft in Form einer Torte serviert wird und das möglichst frisch gegessen werden sollte, weil der mit Karamel überzogene Brandteig relativ schnell von der Creme die Feuchtigkeit annimmt.

> *300 g Blätterteig*
> *Brandteig nach dem Rezept von Seite 75*
> *300 g Zucker*
> *6 cl Wasser*
> *1 TL Zitronensaft*
>
> *Konditorcreme aus 1/2 l Milch*
> *3 Eiweiß*
> *60 g Zucker*

Den Blätterteig sehr dünn (höchstens 2 mm stark) und gleichmäßig ausrollen und 20 Böden von 8 cm Durchmesser ausstechen. Auf ein Backblech legen und mit einer Gabel einstechen, damit der Teig beim Backen keine Blasen bildet. Den Brandteig, wie auf Seite 75 beschrieben, zubereiten und mit dem Spritzbeutel und einer Sterntülle Nr. 10 Ringe auf die Blätterteigböden spritzen. Aus dem restlichen Teig 20 kleine Windbeutel auf das Backblech spritzen. Bei 220° C schön knusprig braun backen, wobei die kleinen Windbeutel schon etwa 15 Minuten gar sind, die Ringe brauchen 8-10 Minuten länger. In der Zwischenzeit den Zucker mit dem Wasser und Zitronensaft zu einem hellen Karamel (160° C) kochen und die Oberfläche der Ringe und Windbeutel darin eintauchen. Für die Füllcreme (Crème chiboust) eine Konditorcreme aus 1/2 l Milch (wie auf Seite 66) bereiten und noch heiß den Eischnee (wie auf Seite 67 beschrieben) unterziehen. Damit die Törtchen füllen und jeweils einen kleinen Windbeutel daraufsetzen.

Für 20 Portionen.

Waffeln mit Erdbeersauce

Gaufres à la sauce aux fraises

375 g Mehl
25 g Hefe
50 g Zucker
1/2 l lauwarme Milch
4 Eier
125 g Butter
1 Prise Salz
    abgeriebene Schale von
    1/2 Zitrone
    Öl für das Waffeleisen

1 EL Bienenhonig
80 g Zucker
4 cl Limettensaft
300 g frische Erdbeeren
1/4 l Sahne
20 g Zucker
    Mark einer halben Vanilleschote

Das Mehl in eine Schüssel sieben und in die Mitte eine Vertiefung drücken. Die Hefe hineinbröckeln und mit 1 TL Zucker, 1/8 l Milch und etwas Mehl verrühren. Den Vorteig zugedeckt 15 Minuten gehen lassen. Den restlichen Zucker, die restliche Milch, die Eier, die geschmolzene Butter, das Salz und die Zitronenschale zum Vorteig geben und alles mit dem gesamten Mehl so lange schlagen, bis der Teig Blasen wirft. Den Teig nochmals 25 Minuten gehen lassen. Das Waffeleisen anheizen und die Innenflächen mit Öl bestreichen. Für jede Waffel 3 EL Teig auf das Waffeleisen streichen und goldbraun backen. Das dauert je nach Temperatur des Waffeleisens etwa 4-5 Minuten. Die abgekühlten Waffeln können mit Puderzucker besiebt werden, was aber wegen des relativ hohen Zuckeranteils nicht unbedingt nötig ist.

Den Bienenhonig mit dem Zucker und Limettensaft auf- und zu einem dicken Sirup einkochen. Die Erdbeeren pürieren, eventuell noch durch ein Sieb streichen, mit dem Sirup vermischen und gut kühlen. Mit Vanillesahne zu den Waffeln servieren.

Für etwa 15-20 Portionen.

Kastanienschaum

Mousse aux marrons

500 g Kastanien
1 Msp. Salz
10 cl Milch
1/2 Vanilleschote
10 cl Sahne
80 g Zucker
1/4 l Sahne
40 g Zucker
2 cl brauner Rum

    Schlagsahne und Maraschino-
    kirschen zum Garnieren

Die Kastanien auf der runden Seite einschneiden und im Ofen rösten, bis sie aufspringen. Solange die Kastanien noch warm sind, die braune Schale und die dünne Innenhaut sorgfältig entfernen. Die geschälten Kastanien in eine Kasserolle geben, das Salz zufügen und so viel Wasser zugießen, daß sie gerade damit bedeckt sind. Weichkochen. Das dauert ungefähr 45-50 Minuten. Die Kastanien abgießen, zerdrücken und durch ein feines Sieb passieren. Besser geht es noch mit einer Passiermaschine. Die Milch mit der Vanilleschote aufkochen. Die Vanilleschote entfernen, das Maronenpüree zugeben und bei starker Hitze unter ständigem Rühren zu einem dicken Mus einkochen. Die Sahne und den Zucker zugeben und nochmals aufkochen. Erkalten lassen. Die Sahne mit dem Zucker steifschlagen, den Rum zugeben und dann unter das kalte Püree rühren. Durch eine Kartoffel- oder Spätzlepresse drücken und mit Schlagsahne und Maraschinokirsche garnieren.

Für 6-8 Portionen.

Vacherin mit Ingwercreme

Vacherin à la mousse de gingembre

12 Baiserböden von 6 cm ⌀
60 g eingelegter Ingwer
3 Eigelb
50 g Zucker
1/4 l Milch
1/2 Vanilleschote
4 cl Ingwersirup
4 Blatt Gelatine
2 Eiweiß
40 g Zucker
1/4 l Sahne
40 g aufgelöste Kuvertüre
2 cl Cognac
12 Baiserblumen von 7 cm ⌀
    Kakaopulver zum Besieben

Die Baiserböden mit einem etwa 5 cm hohen Rand aus Alufolie umgeben und mit Klebestreifen zusammenhalten. Den Ingwer ablaufen lassen und ganz fein würfeln. Die Eigelbe mit dem Zucker cremig rühren. Die Milch mit der Vanilleschote und dem Ingwersirup aufkochen und langsam in die Eigelbe rühren. Diese Mischung dann wie eine englische Creme »bis zur Rose« abziehen, also bis kurz vor den Siedepunkt erhitzen. Darin die zuvor in kaltem Wasser eingeweichte und wieder ausgedrückte Gelatine auflösen. Die Creme auf Eis abkühlen, bis sie beginnt dickflüssig zu werden. In der Zwischenzeit das Eiweiß mit dem Zucker zu Schnee schlagen und die Sahne steifschlagen. Den gehackten Ingwer unterrühren. Zuerst den Eischnee und dann die Sahne vorsichtig unterziehen. Die Hälfte der Creme in die Folienringe füllen, unter den Rest die flüssige Kuvertüre und den Cognac rühren und als zweite Schicht einfüllen. Im Kühlschrank mindestens 1 Stunde erstarren lassen, die Alufolie entfernen, die Baiserblume daraufsetzen und mit Kakaopulver besieben. Mit Orangensauce servieren.

Für 12 Portionen.

Feine Cremetöpfchen

Petits pots de crème

Es ist die feinste Eiercreme, die man sich überhaupt vorstellen kann. Zubereitet und gegart wird sie wie die berühmte Karamel-Creme (S. 63), nur ist sie noch zarter und kann wegen des geringen Eiweißanteils nicht gestürzt werden, denn dafür wäre sie nicht fest genug. Sie ist eine variable Creme, die mit vielen Zutaten aromatisiert werden kann. Das Beispiel mit Vanille ist ein praktikables Grundrezept.

    3/8 l Milch
    1/8 l Sahne
    1/2 Vanilleschote
      1 Ei
      3 Eigelb
     90 g Zucker
      6 Soufflé-Förmchen à 12 cl Inhalt

Die Milch mit der Sahne und der längs aufgeschnittenen Vanilleschote aufkochen. Das Ei und die Eigelbe mit dem Zucker gut verrühren, aber keinesfalls schaumig schlagen, und die heiße Milch langsam unterrühren. Die Eiermilch durch ein feines Sieb gießen, und von der Oberfläche mit einem Löffel den Schaum abnehmen. Je nachdem, ob man die Creme später pur oder mit Früchten serviert, werden die Soufflé-Förmchen oder andere Töpfchen voll oder nur zu zwei Dritteln gefüllt. In ein Wasserbad (Wassertemperatur 80° C) stellen und bei 180° C etwa 20 Minuten pochieren. Das Wasser sollte bis etwa 1 cm unter den Rand der Förmchen reichen und muß immer unter dem Siedepunkt gehalten werden. Gibt die Oberfläche unter leichtem Fingerdruck federnd nach, ist die Creme gar. Aus dem Wasserbad nehmen und abkühlen lassen.

Die Menge ergibt 6 Portionen.

Cremetöpfchen mit Sauerkirschen:

    Grundrezept von Vanille-
    Cremetöpfchen
    1/8 l Kirschsaft
    1/8 l leichter Rotwein
     80 g Zucker
        ein Stückchen Zimtstange
      1 gehäufter TL Speisestärke
    400 g Kompott-Sauerkirschen
    1/8 l Sahne
        etwas Zucker und Kirschwasser

Den Kirschsaft und Rotwein mit dem Zucker und der Zimtrinde aufkochen und mit der angerührten Speisestärke binden. Die abgelaufenen Sauerkirschen zugeben und vorsichtig unterheben, damit sie nicht zerdrückt werden. Erkalten lassen, auf die Cremetöpfchen geben und mit gesüßter und mit Kirschwasser aromatisierter Schlagsahne garnieren.

Die Menge ergibt etwa 8 Portionen.

1 **Die Sauerkirschen auf den Vanille-cremetöpfchen verteilen.** Das mit Stärke ganz leicht gebundene Sauerkirschen-kompott soll vollständig erkaltet sein. Dann erst auf die ebenfalls abgekühlten Cremetöpfchen geben, die nur bis zu zwei Dritteln gefüllt sein sollen.

2 **Mit Schlagsahne garnieren** oder mit etwas flüssiger Sahne übergießen. Die Sahne leicht süßen, steifschlagen und mit etwas Kirschwasser parfümieren. Mit dem Spritzbeutel und Sterntülle Nr. 8 jeweils eine Rosette aufspritzen. Flüssige Sahne sollte hier nur ungesüßt verwendet werden.

Schokoladen-Cremetöpfchen mit Schlagsahne oder Himbeersauce. Dafür wird das Grundrezept etwas abgewandelt, und zwar wird der Zucker in einer Kasserolle mit 1 EL Wasser zu einem mittelbraunen Karamel geschmolzen. Die Milch, Sahne und Vanilleschote zugeben und darin den Karamel aufkochen. 1 TL Instant-Kaffee und 50 g bittere Schokolade darin lösen, wieder erhitzen und durch ein feines Sieb zu den verrührten Eiern gießen. Im Wasserbad garen. Die gut gekühlten Cremetöpfchen mit Schlagsahne oder Himbeersauce servieren. Beliebig mit Schokoladen-Ornamenten oder kleinen Schäumchen garnieren.

Mousse au chocolat

Schokoladenschaum

Sie ist eines der berühmten, klassischen Desserts, von unvergleichlichem Geschmack und an sich einfach zuzubereiten. Sie verlangt jedoch nach besten Zutaten, vor allem nach bester Schokolade, und zwar »bitterer Schokolade«, wenngleich es auch Rezepte gibt, die Milch-Schokolade vorschreiben. Aber gerade der bitter-süße Geschmack harmoniert so vorzüglich mit der cremigen Konsistenz. Sie wird in unzähligen Variationen zubereitet, oft mit Creme und Butter, also von schwerer, cremiger Beschaffenheit bis zum leichten Schokoladenflaum mit viel Eiweiß. Aber dazwischen liegt wahrscheinlich die Ideal-Mousse au chocolat, wie die von Eva Klever, leicht herb, sehr luftig und trotzdem über einige Stunden haltbar.

Mousse au chocolat »Klever«:

200 g Kuvertüre 70/30 oder 2 Tafeln
Edelbitter-Schokolade
6 cl starker Kaffee (Mokka)
5 Eigelb
30 g Vanillezucker
1/8 l Sahne
5 Eiweiß
50 g Zucker

Die Schokolade in Stücke brechen und im Wasserbad auflösen. Den Kaffee darunterrühren. Die Eigelbe mit dem Vanillezucker schaumig schlagen, bis der Zucker vollständig gelöst ist. Unter die Schokolade rühren und darauf achten, daß die Masse dann noch lauwarm ist, weil die anschließend untergerührte Schlagsahne die Mousse stark abkühlt. Das Eiweiß sollte deswegen schon vorher mit dem Zucker zu einem steifen Schnee geschlagen werden; damit dieser unter die Mousse gezogen wird, solange sie noch weich und geschmeidig ist. In eine große Schüssel oder Gläser füllen und im Kühlschrank erstarren lassen, aber möglichst mit Alufolie abgedeckt, denn sie ist empfindlich gegen fremde Gerüche. Mit etwas Schlagsahne oder flüssigem Rahm servieren.

Die Menge ergibt 8 Portionen.

Eine Mousse au chocolat ist auch geschmacklich leicht zu variieren, ohne daß sie ihren zarten Schmelz verliert. Zum Beispiel mit Cognac, Rum oder Likören wie Bénédictine, Cointreau oder einem feinen Kirschwasser. Aber auch Abgeriebenes von Orangen, mit etwas Saft und Zucker eingekocht, ergibt ein ganz feines Aroma und harmoniert bestens mit dem bitteren Geschmack der Schokolade.

Monsieur Piffet, Chef-Patissier im Pariser Intercontinental, meliert gerade, unterstützt von seinem Mitarbeiter, den Schnee unter seine Mousse au chocolat, für die er berühmt ist. Er ersetzt einen Teil der Schokolade durch Kakaopulver und erhält dadurch eine besonders kräftig schmeckende Mousse.

Für die Mousse sollte alles bereitstehen, weil die richtige Temperatur für ein gutes Gelingen wichtig ist. Unter die aufgelöste Schokolade den starken Kaffee rühren, bis sie cremig ist und seidig glänzt. Nun die mit dem Zucker schaumig gerührten Eigelbe unterrühren. Die Masse soll noch lauwarm sein.

Die Schlagsahne mit dem Schneebesen unterrühren. Der Eischnee soll schon fertig geschlagen bereitstehen, weil die Mousse durch die kalte Sahne schnell abkühlt. Deswegen sofort anschließend den steifen Schnee mit einem Kochlöffel vorsichtig unterziehen, damit der Schnee so wenig wie möglich an Volumen verliert.

Baba oder Savarin?

Nach dem Ursprung von Babas oder Savarins oder gar nach deren Unterschieden zu forschen, ist ein müßiges Unterfangen. Die Bezeichnungen wie auch die Rezepte in der internationalen Koch- und Backliteratur wechseln ständig. Die Baba ist russischen Ursprungs und war Bestandteil des üppigen Ostermahles. Ihr Name wird von »Babuschka« (Großmütterchen) abgeleitet, wohl deswegen, weil eben die Babuschkas diese saftigen Napfkuchen zubereitet haben. Wie manch andere russische Spezialität wurde die Baba der klassischen französischen Kochkunst einverleibt und noch verfeinert. Ob dieses traditionelle russische Dessert bei der Erfindung des »Savarins« Pate gestanden hat, ist nicht sicher. Ein mit Zuckersirup getränkter Hefekuchen wurde jedenfalls dem großen Gastrosophen Brillat-Savarin gewidmet und gilt heute als eines der internationalen klassischen Desserts.

Ein Rezept zum Abwandeln

Gemeinsam haben alle Rezepte für Babas und Savarins den Hefeteig, und daß der Kuchen nach dem Backen mit einer aromatisierten süßen Flüssigkeit getränkt wird. Je nach Rezept sind mal viele Eier, mal viel Butter, oft auch Zitronat, Orangeat, Rosinen verarbeitet. Grundsätzlich kann jeder Hefenapfkuchen zur Baba oder zum Savarin umfunktioniert werden.

Das folgende Rezept ist ein gelungener Kompromiß. Der Teig ist feinporig, nimmt gleichmäßig Flüssigkeit auf und ist nach allen Geschmacksrichtungen wandelbar. Und nicht zuletzt: gebackene Savarins eignen sich hervorragend zum Einfrieren.

Hefeteig
für Baba oder Savarin

Pâte à savarin

> 350 g Mehl
> 15 g frische Hefe
> 10 cl lauwarme Milch
> 150 g Butter
> 40 g Zucker
> 1/2 TL Salz
> 1/2 TL abgeriebene Zitronenschale
> 4 Eier

Mehl in eine Schüssel sieben, in die Mitte eine Vertiefung drücken, Hefe einbröckeln und mit der Milch auflösen. Über diesen Hefeansatz Mehl streuen. Schüssel mit einem Tuch bedecken und an einem warmen Ort ca. 15 Minuten gehen lassen. Butter lauwarm zerlassen, Zucker, Gewürze und Eier beifügen und das Ganze mit dem Schneebesen oder Handrührgerät kurz durchrühren. Die Masse soll nicht schaumig werden. Zeigt der Hefeansatz Risse an der Oberfläche, die Eiermischung dazugeben und den Teig, am besten mit der Hand, kräftig schlagen. Er muß sich leicht ausziehen las-

sen, darf also nicht zu fest sein. Nochmals 15 Minuten gehen lassen. Formen mit Butter ausstreichen, mit Mehl überstäuben und dann den Teig bis zur Hälfte der Form einfüllen. Mit einem Tuch bedeckt nochmals gehen lassen, bis sich das Volumen verdoppelt hat (ca. 10-15 Minuten).

Backzeit: große Formen 25-30 Minuten bei 210° C, kleine Förmchen 12-18 Minuten bei 210° C. Die Menge ergibt 2 Savarins von 16 cm Durchmesser oder 30 Portions-Savarins von 9 cm Durchmesser.

Die Portionsförmchen füllen. Zuerst die Förmchen mit Butter ausstreichen, dann mit Mehl überstäuben. Hefeteig in einem Spritzbeutel mit Lochtülle Nr. 14 geben und den Teig einspritzen. Vorsicht, die Förmchen nur bis zur Hälfte füllen, da der Teig noch gehen und sich verdoppeln soll.

Der Sirup und die Glasur

Diese beiden machen aus einem einfachen Hefekuchen erst die beliebte Delikatesse.

Hier ein Beispiel mit Rum:

> 1/2 l Wasser
> 300 g Zucker
> 10 cl brauner Rum (45%)
> 120 g Aprikotur

Wasser und Zucker aufkochen, lauwarm abkühlen lassen, dann den Rum zusetzen. Über eine Schüssel ein Kuchengitter legen und den Savarin darauf setzen. Mit einer Schöpfkelle den Sirup darübergießen, bis der Kuchen vollkommen durchgezogen ist. Wenn nötig, Vorgang mit dem Siruprest aus der Schüssel wiederholen. Portions-Savarins können auch in den Sirup getaucht werden. Vorsichtig herausnehmen, sie brechen leicht. Die Savarins dünn mit heißer Aprikotur bestreichen und gut kühlen. Mit Kompott, Schlagsahne, Konditorcreme u. a. füllen. Sirup und Füllung sollen sich geschmacklich ergänzen. Savarins können auch heiß serviert werden, gefüllt mit warmem Kompott und einer Sabayon. Die Menge ergibt 2 Savarins von 16 cm Durchmesser oder 20-30 Portions-Savarins.

Trauben-Savarin/Savarin aux raisins. Sirup: 1/4 l Wasser, 80 g Zucker, 50 g Bienenhonig, dünn abgeschnittene Schale einer Orange aufkochen. Sirup etwas abkühlen, Orangenschale entfernen, 1 TL Zitronensaft und 4 cl Cognac beifügen. Damit Savarin tränken, dünn aprikotieren. Kompott: 350 g Weintrauben schälen. 1/8 l Wasser, 80 g Zucker und 1/2 Vanilleschote etwas einkochen, Schote entfernen, Trauben dazugeben, einige Minuten weiterkochen. 4 cl Cognac beifügen und abkühlen. Mit 1/8 l leicht gesüßter Schlagsahne in den Savarin füllen und mit Schokoladenröllchen garnieren. Die Menge reicht für einen großen Savarin.

Johannisbeer-Savarin/Savarin aux groseilles. Sirup: 1/4 l Wasser mit 100 g Zucker aufkochen und nur leicht abkühlen lassen. 4 cl weißen Rum beifügen, wieder erhitzen und die möglichst noch warmen Savarins damit tränken; dünn aprikotieren. Kompott: 1/8 l Rotwein, 100 g Zucker und Saft einer Orange aufkochen, darin 350 g frische Johannisbeeren weichdünsten. Nicht zusammenfallen lassen! Heiße Savarins damit füllen und mit Weißwein-Sabayon heiß servieren. Die Menge reicht für 10-15 kleine oder einen großen Savarin.

Preiselbeer-Savarin/Savarin aux airelles rouges. Sirup: 1/4 l Wasser mit 70 g Zucker aufkochen, abkühlen, 5 cl Likör »Tia Maria« zugeben. Savarins damit tränken; dünn aprikotieren. Kompott: 1/4 l Wasser, 140 g Zucker, etwas Zimtrinde, 2 Nelken einige Minuten sprudelnd kochen. Die Flüssigkeit abseihen, Saft einer Orange und 400 g frische Preiselbeeren zugeben. Weiterkochen, bis die Beeren leicht einzuschrumpfen beginnen. Gut gekühlt mit Vanille-Sahne in die Savarins füllen. Die Menge reicht für 15 kleine oder einen großen Savarin.

Pflaumen-Savarin/Savarin aux prunes. Sirup: 1/4 l Wasser, 100 g Zucker, 1 Nelke und ein Stück dünne Zitronenschale aufkochen. Nelke und Schale herausnehmen, 4 cl Slibowitz (Zwetschenwasser) zugeben, Savarins damit tränken; dünn aprikotieren. Kompott: 1/8 l Weißwein, 1/8 l Wasser, 100 g Zucker, 1 EL Bienenhonig aufkochen. 500 g Zwetschen oder Pflaumen blanchieren, Haut abziehen, entsteinen. In der Flüssigkeit weichkochen, 2 cl Slibowitz beifügen. Abgekühlt in die Savarins füllen, mit Sahne und gehackten Pistazien garnieren. Die Menge reicht für 10-15 kleine oder einen großen Savarin.

Brombeer-Savarin/Savarin aux baies de ronce. Sirup: 1/4 l Wasser mit 80 g Zucker aufkochen, abkühlen, 5 cl Cointreau zugeben, Savarins damit tränken. Aprikotur mit Cointreau abschmecken, dünn auftragen. Kompott: 1/4 l Rotwein, Saft einer Orange, ein Stück Zimtrinde, 1/2 Vanilleschote, 100 g Zucker einige Minuten kochen und abseihen. 400 g frische Brombeeren zufügen, die Flüssigkeit zu Sirup einkochen. 2 cl Cointreau dazugeben und alles gut gekühlt in die Savarins füllen. Mit Schlagsahne und gerösteten Mandelblättchen garnieren. Die Menge reicht für 10-15 kleine oder einen großen Savarin.

Mini-Meringues

Petites meringues

Kein echtes Dessert, doch eine hinreißende Nascherei zum Mokka. Mini-Meringues sind unendlich zu variieren, nur zwei Fakten müssen beachtet werden: winzig klein von Gestalt, und nur mit einer passenden Füllung zur süßen Meringue; d. h. die Cremes kräftig, doch nicht süß abschmecken. Gut passen Mokka- und Schokoladencreme, aber nur mit bitterer Konfitüre; Fruchtcremes von Himbeeren und Erdbeeren etc. Letztere müssen mit Zitronensaft nachgesäuert und mit Obstbrand aromatisiert werden. Meringues können vor dem Backen mit Kakaopulver überstäubt oder die Masse selbst mit Pulverkaffee gefärbt werden. Fertig, kann man sie mit bitterer Kuvertüre überziehen oder nur die darauf gespritzte Creme, die im Kühlschrank vorher erstarren muß.

> 150 g Eiweiß (von 5 Eiern)
> 200 g Puderzucker
>
> 4 Eier
> 200 g Zucker
> 1/2 Vanillestange
> 250 g Butter

Eiweiß und Puderzucker warm und kalt schlagen (siehe »Baiser für Dekorationen«), mit Spritzbeutel und Loch- oder Sterntülle die Formen auf das mit Pergamentpapier ausgelegte Blech spritzen. Bei 120° C etwa 3 Stunden backen. Für die Creme Eier mit Zucker im Wasserbad auf 40° C warm und wieder kalt schlagen. Vanilleschote ausschaben, mit dem Mark die Butter schaumig rühren. Langsam die Eiercreme beifügen.

Die Menge ergibt 50 kleine Meringues. Die Buttercreme reicht für die gleiche Menge.

Petits fours

Kleines Feingebäck

Diese kleinen, süßen Frivolitäten sind eigentlich mehr Gebäck als Dessert, aber sie werden sehr oft bei einem Menü so als allerletzter Abschluß gereicht. Zusammen mit einem Mocca sind sie aber auch oft eigenständiger Nachtisch.

> 60 g Mehl
> 3 cl Wasser
> 5 Eigelb
>   abgeriebene Schale
>   von 1/2 Zitrone
> 1 Msp. Salz
> 6 Eiweiß
> 60 g Zucker
> 50 g Speisestärke

Mehl, Wasser und Eigelb mit dem Handrührgerät auf höchster Stufe so lange rühren, bis die Zähigkeit des Teiges sichtlich nachläßt. Zitronenschale und Salz zugeben. Die Eiweiß zu Schnee schlagen, den Zucker langsam einrieseln lassen und zuletzt die Speisestärke mit dem Kochlöffel unter den steifen Schnee ziehen. Von dem Schnee nur einen kleinen Teil kräftig unter die Eigelb-Mehl-Masse rühren, damit diese etwas leichter wird, und den großen Rest dann vorsichtig unterheben, so daß ein standhafter Biskuitteig entsteht. In den Spritzbeutel füllen, die gewünschten Formen auf das Backblech spritzen und schön hellbraun backen. Die Backofentür einen Spalt offen lassen, damit der Dampf abziehen kann. Die Masse ergibt etwa 40-50 Gebäckstücke, also 20-25 Petits fours.

Backzeit: 8-12 Min. bei 190° C.

1 **Den Biskuitteig auf Pergament spritzen.** Das Backblech mit dem Papier auslegen, und die gewünschten Formen mit dem Spritzbeutel und Lochtülle (Nr. 7) aufspritzen. Das sollte recht schnell gehen, weil der Teig relativ schnell zusammenfällt und dann im Ofen auseinanderläuft.

Für die Füllung der Petits fours eignet sich sowohl Buttercreme (siehe nebenstehende Creme bei Mini-Meringues) — sie ist etwas länger haltbar — als auch Konditorcreme. Alle Cremes sollten aber sehr kräftig aromatisiert werden; also mit Schokolade, Kaffee oder Fruchtmark großzügig umgehen, damit die Süße des Fondantüberzuges gemildert wird. Der Fondant selbst verträgt sich gut mit Geschmack von Spirituosen.

1. Füllung : Schokoladencreme mit etwas Rum
   Überzug : Fondant mit einigen Tropfen Limettensaft und Rum aromatisiert
2. Füllung : Creme mit Erdbeermark und einigen Tropfen Zitronensaft
   Überzug : Fondant mit Kirschwasser

3. Füllung : Kaffeecreme
   Überzug : Fondant mit Tia Maria ab-
   geschmeckt
4. Füllung : Zitronencreme
   Überzug : Fondant mit Mandellikör
   (Amaretto)

Die Farbe des Fondantüberzuges kann de-
zent der Füllung angepaßt werden, z. B.
gelb für Zitronenfüllung, oder rot für eine
Erdbeer- oder Kirschcreme. Natürliche
Mittel zum Färben der Glasur gibt es genug, z. B. Safran, löslicher Kaffee, einge-
dickter Kirschsaft etc. Die Garnierung
kann ebenfalls ganz zart aus Fondant gespritzt werden oder besonders filigran aus Schokolade
(Kuvertüre), gekrönt mit Stückchen kandierter Früchte, Pistazien
oder Gold- und Silberdragees.

2 **Die Biskuitschalen aushöhlen,** am besten mit einem spitzen Messer. Die Unterseite etwas abschneiden, damit die
Petits fours einen guten Stand bekommen. Je
zwei mit Creme (leichter Buttercreme oder Konditorcreme) füllen, zusammensetzen und kühlen.

3 **Aprikotieren nennt es der Fachmann,**
wenn vor dem eigentlichen Glasieren
mit Fondant mit dem Pinsel eine dünne
Isolierschicht aus heißer Aprikosenmarmelade
aufgetragen wird. Diese verhindert, daß die
Feuchtigkeit des Fondants in den Biskuit einzie-
hen kann, und die Glasur matt (stumpf) wird.

4 **Mit Fondantglasur überziehen.** Den Fondant im Wasserbad nur ganz leicht
(höchstens 30° C) erwärmen, aromatisieren und eventuell färben. Der Fondant soll eine cremige Konsistenz haben. Die Petits fours
bis zur Unterseite eintauchen und auf ein Gitter
zum Ablaufen setzen.

Palmzucker würzt und süßt

Als »Jaggery« wird er im Englischen bezeichnet und aus einer ganzen Reihe von Palmarten gewonnen. Auch aus der ordinären Kokospalme; aber für Kenner liefert die recht unansehnliche Kithul-Palme den schmackhaftesten Zucker. Sein Aroma ist mit »malzig« nur unzureichend definiert. Aber er ist tatsächlich Zucker und Gewürz zugleich, denn mit seinem ausgeprägten Geschmack drängt er sich in einigen Süßspeisen der Tropen angenehm in den Vordergrund.

Für die Gewinnung wird die Blüte der Palme, die aus vielen hängenden Rispen besteht, angezapft. Um die Sekretion zu beschleunigen, wird am Stiel ein Keil herausgeschnitten, der mit Mixturen aus Kräutern und Gewürzen wie Salz und Chili gefüllt und bandagiert wird. Aus der abgeschnittenen Blüte kann nun täglich bis zu 6 Monate lang der Nektar geerntet werden, der sofort zu »Treacle« (Sirup) eingekocht wird, weil er bei diesem Klima schon nach 3-4 Stunden in Gärung überginge. Eine durchaus erwünschte Eigenschaft, wenn der Nektar zu »Toddy«, einem berauschenden, ganz angenehm schmeckenden Getränk werden soll oder man daraus Arrak brennt. Aber zu Jaggery kann er nur unvergoren verarbeitet werden — sicher ein Grund, warum dieser schmackhafte Zucker nur in Heimarbeit hergestellt wird.

Eine geradezu akrobatische Leistung ist das Einsammeln des Palmnektars. Meist ist eine Gruppe von 10-20 Palmen durch Kokosseile verbunden, die dann als Brücken von Baum zu Baum dienen. Der Sammler leert den Inhalt der unter den Blüten hängenden Gefäße in seine Kalebasse. An einem Seil läßt er dann seine Ernte herunter. Aus einer Palme können pro Tag bis zu 5 Liter abgezapft werden, und das in einem Zeitraum von 6 Monaten jährlich.

Milchig weiß fließt der Nektar aus der Kalebasse. Er wird nun zu »Treacle« gekocht, der ersten Phase für die Herstellung von Palmzucker. 5 Liter Nektar werden nach etwa 4 Stunden Kochzeit auf 1 Liter Sirup (Treacle) reduziert.

Auf offenem Feuer wird der Sirup zu »Jaggery« eingekocht. Das dauert 2-3 Stunden, bis er seine dunkelbraune Farbe und seinen malzigen Geschmack angenommen hat. Abgefüllt wird er in halbe Kokosnußschalen, die etwa 500 g beinhalten.

Vattalappam

Gestürzte Kokosnuß-Creme

Ein erfrischendes, aber üppiges Dessert aus den Tropen, das mit nur geringen Unterschieden in fast ganz Südostasien zubereitet wird. In Sri Lanka ist es aber zur nationalen Spezialität geworden. Obwohl der Palmzucker bei uns meist durch eine Mischung aus braunem Zucker und Sirup ersetzt werden muß, verliert es kaum von seiner hervorragenden Qualiät.

> *300 g frische Kokosnuß (etwa 2 Nüsse) oder getrocknete Kokosraspel*
> *40 cl Milch*
> *180 g Palmzucker (oder 125 g brauner Zucker und 100 g Rübensirup)*
> *6 cl Wasser*
> *4 Eier*
> *1/4 TL gemahlener Kardamom*
> *1/4 TL gemahlener Macis*
> *1 Msp. Nelkenpulver*
> *120 g Cashewkerne*
> *8 Timbaleförmchen, 12 cl Inhalt*

Zuerst die für das Rezept unersetzliche Kokosmilch (nicht zu verwechseln mit dem Wasser in der Kokosnuß) bereiten. Die Nüsse an den »Augen« aufbohren, das Wasser ablaufen lassen und aufbrechen. Die Kopra (das weiße Fruchtfleisch) von der dünnen Haut befreien und raspeln. Mit der Milch aufkochen und auspressen. Den Palmzucker in Stücke schlagen und mit dem Wasser aufkochen, bis er vollständig gelöst ist. Die Eier mit der Kokosmilch verrühren, den Palmzucker zugeben und zuletzt die Gewürze. Die Förmchen leicht ölen. Die Cashewkerne in Scheiben schneiden und darin verteilen. Mit der Masse übergießen. In das Wasserbad setzen und bei 160-170° C 75-80 Minuten garen. Erkalten lassen, kühlen und stürzen.
Die Menge ergibt 8 Portionen.

1 **Die Milch zu den Kokosraspeln gießen** und langsam zum Kochen bringen. Einmal richtig aufwallen lassen und lauwarm abkühlen. Werden getrocknete Kokosraspel verwendet, sollte man die Mischung etwa 1-2 Minuten ganz schwach kochen lassen, weil sie dann mehr Aroma abgeben.

2 **Die Kokosmilch auspressen.** Die aufgekochte Mischung in ein Sieb schütten, das mit einem Leinentuch ausgelegt wurde. Die Flocken damit so trocken wie möglich ausdrücken, indem man das Tuch an den Ecken zusammenfaßt und mit beiden Händen fest zusammendreht.

3 **Die Kokosmilch zu den Eiern gießen** und mit dem Schneebesen verrühren, bis sich die Eier mit der Milch vollständig verbunden haben. Nicht schaumig schlagen, weil die Creme sonst zu porös wird und ungleichmäßig gart. Zum Schluß die Gewürze zu der Eiermasse geben.

4 **Den aufgelösten Palmzucker in die Eiermasse gießen** und verrühren. Er darf dabei nur noch lauwarm sein. Die in Scheibchen geschnittenen Cashewkerne in die leicht geölten Timbaleförmchen streuen, darauf dann die Masse gießen und die Förmchen ins Wasserbad stellen.

5 **Die Kokosnuß und der Palmzucker** (Jaggery) geben dem Vattalappam den unverwechselbaren Geschmack, unterstützt noch durch die exotischen Gewürze. Deshalb sollte man sich auch die Mühe machen und frische Kokosnuß raspeln, weil sie ein ungleich stärkeres Aroma hat. Ist man dennoch auf getrocknete Kokosraspel angewiesen, dann sollte man genau prüfen, ob sie nicht etwa ranzig sind. Die Cashewkerne, die beim Garen nach oben steigen, bilden zusammen mit dem Palmzucker eine leckere Kruste. Deshalb kann man sie auch mit dieser Seite nach oben auf die Teller setzen.

AUS QUARK UND JOGHURT

Schlanke Nachspeisen und traditionelle Rezepte

Ein weißer Seihbeutel hing einstmals vom Frühling an fast immer hinten überm Herd, da wo die Platte auch lau blieb, wenn vorn das Feuer unter den Töpfen bullerte. Unter dem Leinen- oder Mullsack stand die Satte aus Steingut, und von Zeit zu Zeit tropfte ein wäßriger Tropfen aus dem Beutel in die Satte: die Molke rann aus dem Quark, dem Topfen, dem Weiß- oder Klatschkäse, dem Bibeliskäs (weil man ihn auch an die Bibele, die Küken verfütterte).

Schon daß er so viele Namen hat, in jeder deutschen Landschaft andere, aber stets bildhafte, sagt alles über seine Verbreitung und Verwendung. Er war als Produkt der sauer gewordenen Milch, also der Dickmilch, gleichzeitig ein sinnvoll weiterverarbeitetes Abfallprodukt und die fast preiswerteste Eiweißquelle. War darüber hinaus gesund für das (noch) zahnlose Krabbelkind und für den (schon wieder) zahnlosen Großvater, und ein Blick in alle Kochbücher von frühester Zeit an zeigt eine wahre Fülle von Topfenrezepten. Cremes und Aufläufe, Nockerln und Keulchen, Kuchen und Torten, Tascherln und Nudeln, Croquetten und Fettgebackenes, Füllen und Schäume, Kochs und Blätterteige: Quark mischt überall mit, weil man fast alles mit ihm mischen kann.

Er gehört zu den wenigen Grundnahrungsmitteln, denen die Verarbeitung in den industrialisierten Molkereibetrieben wohlgetan hat. Der Topfen im Mullbeutel bekam im Sommer, bei einem jähen Gewitter zum Beispiel, sehr leicht einen Stich und schmeckte dann bitterlich oder schlicht scheußlich. Er war auch insgesamt schwankend in der Qualität. Ob es an den Kühen und ihrem jeweiligen Futter lag oder daran, daß man haarscharf den richtigen Augenblick im Gefühl haben mußte, in dem das Abseihen aufhören und der Topfen als reif erklärt werden konnte: manchmal geriet er bröckelig und manchmal schmolz er schon außen so, wie man es eigentlich nur für den Kochkäse haben wollte. Heute holt man ein ebenmäßig cremiges Meiereiprodukt aus der sorgfältig versiegelten Packung, glatt in der Beschaffenheit, leicht und edel säuerlich im Geschmack, so wartet er nur auf Schneebesen und geriebene Zitronenschale, Eidotter und ähnliches Gutes.

Für gewisse Gebäckarten ist er jedoch zu perfekt und feucht. Wird ein Blätterteig oder ein Stollen aus ihm geknetet, wird er mit Rührteig zu einem Topfengugelhupf gerührt, so muß er zuerst wie einst wieder in einen Sack und Molke lassen, sonst rinnt der betreffende Teig davon. Für alle anderen Speisen ist seine Cremigkeit jedoch ein Vorteil. Er vereinigt sich gehorsam mit Grieß und Mandeln für Aufläufe, mit Semmelbröseln für Nockerln oder mit geriebenen Pellkartoffeln für Teige und Püfferchen.

Der Quark und seine Vettern, die ganze Joghurtfamilie, sind durch die moderne Neigung, beim Kochen auch an die Gesundheit zu denken, wieder in Mode gekommen. Macht nun eine Portion von einem echten Wiener Topfenkoch nicht gerade schlank, schmeckt auch eine Quarkcreme am besten, wenn man Magerquark mit einem Schwupp Obers (Sahne) verquirlt, so kann man Joghurt auch in der magersten, also fettärmsten Form so gut mit Früchten und wenig Zucker kombinieren, daß er das ideale Material für kalorienarme Desserts darstellt. Hinzu kommt, daß gerade Joghurt und Joghurtgerichte in dem Maße bei uns bekannt und beliebt wurden, in dem Touristen an Ort und Stelle kosten und genießen konnten, wie diese Milchprodukte zum Beispiel in der bulgarischen oder indischen, also in der östlichen und fernöstlichen Küche Europas und Asiens verarbeitet werden. Dazu kommen Anregungen aus Mittel- und Nordamerika, wo Joghurt besonders gern mit tropischen Früchten kombiniert und dadurch im Aroma und im Stil der Zubereitung aufgewertet wird. Rechnet man noch die Schaum-Kreationen hinzu, die für die leichte und kulinarisch exquisite Neue Dessert-Küche erfunden und aus diesen internationalen Anregungen entwickelt worden sind, so hat man ein klassisches Beispiel dafür, was aus den einfachsten Zutaten wird, wenn sie klug behandelt werden. Wer einmal eines dieser zarten, erfrischenden Gerichte auf der Zunge hat zerschmelzen lassen, der wird bestätigen: sie gehören auf jeden Dessertwagen und auf jedes süße Büfett.

Joghurt und tropische Früchte ergänzen sich oft ganz besonders gut. Gerade in Indien und Sri Lanka versteht man sich auf solche Desserts, die ideal für das heiße Klima sind. Der Joghurt wird dort in Heimarbeit bereitet oder am Markt gekauft. Die schönen, unglasierten Tonschüsseln sind dabei Einweg-Verpackung, wie bei uns die Plastikbecher.

Cannoli

Gefüllte Schmalzrollen

> 250 g Mehl
> 30 g Zucker, 1 Msp. Salz
> 1 Eigelb
> 50 g Schweineschmalz
> 6 cl Marsala, 6 cl Milch
>
> 500 g Ricotta oder Schichtkäse
> 100 g Zucker
> 1 Eigelb
> 2 cl Amaretto
> 50 g gewürfeltes Zitronat
> 50 g gehackte Belegkirschen

Das Mehl auf eine Arbeitsfläche sieben, in der Mitte eine Vertiefung anbringen und den Zucker, Salz, das Eigelb und das Schweineschmalz hineingeben. Diese Zutaten zuerst etwas verkneten, dann den Marsala und die Milch zugießen und einen glatten, aber weichen Teig kneten. 1/2 Stunde ruhen lassen, eine Rolle formen und in 20 Teile schneiden. Zu Platten von etwa 12 cm ⌀ rollen, diese über Metallröhrchen (Schillerlocken-Formen) legen und mit etwas Eiweiß zusammenkleben. Im Fett bei 170° C hellbraun backen und von den Formen streifen. Den Ricotta oder Quark mit Zucker, Eigelb und Likör schaumig rühren und die gehackten Früchte zugeben. In die Cannoli füllen und mit Puderzucker besieben.

Die Menge ergibt 20 Stück.

Ricotta aus Schafsmilch, ein Frischkäse, der geradezu ideale Eigenschaften für süße Desserts hat, cremig und säurearm. Aber auch mit Quark (besser noch Schichtkäse) kann man die Cannoli füllen. Und die Füllcreme läßt sich beliebig aromatisieren oder mit anderen kandierten Früchten vermischen. Bei Valenti in Palermo, einem Spazialisten für Cannoli, gibt man noch gehackte Schokolade in die Ricottacreme.

Topfenknödel

Quenelles au fromage blanc

> 5 Semmeln vom Vortag
> 200 g Topfen (Quark)
> 20 g Zucker, 1/3 TL Salz
> 120 g Butter
> 1/8 l saure Sahne
> 4 Eier
> 100 g Mehl

Von den Semmeln die Rinde abreiben und in ganz kleine Würfel schneiden. Wie unten beschrieben den Teig zubereiten. Daraus 15 Knödel formen und in kochendes Salzwasser geben. Etwa 12-15 Minuten ganz leicht kochen lassen. Herausnehmen, abtropfen lassen und auf Teller verteilen. Mit Butter-Semmelbröseln und »Zwetschkenröster« servieren.

Pro Portion können 1-3 Knödel gereicht werden.

Die Semmelwürfel mit dem Quark vermengen. Dazu Zucker, Salz und die flüssige Butter geben. Die saure Sahne mit den Eiern verrühren und unter die Topfenmasse ziehen. Zum Schluß das gesiebte Mehl unterheben. Den Teig etwa 1/2 Stunde ziehen lassen, dann daraus kleine Knödel formen.

Die Knödel sofort aufreißen, wenn sie aus dem Sud kommen, dann fallen sie nicht zusammen. Mit »Polonaise«, den buttrigen Semmelbröseln, und Zwetschkenröster servieren. Zwei ganz typisch österreichische Beilagen, die auf den Seiten 148 und 153 im Kapitel »Österreichische Schmankerln« beschrieben sind.

Joghurt und tropische Früchte
Yogourt et fruits tropiques

Daß unsere heimischen Früchte, vor allem das Beerenobst, eine ganz ausgezeichnete Ergänzung zu Joghurt sind, ist inzwischen bekannt. Richtig reife Früchte bedürfen keiner Kunstgriffe, sie sind mit Joghurt vermischt, höchstens etwas gezuckert oder mit einem Löffel Honig gesüßt, ein komplettes Dessert. Die gleiche Methode ist auch mit exotischen Früchten anwendbar und durchaus nicht unsere Erfindung, denn in vielen tropischen Gebieten werden solche Speisen schon seit Jahrhunderten gepflegt. Ganz besonders abwechslungsreich sind die Joghurtdesserts in der indischen Küche, wo Bananen, Mangos, Kokosnüsse und andere Früchte mit Joghurt und Jaggery, dem Palmzucker, gemischt werden.

Woodapplecream:

Diese Joghurtcreme mit Kokosmilch kann man in gleicher Zusammensetzung auch mit vollreifen Mangos oder Tamarillos zubereiten.

- *150 g frisch geraspelte Kokosnuß*
- *15 cl Milch*
- *160 g brauner Zucker*
- *350 g Joghurt*
- *250 g Woodapplecream aus der Konserve, Saft einer Limette*
- *3 Eiweiß, 100 g Zucker*

Aus den Kokosraspeln und Milch (siehe Seite 126) eine Kokosmilch bereiten, aber den Zucker gleich mit aufkochen. Die ausgepreßte Kokosmilch mit dem Joghurt und der Woodapplecream oder anderem Fruchtmark kräftig verrühren und den Limettensaft dazugeben. Gut gekühlt mit Schneeklößchen servieren. Dafür das Eiweiß zu festem Schnee schlagen, den Zucker einrieseln lassen und davon mit einem Löffel Klößchen abstechen. In frischen Kokosraspeln wälzen und im Wasser (es sollte gerade unter dem Siedepunkt gehalten werden) 2-3 Minuten ziehen lassen.

Exoten-Joghurt:

- *175 g Joghurt, 60 g Puderzucker*
- *80 g frisches Guavenpüree*
- *2 EL Limettensaft*
- *2 reife Bananen*
- *2 cl Zitronensaft, 2 cl Rum*

Den Joghurt mit dem Puderzucker verrühren. Das Guavenpüree durch ein Sieb streichen und mit dem Limettensaft unter den Joghurt rühren. Die Bananen in dünne Scheiben schneiden und mit Zitronensaft und Rum 1/2 Stunde marinieren, ablaufen lassen und unter den Joghurt mischen.

Joghurt-Cremes

Crèmes de yogourt

Sie sind eine »schlanke« Alternative zu den Eiercremes und, mit Früchten aromatisiert, ein richtig erfrischendes Sommerdessert. Kühl serviert, sind sie natürlich auch nicht so sättigend; dennoch sind die Portionen nachfolgender Rezepte nicht größer, als bei Desserts üblich. Die Förmchen können zuvor mit einem Geleemantel aus Fruchtsaft ausgegossen werden.

Joghurt-Pfirsich-Dessert:

  90 g Pfirsichmark (1-2 Pfirsiche)
175 g Joghurt
  50 g Puderzucker
       Saft einer halben Limette
       Saft einer halben Orange
   4 Blatt Gelatine
1/8 l geschlagene Sahne
       6 Förmchen von 10-20 cl Inhalt
       Sahne und 6 Baiserblumen

Die Pfirsiche kurz in heißem Wasser blanchieren, die Haut abziehen, halbieren und die Steine entfernen. Im Mixer pürieren. Dieses Mark mit Joghurt und Puderzucker verrühren. Den Limetten- und Orangensaft erhitzen, darin die eingeweichte und ausgedrückte Gelatine auflösen und die noch warme Flüssigkeit unter die Joghurt-Pfirsich-Mischung rühren. Die Sahne steifschlagen und behutsam unterheben. In Timbale- oder Puddingförmchen füllen und im Kühlschrank 2-3 Stunden festwerden lassen. Vor dem Servieren die Förmchen ganz kurz bis zum Rand in heißes Wasser tauchen und auf Teller stürzen. Mit Sahne und Baiserblumen, die mit Kakao besiebt wurden, garnieren. Himbeersauce dazu reichen. Die Menge ergibt 6 Portionen.

Limettencreme mit Früchten:

120 g Zucker
   8 cl Limettensaft
   3 Blatt Gelatine
175 g Joghurt
1/8 l geschlagene Sahne
350 g frische Früchte, kleingeschnitten
       (Ananas, Aprikosen, Himbeeren)
   2 cl Himbeergeist

Den Zucker mit etwa 1/5 des Limettensaftes in einer Kasserolle zu einem hellbraunen Karamel kochen und mit dem restlichen Limettensaft auflösen. Die eingeweichte und ausgedrückte Gelatine in der warmen Mischung lösen, Joghurt zugeben, abkühlen lassen und kurz vor dem Festwerden die geschlagene Sahne unterziehen. Die Früchte in eine Glasschüssel füllen, mit Himbeergeist beträufeln und die Creme daraufgeben. Mit Sahne und Limettenscheiben garnieren. Die Menge ergibt 6 Portionen.

Joghurt-Kirsch-Dessert

Crème de yogourt aux cerises

120 g Süßkirschen
50 g Puderzucker
175 g Joghurt
4 Blatt Gelatine
3 cl Rotwein
2 cl Kirschlikör
1/8 l geschlagene Sahne
6 Förmchen von 12 cl Inhalt

Die gewaschenen Kirschen entsteinen und pürieren, mit dem Zucker und Joghurt verrühren. Die eingeweichte Gelatine ausdrücken, in dem erhitzten Rotwein vollständig auflösen und zusammen mit dem Likör unter die Kirsch-Joghurt-Mischung rühren. Abkühlen lassen und die Schlagsahne unterziehen. Mit Orangensauce servieren. Die Menge ergibt 6 Portionen.

Orangentörtchen

Crème de yogourt à l'orange

2 Orangen, 70 g Zucker
4 Blatt Gelatine
50 g Marzipan-Rohmasse
175 g Joghurt
1/8 l geschlagene Sahne
6 Biskuit- oder Mürbteigböden
6 Orangenscheiben, 6 Kirschen

Den Saft und das Abgeriebene der Orangen mit dem Zucker aufkochen. Die Gelatine darin auflösen und mit dieser Flüssigkeit die Marzipan-Rohmasse schaumig rühren. Den Joghurt unterrühren und abkühlen lassen. Die Schlagsahne unterziehen und in Ringe oder Förmchen von etwa 8 cm Durchmesser füllen. Auf die Böden setzen und mit Orangenscheibe und Kirsche belegen. Die Menge ergibt 6 Portionen.

Joghurt-Erdbeer-Dessert

Crème de yogourt aux fraises

120 g Erdbeeren
2 cl Orangensaft
60 g Zucker
4 Blatt Gelatine
175 g Joghurt
2 cl Rum
1/8 l geschlagene Sahne
6 Erdbeeren, 6 Förmchen

Die Erdbeeren pürieren, mit Orangensaft und Zucker aufkochen. Die eingeweichte, gut ausgedrückte Gelatine darin auflösen. Abkühlen lassen, Joghurt und Rum unterrühren und die Schlagsahne unterziehen. Die Förmchen eventuell mit Gelee ausgießen, je 2 halbe Erdbeeren einlegen und füllen. Mit frischem Aprikosenpüree servieren. Die Menge ergibt 6 Portionen.

133

Frischkäsecreme mit Obst

Fromage blanc aux fruits

Eine ideale Kombination für erfrischende, sommerliche Desserts. Eine luftige Grundcreme kann mit verschiedenen Fruchtpürees verrührt werden oder, nur mit Fruchtsaft oder Likören angereichert, wird sie mit Kompott oder frischen Früchten serviert, in Glasschälchen oder aber in eßbaren Behältnissen wie Schokoladentorteletts (Seite 84). Auch können zwischen Baiserböden Ringe von Käsecreme gespritzt werden, und die Mitte wird mit Früchten aufgefüllt.

Für die Käsecreme:

200 g Frischkäse
75 g Puderzucker
Saft von 2 Limetten
50 g geschlagene Sahne

Den Frischkäse mit dem Zucker und dem Limettensaft schaumig rühren. Die steifgeschlagene Sahne unterziehen. Die Käsecreme in einen Spritzbeutel mit Lochtülle Nr. 10 füllen und damit Ringe auf Teller, Schokoladentorteletts oder auf Baiserböden spritzen. Mit marinierten, frischen Früchten oder Kompott füllen.

Füllung mit Weintrauben:

80 g Zucker
4 cl Weißwein
1 cl Cognac
120 g geschälte Weintrauben
50 g frische Johannisbeeren

Den Zucker mit dem Wein etwas einkochen, den Cognac zugeben und die Trauben und Johannisbeeren darin 4-5 Minuten ziehen lassen. Kalt einfüllen.

Füllung mit Heidelbeeren:

10 cl Läuterzucker (20°)
2 cl Rum
150 g frische Heidelbeeren

Den Läuterzucker aufkochen, den Rum zugeben und die Heidelbeeren darin 3-4 Minuten ziehen lassen. Kalt einfüllen und mit gerösteten, gehobelten Mandeln bestreuen.
Die Menge ergibt 4-6 Portionen.

Käseschaum mit Walderdbeeren/Mousse au fromage blanc aux fraises de bois. 200 g körnigen Frischkäse in eine Schüssel geben. 150 g reife Walderdbeeren verlesen und über den Frischkäse geben. Mit 40 g Puderzucker besieben und mit 2 cl Cointreau beträufeln. Zugedeckt mindestens eine halbe Stunde im Kühlschrank durchziehen lassen. 2 Blatt eingeweichte und wieder ausgedrückte Gelatine in je 2 cl heißem Zitronen-und Orangensaft auflösen. Warm unter die Frischkäsemischung rühren. 1/8 l Sahne steifschlagen und darunterziehen. Auf Tellern verteilen, mit einigen Walderdbeeren bestreuen und mit je 1 Baiserrosette und etwas Schokoladensauce servieren. Für 6 Portionen.

Käse-Blintzen/Passover cheese blintzes. Einen Teig aus 100 g Mehl, 2 Eiern, 10 cl Wasser, 10 cl Milch, 1 Msp. Salz und EL flüssiger Butter rühren. Er sollte 15 Minuten ruhen. Daraus dann nach der Methode von Seite 163 in Butter dünne Pfannkuchen von etwa 15 cm Durchmesser backen. 400 g körnigen Frischkäse mit 1 Eigelb, 1 Msp. Salz, 40 g Zucker und 1 Msp. Zimt vermischen. Auf jeden Pfannkuchen einen Streifen Frischkäse geben und sie dann zusammenlegen. Butter in der Pfanne schmelzen und die Blintzen von beiden Seiten braten, bis der Käse leicht geschmolzen ist. Mit Preiselbeerkompott servieren. Die Menge ergibt 12 Blintzen.

Frischkäse-Fruchtsalat/Fromage blanc à la salade de fruits. 80 g Preiselbeeren, 80 g Himbeeren und 6 cl Orangensaft mit 60 g Zucker aufkochen und 5-6 Minuten einkochen. Diese Mischung durch ein feines Sieb passieren und mit 2 cl Cognac verrühren. Erkalten lassen. 1 Ogenmelone (etwa 450 g) und 3 Kiwis schälen und in Scheiben schneiden. Auf Tellern anrichten. 200 g körnigen Frischkäse mit 30 g Puderzucker verrühren und über den Früchten verteilen. Die Teller bis zum Servieren gut kühlen, dann die Fruchtsauce darübergießen und mit geviertelten Walnüssen bestreuen. Für 6 Portionen.

Erdbeer-Käsecreme/Fromage blanc aux fraises. 150 g Erdbeeren im Mixgerät pürieren, durch ein feines Sieb streichen und mit 60 g Zucker und 3 cl Limettensaft kurz aufkochen. 2 Blatt Gelatine in kaltem Wasser einweichen, ausdrücken und in dem heißen Erdbeersaft auflösen. 1 cl braunen Rum zusetzen und etwas abkühlen lassen. 125 g Frischkäse verrühren und die Erdbeermischung langsam zugeben. 1/8 l Sahne steifschlagen und unterziehen. Mit Spritzbeutel und Sterntülle in Körbchen aus Hippenmasse füllen, mit Erdbeeren und Limettenscheiben garnieren und mit Schokoladen-Rumsauce servieren. Für etwa 6 Portionen.

SOUFFLÉS UND AUFLÄUFE

Luftig und locker

Das Soufflé, der Schaumauflauf, hat seit dem Höhepunkt der bürgerlichen Küche, um die Jahrhundertwende einen ähnlichen Wandel und damit eine Banalisierung erlebt wie der warme Pudding. Mag bei ihm auch der unbewußte Wunsch nach leichteren — nicht nur leichter zuzubereitenden — Speisen zur Arbeit mit ganz anderen Zutaten und Garmethoden geführt haben, so ist beim Soufflé offenbar dem einzigen, allerdings nervenzerfetzenden Risiko nachgegeben worden. Denn bcim Soufflé ging es um die bange Frage: geht der eischneereiche Teig tatsächlich auf wie eine süße Wolke, die sich über den Horizont der Schüssel hebt? Und bleibt sie schweben, oder sinkt sie, von einem flüchtigen kühlen Windzug zerblasen, mit einem Seufzer in sich, in den Abgrund ihrer zuckerausgestreuten Form zusammen? Ein Soufflé ist, wie Escoffier in seiner Guide culinaire bemerkt, ein Auflauf und gehört zu den Entremets chauds, also zu den warmen Süßspeisen, die zur Küche gehören. In Bezug auf die Zubereitung stellt er lapidar fest: »Es gibt zwei Sorten von Soufflé-Massen, und zwar: Erstens diejenigen mit Creme, welche nach der Regel für alle Soufflés verwendet werden können; zweitens diejenigen mit Püree von Früchten als Grundlage, welche es ermöglichen, ein frischeres Parfüm zu erhalten, also sich in die Creme aufnehmen läßt.« Im Larousse Gastronomique wird ebenfalls auf diese beiden Basis-Teige hingewiesen, doch dann kommt die erste leise Warnung: ein Soufflé muß in einem »moderaten Ofen« gebacken werden, damit die Hitze unverzüglich ins Zentrum der Soufflé-Masse dringen kann. Und dann kommt, kursiv gedruckt, die Hauptsache: »Ist das Soufflé gar und glasiert, so muß es sofort aufgetragen werden.« Wer bei diesen Worten nicht zittert, hat zumindest noch nie an einem der Holz- oder Kohlenherde gekocht, die damals in allen Küchen standen, herrlich und beeindruckend heute, wahre Altäre der Kochkunst, aber launisch wie eine alte Familientante. Ihnen die rechte sanfte, ja zarte Glut für etwas so Fragiles wie ein Soufflé abzuschmeicheln, bei der das Eiweiß nicht sofort durch einen Hitzeschock außen fest wurde, so daß es das Innere wie einen Panzer umschloß und am Auflaufen hinderte, bei der die Schaumbläschen aber auch nicht gleich zerplatzen durften, weil keine rechte Hitze sie festhielt — ach, das war die wahre Kunst, zu der ja immer das Glück des rechten historischen Augenblicks gehört. War er verpaßt, so war alles verloren. Kein Wunder, daß die praktische Henriette Davidis schon einen Brat- und Backapparat Lukullus anpries, in dem »Aufläufe tadellos werden«, weil er »gerade die richtige Verteilung von Ober- und Unterhitze zeigt.« Es ist weiter kein Wunder, daß in ihrem Kochbuch »Für die gewöhnliche und feinere Küche« keine rechte Unterscheidung mehr gemacht wird zwischen dem eigentlichen Soufflé gleich Auflauf, das, wie das deutsche Wort trefflich angibt, auflaufen, also emporsteigen soll, und dem Auflauf, der eigentlich nur ein in der Auflaufschüssel offen gebackener Pudding- oder Biskuitteig ist oder ein Gratin: es wird etwas mit einer Eiermilch oder Eiersahne begossen und so lange gebacken, bis diese gestockt ist. Da läuft kaum etwas auf, infolgedessen kann auch nichts zusammenfallen, und wenn auch das »Ahhh« der Gäste beim Auftragen eines stolz geblähten Soufflés fehlt, so fehlen auch die hektisch geröteten Wangen der tüchtigen Hausfrau. So hat auch Seelenruhe bei Tisch ihren Preis. Ohne Aufregung lassen sich nur die kalten Soufflés herstellen und servieren, die im Larousse korrekter als Mousse oder Mousseline erscheinen. Da werden Fruchtpürees oder Sahnecremes, im Wasserbad dick geschlagen oder kalt schaumig gerührt, mit aufgelöster Gelatine gefestigt und — halb erstarrt — mit Eischaum oder Schlagsahne in jene goldenen, rosigen oder schneeigen Wolken verwandelt, die zart bleiben und dennoch nicht zusammensinken können. Sie müssen zudem nicht im letzten Moment in den Ofen geschoben und von Stoßgebeten begleitet werden, sie können im Gegenteil am Tag vorher zubereitet und im Kühlen aufbewahrt werden, und sie zerschmelzen schließlich wirklich wie ein Soufflé, ein Hauch, auf der Zunge.

Das Zitronen-Soufflé: Es wird nach dem Grundrezept der beiden folgenden Seiten zubereitet. Es werden nur 20 cl Milch (natürlich ohne Vanille) aufgekocht. Nachdem sie mit der Mehl-Buttermischung aufgekocht wurde, werden 5 cl Zitronensaft, die abgeriebene Schale von einer Zitrone und 2 cl Zitronenlikör untergerührt. Das Soufflé wird dann wie im Grundrezept vollendet und mit Puderzucker besiebt serviert.

137

Vanille-Soufflé

Soufflé à la vanille

Ins Deutsche übersetzt müßte es eigentlich Auflauf heißen, vom französischen »souffler = blasen, aufblasen«, aber das wird dem, was man bei uns unter Auflauf versteht, nicht ganz gerecht. Bei einem Soufflé erwartet man etwas, das noch luftiger und lockerer ist, als ein Auflauf. Und weil eben diese Soufflés so empfindlich zart sind, vermutet man auch allerhand Schwierigkeiten. Ganz zu Unrecht, weil ein solides Grundrezept bei Beachtung der Regeln absolut praktikabel ist und darüber hinaus eine ganze Menge von geschmacklichen Kombinationen zuläßt. Gleichgültig, ob das Soufflé im Wasserbad (im Ofen) gegart, oder regelrecht gebacken wird. Es ist nicht schwieriger, als viele andere Desserts, vorausgesetzt, man respektiert die Grundregeln. Milch, Eigelb und Gewürz wird gebunden mit Mehl oder Speisestärke (oder auch beides kombiniert), und das Eiweiß in Verbindung mit Zucker (Schnee) lockert und stabilisiert das Ganze. Da können Alkoholikas oder Fruchtauszüge zugesetzt werden, prinzipiell ändert sich nichts. Wie bei anderen Grundrezepten für Desserts ist das Vanille-Soufflé am besten geeignet für Variationen, weil dieser zarte Geschmack selten stört und außerdem ohne Schwierigkeiten die Vanille durch ein anderes Aroma ersetzt werden kann.

Das folgende Rezept ist ein Kompromiß aus der Summe der Erfahrungen. Vielleicht nicht das »luftigste«, aber gewiß ein »erprobtes«, das zu einem guten Ergebnis führt.

        1/4 l Milch
        1/2 Vanilleschote
         50 g Butter
         50 g Mehl
          1 Eiweiß
          4 Eigelb
         70 g Zucker
          4 Eiweiß
            Eine Soufflé-Form von 18 cm ⌀
            und 1,3 l Inhalt
            Butter zum Ausstreichen
            Zucker zum Ausstreuen
            Puderzucker zum Besieben

Die nebenstehende illustrierte Arbeitsfolge erklärt im Einzelnen den Vorgang und zeigt die nötigen Gerätschaften, die aber sicher in jedem Haushalt vorhanden sind. Ausgenommen vielleicht die Form, und die ist kaum zu entbehren. Diese typische Soufflé-Form aus Steingut, Porzellan oder hitzebeständigem Glas, außen meist gerippt, muß unbedingt einen glatten, absolut senkrechten Rand haben, damit das Soufflé beim Garen gleichmäßig hochziehen kann.

1 **Die Soufflé-Form vorbereiten.** Sie wird mit flüssiger, fast kalter Butter gleichmäßig dünn ausgestrichen. Zucker hineinstreuen und die Form mit beiden Händen drehen, bis er Rand und Boden lückenlos bedeckt. Den restlichen Zucker wieder aus der Form schütten.

2 **Die Milch aufkochen.** Sie wird abgemessen und in eine Kasserolle geschüttet. Die Vanilleschote längs durchschneiden, in die Milch geben und einmal aufkochen. Die Vanilleschote wieder herausnehmen und das noch anhaftende Mark in die Milch zurückstreifen.

6 **Die Eigelbe zugeben.** Die Soufflé-Masse in eine Schüssel umfüllen und etwas abkühlen lassen, bis sie nur noch lauwarm ist. Die Eigelbe eines nach dem anderen zugeben und die Masse mit dem Schneebesen so lange weiterrühren, bis sie wieder glatt und cremig ist.

7 **Den Zucker zum Eiweiß schütten.** Entgegen der Regel beim Schlagen von Eischnee wird bei diesem Rezept die gesamte Zuckermenge auf einmal in das Eiweiß geschüttet. Das ergibt zwar nicht so viel Volumen, der Schnee wird aber fester und widerstandsfähiger.

10 **Die Soufflé-Masse einfüllen** bis etwa 1 cm unter den Rand der Form und möglichst nicht höher. Diese in das Wasserbad mit einer Temperatur von 80° C stellen. Der Wasserspiegel sollte bis mindestens zur halben Höhe der Form reichen. Bei 200° C etwa 40 Minuten garen.

11 **Mit Puderzucker besieben,** sobald es aus dem Ofen kommt und sofort servieren. Auch das perfekteste Soufflé fällt mehr oder weniger schnell zusammen, doch sollte es auch nach längerer Zeit noch so hoch sein, wie es eingefüllt wurde. Ein Zeichen, daß es auch tatsächlich gar ist.

3 **Mit der Mehlbutter binden.** Die weiche Butter mit dem Mehl zusammenwirken, zu einer Rolle formen und in kleine Portionen teilen. Nacheinander in die kochende Milch rühren, bis das Mehl die Flüssigkeit vollständig zu einer homogenen Masse gebunden hat.

4 **Das Eiweiß unterrühren.** Das Feuer abschalten und das Eiweiß unter die noch heiße Masse rühren. Dieses ungeschlagene Eiweiß stabilisiert das Soufflé zusätzlich durch leichtes Gerinnen. Es bleibt dadurch auch nach dem Garen besonders saftig und fällt nicht so leicht zusammen.

5 **Die Soufflé-Masse glattrühren.** Damit sich das Eiweiß vollständig verteilt, soll die Masse schnell und kräftig gerührt werden. Dabei darauf achten, daß die am Rand haftende Masse immer wieder untergerührt wird, um die Bildung von Klümpchen zu vermeiden.

8 **Ein steifer, aber trotzdem cremiger Eischnee.** Wird er mit dem elektrischen Handrührgerät geschlagen, dann sollte mit geringer Drehzahl begonnen werden. Sie kann dann mit zunehmender Festigkeit des Schnees gesteigert werden. Zum Schluß nochmals mit dem Schneebesen durchrühren.

12 **Luftig und locker unter brauner Kruste** soll sich das Soufflé präsentieren, wenn es mit einem scharfkantigen Löffel angestochen wird. Zusammen mit einer fruchtigen Sauce ist es eines der leichtesten Desserts und ungemein variabel in der Kombination der Zutaten.

9 **Den Eischnee unter die Soufflé-Masse melieren,** so nennt es der Fachmann, vom französischen »mêler« = mischen, vermengen. Zuerst etwa 1/4 des Eischnees mit dem Schneebesen unterrühren, damit die Masse leichter wird und dadurch aufnahmefähiger für den übrigen Schnee. Diesen dann behutsam mit dem Kochlöffel darunterheben. Dabei wirkt sich die geschmeidige Konsistenz des Eischnees günstig aus, weil er sich besonders leicht und schnell mit der Soufflé-Masse verbindet und somit auch nicht zusammenfallen kann.

Haselnuß-Soufflé

Soufflé aux avelines

      1/4 l Milch
      1/4 Vanilleschote
        1 Msp. gemahlener Zimt
       50 g Butter
       50 g Mehl
        1 Eiweiß
        4 Eigelb
       80 g geröstete, geriebene Haselnüsse
       70 g Zucker
        4 Eiweiß
          8 kleine Soufflé-Förmchen
          Butter zum Ausstreichen
          Zucker zum Ausstreuen
        2 EL Nußkrokant
          oder gehackte Nüsse
          Puderzucker zum Besieben

Das Soufflé wird nach dem Grundrezept von S. 138/139 zubereitet. Bevor der Eischnee untergezogen wird, sollen die geriebenen Haselnüsse untergerührt werden. Die Masse wird in die vorbereiteten Förmchen gefüllt und bei 200° C etwa 20 Minuten im Wasserbad gebacken.

Die Menge ergibt 8 Portionen.

Ein Tip: Mit einer Rouladennadel oder einem dünnen Messer kann man wie beim Biskuit prüfen, ob das Soufflé gar ist. Bleibt beim Herausziehen nichts mehr an der Nadel haften, ist das Soufflé durchgebacken.

Soufflé mit Früchten

Soufflé aux fruits

       22 cl Milch
      1/2 Vanilleschote
       50 g Butter
       50 g Mehl
        1 Eiweiß
        3 cl Grand Marnier
        4 Eigelb
       70 g Zucker
        4 Eiweiß
          8-10 kleine Soufflé-Förmchen
          Butter zum Ausstreichen
          Zucker zum Ausstreuen
        4 Löffelbiskuits
      100 g kandierte, gehackte Früchte
        3 cl Grand Marnier
          Puderzucker zum Besieben

Die Masse wird wie im Grundrezept erklärt zubereitet und der Likör vor den Eigelben untergerührt. Die Förmchen werden mit den zerbrochenen Biskuits und den kandierten Früchten ausgelegt und mit dem Grand Marnier beträufelt. Darüber kommt die fertige Soufflé-Masse. Im Wasserbad bei 200° C etwa 20-25 Minuten garen.

Die Menge ergibt 8-10 Portionen.

Schokoladen-Soufflé

Soufflé au chocolat

       80 g Schokolade (Kuvertüre)
       20 g Kakaopulver
      1/4 l Milch
       50 g Butter
       50 g Mehl
        1 Eiweiß
        4 Eigelb
       70 g Zucker
        4 Eiweiß
          8-10 kleine Soufflé-Förmchen
          (oder eine große Form von
          18 cm ∅)
          Butter zum Ausstreichen
          Zucker zum Ausstreuen
     8-10 Löffelbiskuits
        2 cl Bénédictine
        2 cl Läuterzucker (20°)
          Puderzucker zum Besieben

Die Schokolade wird kleingeschnitten und mit dem Kakaopulver in der Milch aufgekocht. Die Masse wird dann genauso wie im Grundrezept beschrieben zubereitet. Die vorbereiteten Förmchen werden mit den zerbrochenen Biskuits ausgelegt und mit der Likör-Läuterzuckermischung getränkt. Darüber kommt die Schokoladenmasse. Backzeit im Wasserbad etwa 20 Minuten bei 200° C.

Die Menge ergibt 8-10 Portionen.

Soufflé »Cointreau«

Soufflé au Cointreau

Ein Rezept von Jean-Paul Piffet, das Stärkebindung in Form von »Crème pâtissière« und zusätzlich Mehl in sich vereinigt. Es ist ein Soufflé, das nicht im Wasserbad gegart, sondern regelrecht gebacken wird und von ganz besonderer Luftigkeit ist.

> *Eine Soufflé-Form von 18 cm ⌀ und 1,3 l Inhalt*
> *Butter zum Ausstreichen*
> *Mehl zum Ausstreuen*
> *8 Löffelbiskuits*
> *3 cl Cointreau*
> *3 cl Zuckersirup 20° (Läuterzucker)*
>
> *1/4 l Milch*
> *1/2 Vanilleschote*
> *25 g Speisestärke*
> *50 g Zucker*
> *1 Msp. Salz*
> *2 Eigelb*
>
> *4 Eigelb*
> *25 g Mehl*
> *3 cl Cointreau*
> *4 Eiweiß*
> *50 g Zucker*

Die Form mit der flüssigen Butter ausstreichen und mehlen. Die Löffelbiskuits einlegen und mit der Cointreau-Läuterzuckermischung tränken. Zuerst die Creme pâtissière bereiten; dafür wie üblich die Milch mit der Vanilleschote aufkochen. Die Speisestärke mit etwas Milch, dem Zucker, Salz und Eigelb verrühren und damit die Milch binden. Die Creme etwas abkühlen lassen und die Eigelbe nacheinander unterrühren, dann das gesiebte Mehl. Es muß kräftig verrührt werden, damit keine Klümpchen in der Creme verbleiben. Diese Mischung nochmals unter ständigem Rühren aufkochen, bis das Mehl vollständig bindet. Vom Feuer nehmen und den Cointreau unterrühren. Die Masse abkühlen lassen. Das Eiweiß zu Schnee schlagen und den Zucker langsam einrieseln lassen. Von dem Schnee zunächst 1/3 mit dem Schneebesen unterrühren und den Rest mit dem Kochlöffel vorsichtig unterziehen. In die vorbereitete Form füllen und bei 200° C 25 Minuten backen. Wenn nötig, die Oberfläche mit Alufolie abdecken.

Die Menge ergibt 4 Portionen.

1 **Unter die Crème pâtissière die Eigelbe rühren,** möglichst eines nach dem anderen, und anschließend das gesiebte Mehl. Diese Mischung aufkochen und dabei ständig rühren, bis das Mehl die Creme bindet. Cointreau zugeben und rühren, bis die Masse wieder vollständig glatt ist.

2 **Die Soufflé-Masse einfüllen.** Der Boden der Form wurde mit den Löffelbiskuits ausgelegt, die mit der Cointreau-Läuterzuckermischung getränkt wurden. Darauf kommt die Soufflé-Masse. Die Oberfläche wird mit einem Teigschaber glattgestrichen oder mit einem Garnierkamm gerieft.

3 **Eine Soufflé-Methode mit Erfolgsgarantie,** vorausgesetzt, man beachtet die Regeln. Die Kombination von Crème pâtissière (Konditorcreme) und zusätzlicher Mehlbindung macht dieses Rezept besonders sicher. Dabei ist es aber außerordentlich locker und luftig und hält relativ lang seine Form. Es ist auch recht variabel, so kann es z. B. ebenso mit Bénédictine-Likör oder anderen Alkoholikas bereitet werden. Ganz vorzüglich schmeckt es, wenn zu den getränkten Löffelbiskuits noch Kompott- oder kandierte Früchte eingelegt werden.

SOUFFLÉS UND AUFLÄUFE

Schwarzweiß-Soufflé

Soufflé blanc et noir

> 50 g Schokolade (Kuvertüre)
>   Rezept Vanille-Soufflé, S. 138
> 6 Löffelbiskuits
> 2 cl brauner Rum
> 2 cl Läuterzucker (20°)
>   Eine Soufflé-Form von 18 cm ∅

Die Schokolade im Wasserbad schmelzen. Nachdem unter das Vanille-Soufflé das ungeschlagene Eiweiß gerührt wurde, wird unter eine Hälfte die warme, flüssige Schokolade gezogen. Eigelb und Eischnee halbieren und mit beiden Massen vereinigen. Die Form mit den Biskuits auslegen und mit Rum-Läuterzucker beträufeln. Die Massen einfüllen. Backzeit im Wasserbad etwa 40 Minuten bei 200° C.

Die Menge ergibt 6-8 Portionen.

Honigkuchen-Auflauf

Soufflé au pain d'épais

> 110 g Butter
> 50 g Zucker
>   6 Eigelb
> 110 g Honigkuchen
> 50 g Kuchenbrösel
>   1 Msp. gemahlener Zimt
>   1 Msp. Nelkenpulver
> 25 g Zitronat
> 25 g Orangeat
> 50 g Korinthen
>   Abgeriebenes einer halben Zitrone
>   6 Eiweiß
> 65 g Zucker
>   6-8 Auflaufförmchen von 8 cm ∅
>   Butter zum Ausstreichen
>   Zucker zum Ausstreuen

Die Auflaufförmchen mit der Butter ausstreichen und am inneren Rand mit Zucker bestreuen. Die Butter mit dem Zucker schaumig schlagen und nach und nach die Eigelbe zugeben. Den Honigkuchen feinreiben, die Hälfte davon mit der halben Menge der Kuchenbrösel zu der Butter-Eigelbmasse geben und gut unterrühren, dann die Gewürze, Zironat, Orangeat, Korinthen und die abgeriebene Zitronenschale zugeben. Das Eiweiß zu Schnee schlagen, dabei den Zucker langsam einrieseln lassen und mit dem Rest des gemahlenen Honigkuchens und der Kuchenbrösel vorsichtig unter die Masse heben. Die fertige Honigkuchenmasse mit einem Spritzbeutel mit großer Lochtülle in die Förmchen füllen und die Oberfläche glattstreichen. Im Wasserbad bei 180° C 25-30 Minuten backen.

Die Menge ergibt 6-8 Portionen.

1 **Zuerst die Schokoladenmasse in die vorbereitete Form füllen.** Mit einem Teigschaber glattstreichen, ohne an den Rand zu kommen. Darauf die zweite Schicht, die Vanillemasse, füllen und gleichmäßig verteilen. Die Oberfläche mit dem Teigschaber sorgfältig glätten.

2 **In einer gläsernen Form sieht es besonders hübsch aus,** und die beiden Schichten heben sich gut voneinander ab. Das Soufflé harmoniert besonders gut mit einer Schokoladensauce, die mit Rum oder Cognac parfümiert wurde, oder Püree von frischen Walderdbeeren.

Ein luftiger Auflauf (oder auch Soufflé), der gestürzt oder in Förmchen serviert werden kann und ebenso in einer großen Form (18 cm Durchmesser) machbar ist. Dazu paßt vorzüglich eine Rotweinsauce: 1/4 l leichter Rotwein wird mit 150 g pürierten und passierten Himbeeren, 80 g Zucker und einem Stück Zimtstange aufgekocht. Etwa 2 Minuten kochen, dann die Zimtstange herausnehmen und die Sauce mit 20 g Kartoffelmehl binden. Sie kann heiß oder kalt zu dem Auflauf gereicht werden und erhält noch eine ganz pikante Note durch 2 cl Himbeergeist, der nach dem Kochen zugesetzt wird.

Clafoutis

Ob man ihn nun als Auflauf oder Torte bezeichnet, jedenfalls ist er ein ganz typisch ländliches Gericht, das in seiner Einfachheit beweist, daß nur beste Zutaten — in diesem Fall frische, reife Früchte — den Erfolg ausmachen. Clafoutis stammt vermutlich aus dem Limousin, ist aber in ganz Frankreich beliebt, wenn die süßen, schwarzen Kirschen reif sind. Sie sind die begehrteste Obstsorte für dieses Dessert. Aber auch die späten Pflaumen, die Reineclauden aus der Gegend um Bordeaux, Mirabellen und im Winter sogar Äpfel eignen sich dafür bestens. Der Teig ist meist ein ganz einfacher Biskuit, der aber auch mit Eischnee aufgelockert werden kann. Ebenso ist es mit zusätzlicher Würzung; sie kann den Früchten angepaßt werden, und da helfen natürlich die entsprechenden »Geiste« weiter. Bei Kirschen ist es ein Gläschen Kirschwasser, bei Äpfeln ein guter Calvados usw. Aber diese Raffinessen machen noch keinen guten Clafoutis, sondern einzig und allein die frischen, reifen Früchte der Saison.

Clafoutis mit Kirschen

Clafoutis aux cerises

        4 Eier
       80 g Zucker
        1 Vanilleschote
        1 Msp. Salz
        1 cl brauner Rum
      140 g Mehl
       38 cl Milch
      500 g entsteinte Kirschen
            Eine Auflaufform von
            32 cm Länge
            Butter zum Ausstreichen
            der Form
            Puderzucker zum Besieben

Die Eier mit dem Zucker schaumig rühren. Das Mark der Vanilleschote, das Salz und den Rum dazugeben. Dann das Mehl und zuletzt die Milch mit dem Schneebesen unterrühren.

Die Auflaufform mit der weichen Butter ausstreichen, etwa 1/3 des Teiges einfüllen und darauf die entsteinten Kirschen geben. Den übrigen Teig darübergießen. Bei etwa 180° C 40-45 Minuten backen. Zur Sicherheit aber, wie bei einer Biskuitmasse, mit einem Holzstäbchen prüfen, ob noch Teig daran hängenbleibt. Sofort mit Puderzucker besieben und heiß servieren.

Die Menge ergibt etwa 8 Portionen.

ÖSTERREICHISCHE SCHMANKERLN

Berühmte warme Mehlspeisen

Alle Gerichte, die in österreichischen Kochbüchern stehen oder in Familien überliefert werden, stammen von weither, aus allen Städten und Gauen der ehemaligen k. und k. Monarchie. Und wenn schon die fremdländische Herkunft der Zutaten im österreichischen Wort dafür aufbewahrt wird, so daß zum Beispiel Johannisbeeren in Österreich Ribisel nach den Ribes aus Italien heißen, so klingt das Register der Mehlspeisen, wie man die üblichen Nachspeisen gern bezeichnet, wie ein Volkslied aus Böhmen, Ungarn oder der Slowakei: Liwanzen und Pogatscherln, Dukatenbuchteln und Poganzen, Potizen und Kolatschen, Wuchteln, Beugel und Muskatzin- Koch, von den Polsterzipferln, Maulkörben, Hasenöhrln, Wespennestern, Schlosserjungen, Hobelspänen und gebackenen Mäusen ganz zu schweigen: Spottverse aus der Kinderstube. Und aus Bauernkuchen stammt auch vieles, wird mit dem gerührt und gekocht und geschmälzt, was es auf den Höfen in der Donautiefebene, neben den Weingärten und in den Bergen gab. Einfache Kost, Mehl halt und Obers (das, was sich zu oberst auf der Milch absetzt: Rahm oder Sahne), Eier, Schmalz und sehr süße, voll ausgereifte Früchte vom Apfel- und Marillenbaum. Rosinen und Zucker, das war schon Reichtum, beim Krämer gekauft. Aber weißer und roter Wein gehörte zu den gewöhnlichen Zutaten, denn er wuchs bei der Hand. In einem jahrhunderte-langsamen Prozeß fügte sich das alles zusammen. Der italienische Bodino, der gekochte Pudding, wurde ein Dunstkoch. Das spanische Gewürzgebäck aus Karls des Fünften Zeiten machte die einheimischen Kletzenbrote feiner und reicher. Der ungarische Palatschinken blieb, was er war: ein Pfannkuchen. Er bekam nur einen ehrwürdigen Vetter, den Kaiserschmarren, reicher im Teig, der oft so viel Butter und Zucker wie ein Biskuit enthält und im Haushalt auf dem Herd gebacken und nach dem ersten Stocken des Teiges mit zwei Rösterschaufeln zerrissen und immer wieder gewendet wird, damit er sich beim Braten schön satt und voll Butter saugen kann. Zum Schluß wird er mit Staubzucker bestreut.

Mehlspeisen also, ehemalige bäuerliche Hauptgerichte, oft auch Fastenspeisen, keine kleinen Portionen, sondern herzhafte, mannhafte Genüsse und immer Gerichte für eßwillige und selber kochkundige Gäste, Gerichte, die oft in phantasievoller Sparsamkeit entwickelt wurden, um Übriggebliebenes sinnvoll zu verarbeiten. Aus all diesem sind die großen Desserts der Stadt-, vor allem der Wiener Küche geworden: die Schokoladenkochs mit Nüssen und Mandeln, Vorstufen zur berühmten Sachertorte, Fruchttorten mit reichen, krümeligen Teigen, Ausgebackenes und Gewickeltes, und selbst der Strudel, ursprünglich ein Restegericht, eine Suppeneinlage, hat es in vielerlei Gestalt geschafft, international bekannt zu werden.

Das Geheimnis all dieser Mehlspeisen beruht in der vorzüglichen Qualität der Zutaten und in der friedlichen Geduld ihrer Zubereitung. Einen Germteig zu arbeiten bedeutet, das Leben bewußt und voll Genuß in der Küche zu verbringen, mit Gespräch und Kaffeekochen, bis weiter geknetet und gerollt und gesotten werden kann. Niemand kocht abstrakt, alles hängt von den Vorlieben der Bekochten ab und vom Zustand dessen, was man kochen will. Man setzt nur dann die Erdäpfeln für den Knödelteig auf, wenn sie so mehlig und trocken sind, daß der Teig wie aus Mehl wird und hauchdünn ausgerollt werden kann.

Noch vor einer Generation war die Suppe vorm Hauptgericht selbstverständlich. Heute wird sie oft gestrichen — niemals aber das Dessert. Es gehört ebenso zu einem anständigen Essen wie danach der kleine oder große Schwarze, beides wie einst auf und in besonders schönem Porzellan und Mokkatassen serviert. Übrigens: »Schmankerln« tauchen in der österreichischen Küche nur in Form eines süßen Teiges auf, aus dem man Stanitzerln (Tüten) dreht und dessen Krümelreste zum Schmankerl-Koch, also zum Bröselauflauf verarbeitet werden. Daß dieser Name eines der unbekanntesten österreichischen Teige außerhalb des Landes, vor allem in Bayern, zu einem Begriff für Leckereien schlechthin geworden ist, zeigt deutlicher als alles andere, welche Genüsse man sich von den wahrhaft erlesenen österreichischen Mehlspeisen erwarten kann.

Apfelstrudel, eine Mehlspeise, die so weltbekannt wurde, daß sich selbst Franzosen scheuen, sie auf der Speisekarte zu übersetzen. Ein echtes »Hausmacher-Dessert«, das nichts weiter als einwandfreie Zutaten verlangt, aber anspruchsvoll in der Zubereitung ist. Nur wer sich die Mühe macht, den Teig richtig hauchdünn auszuziehen, wird in den Genuß eines Strudels mit der blättrig-knusprigen Hülle und der süßen, saftigen Füllung kommen.

Apfelstrudel

Stroudel aux pommes

Der Apfelstrudel, Synonym für österreichische Mehlspeisen, ist durchaus eine einfache Speise, ein simples Dessert, aber wie bei vielen »großen Spezialitäten« liegt auch hier die Kunst beim Zubereiten und nicht am raffinierten Rezept. Und zwar beim Zubereiten des Teiges, dessen Zutaten, und vor allem deren Mengen. Ein österreichischer Patissier würde wohl mitleidig lächeln, sollte er wiegen müssen. So etwas hat man im Gefühl; und tatsächlich ist es schwierig, für den Strudelteig ein genaues Rezept anzugeben, weil es vom Mehl abhängt, wieviel Flüssigkeit es aufnimmt, und dies ist wiederum für die Konsistenz des Teiges ausschlaggebend. Das nachfolgende Rezept ist als Grundrezept zu verstehen. Der Rest ist Gefühl und Erfahrung. Es kommt ausschließlich auf die Festigkeit bzw. Geschmeidigkeit des Teiges an, damit er sich später auch gut »ausziehen« läßt. Aber das sieht viel schwieriger aus, als es tatsächlich ist.

> 300 g Mehl
> 1 Eigelb
> 10 g Salz
> 40 cl Öl
> 12-15 cl Wasser
> 3 kg Äpfel
> 200 g Butter
> 250 g Semmelbrösel
> 150 g Butter zum Bestreichen
>   des Teiges
> 300 g Zucker
> 25 g gemahlener Zimt
> 100 g Rosinen
> 80 g gehackte Walnüsse
> 100 g Butter

Wird der Strudel als Dessert gereicht, dann gilt dieses Rezept für etwa 20 Portionen. Für den Haushalt kann es natürlich halbiert oder geviertelt werden.

Das Mehl auf eine Arbeitsfläche sieben, in die Mitte eine Vertiefung drücken und das Eigelb mit dem Salz zugeben. Dann das Öl hineingießen. Was nun folgt, ist Handarbeit im wahrsten Sinne des Wortes. Strudelteig läßt sich zwar mit dem Teighaken des Rührgerätes in einer Schüssel zusammenrühren, aber er muß dann trotzdem noch mit der Hand durchgearbeitet werden, erstens daß er schön glatt und geschmeidig wird, und zweitens läßt sich dabei auch am besten die richtige Festigkeit feststellen. Mit einer Hand die Zutaten verrühren, und dann nach und nach das Wasser zugießen, bis der Teig die richtige Konsistenz hat. Die mit Teig verklebte Hand in Mehl tauchen und so den anhängenden Teig abreiben.

Von »Strudlern« und noch besseren Äpfeln.

Welcher Apfel für einen Strudel wohl der beste ist, darüber konnten sich die Strudel-Spezialisten noch nicht einigen. Herr Ehrenreiter z. B. verwendet am liebsten den Golden Delicious, andere Cox Orange oder Boskop. Die österreichischen Hausfrauen aber verlangen auf dem Markt einfach »Strudler«, also Äpfel für den Strudel, und das sind dann in der Regel solche, die zum Essen nicht recht taugen. Tatsache ist aber, es sollen kräftig schmeckende, leicht säuerliche Sorten sein.

Jetzt mit beiden Händen den Teig richtig kräftig durchkneten, bis er schön glatt ist. Zu einer Kugel formen (der Fachmann sagt »rund schleifen«), auf ein Brett oder Blech legen, das vorher mit Mehl bestaubt wurde, und die Oberfläche mit Öl einreiben, damit der Teig bei der folgenden Ruhezeit von mindestens 1/2 Stunde keine Haut ziehen kann.

Die Äpfel schälen, das Kernhaus ausschneiden und in ganz dünne Scheiben schneiden oder besser noch hobeln; dafür eignet sich der Gurkenhobel bestens. Die Semmelbrösel in der Butter hellbraun rösten und erkalten lassen.

Einen Tisch mit einem Leinentuch von etwa 120 x 70 cm belegen und das Tuch gleichmäßig mit Mehl bestauben. Den Teig darauflegen und dabei schon zu einem Streifen ziehen. Hat der Teig die richtige Beschaffenheit, geht das fast von selbst, weil er durch sein Eigengewicht schon durchhängt. Dieser Teigstreifen wird nun mit einem Rollholz in Länge und Breite vorgerollt und dann beginnt das »große Ziehen«. Dabei greift man mit beiden Händen unter den Teig und zieht ihn von der Mitte jeweils nach außen. So verfährt man ringsherum, bis der Teig die Größe des Tuches überschritten hat. Er muß hauchdünn sein, daß man tatsächlich durch den Teig Zeitung lesen könnte. Wen der verbleibende, stärkere Rand stört, kann ihn wegschneiden. Zwei Drittel des Teiges werden nun mit flüssiger, aber nur lauwarmer Butter bestrichen. Sie sorgt dafür, daß der Teig nicht zusammenklebt und blättrig bleibt. Auf das letzte Drittel werden die gerösteten Semmelbrösel gestreut und darauf kommen die vorbereiteten Äpfel. Den Zimtzucker, die Rosinen und die grob gehackten Walnüsse darüberstreuen. Die Zuckermenge kann erhöht werden, wenn die verwendeten Äpfel sehr sauer sind.

Nun wird der Strudel durch Anheben des Tuches aufgerollt, und dabei sollte man immer wieder nachfassen, damit er auch fest aufgerollt wird. In eine mit Butter ausgestrichene Bratpfanne legen und die Oberfläche mit dem Rest der zerlassenen Butter bestreichen. Etwa 30 Minuten bei 220° C backen, noch heiß in Stücke schneiden und mit Puderzucker, der in Österreich Staubzucker heißt, bestreuen.

Ein Apfelstrudel soll frisch und warm serviert werden. Nur dann kommt sein feiner Geschmack voll zur Geltung, und die knusprige Hülle ist ein angenehmer Kontrast zur saftigen Füllung. Ein fertig gebackener Apfelstrudel eignet sich auch zum Einfrieren; so hat man die Möglichkeit, Strudel auf Vorrat zuzubereiten und bei Bedarf nur noch aufzubacken. Sein Geschmack steht dem eines frisch gebackenen in nichts nach, doch leidet das Aussehen, da die Oberfläche durch das Wiederaufbacken spröde wird und einzelne Blätter abbrechen können.

Grießstrudel

Stroudel à la semoule

150 g Butter
1 Msp. Salz
5 Eigelb
200 g Weizengrieß
1/4 l saure Sahne
50 g Rosinen
5 Eiweiß
40 g Zucker
Strudelteig nach Rezept Apfel-
strudel von S. 146
100 g Butter
150 g Semmelbrösel
150 g Butter, 30 g Zucker

Die Butter mit dem Salz schaumig rühren und nach und nach die Eigelbe dazugeben. Unter diese schaumige Masse ebenfalls nach und nach den Grieß und anschließend die saure Sahne unterrühren. Die Rosinen zugeben und das Eiweiß mit dem Zucker zu Schnee schlagen. Vorsichtig unter die Grießmasse heben. Den ausgezogenen Strudelteig mit der flüssigen Butter bestreichen. Die Grießmasse fingerdick auf zwei Drittel des Teiges streichen und den Strudel aufrollen. Mit einem Kochlöffelstiel 10 cm lange Portionsstücke abdrücken und dann mit einem Messer durchschneiden. Auf ein gemehltes Tuch und dann in kochendes Salzwasser legen. Die Wassertemperatur soll gerade unter dem Siedepunkt gehalten werden. Die Strudel auf jeder Seite etwa 8-10 Minuten garen. Die Semmelbrösel mit der Butter in der Pfanne hellbraun rösten und anschließend den Zucker untermischen. Die fertigen Strudel mit einem Schaumlöffel herausnehmen, kurz ablaufen lassen und mit den Bröseln dicht bestreuen. Dazu »Zwetschkenröster« reichen.

Die Menge ergibt etwa 15 Portionen.

Salzburger Nockerln

Noques salzbourgeoises

Für diese in aller Welt bekannte Mehlspeise gibt es verschiedene Arten der Zubereitung. Sie werden z. B., was nicht ganz einfach ist, nach alter Tradition oft auf dem Herd gebacken, dann gewendet (wozu schon einiges Geschick gehört) und im Ofen fertig gebacken. Wohl deshalb hat sich die einfachere Methode durchgesetzt, bei der die Nockerln von Anfang an im Ofen gebacken werden.

6 Eiweiß
50 g Zucker
6 Eigelb
40 g Mehl
Mark einer halben Vanilleschote
40 g Butter für die Form
Puderzucker zum Besieben
Eine ovale Auflaufform,
32 cm lang

Das Eiweiß zu Schnee schlagen und den Zucker langsam einrieseln lassen. Dies sollte in einer möglichst großen Schüssel oder im Schneekessel geschehen, weil zunächst einmal die Eigelbe an einer Seite der Schüssel mit etwas Schnee verrührt werden sollen, ohne den großen Rest des Schnees zu berühren. Das Mehl und das Vanillemark wird über dem gesamten Kesselinhalt verteilt und mit einem Schneebesen untergezogen. Das sollte möglichst schnell gehen, damit der Teig so wenig wie möglich an Volumen verliert. In der Auflaufform die Butter zerlassen, 6 Nockerln mit einem Teigschaber abstechen und in die Form setzen. Bei 220° im Backrohr etwa 2-4 Minuten schön hellbraun backen, sofort mit Puderzucker (in Österreich heißt er Staubzucker) besieben und gleich servieren.

Die Menge ergibt 3 oder 6 Portionen.

Zum Grießstrudel wird traditionell »Zwetschkenröster« gereicht, der auch geschmacklich bestens dazu paßt. Dafür werden 250 g Zucker mit 1/8 l Wasser, einem Stück Zimtrinde, einer Nelke, dem Saft und der dünn abgeschnittenen Schale einer unbehandelten Zitrone aufgekocht. 500 g entsteinte und halbierte, reife Pflaumen zugeben. Dieses Kompott so lange kochen, bis die Früchte richtig weich sind und sich die Schalen lösen. Zwetschkenröster, ein österreichisches Schmankerl, kann sowohl warm als auch kalt zum Grießstrudel gereicht werden.

Wiener Scheiterhaufen

Soufflé viennois

2 EL Schweineschmalz
6 Weißbrotschnitten
100 g Preiselbeermarmelade
1/4 l roter Glühwein
4 Eiweiß
50 g Puderzucker
4 Eigelb
40 g Mehl
Eine ovale Auflaufform,
32 cm lang

Das Schweineschmalz in einer Pfanne erhitzen, die Brotscheiben darin von beiden Seiten goldgelb backen. Sie können gleich heiß gefüllt werden. Nach nebenstehenden Anleitungen weiter verarbeiten. Für 6-8 Portionen.

1 **Das Eiweiß zu Schnee schlagen** und den Zucker langsam einrieseln lassen. Die Eigelbe dann an der Seite des Schneekessels hineingleiten lassen. Mit dem Schneebesen sollen sie mit nur wenig Schnee zu einer glatten Masse verrührt werden, ohne den übrigen Schnee zu berühren.

2 **Das Mehl über den Schnee schütten** und das Vanillemark zugeben. Dabei sollte sowohl das Mehl als auch das Vanillemark gleichmäßig über dem Schnee verteilt werden, damit es sich möglichst schnell unterrühren läßt. Am Einfachsten geht das mit einem Schüttelsieb.

3 **Mit dem Schneebesen die Zutaten verrühren.** Das sollte sehr zügig gehen, damit der Schnee möglichst wenig an Volumen verliert. Am besten mit dem Schneebesen am Kesselrand entlang kreisende Bewegungen ausführen, bis alle Zutaten zu einem glatten Teig vereinigt sind.

4 **Große Nockerln in die gebutterte Auflaufform setzen.** Es geht am besten mit einem Teigschaber oder mit einer flachen Schöpfkelle. Dabei darauf achten, daß die Nockerln ihre Form behalten, pyramidenförmig hoch aufragen und die Zwischenräume deutlich sichtbar sind.

5 **Hannes Ehrenreiter vom Vienna Interconti** ist ein Meister in der Zubereitung dieses luftigen Desserts. Unter zarter hellbrauner Kruste sollten die Nockerln noch cremig weich sein. Das ist der Grund, warum sie recht schnell zusammenfallen und deshalb sofort serviert werden sollten.

1 **Die gebackenen Weißbrotscheiben mit Preiselbeermarmelade füllen** und in eine Form schichten. Die Brotscheiben so verteilen, daß der gesamte Boden damit ausgelegt ist. Nach und nach den heißen Glühwein darübergießen, damit sich das Brot vollsaugen kann.

2 **Die Biskuit-Nockerln daraufsetzen.** Wie bei den Salzburger Nockerln werden zuerst die Eigelbe mit etwas Schnee verrührt und das Mehl darübergesiebt. Mit einem Schneebesen die Zutaten unterziehen und dann mit dem Teigschaber die Nockerln abstechen und daraufsetzen.

3 **Den Scheiterhaufen mit Puderzucker besieben.** Er wird zuvor bei 180° C im Ofen gebacken, bis er eine schöne hellbraune Oberfläche hat. Das dauert ungefähr 8-10 Minuten, trotzdem sollte er ab 4 Minuten Backzeit überwacht werden, damit er nicht zu dunkel wird.

Liwanzen vertragen sich mit vielen Füllungen, ganz besonders gut mit »Topfen«, wie in Österreich der Quark genannt wird, aber auch mit warmen oder kalten Kompottfrüchten und natürlich mit Powidl, dieser beliebten österreichischen Spezialität, die bei uns schlicht Pflaumenmus genannt wird. Zum Backen von Liwanzen gibt es ganz spezielle Pfannen mit runden Vertiefungen im Durchmesser von 7-8 cm. Man kann dafür aber auch Eierpfannen verwenden oder den Teig etwas fester halten und kleine Plätzchen in eine normale Pfanne gießen.

Liwanzen

Gâteaux bohémiens

> 400 g Mehl
> 20 g Hefe
> 1/4 l Milch
> 30 g Butter
> 30 g Zucker, 1/4 TL Salz
>   Abgeriebenes 1/2 Zitrone
> 2 Eier
>   Butter zum Ausfetten der Pfanne

Das Mehl in eine Schüsssel sieben, in der Mitte eine Vertiefung anbringen und die Hefe hineinbröckeln. Mit der lauwarmen Milch auflösen. Mehl darüberstreuen und diesen »Ansatz« etwa 1/4 Stunde gehen lassen, bis die Oberfläche starke Risse zeigt. Die Butter auflösen und mit dem Zucker, Gewürz und den Eiern verrühren. Diese Mischung zu dem Ansatz geben und einen dickflüssigen Hefeteig rühren. Zugedeckt den Teig an einem kühlen Ort 1/2-1 Stunde quellen lassen. Die Liwanzenpfanne mit flüssiger Butter ausstreichen und mit einer Schöpfkelle den Teig in die Vertiefungen gießen. Etwa 3 Minuten von jeder Seite hellbraun backen und warm, nur mit Zucker bestreut, servieren oder je zwei Liwanzen wie abgebildet füllen.

Das Rezept reicht für etwa 15-20 Liwanzen.

Füllung mit Heidelbeeren:

> 6 cl Sauerkirschsaft ohne Zucker
> 2 cl Zitronensaft
> 80 g Puderzucker
> 150 g frische Heidelbeeren
> 1 gestrichener TL Speisestärke
> 1/8 l Sahne, 2 EL Zucker

Den Kirschsaft, Zitronensaft und Zucker aufkochen, die Heidelbeeren dazugeben und kurz aufwallen lassen. Die Speisestärke mit etwas Wasser anrühren und die Heidelbeeren damit binden. Je zwei Liwanzen füllen, mit Puderzucker besieben und mit Schlagsahne servieren. Für 4 Portionen.

Topfenfüllung (Quarkfüllung):

> 200 g Quark, 1 Eigelb
>   Saft und Abgeriebenes 1 Zitrone
> 60 g Zucker
> 50 g Quark

Den Quark mit dem Eigelb, dem Zitronen-Abgeriebenen, -saft und dem Zucker cremig rühren. Die Liwanzen füllen. Zum Garnieren den Quark durch ein Reibeisen drücken. Mit gehackten Walnüssen bestreuen. Für 4 Portionen.

Füllung mit Powidl:

> 120 g Powidl (Pflaumenmus)
>   Abgeriebenes 1/2 Zitrone
> 1 Msp. Zimt

Den Powidl mit den Gewürzen verrühren, die Liwanzen füllen und die Oberfläche mit Puderzucker besieben. Für 4 Portionen.

Dukatenbuchteln
mit Vanillesauce

Nouilles au four

»Dukaten« deshalb, weil sie so klein und fein sind wie Dukaten, im Gegensatz zu den normalen Buchteln, die vermutlich aus Böhmen stammen. Diese sind ungleich grö-ßer, etwa 50 g schwer, werden oft mit Quark oder Powidl gefüllt und sind in Süd-deutschland als Rohrnudeln bekannt. Ganz frisch gebacken sind sie durchaus auch ein feines Dessert, wenn nur eine Buchtel ser-viert wird, vielleicht mit Vanille- oder Scho-koladensauce.

      500 g Mehl
       25 g Hefe
       20 cl Milch
       70 g Butter
       70 g Zucker
      1/4 TL Salz
           Abgeriebenes 1/2 Zitrone
        2 Eier
      120 g Butter
           Eine Pfanne,
           etwa 25 x 35 cm groß

Das Mehl in eine Schüssel sieben, in der Mitte eine Vertiefung anbringen und die Hefe hineinbröckeln. Mit der lauwarmen Milch auflösen und mit einer Mehlschicht zudecken. Nach 1/4 Stunde (an einem war-men Ort) zeigt die Oberfläche des »Dampfl«, so nennen die Österreicher den Vorteig, Risse. Ein Zeichen dafür, daß er genügend gegangen ist. Die Butter zerlas-sen, darin den Zucker, das Salz und Zitronen-Abgeriebene mit den Eiern cremig verrühren. Zu dem Vorteig geben und einen glatten, trockenen Hefeteig schlagen, der sich vom Schüsselrand lösen sollte. Wenn nötig, etwas Milch oder Was-ser zugeben, je nachdem, ob er zu weich oder zu fest ist. Zugedeckt nochmals 1/4 Stunde gehen lassen und, wie auf den Abbildungen gezeigt, zu Buchteln weiter-verarbeiten. Sie läßt man mit einem Tuch zugedeckt nochmals gehen, bis sie ihr Volu-men fast verdoppelt haben. Die Oberfläche mit Butter bestreichen und bei 200°C backen. Nach etwa 15 Minuten die Buch-teln nochmals mit Butter überpinseln und bei etwas angehobener Temperatur (etwa 220°C) fertigbacken. Das dauert ungefähr 25 Minuten, doch sollten sie zum Schluß »nach Sicht« gebacken werden, damit sie auch wirklich schön knusprig und hell-braun sind. Sie werden aus der Form ge-stürzt.

Das Rezept ergibt etwa 50-60 Buchteln.

1 **Den Hefeteig zu Kugeln »schleifen«,**so nennt der Patissier das Rollen des Teiges zu nahtlosen Kugeln. Dafür wird der Teig zu Strängen von etwa 2 cm Durchmesser gerollt und davon 3 cm lange Stücke geschnit-ten. Sie werden in der hohlen Hand auf der Ar-beitsplatte glatt und rund geschliffen.

2 **Die Buchteln ausstechen,** ist eine einfa-chere Methode, zu gleichgroßen Teig-stücken zu kommen. Voraussetzung ist, daß der Teig auch gleichmäßig stark (etwa 1,5 cm) ausgerollt wird. Mit einem runden Aus-stecher von 2,5 cm Durchmesser ausstechen und auf ein bemehltes Brett setzen.

3 **Die Buchteln in die Pfanne setzen.** Die Pfanne vorher ausbuttern und die Buch-teln zusätzlich mit dem Rand in flüssiger Butter aneinandersetzen. Sie lassen sich dadurch nach dem Backen leicht auseinan-derbrechen. Auch die Oberfläche mit Butter be-streichen.

4 **Die zarte, nach Butter schmeckende Kruste** ist das Geheimnis der warmen Buchteln, die zur kalten Vanillesauce be-stens harmonieren. Aber es sollte schon eine »Echte« sein, eine englische Creme. Sie schmecken auch sehr gut mit heißer Schokola-densauce.

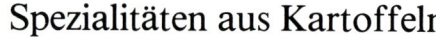
Germknödel

Quenelles à la levure

Sie stammt vermutlich auch aus Böhmen, die Germknödel-Familie. Diese luftigen Knödel aus Hefeteig (Hefe wird in Österreich Germ genannt) werden meist gefüllt zubereitet und noch zusätzlich mit Mohn oder Bröseln bestreut serviert. Dabei variieren die Füllungen von Powidl, Mohn, bis zu frischen Früchten wie Zwetschgen, Aprikosen oder Äpfel. Aber eines ist immer wichtig: sie sollen mit frischer, zerlassener Butter beträufelt werden.

> 500 g Mehl
> 30 g Hefe
> 20 cl Milch
> 80 g Butter
> 60 g Zucker
> 1/2 TL Salz
> Abgeriebenes 1/2 Zitrone
> 2 Eier
> 300 g Powidl
> Salzwasser zum Kochen
> 150 g flüssige Butter
> 120 g frisch gemahlener Mohn
> 50 g Puderzucker
> Eine ovale Auflaufform

Das Mehl in eine Schüssel sieben, in die Mitte eine Vertiefung drücken und die Hefe hineinbröckeln. Mit der lauwarmen Milch auflösen und über dieses »Dampfl« (Vorteig) Mehl streuen. Etwa 1/4 Stunde gehen lassen, bis die Oberfläche deutlich Risse zeigt. Die Butter zerlassen und mit Zucker, Gewürz und Eiern cremig verrühren. Zu dem Vorteig geben und davon einen glatten, trockenen, gut formbaren Hefeteig schlagen, der dann zugedeckt nochmal 1/4 Stunde gehen soll. Den Teig auf einer mit Mehl bestaubten Arbeitsplatte etwa 1,5 cm stark ausrollen und Quadrate von 7 x 7 cm schneiden. Jeweils einen Löffel Powidl daraufgeben, die Knödel zusammenfalten und in der hohlen Hand rundschleifen. Auf ein bemehltes Brett setzen, mit einem Tuch zudecken und nochmals gehen lassen, bis sie ihr Volumen fast verdoppelt haben. In einer großen, halbgefüllten Kasserolle mit Salzwasser, das nur ganz schwach aufwallt, die Knödel einlegen und so zudecken, daß ein Spalt offen bleibt. Sie sollen mehr ziehen als kochen. Nach 10 Minuten den Deckel entfernen und jeden Knödel mit dem Kochlöffelstiel an der Seite anstupfen, damit er sich umdreht. Nach weiteren 5 Minuten mit dem Schaumlöffel herausnehmen und sofort mit einer langen Nadel 2-3 mal stupfen, damit sie nicht zusammenfallen. In eine Auflaufform mit flüssiger Butter legen und im leicht vorgewärmten, offenen Ofen warmstellen, bis alle Knödel gegart sind. Mit flüssiger Butter beträufeln und mit Mohn-Puderzucker-Gemisch bestreuen.

Das Rezept ergibt 20 Knödel.

Spezialitäten aus Kartoffeln

In der österreichischen Mehlspeisenküche sind süße Desserts aus Kartoffelteig äußerst beliebt und haben es zu internationaler Berühmtheit gebracht. Wie bei manchen Wiener Schmankerln vermutet man auch von den Zwetschgen- und Marillenknödeln die Heimat in Böhmen. Diese süßen Knödel werden zwar auch manchmal aus Brandteig bereitet, sind aber mit Recht weit populärer aus Kartoffelteig.

Zwetschgenknödel/ Marillenknödel

Quenelles aux prunes/aux abricots

> 1 kg Kartoffeln
> 100 g Butter
> 100 g Weizengrieß
> 20 g Salz
> 1 Ei, 2 Eigelb
> 200 g Mehl
> Salzwasser zum Kochen
> 160 g Butter
> 200 g Semmelbrösel
> Puderzucker zum Besieben

Zwei Methoden können zu einem guten Kartoffelteig führen: einmal die Kartoffeln am Vortag kochen und dann wie üblich schälen und durchpressen. Für das obenstehende Rezept mit 1 Kilo Kartoffeln sind dann ungefähr 450 g Mehl nötig.

Powidltascherln

Pomponettes farcies de confiture de pruneaux

> Kartoffelteig (Rezept
> Zwetschgenknödel)
> 250 g Powidl
> 1/2 TL gemahlener Zimt
> 2 cl Rum
> 1 Eigelb zum Bestreichen
> Salzwasser zum Kochen
> 160 g Butter
> 200 g Semmelbrösel

Der Kartoffelteig wird etwa 4 mm stark auf einer bemehlten Arbeitsplatte ausgerollt und daraus werden mit einem gezackten Ausstecher Plätzchen von 9 cm Durchmesser ausgestochen. Den Powidl mit dem Zimt und Rum anrühren und je einen Löffel auf die Plätzchen geben. Den Rand mit Eigelb bestreichen, zu Tascherln zusammenlegen und mit Daumen und Zeigefinger gut zusammendrücken, damit beim Kochen keine Füllung austreten kann. Die Tascherln wie die Zwetschgenknödel in Salzwasser ko-

1 **Die gebackenen, warmen Kartoffeln aufbrechen** und mit einem Löffel aushöhlen. Durch eine Kartoffelpresse drücken und auf einer Arbeitsplatte erkalten lassen. In der Mitte eine Vertiefung anbringen für die übrigen Zutaten.

2 **Die weiteren Zutaten in die Mulde geben.** Von der Mitte aus werden mit der Hand zuerst die Butter, dann der Grieß, Salz, Ei und Eigelb mit etwas von den Kartoffeln gut durchgearbeitet. Zum Schluß wird das Mehl darübergesiebt und daruntergeknetet.

3 **Den ausgerollten Teig zu Quadraten schneiden.** Etwa 5 mm stark und die Quadrate 7 x 7 cm groß. Je eine entsteinte Zwetschge (eventuell mit einem Stück Würfelzucker gefüllt) darauflegen. Den Teig zusammenfalten und in der hohlen Hand rundrollen.

Werden die Kartoffeln jedoch auf dem Backblech im Ofen gebacken, so enthalten sie weit weniger Feuchtigkeit und haben nur einen Mehlzusatz von etwa 200 g nötig. Außerdem ist der Teig weniger zäh und wohlschmeckender.

Die gebackenen Kartoffeln aus den Schalen löffeln und mit der Kartoffelpresse zerdrücken. Auf einer Arbeitsfläche in die zerdrückten Kartoffeln eine Mulde machen, die weiche Butter, Grieß, Salz, das Ei und die Eigelbe geben. Mit der Hand etwas verarbeiten und das Mehl darübersieben. Ei-

nen glatten Teig kneten (wenn nötig die Mehlmenge erhöhen) und 1/4 Stunde ruhen lassen. Etwa 5 mm stark auf der mit Mehl bestäubten Platte ausrollen, in Quadrate schneiden und die Zwetschgen oder Marillen darin einhüllen. In kochendes Salzwasser legen. Kommt das Wasser wieder zum Kochen, die Hitze reduzieren, damit die Knödel nur ganz leicht kochen und an die Oberfläche steigen. Nach 10-12 Minuten mit einem Schaumlöffel herausnehmen, in kaltem Wasser abschrecken und in den gerösteten Bröseln wälzen.

Geröstete Semmelbrösel, die Fachleute nennen sie »Polonaise«, werden in Österreich zu verschiedenen warmen Mehlspeisen gereicht und geben vor allem gekochtem Kartoffel- oder Hefeteig eine ganz besondere Note. Die Butter wird in einer Pfanne zerlassen (aber nicht gebräunt), dazu kommen die Brösel, die nun unter ständigem Rühren schön knusprig braun geröstet werden. Sollten die Brösel am Ende zu trocken sein, kann man noch etwas Butter hinzufügen.

Die Menge ergibt etwa 20 Knödel.

chen und anschließend in kaltem Wasser abschrecken. Sofort in Semmelbröseln wälzen und mit Puderzucker besieben.

Die Menge ergibt etwa 20 Stück.

Wie bei den Knödeln aus Kartoffelteig sind auch hier Varianten der Füllungen möglich. So schmeckt z. B. Aprikosenkonfitüre mit Aprikosenschnaps abgeschmeckt sehr gut. Auch eine Mohnfüllung harmoniert gut mit dem Teig. Sie sollten nur mit brauner Butter übergossen werden.

PUDDING

— nicht nur ein englisches Kapitel

Jack Pudding heißt der englische Spaßmacher, denn den Engländern wird die Erfindung des echten gekochten Puddings zugeschrieben, und sie dokumentieren ihre Liebe zu diesem »dessert« bis heute dadurch, daß sie eine wesentlich größere Anzahl von Süßspeisen Pudding nennen, als diese Pudding sind: Äpfel im Schlafrock und Semmelaufläufe ebenso wie Arme Ritter und Scheiterhaufen. Und ein Pflaumenkuchen auf Biskuitboden ist ebenso ein Sponge Pudding wie eine Erdbeerbiskuitrolle. Bei dem Begriff Pudding scheint also nicht nur bei uns eine exakte Definition nicht möglich zu sein. Sicher ist jedoch, daß im englischen Mittelalter die Methode des Puddingkochens erfunden wurde. Teig wird ausgerollt, gefüllt, zusammengeschlagen und in eine gut gebutterte und mit Mehl bestreute Serviette gelegt. Zubinden, unter dem Knoten einen langen Löffelstiel hindurchschieben, den Serviettenbeutel vorsichtig ins siedende Salzwasser senken, vom Löffel gehalten, der quer auf dem Topfrand ruht. Dann alles sehr leise und sehr lange kochen lassen, »simmern«, wie die Engländer sagen, was als lautmalendes Lehnwort nach 1945 in unser Küchendeutsch aufgenommen worden ist. Englische Volkskundler haben unzählige Variationen dieser Garmethode festgehalten, die meist zeigen, wie einfallsreich irische und schottische und englische Bauern und Schäfer und Waldarbeiter das Problem der langen Kochzeit mit möglichst sparsamem Brennstoffverbrauch gelöst haben: Töpfe oder Kessel wurden in die Erde gesenkt und mit Glut bedeckt, zwischen heiße Steine gepackt oder wie in einem Meiler übereinandergestellt. Was dann aus ihnen ans Licht kam, wurde von französischen und deutschen Köchen so höflich wie mißtrauisch als »sehr schwere Speise« bezeichnet, »weshalb man gewöhnlich Saucen aus starkem Wein oder Brandy dazu gibt.« Schwer und bedrohlich ist der englische Weihnachtspudding geblieben, der tagelang gekocht und von einem Christfest fürs folgende vorbereitet und aufbewahrt wird. Doch hat sich auch in England in der victorianischen Zeit der schaumige, leichte Pudding durchgesetzt, auf dem Kontinent in der verschlossenen Metallform im Wasserbad gekocht, während man in England auf einem in Falten gelegten und mit Bindfäden um die Puddingform verschnürten Tuch besteht, dessen Plissee sich öffnet, wenn der Puddingteig in die Höhe zu steigen beginnt. Diese Dunstpuddings in der fest verschlossenen Form sehen, wenn sie auf einen schönen, großen Teller gestürzt werden, prachtvoll aus. Lockerer und fragiler als ein heißer Rührkuchen, auch leichter im Gewicht, weswegen man gut darauf achten muß, daß die verschlossene Form, die bis zu zwei Drittel im siedenden Wasser stehen muß, nicht zu schwimmen und zu tanzen beginnt. Das ergibt nämlich zum Schluß eine Art von Schiefem Turm von Pisa. Unsere Großmütter griffen als Aushilfe zum schweren eisernen Bügeleisen und setzten es sachte auf die Form. Heutzutage nehmen Puddingköche gern einen schweren runden Feldstein. Die »poudings chauds« — Kabinettspudding, Weißbrot- und Schwarzbrotpudding, Wiener, Schokoladen-, Maronen-, Frankfurter, Bayerischer (mit Nüssen), Sächsischer oder Reispudding — gehörten im klassischen Menü zu den »Entremets de douceur«, waren also das große warme Gericht vor dem eigentlichen Dessert, und etwa um die Jahrhundertwende begannen sie, sich diesem zu nähern. Die kalten oder die gefrorenen Puddings kamen auf und wurden sehr beliebt, »weil sie zugleich die Stelle der Mehlspeise und der Torte vertreten«, wie das Universal-Lexikon aus dieser Zeit erklärt. Das Menü schrumpft, aber der Pudding wird als »Kombination von Cremes, Früchten und Rahmschnee« nicht weniger lecker, sondern auch etwas ganz anderes. Wir haben uns heute angewöhnt, in unseren gleichmäßig heizenden Herden selbst zarteste klassische Puddingschäume ohne ihre Schutzhülle aus Teig und Wasserbad zu garen, auch in Portionsförmchen, deren Inhalt dann sofort auf die angewärmten Dessertteller gestürzt wird. Zu jedem Dunstpudding gehört eine Sauce, deren Farbe so gut zu ihm passen muß wie ihr Aroma: weiß zu braun also, fruchtrot zu bröselgold, kühl und sahnig zu Knusprigem, Süßes zu Mildem. Dann kann sich der Genuß beim Puddingessen einstellen, wie ihn Wilhelm Busch so trefflich beschreibt: »Dämmerung war es, als Adele / mit dem Freunde ihrer Seele, / der so gerne Pudding / aß, / traulich an der Tafel saß. / 'Pudding', sprach er, 'ist mein Bestes', / drum zum Schluß des kleinen Festes / steht der wohlgeformte, große / Pudding mit der roten Sauce / braun und lieblich dampfend da / was der Freund mit Wonne sah.« Solche Feste können wir ohne viel Aufwand wiederholen.

Der Pudding hat in vielen Ländern Tradition, wenngleich er sich auch nicht immer Pudding nennt, wie zum Beispiel der österreichische »Koch«. Und seine enge Verwandtschaft zum Auflauf oder Soufflé macht es schon manchmal schwierig, ihn genau zu definieren. Wenn er auch momentan nicht auf der Hitliste der Desserts zu finden ist, es lohnt sich doch, diese luftigen Gebäcke, mit Fruchtsaucen oder Wein getränkt, nicht zu vergessen.

1 **Eine Mehlschwitze, in der Fachsprache Roux genannt,** ist die Basis für dieses Pudding-Grundrezept. Butter in einer Kasserolle zerlassen, Mehl dazugeben, hell anschwitzen. Milch in einem Topf zusammen mit der Vanilleschote erhitzen und aufkochen lassen. Damit die Mehlschwitze aufgießen.

2 **Eigelbe beifügen.** Die Masse in eine Schüssel umfüllen und zunächst das ungeschlagene Eiweiß darunterrühren. Dann ein Eigelb nach dem anderen zugeben und zwischendurch die Masse immer wieder glattrühren. Anschließend das restliche Eiweiß mit dem Zucker zu steifem Schnee schlagen.

3 **Den Eischnee unterheben.** Von der Menge des Eischnees etwa ein Drittel mit dem Schneebesen unter die Teigmasse rühren. Dann den übrigen Schnee mit einem Kochlöffel untermelieren, nicht rühren. Dabei ganz behutsam vorgehen, damit die Masse so wenig wie möglich an Volumen verliert.

4 **Mit dem Spritzbeutel die Förmchen füllen.** Zuerst die Förmchen buttern und mit Zucker ausstreuen. Sie lassen sich besonders leicht mit dem Spritzbeutel und großer Lochtülle füllen, aber nur etwa bis zu drei Vierteln der Höhe, da die Puddingmasse beim Backen sehr aufgeht.

Der Sächsische Pudding, eigentlich ein Auflaufpudding, hat eine lange Tradition. Er stellt das Grundrezept für eine Reihe anderer Puddingarten. Man kann ihn auch mit Vanille- oder Karamelsauce servieren. Am bekanntesten ist er in Portionsförmchen, obwohl es auch große Formen gibt, die 1, 1,5 oder 2 Liter fassen.

Der Haselnußpudding ist eine Variation des Sächsischen Puddings, dessen Rezept hier die Grundlage bildet. Zum Schluß werden der Masse nur noch die gemahlenen und gerösteten Haselnüsse beigefügt. Natürlich können auch hier die verschiedensten Saucen als geschmackliche und optische Attraktion gewählt werden.

Sächsischer Pudding

Pouding à la sáxonne à la sauce aux fraises

>   130 g Butter
>   130 g Mehl
>   1 Vanilleschote
>   1/4 l Milch
>   3 Eiweiß
>   8 Eigelb
>   8 Eiweiß
>   100 g Zucker
>   Butter zum Bestreichen
>   Zucker zum Ausstreuen
>   Förmchen von 1/4 l Inhalt

Für die Himbeersauce:

>   500 g tiefgekühlte Himbeeren
>   (ergibt 400 g Mark)
>   100 g Puderzucker

Zuerst die Förmchen buttern und mit Zucker austreuen. In einer Stielkasserolle Butter erhitzen, Mehl vorsichtig einrühren und eine helle Mehlschwitze bereiten. Der Fachausdruck dafür ist »Roux«. Dann wird in einem anderen Topf Milch zusammen mit der Vanilleschote erhitzt. Einmal aufkochen lassen und die Vanilleschote entfernen. Mit dieser heißen Milch die Roux auf dem Feuer abrühren. Dann die Mischung in eine Schüssel geben und das ungeschlagene Eiweiß gründlich unterrühren. Ein Eigelb nach dem anderen beifügen und die Masse immer wieder glattrühren. Eiweiß mit Zucker zu Schnee schlagen und davon etwa ein Drittel mit dem Schneebesen unter die Masse rühren. Den Rest mit einem Holzlöffel ganz behutsam unterziehen. Zum Füllen der Förmchen wird die Puddingmischung in einen Spritzbeutel mit großer Lochtülle gegeben. Formen nur bis zu drei Vierteln füllen, da der Pudding beim Backen sehr aufgeht. Backzeit im Wasserbad: 25 bis 30 Minuten bei 180° C.

Die Menge reicht für 10 Portionen.

Für die Sauce werden die Himbeeren im Mixer püriert und durch ein Haarsieb gestrichen. Das Mark wird noch mit Puderzucker vollendet.

Haselnußpudding

Pouding aux noisettes à la sauce au chocolat

Der Haselnußpudding ist eine Variation des sächsischen Puddings mit Haselnüssen. Zutaten und ihre Menge sind dieselben. Die Zubereitung wird ebenso vorgenommen. Der fertigen Masse werden nur noch am Schluß 100 g gemahlene, geröstete Haselnüsse beigefügt. Melieren, nicht rühren, damit die Masse nicht an Volumen verliert. Zum Haselnußpudding wird Schokoladensauce gereicht.

Gewürzter Pudding

Pouding aux épices

150 g Butter
50 g Zucker
1 Msp. gemahlener Zimt
1 Msp. Nelkenpulver
15 g Kakaopulver
1/2 EL Mehl
80 g abgezogene, gemahlene
    Mandeln
5 Eigelb
5 Eiweiß
100 g Zucker
100 g Semmelbrösel
100 g geriebener Honigkuchen
5 cl Rotwein
1 cl Rum
25 g Zitronat
25 g Orangeat
    Abgeriebenes einer halben Zitrone
    Förmchen von 12 cl Inhalt
    Butter zum Bestreichen
    Zucker zum Ausstreuen

Die Butter mit dem Zucker schaumig rühren. Die Gewürze, Kakaopulver und Mehl dazugeben. Die Hälfte der Mandeln mit den Eigelben unterrühren. Das Eiweiß mit dem Zucker zu Schnee schlagen und unter die Masse heben. Semmelbrösel und Honigkuchen mit Rotwein und Rum tränken. Die restlichen Mandeln mit dem Zitronat, Orangeat und der abgeriebenen Zitronenschale vermischen und zusammen mit den getränkten Bröseln unter die Masse ziehen. Die Förmchen buttern und mit Zucker ausstreuen. Die Masse einfüllen und bei 180° C im Wasserbad 25-30 Minuten backen.

Die Menge ergibt 15 Portionen.

Dazu paßt Rotweinsauce: 1/4 l Rotwein mit 1/4 l Himbeersirup und 1 Stück Zimtstange aufkochen. 30 g Kartoffelmehl mit wenig Wasser anrühren und die Sauce binden. 10 g Mandelstifte und 5 g Zitronat in feinen Streifen einrühren.

Mohr im Hemd

Pouding au chocolat

Er rangiert bei der an Mehlspeisen so reichen Küche Österreichs mit an erster Stelle, der Mohr mit dem Hemd aus halbsteif geschlagener Sahne. Puddinge dieser Art nennt man in Österreich immer noch »Koch« oder »Dunstkoch«, weil sie im Wasserbad gegart werden, und sie sind bei Hausfrauen und Profis gleich populär. Da kursieren eine Unmenge Rezepte zum selben Thema, mal mit viel Schokolade, mal mit weniger, dafür aber dann mit Kakaopulver. Manchmal werden sogar die Mandeln durch Haselnüsse ersetzt. Das folgende Rezept ist eine Zusammenstellung von Zutaten und Mengen, die sicher zu einem guten Ergebnis führen.

100 g Schokolade (Kuvertüre)
6 Eigelb
100 g Zucker
    Mark einer halben Vanilleschote
100 g geschälte Mandeln
50 g Semmelbrösel
6 Eiweiß
    Eine Puddingform von
    1,2 l Inhalt
    Butter zum Ausstreichen
    Puderzucker zum Ausstreuen

Die Puddingform mit der weichen Butter sorgfältig ausstreichen und mit Puderzucker (in Österreich »Staubzucker«, der nicht ganz so fein gemahlen ist) ausstreuen. Die Schokolade im Wasserbad auflösen und mit den Eigelben, dem Vanillemark und der Hälfte des Zuckers schaumig rühren. Die Mandeln fein reiben und mit den Semmelbröseln vermischen. Das Eiweiß mit dem restlichen Zucker zu einem steifen Schnee schlagen. Etwa 1/4 des Eischnees unter die Eigelbmasse rühren und dann den übrigen Eischnee und die Mandel-Bröselmischung vorsichtig unterheben. In die vorbereitete Form füllen. In das Wasserbad stellen (der Wasserspiegel sollte bis etwa 2 cm unter dem Rand reichen) und im Ofen bei 170° C 35-40 Minuten garen. Das Wasser darf nicht kochen, sondern sollte immer unter dem Siedepunkt gehalten werden. Zur Sicherheit mit einem Holzstäbchen prüfen, ob der Pudding gar ist. Er kann nun mit halbsteif geschlagener Sahne oder mit heißer Schokoladensauce (oder beidem) serviert werden.

Die Menge ergibt 10-12 Portionen.

Weingugelhupf

Gouglof au vin

In Österreich wird er mit wenig Respekt vor dem geistlichen Stande »Besoffener Kapuziner« genannt. Er ist ein echter Biskuit-Pudding, leicht, locker und besonders aufnahmefähig für den heißen Wein. Der macht ihn dann zu einem Dessert, bei dem man nicht so recht weiß, was besser schmeckt, der Pudding oder die Sauce.

> *4 Eigelb*
> *170 g Zucker*
>   *Abgeriebenes einer halben Zitrone*
> *4 Eiweiß*
> *160 g Semmelbrösel, feingemahlen*
>   *Eine Gugelhupfform*
>   *von 1 l Inhalt*
>   *Butter zum Ausstreichen*
>   *Semmelbrösel zum Ausstreuen*

Die Eigelbe mit der Hälfte des Zuckers und der abgeriebenen Zitronenschale schaumig rühren. Das Eiweiß zu Schnee schlagen und den restlichen Zucker langsam einrieseln lassen. Von dem Eischnee zuerst etwa ein Viertel unter die Eigelbmasse rühren und den Rest dann vorsichtig mit dem Kochlöffel unterheben. Zugleich die Semmelbrösel darüberstreuen und mit dem Schnee unter die Eigelbmasse ziehen. Den Biskuit in die gleichmäßig mit Butter ausgestrichene und mit Semmelbröseln ausgestreute Gugelhupfform füllen und die Oberfläche glattstreichen. Bei 180° C etwa 30-35 Minuten schön hellbraun backen. Eventuell mit einem Holzstäbchen prüfen, ob er wirklich durchgebacken ist. Einige Minuten abkühlen lassen und dann stürzen.

> *3/4 l leichter Weißwein*
> *200 g Zucker*
>   *Saft einer halben Zitrone*
>   *Saft einer halben Orange*
>   *Schale einer Zitrone*
> *1/2 Zimtstange*
> *2 Gewürznelken*
> *2 cl Orangenlikör*
>   *eventuell 1/4 l Schlagsahne*

Den Wein mit dem Zucker, dem Zitronen- und Orangensaft, der in einem Streifen abgeschnittenen Zitronenschale, Zimtstange und Nelken aufkochen und etwa 2-3 Minuten ziehen lassen. Den Orangenlikör zugeben. Den Gugelhupf in eine Schüssel setzen und mit der Weinmischung beschöpfen, bis er vollgezogen ist.

Der Gugelhupf sollte nun im Kühlschrank vollständig abkühlen und wird in der Schüssel serviert. Ganz besonders fein schmeckt etwas Schlagsahne dazu. Sie sollte aber erst auf die schon aufgeschnittenen Portionen verteilt werden.

Die Menge ergibt 4-6 Portionen.

Englischer Weihnachtspudding

Christmas pudding

Er ist eigentlich vielmehr ein Dauergebäck, als ein Dessert, und trotzdem ist er auch ein traditioneller Nachtisch. Natürlich nur in dünne Scheiben geschnitten, denn er ist extrem gehaltvoll, und sehr viel kann man von ihm nicht essen. Eine zwar nicht übliche, doch feine Ergänzung ist etwas frisch geschlagene Sahne. Sie harmoniert bestens mit dem malzig-fruchtigen Geschmack.

110 g frischer Rindertalg
110 g Semmelbrösel
180 g Korinthen
180 g Rosinen
120 g brauner Zucker
50 g abgezogene Mandeln, gehackt
50 g Zitronat, gewürfelt
100 g kandierte Kirschen,
      geviertelt
      Schale einer Zitrone
3 Eier
3 cl Whisky
   Öl für die Form
   Eine Form von 0,9 l Inhalt

Den Rindertalg wie beschrieben vorbereiten und mit den Semmelbröseln vermischen. Die Korinthen und Rosinen wenn nötig waschen und trocknen. Mit dem Zucker, den gehackten Mandeln, dem gewürfelten Zitronat und den kandierten Kirschstückchen vermischen. Rindertalg und Semmelbrösel zugeben und zum Schluß Eier und Whisky. Die Puddingform ölen und den Teig hineindrücken. Mit Pergamentpapier abdecken und mit einem Tuch verschließen.
Die Menge ergibt etwa 10-12 Portionen.

2 **Die Trockenfrüchte**, Korinthen und Rosinen in eine Schüssel geben. Dazu den Zucker, die gehackten Mandeln, das gehackte Zitronat und die gevierteltn, kandierten Kirschen. Den geraspelten Rindertalg mit den Semmelbröseln vermischen und zu den übrigen Zutaten geben.

3 **Mit den Eiern binden,** die zuvor mit dem Whisky und der Zitronenschale kurz verrührt wurden. Mit dem Kochlöffel einen festen Teig rühren, der, wenn nötig, noch mit etwas dunklem Bier cremiger gemacht werden kann. Den Teig nun in die geölte Form hineindrücken.

4 **Mit Pergamentpapier abdecken,** das leicht gefettet sein sollte. Die englischen Puddingformen haben einen vorstehenden Rand, unter dem das Tuch mit einem Baumwollfaden fest verschnürt wird. Die Ecken des Tuches dann über dem Pudding zusammenknüpfen.

5 **In das Wasserbad stellen.** Auf dem Boden des Wassertopfes muß entweder ein Eisenkreuz oder auch ein großer Ausstecher liegen, damit die Form nicht am Boden des Topfes aufsitzt. Der Pudding würde sonst ungleichmäßig garen. Die Garzeit beträgt 8-9 Stunden.

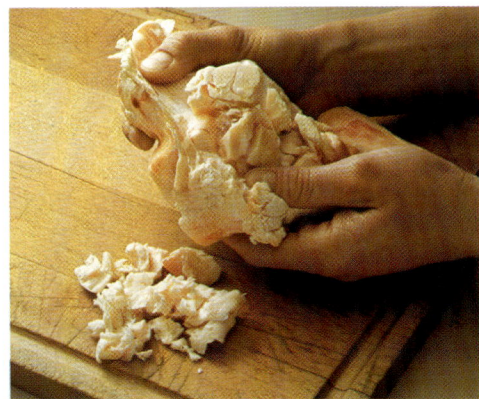

1 **Den Rindertalg vorbereiten,** dabei mit größter Sorgfalt alle Häute entfernen. Rindertalg muß möglichst weiß und trocken sein. Die ausgelösten, reinen Fettstücke werden dann mit einer groben Reibe geraspelt. Sie können auch durch die mittlere Scheibe des Fleischwolfes gedreht werden.

6 **Der englische Weinachtspudding ist ein echtes »Dauerdessert«,** weil er durch Lagerung nur besser werden kann. Er wird immerhin 8-9 Stunden im Wasserbad gegart, obwohl er nach etwa 2 Stunden schon »durch« ist. Durch das Verlängern der Garzeit verbinden sich die unterschiedlichen Aromen der Zutaten zu einem unverwechselbaren Geschmack und konservieren den Pudding sozusagen. In seiner Form — sie kann mit einem Wachspapier versiegelt werden — hält er sich viele Monate lang. In England wird er auch oft, flambiert mit Brandy, feierlich brennend zu Tisch gebracht.

EIERKUCHEN INTERNATIONAL

Von zarten Crêpes zum Omelette soufflée

Der Pfann- oder Eierkuchen, pancake in England und crêpe in Frankreich — ein Wort, das zu dem rheinischen Kreppchen wurde — gehört zu Europas Urspeisen. Er enthält das, was es auf jedem Bauernhof mit einer Kuh und auch nur einer Legehenne gab, er taucht in Märchen auf, er ist überall die älteste Festspeise vorm Aschermittwoch, vor der österlichen Fastenzeit, weil es noch nicht möglich war, Eier, Butter und Milch, die nach den alten strengen Regeln in diesen vierzig Tagen vorm Auferstehungsfest nicht verzehrt werden durften, so lange frisch zu halten. Die Hausfrauen schlugen also in die Schüssel, was noch in den Vorratskammern war, und rührten einen fetten köstlichen Teig, zur Wonne vor allem der Kinder: das ist der dicke fette Pfannekuchen, der dem Kind aus dem Korb springt und »kantapper kantapper« vor Fuchs und Wolf durch Wald und Felder flieht.

Kinder bekamen so einen vollen, satten Genuß tatsächlich so selten, daß sich in einer solchen Fabel aus Sehnsucht und Angsttraum Erfahrungen von Generationen niederschlugen. Friedrich Hebbel beschreibt in seiner Autobiographie folgende Erinnerung: »Mein Vater wurde, wenn er seinem Handwerk nachging, meistens bei den Leuten, bei denen er arbeitete, beköstigt. Mitunter mußte er sich aber gegen eine Entschädigung im Tagelohn selbst die Kost halten. Dann wurde unser Mittagessen verschoben und zur Abwehr des Hungers um zwölf Uhr nur ein einfaches Butterbrot genossen. Es war in dem kleinen Haushalt, der keine doppelte Hauptmahlzeit vertrug, eine billige Einrichtung. An einem solchen Tag buk meine Mutter Pfannkuchen, sicher mehr um uns Kinder zu erfreuen, als um ein eigenes Gelüst zu stillen. Wir verzehrten sie mit dem größten Appetit und versprachen, dem Vater am Abend nichts davon zu sagen. Als er kam, waren wir bereits zu Bett gebracht und lagen im tiefen Schlaf. Er weckte mich jedoch auf, liebkoste mich und fragte mich, was ich gegessen habe. 'Pfannkuchen!' erwiderte ich schlaftrunken. Hierauf hielt er es der Mutter vor, die nichts zu entgegnen hatte und ihm sein Essen auftrug, mir aber einen unheilverkündenden Blick zuwarf.« Das war in Wesselburen, im vorigen Jahrhundert, und es gab damals mehr Geschichten dieser Art.

Doch auch in den kargsten Zeiten gab es Crêpes am Lichtmeßtag, am 2. Februar, dem Tag, an dem alle Kerzen geweiht wurden und werden, die man im Lauf des Jahres in der Familie und in der Kirche braucht. In manchen Gegenden ist es üblich gewesen, mit den frisch geweihten Lichtern Laternenumzüge zu veranstalten, und in Paris wanderten Kinder und Frauen mit den Kerzen in der Hand durch die Stadt und über den Fluß, sangen dabei Kirchenlieder und bekamen zum Schluß heiße, frischgebackene Crêpes, für die man den Teig schon in der Morgenfrühe angesetzt hatte. Mit diesen Lichtmeßpfannkuchen waren allerlei Wahrsagespiele verbunden. Gelang es der Hausfrau zum Beispiel, das erste Pfannküchlein so geschickt in die Luft zu werfen, daß es wieder mitten in der Pfanne landete, so ging ihr im kommenden Jahr niemals das Geld aus. Oder man verfütterte die erste Crêpe an die Hühner, damit sie den ganzen Sommer über gut legten, oder man warf sie in einen Baum hinterm Haus, für die Vögel, damit diese die Hausfrau zum Dank immer vor dem Wolf warnten. Ebenso gehören die Pfannkuchen zum englischen Faschingsdienstag, der Pancake Tuesday genannt wird, weil man dort, wie auf dem Festland, die Eier- und Milchvorräte zu Pfannkuchen verarbeitet hat. In London läutete um zehn Uhr am Faschingsdienstag die Pancake bell, die Pfannkuchenglocke, um die Pfarrkinder zur Beichte zu rufen, und in Cheshire gab es einen Pancake-Wettlauf der Hausfrauen.

Die Pfannkuchen, die den Sprung in die Haute Cuisine geschafft haben, nennen sich bei uns gerne Omelettes (die streng genommen kein Krümchen Mehl enthalten sollten), mindestens aber Crêpes. Sie baden in Likören und Fruchtsäften, sie rollen sich um Träume von Füllungen. Aber sie erinnern trotz aller Dekorationen und Garnituren mehr als andere Desserts an die Ursprünge all unserer Leckerbissen, an die Zeiten, in denen es ein Glück war, sich an einem Pfannkuchen satt essen zu können.

Eine Berühmtheit, ob flambiert oder nicht, **Crêpes Suzette:** Die Schale einer unbehandelten Orange mit 4 Zuckerwürfeln abreiben. 40 g Butter in der Pfanne zerlaufen lassen, die zerkleinerten Zuckerwürfel und zusätzlich 60 g Zucker darin schmelzen. Mit 10 cl Orangensaft und 2 cl Zitronensaft ablöschen und die Sauce etwas reduzieren. 6-8 Crêpes einlegen und darin wenden. Mit 4 cl Grand Marnier und 2 cl Marc de Champagne übergießen. Flambieren! — oder 1-2 Minuten bei schwacher Flamme ziehen lassen; da schmecken die Crêpes auch ohne Feuerzauber.

Marillen-Palatschinken

Pannequets aux abricots

120 g frische Aprikosen
100 g Aprikosenmarmelade
2 cl Galliano (Vanillelikör)
30 g Butter
60 g Walnüsse, gerieben

Die Aprikosen blanchieren, die Haut abziehen, die Steine entfernen und das Fruchtfleisch in Stücke schneiden. Die Aprikosenmarmelade aufkochen, die Aprikosenstücke 1-2 Minuten darin ziehen lassen, vom Feuer nehmen und den Likör unterrühren. Damit die Palatschinken füllen, mit Butter bestreichen und einige Minuten überbacken. Mit den geriebenen Walnüssen bestreuen, mit Puderzucker besieben und mit je einer halben Aprikose garnieren. Für 4 Portionen.

Palatschinken »Sissy«

Pannequets »Sissy«

100 g Marzipan-Rohmasse
2 cl Zuckersirup (30°)
2 cl Zitronensaft
1 cl Kirschwasser
30 g Butter
4 EL Erdbeersauce
4 TL Eierlikör
4 Kugeln Vanilleeis, Schlagsahne

Die Marzipan-Rohmasse mit Zuckersirup, Zitronensaft und Kirschwasser schaumig rühren. Die Palatschinken damit füllen, aufrollen und in eine Pfanne legen. Mit Butter bestreichen und 5 Minuten bei 200° C überbacken. Auf Teller legen, mit Erdbeersauce und Eierlikör übergießen, mit Vanilleeis und Schlagsahne servieren. Für 4 Portionen.

Schokoladen-Palatschinken

Pannequets au chocolat

100 g Sauerkirschkonfitüre
40 g Butter
1/8 l Wasser, 80 g Zucker
40 g Butter, 20 g Kakaopulver
2 cl Rum
100 g bittere Schokolade, gehackt
4 EL Schlagsahne

Die Palatschinken mit Konfitüre füllen und aufrollen. Mit Butter bestreichen und in einer Pfanne bei 200° C 5-6 Minuten überbacken. Wasser, Zucker, Butter und Kakao aufkochen. Vom Feuer nehmen, den Rum und die Schokolade einrühren. Wenn nötig, mit flüssiger Sahne verdünnen. Heiß über die Palatschinken geben und mit je 1 EL Schlagsahne servieren. Für 4 Portionen.

Teig für Palatschinken

Pâte aux pannequets

200 g Mehl
1/4 l Milch
1/8 l Sahne
3 Eier
1 Msp. Salz, 1 EL Zucker
2 EL Öl
Butter zum Backen

Das Mehl in eine Schüssel sieben, Milch, Sahne, Eier, Salz, Zucker und Öl zugeben und alles zusammen zu einem glatten, dünnen Teig rühren. Etwa 1 Stunde ruhen lassen, nochmals durchrühren und nach dem untenstehenden Arbeitsgang »Crêpes« verfahren. Auch Palatschinken sollen möglichst dünn gebacken werden.

Das Rezept ergibt etwa 20 Palatschinken, gebacken in einer Pfanne mit 15 cm ⌀.

Kaiserschmarren

Omelette rissolée

80 g Mehl
1/8 l Milch
2 Eigelb, 1 Msp. Salz
2 Eiweiß, 1 EL Zucker
40 g Rosinen
30 g Butter

Das gesiebte Mehl mit der Milch, den Eigelben und dem Salz zu einem glatten Teig verrühren. Das Eiweiß mit dem Zucker zu Schnee schlagen und mit den Rosinen unter den Teig ziehen. Die Butter in einer großen Pfanne (30 cm ⌀) erhitzen, den Teig hineingießen und glattstreichen. Kurz auf der Flamme anbacken und dann im Backrohr bei 190° C fertigbacken (8-10 Minuten). Mit 2 Gabeln in Stücke zerreißen.

Die Menge ergibt 2-4 Portionen.

Ganz frisch muß der Kaiserschmarren serviert werden. Auf einer Platte anrichten und kräftig mit Puderzucker besieben. Traditionell wird in Österreich »Zwetschkenröster« dazu gereicht. Es passen aber auch alle säuerlichen Kompotte oder, wie in diesem Fall, Äpfel in Weißwein gedünstet.

Crêpes

Eierpfannkuchen

Es ist ein Grundrezept, das herkömmlich in der Pfanne oder mit dem Spezial-Crêpes-Eisen gebacken werden kann. Die Flüssigkeit, in diesem Fall Milch und Wasser, kann variiert werden. Nur mit Wasser angerührt, lassen sie sich besonders dünn backen. Mit Bier oder Cidre wird der Teig durch die Wirkung der Hefe angenehm luftig.

200 g Mehl
3/8 l Milch
1/8 l Wasser
1/4 TL Salz
2 El Zucker
5 Eier
2 Eigelb
50 g Butter

Von den Zutaten, wie nebenstehend beschrieben, einen glatten Teig rühren und zugedeckt mindestens 1 Stunde ruhen lassen. Nur dann kann das Mehl richtig ausquellen. Da es sich am Boden absetzt, den Teig vor dem Backen durchrühren und dies auch während des Backvorgangs öfters wiederholen. Die fertiggebackenen Crêpes übereinanderschichten und im mäßig heißen Backrohr zwischen 2 Tellern warmhalten, bis die letzte Crêpe aus der Pfanne kommt.

Das Rezept ergibt etwa 35 Crêpes, bei Verwendung einer Pfanne von 15 cm ⌀.

Den Crêpes-Teig zubereiten. Das Mehl in eine Schüssel sieben und mit einem Schneebesen die mit Wasser vermischte Milch unterrühren. Salz und Zucker zugeben, die Eier unterrühren und zum Schluß die flüssige, geklärte Butter. Den Teig schön glattrühren. — Zum Backen mit einer kleinen Schöpfkelle Butter in die heiße Pfanne geben und diese wieder in die Kasserolle zurückgießen. Das genügt zum Backen von einer Crêpe. Die Pfanne etwas schräg halten, den Teig hineingießen und die Pfanne bewegen, damit er sich gleichmäßig und hauchdünn verteilt. Mit einem breiten Messer oder einer Palette wenden oder, wenn man den Trick beherrscht, durch einen eleganten Schwung mit der Pfanne in der Luft wenden.

Mit dem Spezial-Crêpes-Eisen geraten sie garantiert hauchdünn. Mit dieser gewölbten Pfanne kann man auf der Gasflamme backen, es gibt sie aber auch elektrisch beheizt. Den Teig in eine passende Schüssel (sie wird mitgeliefert) gießen, die heiße Pfanne darin kurz eintauchen, wieder herausnehmen und umdrehen. Es bleibt nur eine dünne Teigschicht daran hängen. Auf die Gasflamme stellen und nur von einer Seite backen, was sich jedoch leider nachteilhaft auf den Geschmack auswirkt.

Crêpes mit Sauerkirschen

Crêpes aux griottes

1 Glas entsteinte Sauerkirschen (350 g) durch ein Sieb abgießen und den Saft auffangen. 20 g Speisestärke mit etwas Kirschsaft anrühren. Den restlichen Saft mit einem Stückchen Zimt und 50 g Zucker in einen Topf geben, unter Rühren zum Kochen bringen, bis sich der Zucker ganz aufgelöst hat. Mit der angerührten Speisestärke binden. Die Kirschen untermengen und abkühlen lassen. Die Crêpes bis zur Hälfte mit Kirschkompott belegen, falten und mit Puderzucker bestreut servieren. Das Kirschkompott kann auch zusätzlich mit 2 cl Kirschwasser aromatisiert werden.

Für 4 Portionen.

Pariser Crêpes

Crêpes parisiennes

Aus einer Konditorcreme von 1/4 l Milch mit 2 Eiweiß und 50 g Zucker, die zu Schnee geschlagen werden, eine Füllcreme (Seite 67) kochen und mit 1 EL Rum parfümieren. Auf 6 Crêpes verteilen und jeweils mit 3-4 kleinen Makrönchen belegen. Die Crêpes zu einem Rechteck (wie ein Päckchen) falten. 3 Eiweiß mit 60 g Zucker zu Schnee schlagen und mit Spritzbeutel und Sterntülle Nr. 7 die Oberfläche der Crêpes verzieren. Mit Puderzucker leicht besieben und bei 250° C im Ofen überbacken. Mit Erdbeersauce und einigen Makrönchen servieren.

Für 6 Portionen.

Crêpes mit Kiwis und Zabaione

Crêpes aux kiwis et sabayon

4 Kiwis schälen und in Scheiben schneiden. 1 EL Butter in einer Pfanne zerlassen, die Kiwischeiben einlegen und anbraten. Mit 1 EL Puderzucker besieben mit 1 cl Cognac beträufeln. Die Kiwischeiben wenden, von der anderen Seite kurz anbraten und auf jeweils einer Hälfte der 4 heißen Crêpes verteilen. Die Crêpes falten und mit heißer Zabaione servieren. Dafür 2 Eigelb mit 6 cl Marsala und 2 EL Zucker im Wasserbad schaumig aufschlagen.

Für 4 Portionen.

Crêpes mit Vanilleeis

Crêpes à la glace à la vanille

6 cl Zuckersirup mit 2 TL Zitronensaft aufkochen und 2 EL Rum zugeben. 150 g pürierte, frische Erdbeeren darunterrühren und etwa 2 Minuten kochen. Je zwei kleine Kugeln Vanilleeis auf die Crêpes setzen. Die noch warme Erdbeersauce darübergießen und mit 1 EL Schokoladenspänen bestreuen. Mit je 2 halben Erdbeeren garnieren. Die Crêpes können auch gefaltet serviert werden.

Für 4 Portionen.

Normannische Crêpes

Crêpes à la normande

Den Saft einer Zitrone erhitzen und 30 g Butter darin zerlassen. 250 g Äpfel schälen, vierteln und in Scheibchen schneiden. Mit 1 EL Rosinen und 1 EL gerösteten Mandelblättchen in die Zitronenbutter geben und andünsten. Mit 3 cl Calvados parfümieren und abkühlen lassen. 1 TL Zucker in einer Pfanne schmelzen, die Crêpes darin einzeln einlegen, wenden und mit etwas Butter wieder aus der Pfanne lösen. Für die Sauce 1 TL Zucker mit 1 TL Butter schmelzen, mit dem Apfelfond und 2 cl Marsala ablöschen. Die Crêpes bis zur Hälfte mit den Äpfeln belegen, falten und mit der Sauce übergießen.

Für 4 Portionen.

Schwarzwälder Crêpes

Crêpes à la Forêt-Noire

50 g Butter cremig rühren. 1 Eiweiß mit 40 g Zucker zu einem steifen Schnee schlagen und unter die Butter rühren. Mit 2 cl Kirschwasser parfümieren. 120 g Kompott-Sauerkirschen grob zerschneiden und mit der Creme verrühren. Diese Creme in die Mitte der Crêpes verteilen, diese an 4 Seiten zu einem Päckchen falten und im Ofen kurz überbacken. Schokoladenröllchen darüberlegen und jeweils mit einer Sauerkirsche garnieren.

Für 4 Portionen.

Crêpes mit Schokoladencreme

Crêpes à la crème au chocolat

50 g Butter cremig rühren. 1 Eiweiß mit 40 g Zucker steifschlagen und unterziehen. 25 g Kuvertüre im Wasserbad schmelzen und mit 2 cl Rum in die Creme rühren. In einen Spritzbeutel mit Lochtülle füllen und je 2 Längsstreifen in die Mitte der Crêpes ziehen. Die Crêpes falten und je 1 EL Schokoladensauce über die Mitte der Crêpes gießen. Mit gehackten Pistazien bestreut servieren. Die Crêpes können auch noch zusätzlich mit etwas Schlagsahne garniert werden.

Für 4 Portionen.

Crêpes mit Johannisbeeren

Crêpes aux groseilles

150 g frische Johannisbeeren verlesen, waschen und abtropfen lassen. 80 g Zucker mit 1/8 l Rotwein und einem Stückchen Zimt aufkochen und etwa 3-4 Minuten lang einkochen. Die Johannisbeeren hinzugeben und 2 Minuten darin ziehen lassen, danach mit einem Schaumlöffel in eine Schale geben. 10 g Speisestärke mit etwas Rotwein anrühren, die Sauce binden und die Johannisbeeren darin wieder erhitzen. Die Crêpes tütenförmig falten und das Johannisbeerkompott einfüllen. Mit Puderzucker bestreut servieren.

Für 4 Portionen.

Crêpes mit Ahornsirup und Walderdbeeren

Crêpes au sirop d'érable

120 g Walderdbeeren verlesen, waschen und in einem Sieb abtropfen lassen. 120 g Ahornsirup bei kleiner Flamme erhitzen. Die Walderdbeeren hineingeben und darin erwärmen, jedoch nicht kochen. Danach den Ahornsirup mit den Erdbeeren über die Crêpes verteilen. Mit je einem Klecks halbsteifgeschlagener, ungesüßter Sahne garnieren und sofort servieren. Ahornsirup verträgt sich auch bestens mit frischen Waldhimbeeren oder Heidelbeeren.

Für 4 Portionen.

Makronen-Crêpes

Crêpes aux macarons

Die Crêpes dünn mit Johannisbeergelee bestreichen und zu Streifen falten. Mit den gefalteten Seiten nach unten auf die Teller legen. 125 g Marzipan-Rohmasse mit 50 g Zucker, etwas Zitronen-Abgeriebenem und 50 g Eiweiß cremig rühren und mit dem Spritzbeutel und Lochtülle Nr. 4 ein Gitter daraufspritzen. Für die Sauce 50 g Butter mit 50 g Sahne aufkochen, etwas abkühlen lassen und über die Crêpes gießen. Mit 2 EL Puderzucker besieben und bei starker Hitze überbacken. Jeweils mit einer Rispe Johannisbeeren garnieren.

Für 4 Portionen.

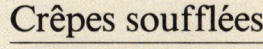

Schokoladen-Crêpes

Crêpes au chocolat aux fruits

Nach dem gleiche Rezept, nur unter Zugabe von 20 g Kakaopulver und zusätzlich 1 EL Zucker werden Schokoladen-Crêpes zubereitet. 120 g frische Ananas in Stückchen schneiden. 2 Nektarinen schälen und kleine Scheibchen herauslösen. 1 EL Butter in einer Pfanne zerlassen und die Früchte kurz anbraten. Mit 1 EL Puderzucker besieben, bis sie glasieren, herausnehmen und warmstellen. 60 g frische Himbeeren verlesen, waschen, abtropfen lassen und mit den warmgestellten Früchten auf die Crêpes verteilen. Mangosauce darübergeben, die Crêpes zur Hälfte falten und mit Puderzucker bestreut servieren. Für 4 Portionen.

Crêpes soufflées

Soufflé-Crêpes

15 g Butter in einem Topf erhitzen, mit 20 g Mehl verrühren und eine Mehlschwitze (Roux) bereiten. Mit 1/8 l Milch aufgießen. Abgeriebene Schale einer halben Zitrone dazugeben. Aufkochen lassen. 1 Eigelb unterrühren und vom Feuer nehmen. Mit 1 TL Zitronensaft abschmecken. 2 Eiweiß mit 50 g Zucker steifschlagen und vorsichtig unterheben. Die Creme ca. 1,5 cm dick bis zur Hälfte auf die Crêpes streichen, falten und mit Puderzucker besieben. Im Ofen bei 180° C 10 Minuten überbacken. Mit Puderzucker bestreut und mit je einer Zitronenscheibe garniert servieren.

Für 4 Portionen.

Omelette soufflée

Auflaufomelette

- 30 g Zucker
- 3 Eigelb
- 1/2 Vanilleschote
  abgeriebene Schale einer halben, unbehandelten Zitrone
- 5 Eiweiß, 80 g Zucker
- 1 TL Kartoffelmehl
  Butter zum Bestreichen
  Zucker zum Bestreuen

Zuerst werden sorgfältig Eigelb und Eiweiß getrennt, dann das Mark der Vanilleschote ausgekratzt und von der Zitrone die Schale abgerieben. Nun Zucker und Eigelb langsam miteinander vermischen, Vanillemark und Zitronenschale beifügen und das Ganze schaumig rühren. Anschließend Eiweiß mit Zucker zu Schnee schlagen und das Kartoffelmehl mit dem Schneebesen vorsichtig darunterrühren. Diesen Schaum behutsam mit einem Kochlöffel unter die Eimasse melieren. Dann Butter zerlassen, abkühlen und mit Hilfe eines Pinsels auf die Innenfläche der Silberplatte streichen. Die gefettete Fläche noch mit etwas Zucker bestreuen. Von der Soufflé-Masse etwa drei Viertel der Menge mit einem Teigschaber auf die Platte setzen. Mit einem breiten Messer die Masse glätten, hochdressieren und in die Form eines Schiffchens bringen. Auf der Oberfläche einen 8 cm langen Spalt in die Masse einarbeiten. Mit einem Garnierkamm die Seiten der Breite nach mit Rillen versehen. Den Rest der Soufflé-Masse in einen Spritzbeutel mit Sterntülle Nr. 8 füllen und den oberen und unteren Rand mit Rosetten verzieren.

Backzeit 10-12 Minuten bei 200° C. Die Menge reicht für 2 Personen.

1 Etwas Butter zerlassen und abkühlen lassen. Mit Hilfe eines Pinsels die Innenfläche der Platte damit bestreichen. Anschließend etwas Zucker darüberstreuen. Von der vorbereiteten Soufflé-Masse werden nun etwa drei Viertel mit dem Teigschaber auf die Platte gehoben.

Omelette soufflée ist das klassische, traditionelle Dessert. Es ist sehr leicht, weil es fast nur aus Eiern und Zucker besteht. Außerdem hat es einen großen sättigenden Effekt. Daher ist diese Menge für vier Personen ausreichend, vor allem, wenn das Dessert noch mit Früchten variiert wird. Besonders gut eignen sich Sauerkirschen, abgezogen, mit Zucker und Zimt. — Die traditionelle Form ist das Schiffchen mit dem tiefen Spalt. So kann die Masse gleichmäßig garen. Eine weitere Wärmeleitung für den unteren Teil des Soufflés stellt die Metall- oder Silberplatte dar. Der Boden des Desserts würde auf einer Porzellanplatte nicht gleichmäßig durchbacken.

2 Die Soufflé-Masse in Form bringen. Mit Hilfe eines breiten Messers wird die Masse je nach Form der Platte und der gewünschten Vorstellung hochdressiert — hier in Form eines Schiffchens. Dann wird in die Oberfläche der Länge nach ein etwa 8 cm tiefer Spalt eingearbeitet.

3 Das Omelette garnieren. Mit einem Garnierkamm, am besten aus Horn, werden die Seiten der Breite nach mit Rillen versehen. Dann die restliche Soufflé-Masse in einen Spritzbeutel mit Sterntülle Nr. 8 füllen und das Omelette am oberen und unteren Rand mit Rosetten verzieren.

1 **Den Eischnee vorsichtig unter die Eigelbmasse heben.** Eigelb mit Zitronenschale und Vanillemark gut verrühren. Dann Eiweiß mit Zucker ganz steif schlagen und mit einem Holzlöffel unter die aromatisierte Mischung ziehen. Mehl darübersieben, melieren und dem Ganzen die heiße Butter beifügen.

Biskuitomelette mit Früchten

Omelette aux fruits

> 3 Eigelb
> Schale einer halben, unbehandelten Zitrone
> 1/2 Vanilleschote
> 6 Eiweiß
> 100 g Zucker
> 40 g Mehl
> 40 g heiße, braune Butter
> 20 g Butter zum Backen
> 2 EL Aprikosenmarmelade
> 1 EL Orangenlikör
> Früchte zum Garnieren

Zuerst die Schale der Zitrone abreiben, Mark der Vanilleschote auskratzen, Eigelb und Eiweiß sorgfältig trennen. Dann Eigelb, Zitronenschale und Vanillemark gut miteinander verrühren. Eiweiß von 6 Eiern mit Zucker steifschlagen und vorsichtig unter die Eigelbmasse heben. Nun Mehl über die Mischung sieben und melieren. Anschließend die heiße Butter langsam beifügen. In einer Stahlpfanne Butter zum Backen zerlassen und die Masse darüberfüllen. Mit der Palette die Oberfläche glattstreichen. Handlicher noch ist ein Teigschaber. Die Pfanne nicht sofort in den Ofen schieben, sondern ein bis zwei Minuten auf den Herd stellen, damit der Teig leicht anziehen kann. Dann im Backofen 10 Minuten bei 200° C backen. Während dieser Zeit Aprikosenmarmelade mit Orangenlikör vermischen. Ist das Biskuitomelette fertig, noch in der Pfanne mit der Aprikosen-Likör-Mischung bis zur Hälfte bestreichen. Zusammeklappen und auf eine Platte gleiten lassen. Mit Früchten wie Kirschen, Kiwis und Mandarinen garnieren.
Die Menge reicht für 4 Personen.

2 **Den Biskuitteig in der Pfanne glattstreichen.** Ist der Teig fertig, Butter in einer Stahlpfanne zerlassen und die Masse in die Pfanne füllen. Die Oberfläche mit einer Palette glätten. Die Pfanne ein bis zwei Minuten auf den Herd stellen, damit der Teig anzieht. Dann in den Backofen schieben.

3 **Das fertige Omelette noch in der Pfanne umschlagen. Hat das Omelette eine** schöne gelbbraune Farbe bekommen, rasch in der Pfanne mit der Marmeladen-Likör-Mischung bestreichen und mit der Palette zusammenklappen. Erst dann auf einen Teller oder eine Platte gleiten lassen und garnieren.

Das Biskuitomelette mit Früchten kommt aus der Art des traditionellen »Omelette Stéphanie«, dessen klassische Füllung aus Walderdbeeren, Ananas und einer weichen Birnensorte besteht, wie zum Beispiel der »Alexander Lucas«, einer späten Butterbirne. Biskuitomelettes gibt es natürlich mit den verschiedensten Füllungen. Nach »Wiener Art« wird es ausschließlich mit Konfitüre gefüllt. Weiterhin sind sehr zu empfehlen Füllungen mit abgebundenen Kompottfrüchten, zum Beispiel Schattenmorellen oder Himbeeren. Auch mit Schokoladencremefüllung aus Konditorcreme und Kuvertüre lassen sich leckere Biskuitomelettes zubereiten.

EISCREMES, SELBSTGEMACHT?

Grundsätzliches über die Eiszubereitung

Eiscreme wirklich selbstgemacht? Wohl kaum, wenn man die Bezeichnung vom amerikanischen »Icecream« ableitet und damit die industriell hergestellten Speiseeissorten meint. Und damit wäre dieses Kapitel eigentlich umsonst oder könnte sich bestenfalls damit beschäftigen, wie und womit diese Fertigprodukte serviert werden, wenn es nicht — vielen nur noch schwach in Erinnerung — ein Eis gäbe, das man selbst zubereiten kann und das darüber hinaus auch noch besonders fein schmeckt. Eisspeisen oder Früchte und Desserts vom Eis, vom gefrorenen Wasser, das war in der Frühzeit aller Feinschmeckerei der höchste Luxus, den man sich leisten konnte. Aus dem klassischen Altertum sind die erstaunlichsten Geschichten überliefert, von Alexander, der auf seinen Eroberungszügen nach Indien Firnenschnee mitgeführt haben soll, der zur Erquickung der durstigen Soldaten dann mit Fruchtmark und Wein verrührt wurde. Oder von Hippocras, dem berühmten griechischen Arzt, der schneeiges Eis als ein Mittel verordnete, um die Säfte des Körpers wieder zu beleben. Und in Rom ließ sich Kaiser Nero den Schnee der Alpen von Stafettenläufern herbeischaffen, und sein Koch verrührte das gemahlene Eis mit Honig, Rosenwasser, Früchten und Baumharz zum Festigen des Desserts. Wie sich diese eisigen Frachten gehalten haben, kann man nur vermuten. Manchmal werden Schichten von Laub erwähnt, manchmal auch Tierdung, und noch zu Beginn unseres Jahrhunderts rät ein Fachmann der »Berliner Morgen-Zeitung«, die Schüssel mit Speiseeis zwischen doppelten Feder-Plumeaus im Ehebett vorm Schmelzen zu bewahren. In dieser Zeit senkte man in Ungarn die Sahneeistöpfe in die Tiefe der Ziehbrunnen, und hierzulande gehörte zu den großen Bauern- und Herrenhäusern ein Eiskeller, ein besonders ummauerter und isolierter Raum, der im Winter mit Eisblöcken gefüllt wurde, die man aus zugefrorenen Teichen oder Bächen sägte, und auf denen noch im Sommer die zarten Beeren auf Blätter- oder Strohschichten lagerten. Sie kamen leicht überfrostet wie ein köstliches Natur-Fastgefrorenes zu Tisch, in guten Zeiten von Vanillesahne begleitet, die schon auf dem Weg zur Eiscreme war.

Wenn auch niemand mehr genau nachprüfen kann, ob sich die Chinesen wirklich weit vor unserer Zeitrechnung die ersten Eisdesserts gefroren haben, so wissen wir doch recht genau, daß das, was wir als Speiseeis kennen, aus Sizilien stammt. Dort entdeckte ein kluger und wissenschaftlich gebildeter Mann im 16. Jahrhundert, daß Wasser mit Salpeter und Salz gemischt so ähnlich kühlt wie Eis, und er führte zuerst auf Jahrmärkten vor, »mehr zum Scherz«, wie sich in Metallbüchsen, mit Fruchtsäften gefüllt, wie durch Zauberei Eiskristalle bilden. Diese Zauberkunststücke inspirierten jedoch die italienischen Köche, das Wundereis so weit zu entwickeln, daß durch üppigere Zutaten und geduldiges Rühren samtiges Sahnefruchteis entstand, das mit Maria von Medici nach Frankreich kam. In Paris gab es ein gutes Jahrzehnt nach dem Westfälischen Frieden die ersten italienischen Eis-Konditoreien, die rasch Mode wurden. Bei uns reagierte man jedoch noch lange wie Goethes Mutter. Sie ließ zum Verdruß des kleinen Wolfgang das Speiseeis fortgießen, das ihnen der einquartierte französische Königsleutnant von seiner Tafel geschickt hatte, »weil es ihr unmöglich vorkam, daß der Magen ein wahrhaftes Eis, wenn es auch noch so gut durchzuckert sei, vertragen könne.« In den Vereinigten Staaten hatten Mütter keine Bedenken dieser Art: dort erfand eine — nur wenige Jahre später — die Eismaschine, die mit der Kurbel ins Rotieren gebracht wird, und kaum eine neuere Lebenserinnerung aus diesem Land, in der nicht beschrieben wird, wie die Kinder am Sonntagvormittag nach der Kirche auf der schattigen Veranda die Kurbel drehten und immer wieder probierten, ob das Eis nicht schon gut war. So konnte auch unsere Henriette Davidis auf die »trefflich arbeitenden« Eismaschinen aus den USA hinweisen, und es gab kein Menü in der gutbürgerlichen Küche, das nicht mit Glace, in jeglicher Form, beschloß, als Bombe, gemischt, zu Früchten, wozu »Gaufres« und »Patisserie« gereicht wurden, Waffeln und Kleingebäck. Das Getränk zum Eis war ein sogenannter Dessertwein aus Zypern oder Madeira, Malvasier, auch Tokayer, Ausbeerwein, alter Portwein oder Liköre. Oder: Vin de Champagne, besonders gut gekühlt.

Speiseeis, ein Dessert mit Tradition, aber ohne Breitenwirkung. Es war über Jahrhunderte ein Dessert der Begüterten. Selbst durch die Eismaschinen mit Handbetrieb, die um die Jahrhundertwende auftauchten und die Herstellung vereinfachten, wurde es nicht sonderlich populär. Erst die industrielle Eiskrem schaffte den Durchbruch zum meistgegessenen süßen Dessert. Bei einem Pro-Kopf-Verbrauch von 24 Litern jährlich ist Amerika Spitzenreiter.

EISCREMES, SELBSTGEMACHT?

Frisch oder aus der Truhe?

Eine Frage, die nicht mehr leicht zu beantworten ist, denn um keine Gruppe der süßen Desserts hat sich die Industrie so erfolgreich bemüht, wie um das Speiseeis. Gründe für diesen Siegeszug gibt es viele. Für die Nachkriegsgeneration ist Speiseeis ohnehin gleichbedeutend mit einigen großen Markennamen, und bei den älteren Jahrgängen ist es mehr die Erinnerung an mühsames Kurbeln der Eismaschine als an den darauffolgenden Genuß des kühlen Desserts. Auch die Eiskünstler aus Italien haben ihren Teil dazu beigetragen, uns das »selbstgemachte« möglichst rasch vergessen zu lassen.

Die Tatsache, daß erfahrene Hausfrauen, Hobbyköche und sogar Profis zwar an den raffiniertesten Eisparfaits basteln, aber ein schlichtes Vanilleeis lieber aus der Tiefkühltruhe holen, ist sicher ein Triumph der Eiskrem-Industrie, aber auch eine Lücke im Angebot der sonst sehr rührigen Hersteller von Haushaltsgeräten. Wer wirklich ein feines Vanilleeis selbst zubereiten will, kann nur unter zwei optimalen Möglichkeiten wählen. Einmal ist es die alte Eismaschine, wie ehedem handbetrieben und mit einem Mantel von gestoßenem Roheis und Salz umgeben, die es (außer vielleicht auf dem Flohmarkt) gar nicht mehr gibt. Zum anderen eine sogenannte »Sorbetiere« (Seite 179), eine kleine, aber perfekte Eismaschine, die in geringen Mengen nicht nur Sorbets, sondern auch alle anderen Eissorten in bester Qualität in nur wenigen Minuten friert. Aber vom Preis her ist sie kein Haushaltsgerät, sondern etwas für den Profi.

Cremiges Eis

Gemeint ist das selbst zubereitete, bei dem einem schon das Wasser im Munde zusammenläuft, wenn man nur das Rezept liest. Es ist ein Qualitäts-Eis, das laut Gesetzgebung »Kremeis« heißt, und die Verordnung über Speiseeis, die für jeden Fachmann bindend ist und die Hygiene-Vorschriften etc. beinhaltet, ist teilweise auch für den Haushalt wichtig. So sollte die ungefrorene Creme nicht lange aufbewahrt und gefrorenes Eis grundsätzlich sofort verbraucht werden, keinesfalls darf aber bereits geschmolzenes Eis erneut gefroren werden.

Rezepte für cremiges Eis gibt es in Hülle und Fülle, doch ist auch hier die Grundcreme mit Vanille eine Art Universalrezept, das nach allen Richtungen variiert werden kann. So ist es möglich, aus einer Creme durch Zugabe von anderen, geschmacksgebenden Zutaten mehrere.Sorten Eis herzustellen, und man kann sie zu Schokoladen-, Mokka-, Nuß-, Pistazien- oder Erdbeereis

verwandeln. Werden zuckerhaltige Zutaten wie Schokolade, Nougat, Krokant oder Karamel verwendet, so ist es ratsam, die Zuckermenge des Grundrezeptes entsprechend zu verringern, und will man aus dieser Grundcreme auch Vanilleeis frieren, diesem dann den fehlenden Zuckeranteil wieder zuzusetzen.

Frisches, cremiges Eis kann aber nicht nur auf der Basis der Eier-Grundcreme bereitet werden. Auch alle Sorten Fruchteis aus dem Mark der Früchte, teils mit Sahne, teils mit Wein oder Wasser vermischt, eignen sich dafür bestens, wenngleich hier der Übergang vom Cremeeis zum Sorbet fließend ist und der Unterschied nur noch darin besteht, wie fest ein solches Eis gefroren wird. Eine besonders zeitgemäße Variante aber sind die cremigen Joghurteis-Sorten. Vor allem Fruchteis, denn Joghurt ist mit seinem säuerlichen Geschmack ein idealer Partner für Fruchtmark und im besonderen für den Saft von Zitrusfrüchten. Außerdem kann Joghurteis auch recht »schlank« zubereitet werden, wenn man auf Schlagsahne verzichtet oder sie durch Eischnee ersetzt und zudem mit Zucker sparsam umgeht.

Vanilleeis

Glace à la vanille

    7 Eigelb
    200 g Zucker
    1/2 l Milch
    1/4 l Sahne
    1 Vanilleschote

Die Zubereitung ist vollkommen identisch mit der »englischen Creme« von Seite 62. Die Eigelbe werden mit dem Zucker in einer Schüssel cremig, aber nicht schaumig gerührt. Die Milch wird mit der Sahne und der aufgeschlitzten Vanilleschote aufgekocht. Die Schote herausnehmen und das Vanillemark in die Milch streifen. Diese nochmals aufkochen und unter Rühren zu der Eigelbmasse geben. Die Mischung in eine Kasserolle gießen, auf das Feuer stellen und ununterbrochen mit dem Holzspatel rühren, bis die Creme beginnt, dickflüssig zu werden. Sie darf keinesfalls aufkochen. Durch ein feines Sieb gießen, auf Eiswasser abkühlen und dabei von Zeit zu Zeit umrühren. Die kalte Creme in die Eismaschine schütten und frieren. Dabei kann man den Grad der Festigkeit selbst bestimmen, je nachdem, ob man es lieber cremig oder fester mag. Die Menge ergibt etwa 1 Liter Creme, das entspricht 16 Portionen (geformt mit einem Portionierer von 5 cl Inhalt).

Schokoladen-Rumeis

Glace au chocolat et rhum

100 g Schokolade (Kuvertüre 60/40) im Wasserbad auflösen. Unter ständigem Rühren mit dem Schneebesen 1/8 l Eis-Grundcreme langsam zugeben, anschließend 2 cl braunen Rum. Die Masse etwas abkühlen lassen und unter weitere 3/8 l Eis-Grundcreme rühren. Für dieses Rezept sollte die Grundcreme mit 1/3 weniger Zucker zubereitet worden sein. In der Eismaschine cremig frieren und mit einer italienischen Zabaione (Seite 81) servieren. Zu diesem Eis passen aber auch Rumfrüchte mit Schlagsahne oder Vanillesauce sehr gut.

Für 8 Portionen.

Haselnußeis

Glace aux noisettes

100 g Haselnüsse auf einem Backblech im Ofen rösten, bis die Haut aufspringt. Abkühlen lassen, auf ein Tuch legen und damit die Haut abreiben. Feinreiben und unter 1/2 l Eis-Grundcreme rühren. In der Eismaschine frieren, portionieren und jede Kugel z. B. mit einer Baiserblume, die von einer Haselnuß gekrönt ist, garnieren. Dazu paßt ganz vorzüglich heiße Schokoladensauce (Seite 80), die mit einem Schuß Rum aromatisiert wurde.

Für 8 Portionen.

Pralineeis

Glace au praliné

Unter 1/2 l Eis-Grundcreme 2 cl Cointreau und 1 cl braunen Rum rühren. 100 g bittere Schokolade (Kuvertüre 70/30) im Wasserbad auflösen. Die Eis-Grundcreme in die Eismaschine geben und etwa 2-3 Minuten frieren. Die lauwarme Schokolade in die rotierende Maschine gießen. Die Schokolade gerinnt sofort zu kleinen Flocken. Fertig frieren und portionieren. Mit jeweils einer Sahnerosette und Himbeersauce servieren. Für 8 Portionen.

Waldmeister-Joghurteis

Glace à l'asperule et au yogourt

Ein kleines Bündel Waldmeister (etwa 20 g) in 15 cl trockenem Weißwein 1-2 Stunden ziehen lassen. Durch ein feines Sieb seihen, 120 g Zucker zugeben und etwa 2 Minuten sprudelnd einkochen. Abkühlen lassen, 1 cl Zitronensaft und 175 g Joghurt (3,5% Fett) unterrühren. 1/8 l Sahne steifschlagen und unterziehen. In der Eismaschine cremig weich frieren und mit Brombeeren und Karamelsauce servieren. Dafür 90 g Zucker mit 1 cl Wasser zu einem hellbraunen Karamel kochen und mit 1/8 l Wasser ablöschen. Bis zur gewünschten Stärke einkochen. Für 8 Portionen.

Walnuß-Krokanteis

Glace aux noix

100 g Zucker mit 1 EL Wasser in einer kleinen Kasserolle zu hellbraunem Karamel kochen. 60 g grob gehackte Walnüsse und 30 g geriebene Mandeln darunterrühren, diesen Krokant auf einem geölten Blech breitdrücken und erkalten lassen. Fein zerstoßen. 1/2 l Eis-Grundcreme (möglichst mit 1/3 weniger Zucker) in der Eismaschine anfrieren, und den Krokant erst zusetzen, wenn sie beginnt, cremig zu werden, damit sich der Karamel nicht auflösen kann und knusprig bleibt. Johannisbeersauce, möglichst mit einem Teil Bienenhonig, harmoniert gut mit dem Walnußgeschmack. Für 8 Portionen.

Erdbeer-Joghurteis

Glace aux fraises et au yogourt

350 g Joghurt (2 Fläschchen, 3,5% Fett) mit 100 g Puderzucker verrühren, 6 cl Zitronensaft und 300 g frisch pürierte Erdbeeren unterrühren und mit 2 cl Grand Marnier aromatisieren. 1/8 l Sahne steifschlagen und mit dem Schneebesen darunterziehen. In der Eismaschine cremig frieren und mit Orangensauce servieren. Zu diesem Joghurteis schmecken auch frische Früchte (Fruchtsalat), die ebenfalls mit etwas Orangenlikör mariniert wurden, ausgezeichnet. Für 8 Portionen.

Pistazieneis

Glace aux pistaches

75 g geschälte Pistazien feinmahlen und unter 1/2 l Eis-Grundcreme rühren. Mit 1 cl Mandellikör (Amaretto) oder Maraschino parfümieren. In der Eismaschine frieren. Dazu paßt besonders gut eine Pflaumensauce oder Pflaumenkompott. Für die Sauce 200 g frische, reife Pflaumen pürieren und mit 60 g Zucker, 1 Msp. Zimt und 1 TL Zitronensaft 4-5 Minuten sprudelnd einkochen. Sie kann heiß oder kalt dazu serviert werden. Für 8 Portionen.

Ananaseis

Glace à l'ananas

150 g frische, reife Ananas pürieren und mit 150 g Zucker 2-3 Minuten einkochen. Weitere 150 g Ananas in kleine Würfel schneiden und bei schwacher Hitze etwa 6-8 Minuten langsam darin kochen. Erkalten lassen und mit 1/2 l Eis-Grundcreme (möglichst mit 1/3 weniger Zuckeranteil) verrühren und in der Eismaschine cremig frieren. Jede Portion mit einer Sahnerosette und 1 EL heißer oder kalter Schokoladensauce, die kräftig mit Rum aromatisiert wurde, garnieren. Für 8 Portionen.

Pfirsicheis-Dessert

Glace aux pêches

250 g Pfirsichpüree
350 g Joghurt (3,5% Fett)
100 g Puderzucker
2 cl Limettensaft
1 cl Kirschwasser
1/8 l geschlagene Sahne

Das Pfirsichpüree mit dem Joghurt und den übrigen Zutaten verrühren und cremig frieren. Petits fours (zubereitet wie auf S. 124) mit Fondant überziehen, der mit Kirschwasser aromatisiert wurde. Trocknen lassen und mit einem Messer teilen. Mit Spritzbeutel und Sterntülle das Eis daraufspritzen. Dazu Schokoladensauce und Pfirsichspalten servieren.

Für etwa 8-10 Portionen.

Brombeereis-Dessert

Glace aux baies de ronce

80 g Zucker, 2 cl Wasser
2 cl Curaçao
300 g Brombeerpüree
175 g Joghurt (3,5% Fett)
1 Msp. Zimt
1/8 l geschlagene Sahne

Den Zucker mit dem Wasser 1 Minute kochen, den Curaçao zugeben und damit das Brombeerpüree süßen. Joghurt und Zimt dazugeben und zum Schluß die geschlagene Sahne unterziehen. Cremig frieren. Mit Rum-Fondant überzogene Petits fours (wie auf S. 124 zubereitet) auseinanderschneiden, das Eis mit Spritzbeutel und Sterntülle einfüllen. Mit Aprikosensauce und Brombeeren servieren.

Für 8 Portionen.

Vanilleeis-Dessert

Glace à la vanille aux petits fours

Vanilleeis (S. 170), 1/2 Rezept
2 cl Zuckersirup (30°)
2 cl feiner Cognac

Das Vanilleeis wie auf S. 170 beschrieben zubereiten und cremig frieren. Die Petits fours von S. 124 mit Fondant überziehen, der nur mit etwas Zitronensaft abgeschmeckt wurde. Wenn sie abgetrocknet sind, quer auseinanderschneiden und den Biskuit mit der Mischung aus Zuckersirup und Cognac tränken. Mit einem kleinen Portionierer (2,5 cl Inhalt) jeweils 2 Kugeln Vanilleeis auf die länglichen Petits fours setzen. Dazu eine Sauce aus frischen Walderdbeeren servieren, wie sie auf S. 79 beschrieben ist.

Für etwa 8 Portionen.

Eis und Früchte

Sie ergänzen sich immer bestens, man denke nur an die vielen Kombinationen von »Eisbechern« mit Cremeeis und Früchten. Aber auch die Hülle kann eßbar sein, z. B. die kleinen Körbchen (Tulpen) aus Hippenmasse von S. 74 oder die Schokoladen-Torteletts von S. 84, die zudem noch den Vorteil haben, lange lagerfähig zu sein. Besonders fein sind die nebenstehenden Baiserkörbchen, die geschmacklich zu allen Eissorten und Früchten passen. Der süße Baiser harmoniert auch gut mit der Isolierschicht aus bitterer Schokolade.

Für die Baiserschalen braucht man Halbkugelformen, die man aus starker Alufolie selbst herstellen kann. Die Folie wird doppelt oder dreifach über ein Modell gestreift und der überstehende Rand abgeschnitten. Die Folie sollte nun leicht geölt werden, damit sich später die fertigen Baiserschalen leicht lösen. Die Folien-Halbkugel abheben, auf ein mit Backtrennpapier belegtes Kuchengitter setzen und dieses dann auf ein Backblech. Würde man die Folien-Halbkugeln direkt auf das Backblech setzen, entstünde darunter ein zu großer Hitzestau.

Rezept für Baiserschalen:

1/4 l Eiweiß (von 8 Eiern)
250 g Zucker (Raffinade)
200 g Puderzucker
20 g Speisestärke

Das Eiweiß aufschlagen und den Zucker langsam einrieseln lassen. Ist der Schnee richtig steif, den mit der Speisestärke vermischten Puderzucker mit dem Kochlöffel unterziehen. Den Schnee in einen Spritzbeutel mit Lochtülle Nr. 7 (für größere Schalen Nr. 9 verwenden) füllen und auf die Halbkugeln, unten angefangen, eine Spirale spritzen. Für große Baiserschalen kann man noch extra einen Tupfenrand aus Baisermasse auf Trennpapier spritzen, der dann später aufgesetzt wird. Die Schalen bei 100-120° C möglichst über Nacht bei leicht geöffneter Backofentür mehr trocknen als backen.

Die völlig erkalteten Schalen mit Kuvertüre füllen und sofort wieder ausgießen. Auf einem Kuchengitter auslaufen lassen. Ist die Kuvertüre fest, werden kleine Baiserschalen mit dem Rand nochmals in Kuvertüre getaucht. Jetzt können sie mit Eis und Früchten gefüllt werden, ohne daß dabei der Baiser aufweicht.

Für 4 Baiserschalen von 9-10 cm ∅ oder eine große Schale von etwa 16 cm ∅.

EISKALTE FRÜCHTCHEN

Von Sorbets, Granités und Spooms

Ein erfrischendes Thema, das aber wegen der vielen, oft verwirrenden Bezeichnungen gar nicht so leicht in den Griff zu bekommen ist. Darüberhinaus sind die Herstellungsmethoden durchaus nicht einheitlich. Sorbet wurde früher vielfach als Eisgetränk bezeichnet und auch so zubereitet. Aber wie auch immer die Namen lauten mögen, eins ist sicher: Fruchteis ist die älteste Art der Speiseeisherstellung überhaupt. Gestoßenes Eis oder einfach Schnee mit Fruchtsaft übergossen, ist an sich schon ein komplettes Eisdessert. Es ist das Grundrezept des persischen »sharbate«, also des Sorbets, ebenso wie der »frio frio«, einer im ganzen karibischen Raum beliebten Erfrischung. Dort werden am Straßenrand kleine Tütchen aus Pappe feilgeboten, gefüllt mit gemahlenem Eis. Und darüber kommt einfach ein Schuß Fruchtsirup. Bei gut sortierten Verkäufern kann man zwischen zwei bis drei Farben wählen. Deutliche Geschmacksunterschiede werden dort natürlich nicht garantiert. Historisch kann wohl kaum erwiesen werden, woher das Fruchteis, beziehungsweise Eis mit Früchten oder den daraus gewonnenen Säften stammt. Die Entwicklung verlief in den verschiedenen Kulturen vermutlich parallel. Sicher weiß man die Herkunft des Sorbets, es kommt von dem persischen Sharbate. Sharbate, Scherbett, Sorbet, nicht nur das Wort hat sich verändert. Im Lauf der Jahrhunderte sind eine Unmenge verschiedener Rezepte entstanden. Im besonderen die italienische und die französische Küche haben die raffiniertesten Kreationen hervorgebracht. Verfolgt man die einschlägige Literatur, so erfährt man, daß das Sorbet bis in unser Jahrhundert als ein aus dem Orient stammendes Eisgetränk verstanden wurde, zusammengesetzt aus Fruchtsaft oder -sirup, mit gestoßenem Eis und auch oft mit Fruchtstückchen. Lange Zeit wurde es bei großen Menüs als erfrischende Abwechslung vor dem Hauptgericht gereicht. In der Zwischenzeit hat dieser Brauch wieder an Beliebtheit gewonnen, aber die Sorbets haben sich vom Getränk zum cremigen, leichten Fruchteis gewandelt. Wobei die »Frucht« durchaus in Form von Champagner verwendet werden kann. Überwiegend hat das Sorbet in seinen vielen Variationen die Funktion der süßen Nachspeise übernommen. Es wurde zum klassischen Dessert der reformierten Küche, die auf Leichtigkeit besonderen Wert legt. Das hat auch seinen guten Grund, denn es läßt sich in seiner Zusammensetzung relativ kalorienarm gestalten, ist unkompliziert in der Herstellung und bietet wie kein anderes Dessert unzählige Variationsmöglichkeiten (ein Umstand, der leider auch zu geschmacklichen Entgleisungen führen kann).

Ein Sorbet ist nicht nur variabel in der Zusammensetzung der gefrorenen Masse, sondern auch in der Art wie man es anrichtet. Man kann es mit den verschiedensten Saucen und Likören kombinieren, mit einheimischen Beeren und exotischen Früchten. Selbst Gemüse wie Tomaten und Gurken werden von manchen Vertretern der »Neuen Küche« dazu verwendet. In diesem Fall wäre es sogar wieder sinnvoll, das »Gemüse-Sorbet« als Zwischenspeise nach dem Braten zu reichen.

Auch die Konsistenz eines Sorbets kann variiert werden; von halbflüssig im Glas bis fest portioniert auf dem Teller oder in der Schale.

Granité oder Gramolata, Punch und Spoom sind die eingeführten Bezeichnungen für Sorbet-Varianten. Die Mischungen sind unterschiedlich wie auch die Art des Gefrierens. So wird das Granité möglichst kristallin gefroren und ist ganz besonders kühl und erfrischend. Spoom dagegen, bei dem nach dem Gefrieren gesüßter Eischnee (Meringue) untergezogen wird, ist wie ein duftiger Traum aus Schaum.

Als Tip sei noch vermerkt: Es lohnt sich, Gläser, Schalen oder Teller vor dem Füllen in den Kühlschrank oder in die Gefriertruhe zu stellen, damit die Köstlichkeiten nicht allzu schnell dahinschmelzen.

Champagner-Granité mit Früchten
Granité au champagne aux fruits
Ein möglichst flaches Gefäß mit 2 EL Puderzucker überstäuben. Von einer Flasche Champagner 2/3 des Inhalts darübergeben und im Tiefkühlfach anfrieren lassen. Dann das Eis mit dem Löffel abschaben und zusammen mit frischen Früchten in Gläser füllen. Zum Schluß mit dem gut gekühlten Rest des Champagners übergießen.

Granité,
die Köstlichkeit aus dem Orient

Im Italienischen die Granita, französisch Granité oder Gramolate, ist wohl dem ursprünglichen Sorbet, dem persischen Sharbate, am ähnlichsten. Dazu wird Saft von säuerlichen Früchten, Wein oder Champagner verwendet, alles nur sehr mäßig gesüßt. Durch den niedrigen Zuckergehalt bilden sich beim Gefrieren kleine Kristalle. Daher auch der Name. Ganz nach Wunsch kann man es grobkörnig oder etwas feiner gefrieren, es sollte jedoch immer an gestoßenes Eis erinnern.

Burgunder-Granité

Granité au vin de Bourgogne

> 180 g Zucker
> 20 cl Wasser
> Saft einer Limette und Orange
> einige Blättchen Zitronenmelisse
> 1 Flasche guter Burgunder (0,7 l)
> 1/4 l Sahne
> 2 EL Zucker
> frische Früchte, z. B. Brombeeren

Zucker mit Wasser, Limetten-, Orangensaft und Melisseblättchen 2 bis 3 Minuten kochen lassen. Kalt stellen und dann zum Burgunder gießen. Gut verrühren und in einem möglichst flachen Gefäß in das Tiefkühlfach stellen. Wenn die Flüssigkeit am Rand zu frieren beginnt, mit einem Löffel durchrühren und, je nachdem wie fein die Körnung sein soll, diesen Vorgang mehrmals wiederholen. Dann die gefrorene Schicht abschaben, in Gläser füllen und mit etwas Schlagsahne und frischen Früchten garnieren. Die Menge ergibt 10 bis 12 Portionen.

Die Körnung des Granité ist variabel. Je nach Zuckergehalt kann man es ohne zu rühren gefrieren lassen und dann einfach mit dem Löffel abschaben. Am Rand der Form gefriert das Eis am schnellsten, hier kann es daher zuerst entnommen werden. Die Kristalle vom Rand können aber auch immer wieder unter den noch flüssigen Teil in der Mitte gemischt werden.

Pfefferminz-Granité

Granité à la menthe

60 g Puderzucker
1 Fl. trockener Champagner (0,7 l)
Saft einer Zitrone
1 EL gehackte Pfefferminzblätter
Pfefferminzlikör

Ein besonders flaches Gefäß (eine wasserdichte Kuchenform eignet sich gut) mit dem Puderzucker überstäuben. Champagner mit Zitronensaft und Pfefferminzblättern mischen und über die Puderzuckerschicht gießen. Im Tiefkühlfach gefrieren lassen. Mit einem Löffel das Eis abschaben, in Gläser füllen und mit je 2 EL Pfefferminzlikör übergießen. Die Menge ergibt 8 bis 10 Portionen.

Sharbate Rivas

Rhabarber-Granité

600 g frischer Rhabarber
ein Stück Zitronenschale
3/8 l Wasser
500 g Zucker

Den Rhabarber schälen und in etwa 3 cm lange Stücke schneiden. In einem möglichst großen Topf (kein Kupfer oder Messing verwenden) bei starker Hitze den Rhabarber zum Kochen bringen. Die Hitze reduzieren und dann zugedeckt (10-15 Minuten) richtig weich kochen. Etwas abkühlen lassen und durch ein feines Sieb passieren. Diesen Saft mit Wasser auf 1/2 l auffüllen, den Zucker zugeben und bei guter Hitze leicht sprudelnd (Topf nicht zudecken) kochen. Nach etwa 5 Minuten erstmals die Probe machen: ein Tropfen Sirup sollte in Eiswasser getropft sofort gelieren. Den Sirup erkalten lassen und mit gestoßenem Eis servieren.

Für ein echt persisches Sharbate wird der Sirup einfach über fein gestoßenes Eis gegossen. Zusätzlich können noch Früchte (Kirschen oder Melonenkugeln) daruntergemischt werden. Das Dessert kann aber auch mit Mineralwasser zum Longdrink verflüssigt werden.

Eine tropische Erfrischung

Granité von King-Coconut. Man könnte sie als die »Trink-Kokosnuß« bezeichnen, denn sie ist in vielen tropischen Regionen die beste Erfrischung, die man sich denken kann. Ihre Flüssigkeit ist aromatischer als die der normalen Kokosnuß und auch ergiebiger. Ein halber Liter und mehr verbirgt sich unter der dicken Schale, die eine ganz hervorragende Isolierung ist und bei großer Hitze diese köstliche Erfrischung noch schön kühl hält.

2 King-Coconuts (90 cl Flüssigkeit)
50 g Puderzucker
Saft von 1 Limette
Saft von 1 Zitrone
4 cl brauner Rum
2 reife Mangos
50 g Farinzucker
4 EL Walderdbeersauce

Alle Zutaten werden zusammen verrührt und in einem möglichst flachen Gefäß in das Tiefkühlfach gestellt. Beginnt die Flüssigkeit am Rand zu frieren, mit einem Löffel die Eiskristalle zur Mitte schaben und diesen Vorgang in Abständen wiederholen, bis die Eiskristalle den gewünschten Grad an Körnung erreichen. In Gläser oder in die leeren Kokosnüsse füllen und mit den Mangostücken und der Walderdbeersauce servieren. Die Mangofrüchte werden geschält, das Fruchtfleisch in kleine Stücke geschnitten und mit dem braunen Zucker bestreut. 60 Minuten im Kühlschrank durchziehen lassen.

Das Rezept kann natürlich auch mit der Flüssigkeit der ordinären Kokosnuß zubereitet werden. Es sollte dann aber zur Geschmackssteigerung 1/10 l Kokosmilch, aus der Kopra gepreßt, zugesetzt werden. Das Granité kann in den beiden leeren Nüssen serviert werden, aber auch in Gläsern, um es leichter zu portionieren. Die Menge ergibt etwa 8 Portionen.

Granité von King-Coconut, eine ganz delikate Tropenerfrischung. Das zarte Aroma der King-Coconut und ein Hauch von feinstem, braunem Antillenrum ergänzen sich bei diesem Granité in bester Art und Weise. Das Ganze dann in die isolierende Kokosnuß gefüllt bedarf nicht unbedingt weiterer Zutaten. Die abgebildete Variante ist aber trotzdem besonders empfehlenswert, wenn auch schon europäisch abgewandelt. Die in braunem Zucker eingelegten, reifen Mangostücke werden noch mit etwas Sauce von frischen Walderdbeeren überzogen.

Ein Sorbet nach Wunsch!

Ob man nun von einem leichten Eis oder von einem gefrorenen Getränk spricht — ein Sorbet läßt sich in jeder gewünschten Konsistenz zubereiten. Einmal wird sie von dem Zuckergehalt beeinflußt, zum anderen von der Gefrierzeit. Darüberhinaus aber ist entscheidend, ob es im Tiefkühlfach manuell gefroren bzw. gerührt wird oder ob man eine Eismaschine, eine sogenannte Sorbetiere verwendet. Diese Mini-Eismaschinen machen eigentlich diese besonders cremigen, leichten Sorbets, wie sie in der »Neuen Küche« geschätzt werden, erst möglich. Einen Kompromiss stellen die alten Haushalts-Eismaschinen dar, mit ihrem Mantel aus Roheis und Salz.

Über lange Zeit wurden Sorbets grundsätzlich nur aus passierten Fruchtsäften, Wein oder Champagner gefroren. Die moderne Patisserie ist etwas toleranter, und heute kann für diese Eisspezialität auch das Püree der Früchte verwendet werden. Voraussetzung aber sind frische Früchte und als große Arbeitserleichterung ein elektrisches Mixgerät. Ob dann noch vorhandene Kerne oder Schalenreste durch Passieren entfernt werden, ist Geschmackssache.

Wie süß soll ein Sorbet sein?

Etwa 15 Grad nach Baumé nach der Zuckerwaage. Das ist ein Mittelwert, der ein cremiges, leichtes Ergebnis garantiert. Diese 15 Grad sind zwar eine gewisse Kontrolle, aber keine Qualitätsgarantie. Dünnere, also weniger süße Sorbets können durchaus besser schmecken, je nach dem, welche Früchte oder welche Saucen dazu serviert werden. Der Zuckergehalt kann auch mal höher sein, wenn ein Frucht-Sorbet z. B. mit einem ganz trockenen Champagner aufgegossen wird. Bei anderen Rezepten wird vor oder nach dem Gefrieren noch gesüßter Eischnee oder Schlagsahne zugesetzt. Eine starre Regel wäre deshalb weder der guten Qualität noch kreativen Neuschöpfungen zuträglich. Grundsätzlich falsch ist nur, was nicht schmeckt! Noch ein Tip: Den Zucker möglichst in flüssiger Form zusetzen, also Zuckersirup verwenden, der sich leicht mit den übrigen Zutaten vereinigt. Gewürze können bei dieser Gelegenheit gleich mit aufgekocht werden und geben so optimal ihr Aroma ab. Wenn es eilt und kein Zuckersirup vorrätig ist, bleibt noch Puderzucker als letzter Ausweg. Er löst sich relativ schnell auf.

Nektarinen-Sorbet mit Champagner. Das in diesem Rezept beschriebene Sorbet kann, für besondere Gelegenheiten, leicht in eine fast flüssige Köstlichkeit verwandelt werden. In ein Sektglas 2 TL Amaretto geben, darauf eine Kugel Nektarinen-Sorbet setzen und das Ganze mit trockenem Champagner aufgießen.

Endkontrolle mit der Zuckerwaage. Nicht nur der Zuckergehalt des Sirups, sondern auch die Zuckerdichte der ganzen Sorbetmischung kann mit der Zuckerwaage gemessen werden. Sie berücksichtigt dabei auch den Zuckeranteil der übrigen Zutaten wie Fruchtsaft, Fruchtmark oder Wein. Bei Sorbetmischungen mit Fruchtmark (wie auf der linken Abb.) kann es vorkommen, daß die Zuckerwaage in der cremigen Masse steckenbleibt und damit falsche Werte anzeigt. Um richtige Werte zu bekommen, sollte sich die Zuckerwaage (Bild rechts eine dünne Mischung mit Fruchtsaft) beim Eintauchen in die Masse einpendeln können.

Frucht-Sorbet
ein Beispiel mit Nektarinen

Sorbet aux nectarines

Je nach Wahl der Saucen, Früchte oder der Beigabe von Likören sind hier zahlreiche Variationen möglich.

200 g Zucker
1/2 Zimtstange
2 bittere Mandeln
30 cl Wasser
Saft einer Limette
600 g Nektarinen = 500 g Frucht-püree

1 **Zuerst den Zuckersirup bereiten.** Zucker und Gewürze mit der angegebenen Wassermenge aufkochen lassen. So entfaltet sich ihr Aroma optimal. Dann den Sirup erkalten lassen und durchseihen. Den Saft der Limette in das Nektarinenpüree rühren und das Ganze mit dem kalten Sirup mischen.

Eine gute Sorbetiere läßt keine Wünsche offen, wenn es darum geht, ein vorzügliches Sorbet zu machen. Diese kleinen, allerdings etwas kostspieligen, elektrischen Eismaschinen arbeiten schnell und liefern jeden Grad an Konsistenz von halbflüssig bis zu einem richtig festen Fruchteis. Je nach Gerätetyp und Festigkeit des Sorbets beträgt die Gefrierzeit 5 bis 20 Minuten. Die Handhabung ist denkbar einfach: Die fertige Sorbetmischung wird in die Schüssel der Eismaschine gegeben und die Zeituhr, der Timer, eingestellt. Dann wird das Gerät eingeschaltet. Ist die Zeit abgelaufen, schaltet sich die Sorbetiere automatisch ab, und das Eis kann entnommen werden. Wer im Privathaushalt oft Desserts dieser Art bereiten will, sollte sich unbedingt das Gerät anschaffen. Die Sorbetiere hat ein Fassungsvermögen von 1 Liter. Dies entspricht einer Menge von ungefähr 8-10 Portionen. Außerdem spart sie viel Zeit und Arbeit.

2 **Die Sorbetmischung gefrieren.** Dazu in eine möglichst weite Schüssel umfüllen und in das Tiefkühlfach stellen. Wenn sich an der Oberfläche eine Eisschicht bildet, etwa nach 30 Minuten, die Masse mit dem Schneebesen oder Handrührgerät gut durchrühren und wieder ins Tiefkühlfach stellen.

3 **Es muß wiederholt gerührt werden.** Die Konsistenz des Sorbets wird davon bestimmt, wie oft es durchgerührt wird. Je öfter, desto geschmeidiger wird es. Allerdings nimmt damit auch die Gefrierzeit zu, d. h., je öfter gerührt wird, um so länger dauert es, bis die gewünschte Festigkeit erreicht ist.

Nektarinen-Sorbet mit Vanillesahne und Johannisbeersauce. Wird das nebenstehend beschriebene Sorbet mit Fruchtsauce kombiniert, so läßt man es relativ fest frieren; es soll gut zu portionieren sein, aber seine cremige Leichtigkeit noch besitzen. Bittere Schokolade auflösen und so viele Gitter wie nötig herstellen. Für die Sauce Johannisbeersaft mit Zucker einkochen und mit etwas Zimt und Zitronenschale würzen, kalt stellen. Dann die Sahne mit dem Mark einer Vanilleschote aromatisieren und steifschlagen. Auf einen Teller das Nektarinen-Sorbet setzen, daneben Schlagsahne und drumherum von der Fruchtsauce gießen. Obendarauf ein Schokoladengitter.

Sorbet von Kiwis

Sorbet aux kiwis

150 g Zucker
1/4 l Wasser
450 g Kiwis (etwa 5 bis 6 Stück)
1 Eiweiß
Saft einer Zitrone
1/4 l Weißwein

Den Zucker mit dem Wasser kurz aufkochen und erkalten lassen. Die Kiwis schälen und im Mixer pürieren. Die Hälfte oder auch alles durch ein Sieb passieren, damit nicht allzu viele Kerne im Sorbet sind. Das Eiweiß schlagen, dann Fruchtmark, Zitronensaft, Weißwein, Eischnee und Zuckersirup gut vermischen und geschmeidig frieren. Mit einem Löffel oder Spritzbeutel in Gläser füllen.

Die Menge ergibt etwa 8 bis 10 Portionen.

Noch eine Variation mit Champagner: Das Sorbet wie oben zubereiten, jedoch nicht cremig frieren, sondern in einer flachen Schüssel im Tiefkühlschrank festwerden lassen. Dann wie ein Granité mit dem Löffel abschaben, in Gläser füllen und mit trockenem Champagner aufgießen.

Grapefruit-Sorbet

Sorbet aux pamplemousses

180 g Zucker
20 cl Wasser
20 cl Pink-Grapefruitsaft (2 bis 3 Früchte)
Saft einer Zitrone
1/4 l lieblicher Weißwein
8 cl Campari
2 Eiweiß

Zucker und Wasser zu Sirup kochen und erkalten lassen. Grapefruit- und Zitronensaft mischen, abseihen und den Wein dazugeben, dann auch Campari und Zuckersirup beifügen. Eiweiß halbsteif schlagen und mit dem Schneebesen kräftig unter die Mischung rühren. Schön schaumig frieren, d. h. oft umrühren oder in der Sorbetiere bereiten. Zuletzt mit Melisseblättchen garnieren.

Die Menge ergibt etwa 8 bis 10 Portionen.

Eine Variante mit Wein: Statt 1/4 l Weißwein 1/2 l verwenden und das Eiweiß weglassen. Dann die Mischung wie ein Granité in einer flachen Schüssel frieren und in Gläser schaben.

Sorbet von Sauerkirschen

Sorbet aux griottes

180 g Zucker
30 cl Wasser
1 Stück Zimtrinde
500 g frische Sauerkirschen
Saft einer halben Zitrone
20 cl Sahne
1 EL Zucker
Mark von 1/4 Vanillestange
frische Kirschen zum Garnieren

Zucker, Wasser und Zimtrinde kurz aufkochen und dann erkalten lassen. Zimtrinde herausnehmen. Sauerkirschen entsteinen und im Mixer pürieren, den Zitronensaft unterrühren, mit Zuckersirup mischen und cremig frieren. Sahne mit dem Zucker und dem Mark der Vanilleschote würzen, cremig schlagen, nicht steif. Das Sorbet mit einem Löffel oder Spritzbeutel in Gläser füllen, an die Seite etwas Schlagsahne geben und mit Kirschen garnieren.

Die Menge ergibt etwa 8 bis 10 Portionen.

Eine halbflüssige Variante: Das Sorbet nach obigem Rezept bereiten und noch 1/4 l guten Burgunder zusetzen. Ganz leicht anfrieren lassen und halbflüssig in Gläser füllen. Mit Schlagsahne abdecken.

Tamarillo-Sorbet

Sorbet aux tamarillos

Die Tamarillo oder Baumtomate entwickelt erst mit Zucker und Fruchtsäure ihr ganz hervorragendes Aroma. Sie schmeckt sonst etwas herb und erinnert tatsächlich ein bißchen an den Geschmack unreifer Tomaten. Für das nachfolgende Rezept werden die Tamarillos mit frischen, reifen Pfirsichen vermischt. Die beiden Früchte ergänzen sich in idealer Weise. Das Sorbet kann aber durchaus nur mit Tamarillos zubereitet werden. Der Geschmack wird dadurch wesentlich kräftiger und interessanter.

160 g Zucker
30 cl Wasser
1 Nelke
1 Stück ungespritzte Orangenschale
300 g geschälte Tamarillos (6 Stück)
200 g geschälte Pfirsiche (ohne Stein)
Saft einer Limette
Saft einer Orange
1/4 l Sahne
1 EL Zucker
Hippensplitter

Zucker, Wasser, Nelke und Orangenschale kurz aufkochen, durchseihen und erkalten lassen. Dann das Fruchtfleisch der Tamarillos und Pfirsiche im Mixer pürieren. Limetten- und Orangensaft beifügen und die Mischung durch ein Sieb passieren. Mit dem Zuckersirup verrühren und cremig frieren lassen. In Gläser füllen und mit etwas Schlagsahne und Splittern aus Hippenmasse garnieren.

Die Menge ergibt etwa 8 Portionen.

Orangen-Sorbet

Sorbet aux oranges

150 g Zucker
15 cl Wasser
Schale einer halben ungespritzten Orange
1/4 l frischgepreßter Orangensaft
Saft einer Limette
1/4 l trockener Weißwein
4 cl Pernod
1 Eiweiß
Schlehenlikör
Limettenscheiben zum Garnieren

Zucker mit Wasser und Orangenschale kurz aufkochen, abkühlen lassen und in den Orangensaft seihen. Limettensaft, Weißwein und Pernod dazugeben. Eiweiß halbsteif schlagen und mit dem Schneebesen unter die Mischung heben. Geschmeidig frieren. In jedes Glas zuerst 1 EL Schlehenlikör geben, dann eine Kugel Sorbet. Mit einer dünnen Limettenscheibe garnieren.

Die Menge ergibt etwa 8 Portionen.

Zwei Exoten-Sorbets

Die Zukunft hat schon begonnen, auch für Europas Küchen. Vielleicht dauert es noch eine kleine Weile, aber Beli und Woodapple, die beiden Früchte aus den Tropen, werden sicher in absehbarer Zeit auch in unseren Feinschmeckerkreisen ein Begriff sein. In Sri Lanka werden diese Delikatessen als gesüßte Konserven in hervorragender Qualität angeboten. Und die Aussichten auf die verschiedensten Kreationen, Kombinationen für unseren Gaumen mit den geheimnisvollen Früchten, lösen große Erwartungsfreude in uns aus. — Höchst eigenwillig stellen sich diese exotischen Besonderheiten dar, ohne jede Ähnlichkeit mit dem Geschmack uns bekannter Früchte: etwas wirklich Neues, Unbekanntes.

Beli-Sorbet

Sorbet aux belis

250 g *Belicream aus der Konserve (etwa 1/2 Dose)*
Saft von 1/2 Limette
1/8 l *trockener Weißwein*
1/8 l *Mineralwasser*
1 *Eiweiß*
50 g *Zucker*

Belicream zuerst verrühren, weil sie in der Konserve etwas Flüssigkeit absetzt. Dann mit Limettensaft, Weißwein und Mineralwasser gut vermischen. Eiweiß zu Schnee schlagen und Zucker einrieseln lassen. Hat dieser sich völlig aufgelöst, den Eischnee unter die Belimischung rühren und das Ganze cremig frieren.
Die Menge ergibt etwa 6-8 Portionen.

Woodapple-Sorbet

Sorbet aux woodapples

70 g *Zucker*
1 *Nelke*
1/8 l *Wasser*
250 g *Woodapplecream aus der Konserve (etwa 1/2 Dose)*
Saft von 1 Limette
1 Msp. *Zimt*
150 g *Joghurt*
6 cl *Sauternes-Wein*
16 cl *Pfefferminzlikör und -blättchen zum Garnieren*

Zucker und Nelke im Wasser aufkochen, erkalten lassen, dann mit Woodapplecream, Limettensaft und Zimt gut vermischen und anschließend Joghurt und Sauternes-Wein kräftig darunterrühren. Das Ganze cremig frieren. Jede Portion mit etwa 2 cl Pfefferminzlikör übergießen und mit Pfefferminzblättchen garnieren.
Die Menge ergibt etwa 6-8 Portionen.

Mangostanen-Sorbet

Sorbet aux mangostanes

Mangostanen gehören zu den feinsten und edelsten Früchten, die die Tropen hervorbringen. Ihre Kombination mit trockenem Champagner ist unübertrefflich. Dazu Sauce aus frischen Walderdbeeren — man könnte glauben, die Früchte seien eigens füreinander geschaffen.

    130 g Mangostanenfruchtfleisch
        (etwa 5-6 Früchte)
    12 cl trockener Champagner
    1 Eiweiß
    50 g Zucker
    6 Limettenscheiben

Mangostanen schälen, ihr Fruchtfleisch kleinhacken und durch ein feines Sieb streichen. Dann Champagner unter das Fruchtfleisch mischen. Eiweiß zu Schnee schlagen, Zucker langsam einrieseln lassen. Hat dieser sich völlig gelöst, den Schnee unter die Fruchtmischung rühren und das Ganze cremig frieren. Dazu gibt es Sauce aus Walderdbeeren. Jede Portion mit einer Limettenscheibe garnieren.

Die Menge ergibt etwa 4-6 Portionen.

Tamarinden-Sorbet

Sorbet aux tamarindes

Ein unvergleichliches Aroma entsteht aus der Kombination von Tamarinden und vollreifen Mangos.

    120 g Tamarindenschoten (es soll
        50 g Fruchtfleisch ergeben)
    10 cl heißes Wasser
    100 g Zucker
    1 vollreife Mango (etwa 400 g)
    1/4 l Mineralwasser
        Schokoladenröllchen und Puder-
        zucker zum Garnieren

Tamarinden aus der Schale lösen, Fruchtfleisch von Kernen befreien. Dieses dann in eine Steingutschüssel geben, mit heißem Wasser übergießen und einige Stunden, am besten über Nacht, ziehen lassen. Anschließend Zucker beifügen. Das Ganze aufwallen lassen und, bei reduzierter Hitze, 3-4 Minuten weiterkochen. Die Masse durch ein feines Sieb streichen und kalt werden lassen. Die Mango schälen, Stein herausnehmen und das Fruchtfleisch (etwa 250 g) pürieren. Das Püree mit dem kalten Tamarindensirup mischen, Mineralwasser beifügen und das Ganze cremig frieren. Am schönsten sieht es aus, wenn das Sorbet mit Spritzbeutel und Lochtülle in Gläser verteilt wird. Jede Portion mit Schokoladenröllchen und etwas Puderzucker garnieren. Die Menge ergibt etwa 6 Portionen.

Melonen-Sorbet

Sorbet au melon

    50 g Zucker
    2 EL Bienenhonig
    1 EL Zitronensaft
    200 cl Wasser
    1 Kantalupe-Melone (etwa 700 g)
        frische Pfefferminzblättchen
    2 cl Cognac

Zucker, Honig und Zitronensaft mit dem Wasser so lange kochen, bis der Zucker gelöst ist. Diesen Sirup erkalten lassen. Melone halbieren, Kerne entfernen und mit einem Kugellöffel (moule à pommes rond) 18 Kugeln ausstechen. Natürlich kann man auch Würfel schneiden. Kugeln oder Würfel werden in einer Schale mit Cognac beträufelt, zugedeckt und in den Kühlschrank gestellt. Das restliche Fruchtfleisch der Melone (etwa 300 g) pürieren, mit dem Sirup gut vermischen und in der Sorbetiere cremig frieren. Mit dem Löffel in jedes Glas etwas Sorbet geben, darauf je 3 Kugeln oder Würfel setzen, dazu einige Pfefferminzblätter, und das Ganze mit einem weiteren Löffel Sorbet abschließen.

Die Menge ergibt etwa 6 Portionen. Eine vorzügliche Variante, die allerdings etwas flüssiger ist: das Sorbet mit etwas trockenem Sekt übergießen.

Johannisbeer-Sorbet

Sorbet aux groseilles

> 500 g rote Johannisbeeren
> 1/8 l guter Sauternes
> 2 Eiweiß
> 110 g Zucker
> 6-8 Kompottpfirsiche
> Crème de Cassis

Johannisbeeren im Mixer pürieren und Wein dazugießen. Durch ein nicht allzu feines Sieb passieren. Eiweiß zu Schnee schlagen und Zucker langsam hineinrieseln lassen. Mit dem Schneebesen unter die Johannisbeermischung rühren, cremig gefrieren. Die Pfirsichhälften mit der Höhlung nach oben auf je einen Teller legen, etwas Crème de Cassis hineinträufeln und das Sorbet mit dem Spritzbeutel darüber spritzen.

Die Menge ergibt 6 bis 8 Portionen.

Coconut-Sorbet

Sorbet à la noix de coco

> 1 Dose Coconut-Juice, leicht gesüßt
> (22 cl)
> 1/8 l Mineralwasser
> 2 cl brauner Rum
> 2 Eiweiß
> 100 g Zucker
> Schokoladensauce und Bananen

Coconut-Juice mit Mineralwasser und Rum vermischen. Eiweiß zu Schnee schlagen, dabei Zucker langsam einrieseln lassen. Dann Eischnee mit dem Schneebesen unter die Coconutmischung rühren und cremig frieren. Mit Bananenscheiben und Schokoladensauce anrichten.

Die Menge ergibt etwa 6 Portionen.

Apfel-Sorbet
mit Mangosauce

Sorbet aux pommes à la sauce de mangue

> 500 g säuerliche Äpfel
> 1/8 l Beaujolais
> 1/8 l trockener Cidre
> Saft einer Zitrone
> 120 g Zucker
> ein Stück Zimtrinde
> 2 Mangos (ca. 300 g Fruchtfleisch)

Äpfel schälen und in Stücke schneiden, mit Beaujolais, Cidre, Zitronensaft, Zucker und Zimtrinde 2 bis 3 Minuten kochen lassen. Zimtrinde entfernen und die Mischung im Mixer pürieren. Erkalten und dann cremig frieren lassen. Die reifen Mangos schälen und vom Stein lösen. Das Fruchtfleisch im Mixer pürieren und gut kühlen.

Die Menge ergibt etwa 6 Portionen.

Spooms

sind unter den Sorbets die schaumigsten und süßesten Varianten. Unter das gefrorene Sorbet, meist aus Wein oder Champagner, wird eine größere Menge Meringue gezogen und die Mischung sofort in Gläser gefüllt.

Spoom von rotem Sekt

Spoom au champagne rosé

        150 g Zucker
         30 cl Wasser
          1 TL Ingwersirup
            Saft einer Zitrone
            Saft einer Orange
        1/2 l roter Sekt
          3 Eiweiß
        150 g Zucker
          5 halbe Kompottpfirsiche

Zucker, Wasser, Ingwersirup, Zitronen- und Orangensaft aufkochen. Abkühlen lassen und mit dem Sekt vermischen. Fester als ein normales Sorbet frieren lassen. Dann die Meringue unter die Sorbetmasse ziehen. Mit Spalten von Kompottpfirsichen in Gläser füllen. Die Menge ergibt 10 Portionen.

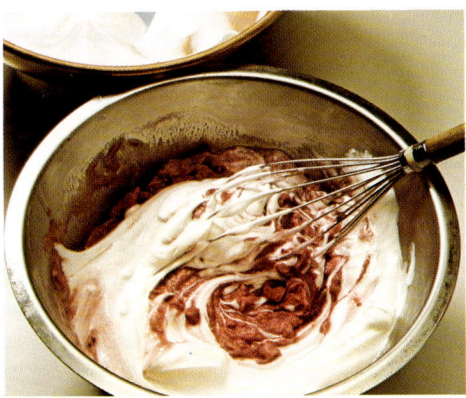

Die Meringue unterziehen. Sogenannte italienische Meringue ist gesüßtes, geschlagenes Eiweiß. Am besten mit einem vorgekühlten Kochlöffel unter das gefrorene Sorbet ziehen. Mit dem Schneebesen geht es zwar schneller, doch die Masse verflüssigt sich dabei leichter.

Spoom von Sauternes

Spoom au vin de Sauternes

        120 g Zucker
         30 cl Wasser
           Saft von 2 Limetten
         2 Blättchen frische Minze
        1/2 l Sauternes
          3 Eiweiß
        150 g Zucker
           Kirschlikör

Zucker, Wasser, Limettensaft und Pfefferminzblättchen zusammen aufkochen. Abkühlen lassen und in den Sauternes seihen. Das Sorbet frieren lassen und die gesüßte Meringuemasse darunterziehen. Mit Löffel oder Spritzbeutel in Gläser füllen und jeweils 1 EL Kirschlikör darüber oder an die Seite gießen.
Die Menge ergibt etwa 10 Portionen.

DAS BESTE VOM EIS

Von Eisbomben, Eis-Soufflés und Parfaits

Wenn am Ende eines langen köstlichen Essens die Eisbombe erscheint, so handelt es sich am liebsten nicht ums Servieren, sondern um einen Auftritt. Und dieser Auftritt der Diva fand und findet manchmal in tiefer Dunkelheit statt, damit das gelungene Produkt des Eiskonditors um so heller strahlt und um so tiefer wirkt: alle Lichter im Saal werden gelöscht, und herein marschieren im Gänsemarsch so viele Kellner und Ober, wie man nur zusammenbringen kann, jeder in den hoch erhobenen Händen einen Eisblock, von innen rosig oder blau oder grün erleuchtet, auf dem das trohnt, was mit einem allgemeinen »Ahhhhh« begrüßt wird: das Eis-Dessert. Die Eisbombe. Das absolute Kunstwerk. Eiscreme in vielen klug komponierten Schichten, so daß sehr Festes eher Schmelzendes umhüllt und ihm einen Halt gibt, und ganz innen kann man als Überraschung zum Beispiel auf etwas verblüffend Trockenes und Knuspriges stoßen, oder es enthüllen sich Früchte oder etwas anderes von zarter Süßigkeit.

Das Beste vom Eis, die Parfaits, die Eistorten und Bomben, ist natürlich auch das Schwierigste, und je mehr tiefgekühlte Eis-Desserts auf den Markt kommen, desto eher neigt der Gastgeber oder die Gastgeberin dazu, sich eine Kollektion solcher fertigen Eissachen ins eigene Gefriergerät zu packen und sich befriedigt und erleichtert zu sagen: »Da habe ich es im Vorrat. Jetzt kann mir gar nichts mehr passieren. Mögen so viele Gäste plötzlich und unangemeldet kommen, wie sie wollen, ich bin gerüstet, ich brauche nur ins Fach zu greifen und stelle die Bombe auf den Tisch!«

Das erstklassige Eis-Dessert besitzt außerdem noch den großen Vorteil für den Gastgeber, daß es — wie die Creme oder wie ein Obstsalat — zu einer beliebigen Zeit im voraus zubereitet werden kann, daß es also einen fix und fertigen Bestandteil des Menüs darstellt, um den man sich während des Kochens nicht mehr zu kümmern braucht. Das gibt dem Koch oder der Köchin Ruhe und Gelassenheit und mehr Zeit für die Gäste. Diese beiden Vorteile gelten jedoch sowohl für das Gekaufte wie das Selbstgemachte, und wer den Ehrgeiz besitzt, seine Gäste mit Originalgerichten zu ehren oder wer einfach so gern kocht, daß er sich keine Gelegenheit zu schöpferischen Experimenten entgehen lassen möchte, der baut seine Bombe selber. Und der kann es nicht abwarten, das verrückte Rezept, das er gerade in einem alten Kochbuch entdeckt hat und nach dem man eine Eiscreme aus Bier und Rum machen soll, auch auszuprobieren. Wenn er sich jedoch einen oder auch mehrere Arbeitsgänge ersparen will (oder was im Privathaushalt meist der Fall ist: wenn keine grosse und leider recht kostspielige Sorbetiere vorhanden ist, so daß schon die Zubereitung der verschiedenen Grund-Eiscremes ein Problem darstellt), so ist ihm die Hilfe der Industrie sicher sehr willkommen. Denn fast jeder Eiscreme-Hersteller bietet auch mindestens eine Edel-Sorte an, und manchmal erwischt man die Hausmarke eines Luxus-Lebensmittelgeschäftes, also: sahnigere und geschmeidigere Sorten, mit denen man so verfahren kann, wie es die Rezepte auf den folgenden Seiten vorschreiben. Wie man das Kaufbare und das Selbstgemachte kombiniert, schreibt sicher oft die Situation vor. Im allgemeinen sind es gerade die Basis-Eiscremes, Vanille, Nuß oder Schokolade, die man in guter Qualität kaufen kann, während der Tupfer auf dem »i«, die Fruchteiscremes aus schwarzen Johannisbeeren, aus exotischen Obstsorten, aus Waldhimbeeren oder Pflaumen, aromatischer und frischer aus der eigenen Gefriertruhe schmecken. Es ist ratsam, sich selbst einen exquisiten Vorrat zu schaffen, die Zeit der Sauerkirschen ebenso zu nutzen wie die der Hagebutten und Berberitzen. Dann lohnt auch das eigene Eis-Dessert die Mühe, und man kann es auftreten lassen wie eh und je: Das »Ahhhhh« der Bewunderung wird nicht ausbleiben.

Die Spitze von Gefrorenem sind die Parfaits, die eiskalte Imitation eines Soufflés oder die vielschichtigen Eisbomben, die ihren martialischen Namen gewiß zu Unrecht tragen. Das ist »Eiskunst«, die viel Gefühl für geschmackliche Kombinationen voraussetzt und darüber hinaus auch noch genügend Raum für gestalterische Möglichkeiten läßt. Die Rezepte auf Seite 191 und 193 verraten mehr darüber.

Sahne-Eis »Fürst-Pückler«

Crème glacée »Fürst-Pückler«

45 cl Sahne
100 g Puderzucker
50 g bittere Schokolade
  Mark von 1/2 Vanilleschote
80 g pürierte, vollreife Erdbeeren
1/8 l Sahne, 1 EL Zucker
  Eine Ziegelform von 1 l Inhalt

Die Sahne mit dem Zucker steif schlagen und zu gleichen Teilen in 3 gekühlte Schüsseln geben. Für die erste Schicht die im Wasserbad geschmolzene Schokolade unterrühren. Diese Schokoladensahne in die Ziegelform streichen und etwa 10 Minuten frieren lassen. Inzwischen das Vanillemark unter den zweiten Sahneteil rühren und auf die Schokoladenschicht streichen. Die Vanillesahne ist weicher und sollte etwa 25 Mi-

nuten Zeit zum Festwerden haben. Den letzten Sahneteil mit dem Erdbeerpüree verrühren und einfüllen. Mindestens 3-4 Stunden frieren lassen. In 8 Stücke schneiden und jedes mit einer Sahnerosette und 1/4 Erdbeere garnieren.

Orangen-Eissoufflé

Soufflé glacé à l'orange

8 Eigelb
250 g Zucker
3 Blatt Gelatine
30 cl frischer Orangensaft
2 cl Cointreau
4 Eiweiß
3/8 l Sahne
30 g Zucker
2 EL Kakaopulver zum Besieben
  Eine Soufflé-Form
  von 1,25 l Inhalt

Das Eigelb mit der Hälfte des Zuckers cremig schlagen. Die eingeweichte und gut ausgedrückte Gelatine unterziehen und im Wasserbad unter ständigem Rühren erwärmen, bis die Masse so dick ist, daß sie einen Löffel leicht überzieht. Von der Kochstelle nehmen, und den durchgesiebten Orangensaft und den Cointreau einrühren. In eine große Rührschüssel umfüllen und im Kühlschrank etwa 1/2 Stunde erkalten lassen, bis die Masse sirupähnlich ist. Das Eiweiß steifschlagen, dabei den restlichen Zucker nach und nach einrieseln lassen. Den Eischnee mit dem Schneebesen unter die abgekühlte Orangenmasse heben. Die Sahne mit dem Zucker steif schlagen und mit einem Kochlöffel sorgfältig unterziehen. In die Soufflé-Form mit Papiermanschette einfüllen und gefrieren lassen.
Das Rezept ergibt 10-12 Portionen.

2 **Die Soufflémasse einfüllen.** Eine Manschette aus doppeltem Pergamentpapier falten, damit sie stabiler ist, und zurechtschneiden, daß sie 4-5 cm über den Rand der Form ragt. Um die Form legen und mit 2 Klebstreifen zusammenhalten. Die so präparierte Form vorkühlen und die Masse einfüllen.

3 **Mindestens 4 Stunden Gefrierzeit** ist für das Soufflé nötig, bis es durch und durch fest ist. Erst dann die Papiermanschette entfernen. Die Oberfläche mit Kakaopulver besieben. Sie kann aber auch mit Schlagsahne garniert und in diesem Fall mit fein gewürfeltem Orangeat bestreut werden.

1 **Die einzelnen Schichten** werden mit einem kleinen Trick besonders gleichmäßig. Zwei Teigschaber so zurechtschneiden, daß sie in den beiden gewünschten Höhen in die Form passen. Den Boden und den Deckel mit Alufolie auslegen, damit sich die Form nach dem Frieren leicht öffnen läßt.

2 **Fürst-Pückler-Schnitten,** ein typisches Sahneeis, das zu den »Halbgefrorenen« zählt. Es besteht aus Schlagsahne mit den traditionellen Geschmackszusätzen Schokolade, Vanille und Erdbeer. Sahneeis kann in beliebigen Formen gefroren werden, die Ziegelform ist jedoch problemlos zum Portionieren.

1 **Eischnee und Schlagsahne** machen dieses Soufflé besonders locker. Unter die kalte Eigelbmasse, die durch den Gelatine-Zusatz sehr cremig ist, wird zuerst der steife Eischnee mit dem Schneebesen untergerührt. Erst dann wird die geschlagene Sahne vorsichtig mit dem Kochlöffel untergezogen.

4 **Das Orangen-Eissoufflé** sieht mit der Oberfläche aus Kakaopulver nicht nur aus wie sein heiß servierter Namensvetter, es ist auch wunderbar locker. Man kann mit einem Messer gleichmäßige Segmente ausstechen, oder es mit einem Löffel herausschälen. Schokoladensauce paßt dazu vorzüglich.

Eissoufflé »Benedictine«

Soufflé glacé »Benedictine«

*20 Löffelbiskuits
6 cl Benedictine
7 Eigelb
Abgeriebenes von 1 Orange und 1 Limette
250 g Zucker
6 cl Wasser
60 cl Sahne
Eine Soufflé-Form von 1,5 l Inhalt*

Für die Garnierung:

Kakaopulver, etwas Schlagsahne, Schokolade-Ornament mit kandierter Kirsche

Die Löffelbiskuits spitz zuschneiden, wie sie zum Schluß zur Dekoration des Soufflés benötigt werden. Den Rest in die mit einer Pergamentpapier-Manschette präparierte Soufflé-Form legen und mit 2 cl Benedictine beträufeln. Das Eigelb mit dem Handrührgerät cremig schlagen. Das Orangen- und Limetten-Abgeriebene mit dem Zucker und Wasser in einer Kasserolle zum Kochen bringen und etwa 4 Minuten einkochen. Diesen heißen Sirup dann unter ständigem Rühren in dünnem Strahl unter die Eigelbmasse geben und etwa 10 Minuten weiterschlagen. Den restlichen Likör zugeben. Die Sahne steifschlagen und mit dem Kochlöffel unter die Eigelbmasse ziehen. In die vorgekühlte Form füllen, die Oberfläche mit den Löffelbiskuits in Form einer Blüte belegen und mindestens 4 Stunden frieren. Dann das Eissoufflé mit Kakaopulver besieben und mit einer Sahnerosette und dem Schokolade-Ornament garnieren.

Das Rezept ergibt etwa 12 Portionen.

Vanille-Parfait

Parfait à la vanille

Wie bei Cremes und Saucen ist auch beim Parfait die Version mit Vanille das Grundrezept, auf dem die Variationen aufbauen.

*6 Eigelb
200 g Zucker
1/4 l Milch
1 Vanilleschote
350 g Sahne
Eine Form von 1,5 l Inhalt*

Die Zubereitung der Eiercreme ist identisch mit der englischen Creme von Seite 62. Das Eigelb wird mit dem Zucker cremig gerührt, dazu kommt die heiße Vanillemilch, und das Ganze wird »bis zur Rose« abgezogen. Die Creme in eine Rührschüssel umfüllen und kaltschlagen. Die steife Schlagsahne unter die kalte Creme ziehen.

1 **Die englische Creme** mit dem Handrührgerät etwa 15 Minuten bei mittlerer Drehzahl kaltrühren. Sie soll schön luftig und cremig sein. Im Kühlschrank vollständig erkalten lassen, weil Eiercreme und Schlagsahne die gleiche Temperatur haben sollen. Die Form im Tiefkühlschrank vorkühlen.

2 **Die Sahne unter die Creme ziehen.** Dazu verwendet man einen Kochlöffel, mit dem die steifgeschlagene Sahne nach und nach sehr vorsichtig unter die Vanillecreme gezogen wird, damit sie möglichst nicht an Volumen verliert. Dann die Masse in die Form füllen und mindestens 3 Stunden gefrieren lassen.

Das Grundrezept vom Eissoufflé »Benedictine« kann mit relativ geringen Änderungen in ein Eissoufflé »Grand Marnier« oder »Cointreau« verwandelt werden. Es brauchen nur die einzelnen Liköre ausgewechselt werden, weil sich alle 3 mit dem Geschmack der Orange und Limette hervorragend vertragen. Ein Soufflé kann aber auch in verschieden aromatisierten Schichten aufgebaut werden. Ein Beispiel: Das nebenstehende Rezept »Orangen-Eissoufflé« wie beschrieben zubereiten den Cointreau durch braunen Rum ersetzen, und die fertige Masse in zwei Schüsseln verteilen. Unter einen Teil 100 g aufgelöste Schokolade rühren, einfüllen und darauf die Orangenmasse geben.

Weinbrand-Parfait/Parfait à l'eau-de-vie de vin. 6 Eigelb mit 200 g Zucker cremig rühren. 1/4 l Milch mit einer Vanilleschote aufkochen und nach und nach unter die Eigelbmasse rühren. Wie bei der Grundcreme die Mischung erhitzen, bis sie dickflüssig ist; der Fachmann nennt es »bis zur Rose abziehen«. Die Creme kaltrühren und 6 cl Weinbrand zugeben. Vollständig erkalten lassen; die Creme sollte die Temperatur der steifgeschlagenen Sahne haben, die mit dem Kochlöffel untergezogen wird. In einer Kastenform von 1,5 l Inhalt frieren und, in Scheiben geschnitten, mit einer Sauce von frischen Feigen mit rosa Pfeffer servieren. Für 12-15 Personen.

Kastanien-Parfait/Parfait aux marrons. Aus 4 Eigelb, 160 g Zucker, 1/8 l Milch und einer Vanilleschote eine Parfait-Grundcreme bereiten. Unter die noch lauwarme Creme 200 g Kastanienpüree und 2 cl braunen Rum rühren und gut kühlen. 2 Eiweiß mit 50 g Zucker zu einem sehr steifen Schnee schlagen. 1/2 l Sahne ebenfalls steifschlagen. Mit dem Schneebesen zuerst den Eischnee unter die Kastaniencreme rühren, und dann die Schlagsahne vorsichtig unterziehen. In eine 1,5 l fassende Eisbombenform füllen und mindestens 3-4 Stunden frieren. Für die Garnierung aus gesüßtem Kastanienpüree kleine Maronis formen und in Schokolade tauchen. Preiselbeersauce dazu reichen. Für etwa 12 Portionen.

Walnußparfait/Parfait aux noix. 80 g Zucker in einer Kasserolle schmelzen, 120 g grob gehackte Walnußkerne zugeben und, sobald die Nüsse karamelisiert sind, auf ein ganz leicht geöltes Backblech geben, erkalten lassen und grob hacken. Aus 4 Eigelb, 50 g Bienenhonig, 80 g Zucker, 20 cl Milch und 1/2 Vanilleschote eine Parfait-Grundcreme (siehe Vanilleparfait Seite 189) bereiten, erkalten lassen und 2 cl Limettensaft unterrühren. 30 cl Sahne steifschlagen und zusammen mit dem gehackten Walnußkrokant unter die Eiercreme rühren. In einer Kastenform (1 l Inhalt) frieren und mit Schokoladensauce servieren. Für 12 Portionen.

Parfait von Ceylon-Tee/Parfait au thé de Ceylon. 40 g Ceylon-Tee mit 1/4 l kochendem Wasser übergießen, 4-5 Minuten ziehen lassen, diese Essenz mit einem Tuch auspressen und mit 10 cl Milch aufkochen. Aus 4 Eigelb mit 150 g braunem Zucker und der Teemilch eine Parfait-Grundmasse bereiten. 2 cl braunen Rum unterrühren. Die Sahne steifschlagen und unter die gut gekühlte Grundcreme ziehen. In eine mit Pergamentpapier ausgelegte Kastenform (1 l Inhalt) füllen und mindestens 3, besser noch 4-5 Stunden frieren. Das Parfait stürzen und in Scheiben schneiden. Mit frischer Mangosauce servieren. Für 12 Portionen.

Mohnparfait

Parfait au pavot

Nur frischen Mohn verwenden! Darüber mag zwar ein Österreicher lächeln; die Warnung ist jedoch dort angebracht, wo Mohn selten verwendet wird und vielleicht jahrelang neben anderen »Düften« im Regal verbringt. Er ist recht empfindlich und wird auch leicht ranzig.

120 g Mohn
1 Vanilleschote
10 cl Milch
4 Eigelb
120 g Zucker
10 cl Milch
1 EL Bienenhonig
40 cl Sahne
1 Biskuitboden
Eine Kranzform von 1,25 l Inhalt

Für die Garnierung:

30 g gehobelte, geröstete Mandeln
1/4 l Sahne
30 g Zucker
1 EL Kirschwasser
etwas Kakaopulver
12 Kompott-Sauerkirschen

Den Mohn sehr fein mahlen und zusammen mit der Vanilleschote in der Milch etwa 8-10 Minuten weichkochen. Die Vanilleschote herausnehmen und das Mark abstreifen. Eigelb und Zucker cremig verrühren, die Milch mit dem Honig aufkochen und nach und nach unter die Eigelbmasse rühren. Wie bei der englischen Creme die Mischung erhitzen, bis sie dickflüssig ist.

Abkühlen lassen, den Mohnbrei darunterrühren und im Kühlschrank völlig erkalten lassen. Die Sahne steifschlagen und mit dem Kochlöffel unter die Mohnmischung ziehen. In die Form füllen und im Tiefkühlschrank mindestens 3-4 Stunden frieren lassen.

Das Parfait auf den Biskuitboden stürzen, und einen eventuell überstehenden Rand und den inneren Teil des Biskuits abschneiden. Die gehobelten Mandeln an den Rand des Parfaits drücken. Die Sahne mit dem Zucker steifschlagen und mit dem Kirschwasser aromatisieren. Mit Spritzbeutel und Sterntülle 12 Rosetten aufspritzen, jede Rosette mit etwas Kakaopulver besieben und mit einer Sauerkirsche garnieren.

Für 12 Portionen.

Wie bei allen gestürzten Eisdesserts soll auch beim Parfait die Form möglichst aus dünnem Metall sein, weil sie dann nur kurz in heißes Wasser getaucht werden muß, um sich zu lösen. Bei starken Steingutformen ist dieser Vorgang nicht genau kalkulierbar. Kasten- oder Ziegelformen können vorher mit Pergamentpapier oder Alufolie ausgelegt werden. Das Eis löst sich dann fast von selbst, oder es reicht ein heißes Küchentuch aus, das kurz um die Form gelegt wird.

Mokka-Parfait

Parfait au mocca   Abb. Seite 186

6 Eigelb
220 g Zucker
30 g gemahlener Kaffee
1/8 l Wasser
1/8 l Sahne
2 cl Cognac
350 g Sahne
Eine Form von 1,5 l Inhalt

Die Eigelbe mit dem Zucker cremig rühren. Den Kaffee mit dem kochenden Wasser aufbrühen, zusammen mit der Sahne in die Eigelbmasse geben und wie eine englische Creme zubereiten. Den Cognac zufügen und vollständig erkalten lassen. Mit dem Kochlöffel die steife Schlagsahne unterziehen, in eine Kastenform füllen und frieren. Mit frischen Kiwis und Schlagsahne servieren. Für 12 Personen.

Eisbomben

Wenn Eis in Kugeln portioniert, als Parfait oder Sahneeis aufgeschnitten wird, ist es nötig, daß schnell und bei möglichst niedrigen Temperaturen gearbeitet wird. Die »Kunstwerke von Eisbomben«, bei denen Eissorten verschiedener Konsistenz verwendet werden, sind aber eigentlich »Profisache«. Die Substanzen haben sich dabei nicht verändert, doch die Verarbeitung. Das Wesentliche einer Eisbombe ist, daß sie sich in mehreren Schichten zum Kern hin qualitativ steigert. Die äußere Hülle ist ein Cremeeis, mit dem man eine Form gut ausfüttern kann. Eine zweite Schicht kann oder sollte folgen. Der feine Kern muß dann ein Sahneeis oder ein Parfait sein. Das Problem liegt aber darin, daß für eine 1 l fassende Form etwa 300 g Cremeeis für den äußeren

Mantel benötigt werden. Das ist einfach für den Fachmann, der aus seinem »Vorrat« an Eissorten schöpfen kann. Für den Haushalt ist diese kleine Menge für nur eine Schicht kaum herzustellen. Ein Ausweg ist die industriell gefertigte Eiscreme, die aber nicht so gut zu verarbeiten ist. Fazit: Eine Eisbombe gelingt hervorragend, wenn man ganz frisches Cremeeis für die Hülle verwendet — und für dieses kleine eisige Kunstwerk entsprechend Zeit aufbringt, weil zwischen den einzelnen Vorgängen jeweils Ruhepausen im Tiefkühlschrank nötig sind. Ideal ist jedoch eine kleine elektrische Eismaschine wie die auf Seite 179 abgebildete Sorbetiere. Mit diesem Gerät gibt es für Eisbombenfreunde keine Grenzen, weil man das Eis frisch und in jeder gewünschten Menge herstellen kann.

1 **Die erste Schicht**, der Mantel, besteht immer aus Cremeeis, weil nur dieses die Konsistenz hat, um an der vorgekühlten Form richtig zu haften. Die Form in eine Schüssel mit Eis stellen, und das Cremeeis mit einem Löffel gleichmäßig einstreichen. Zwischen Form und Eis dürfen keine Hohlräume entstehen.

2 **Die zweite Sorte Cremeeis** wird eingestrichen. Vorher die erste Schicht 1/2 Stunde erstarren lassen. Dann überstehendes Eis abschneiden, die zweite Schicht gleichmäßig einstreichen. Nach kurzer Gefrierzeit auch diese glattschneiden und das Parfait einfüllen. Erneut festwerden lassen.

3 **Die Bombe mit Eis zustreichen.** Dafür wird das Cremeeis des Mantels verwendet. Da die Füllung etwas zusammenfällt, entsteht genügend Raum. Man kann auch eine dünne Biskuitplatte auflegen. In jedem Fall mit zurechtgeschnittenem Pergamentpapier abdecken und mit dem Deckel verschließen.

4 **Das Papier wird abgezogen**, wenn die Eisbombe genügend fest gefroren ist. Dann wird sie ganz kurz in heißes Wasser getaucht, damit sie sich leicht aus der Form löst. Sehr wichtig ist, daß das Wasser bis zum oberen Rand reicht, weil sie dort sonst festklebt und unten zu weich wird.

5 **Mit einer Hand die Bombe halten**, mit der anderen die Form drehen. Das funktioniert jedoch nur bei der Halbkugel. Kompliziertere Formen auf den Tisch stoßen, damit sich das Eis löst. Über die gestürzte Bombe kurz kaltes Wasser laufen lassen. Es friert an und erzeugt eine glatte Oberfläche.

6 **Die Dekoration darf nicht zu kompliziert sein**, die Bombe fängt sonst zu schmelzen an. Daher kurz ins Tiefkühlgerät stellen. Schlagsahne und alle weiteren Garnituren müssen vorbereitet sein. Alle im Eis enthaltenen Zutaten eignen sich dafür oder Garnituren aus Schokolade, Meringue oder Hippenmasse.

7 **Die angeschnittene Eisbombe zeigt dann**, wie sorgfältig man gearbeitet hat. Die Zusammensetzung soll natürlich in erster Linie geschmacklich harmonieren. Doch ißt bekanntlich das Auge mit, und deshalb sollten die einzelnen Schichten auch farblich aufeinander abgestimmt werden.

Welche Form für eine Eisbombe?

Alte Eisbombenformen haben einen gut schließenden Deckel und oft noch einen Handgriff. Als die Bomben noch im Roheis mit Salz gefroren wurden, war das auch nötig. Die besten von ihnen waren aus Kupfer, einem Material, das Temperaturen gut leitet, und das Eis schnell gefrieren ließ. Im Zeitalter des Tiefkühlschrankes muß die Form keinen Deckel haben; sie kann mit Alufolie abgedeckt werden. Allerdings sollte sie auch heute aus einem möglichst dünnen Metall sein, damit sich das Eis, wenn es gestürzt werden soll, beim Eintauchen in heißes Wasser schnell löst. Eine andere Möglichkeit gibt es noch: Die volle Form wird mit dem Boden nach unten auf einen vorgekühlten Teller gesetzt, ein heißes Handtuch darüber gelegt und die Form senkrecht nach oben abgezogen.

Pistazien-Eisbombe

Bombe glacée aux pistaches   Abb. S. 192

40 cl Vanille-Cremeeis, ungefroren
25 cl Schokoladen-Cremeeis,
     ungefroren
1/8 l Milch
50 g feingeriebene Pistazien
2 Eigelb
90 g Zucker
2 cl Maraschino
15 cl Sahne
     Eine Eisbombenform von 1 l
     Inhalt

Für die Garnierung:
1/4 l Sahne
30 g Zucker
1 cl Maraschino
1 EL gehackte Pistazien
     Meringueblumen und Schoko-
     ladenblättchen

Vanilleeis frisch frieren, dann mit 3/4 der Menge die vorgekühlte Form ausstreichen. Wird das Eis frisch gefroren, ist es besonders cremig und läßt sich gut streichen. Den Rest davon im Tiefkühlgerät für den Boden aufbewahren. Während das Vanilleeis erstarrt, Schokoladeneis frieren, dann als 2. Schicht nach etwa 1/2 Stunde in die Form einstreichen. Nochmals 1/2 Stunde gefrieren lassen, inzwischen das Pistazienparfait vorbereiten. Milch mit Pistazien einmal kurz aufkochen. Eigelb mit Zucker und Maraschino im Wasserbad schlagen, bis die Mischung heiß und cremig ist. Warme Pistazienmilch zugießen und kaltrühren. Sahne steifschlagen und unter die Pistaziencreme heben. Masse in die Form füllen. Nach etwa 2 Stunden ist das Parfait so fest,

daß die Bombe mit dem restlichen Vanilleeis zugestrichen werden kann. Mit Papier und Deckel verschließen und fertig kühlen. Nach etwa 1 Stunde kann die Bombe gestürzt und garniert werden.

Die Menge ergibt 8 Portionen.

Kirsch-Eisbombe

Bombe glacée aux cerises   Abb. S. 186

30 cl Schokoladen-Cremeeis,
     ungefroren
30 cl Mocca-Cremeeis, ungefroren
120 g kandierte Kirschen
3 cl Kirschwasser
1/4 l Sahne
50 g Puderzucker
1 Msp. Vanillemark
1 etwa 1,5 cm dicker Biskuit-
     boden in Größe der Bombe
     Eine Eisbombenform, 1 l fassend

Für die Garnierung:
1/4 l Sahne
30 g Zucker
1 Msp. Vanillemark
     Kakaopulver zum Besieben
1 Meringue-Biene

Schokoladeneis frisch gefrieren, damit die vorgekühlte Form ausstreichen, ins Gefriergerät stellen. Moccaeis zubereiten und nach 1/2 Stunde als 2. Schicht in die Form streichen. Wieder kühlen. Kandierte Kirschen grob hacken und im Kirschwasser in einem verschlossenen Gefäß ziehen lassen. Sahne mit Zucker und Vanillemark steifschlagen, Kirschen samt Flüssigkeit unterrühren und die Eisbombe damit füllen. Diese 3 Stunden ins Gefriergerät stellen. Dann auf den Biskuitboden stürzen und mit vanillierter Schlagsahne garnieren. Dazu mit dem Spritzbeutel mit Lochtülle Nr. 7 die ganze Oberfläche mit Sahnetupfen bedecken. Dann Kakao darüberstäuben und die Meringue-Biene obendrauf setzen.

Die Menge ergibt 8 Portionen.

Erdbeer-Eisroulade

Roulade glacée aux fraises   Abb. S. 186

1 Biskuitroulade (Rezept S. 70,
     halbe Menge)
400 g vollreife Erdbeeren
180 g Puderzucker
     Saft einer Zitrone
3/8 l Sahne
     Puderzucker zum Besieben

Teig der Biskuitroulade etwa 25x35 cm groß aufs Blech streichen, backen und mit feuchtem Tuch bedeckt gut kühlen. Erd-

beeren pürieren, mit Zucker und Zitronensaft mischen. Sahne etwas anschlagen, unter das Püree rühren. Die Masse cremig frieren, dann auf die Biskuitplatte streichen. Diese sofort aufrollen, in Alufolie wickeln und im Gefrierschrank ca. 1 Stunde festwerden lassen. Roulade mit Puderzucker besieben, mit Schlagsahne und frischen Erdbeeren servieren.

Die Menge ergibt 10-12 Portionen.

Überbackene Aprikosen-Eisroulade

Roulade glacée aux abricots au gratin
                              Abb. S. 186

1 Biskuitroulade (Rezept S. 70,
     halbe Menge)
500 g frische vollreife Aprikosen
     (ergibt etwa 350 g Fruchtpüree)
200 g Zucker
8 cl Wasser
2 bittere Mandeln
2 cl Apricot Brandy
60 g Marzipan-Rohmasse
3/8 l Sahne
4 Eiweiß
125 g Zucker
     Mark einer Vanilleschote

Teig der Biskuitroulade etwa 25x35 cm groß aufs Blech streichen, backen und mit feuchtem Tuch bedeckt gut kühlen. Aprikosen blanchieren, schälen, Steine entfernen und das Fruchtfleisch im Mixer pürieren. Zucker, Wasser und die grob gehackten Mandeln aufkochen, Likör zugeben und den Sirup abseihen. In einer Schüssel das Rohmarzipan mit 1 bis 2 Löffeln Zuckersirup weichkneten. Dann mit dem Rührgerät nach und nach den Sirup und das Aprikosenpüree unterrühren. Im Kühlschrank erkalten lassen, dann die leicht geschlagene Sahne darunterziehen. Die Masse cremig frieren und auf die vorgekühlte Biskuitplatte streichen. Von der Schmalseite her sofort aufrollen und in Alufolie wickeln. Im Gefriergerät 1 Stunde festwerden lassen. — Eiweiß mit Zucker zu einem steifen Baiser schlagen, dann das Vanillemark beifügen. Mit Spritzbeutel und Sterntülle Nr. 12 die Roulade mit eng aneinander liegenden Streifen bespritzen und mit dem restlichen Baiser die Enden der Roulade zustreichen. Im vorgeheizten Ofen bei stärkster Hitze, besser unter dem Grill, überbacken, bis der Baiser braune Spitzen hat. Mit 1/2 Aprikose und 2 Schokoladenblättern garnieren. In etwa 2,5 cm breite Scheiben schneiden.

Die Menge ergibt 10 Portionen.

DESSERT LEXIKON

A

Achard, Franz Karl, 1753—1821, in Berlin geboren, stammt aus einer Hugenottenfamilie. Studierte Physik und Chemie und kam bald an die Berliner Akademie, wo er 1776 Schüler von Marggraf wurde. Bereits 1784 beschäftigte er sich auf dem Gut Kaulsdorf bei Berlin mit der Züchtung zuckerreicher Runkelrüben. Nach langen Experimenten hatte er Ende 1798 einen großen Erfolg, der ihm die Unterstützung von König Friedrich Wilhelm III. brachte. 1801 gründete Achard in Kunern (Schlesien) die erste Zuckerfabrik, in der Zucker aus einheimischen Rüben gewonnen wurde.

Agar-Agar, Geliermittel, das aus verschiedenen ostasiatischen Algenarten gewonnen wird.

Agenpflaume, Halbtrockenpflaume, Spezialität aus Agen, einer französischen Stadt an der Garonne

Ahornsirup, wird vorwiegend in den USA und Kanada gewonnen aus dem abgezapften Saft des Zuckerahorns, bot. Acer saccharum Marshall. Von Mitte Februar bis Ende März werden etwa 1 m über dem Boden die Bäume angezapft, der Saft gesammelt und eingedickt. Die älteste Beschreibung der Ahornsirupgewinnung datiert von 1634, doch vermutet man, daß die Anfänge dieser Sirupgewinnung wesentlich früher liegen.

Airelles rouges, Preiselbeeren

Amandines, Mandeltörtchen; Torteletts mit Früchten wie z. B. Kirschen und Mandelcreme gefüllt.

Amaretti, italienische Mandelmakronen

Ammern, Weichseln

Angelika, Engelwurz; Doldengewächs, dessen kandierte Blattstiele als Verzierung für Süßspeisen verwendet werden.

Annelets, kleine Ringe

Apricot Brandy, ein Fruchtaromalikör aus frischen oder getrockneten Früchten, auf der Basis von Weinbrand

Aprikotur, Glasur aus Aprikosenmarmelade, Zucker, Wasser und Zitronensaft. Findet überwiegend Verwendung als Isolierschicht zwischen Gebäck und anderen Glasuren oder Verzierungen.

Arancini, getrocknete und kandierte Orangenschalen, in runde Scheiben geschnitten.

Armagnac, berühmter Weinbrand aus dem Südwesten Frankreichs; Mindestgehalt an Alkohol 38 Vol. %. Er reift in Fässern aus Eichenholz. Sein Aroma eignet sich vorzüglich zum Parfümieren der verschiedensten Desserts.

Arme Ritter, Süßspeise aus Weißbrot- oder Zwiebackscheiben, in Milch eingeweicht, paniert, gebacken und mit Vanille- oder Weinschaumsauce serviert oder mit Zucker und Zimt bestreut.

Arrak, ein Branntwein mit drei verschiedenen Zubereitungsarten: vorwiegend aus Reis aber auch aus Zuckerrohrmelasse und in Südostasien aus Palmwein, gewonnen aus den angezapften Blüten der Kokospalme. Sehr gut geeignet zum Aromatisieren von Desserts verschiedenster Art.

Auflauf, in der Patisserie gleichgesetzt mit Soufflé; dann ist die Teigmasse stark mit Eischnee aufgelockert. Im allgemeinen volkstümlichen Gebrauch warmes Gericht, schichtweise Teigmasse, Obst oder Sauce in eine Form gefüllt und im Ofen überbacken.

Auflaufkrapfen, Beignetsoufflés, Spritzkuchen, Seite 75, 95 f.

B

Baba, mit Spirituosen oder Sirup getränkter Hefekuchen in Ringform, Seite 122 f.

Backfett, zum Ausbacken in schwimmendem Fett von Beignets, Krapfen usw. Das Fett soll einen hohen Verbrennungspunkt haben wie Öl oder Pflanzenfette.

Baiser, Mischung aus Eischnee und Zucker, im Backofen mehr getrocknet als gebacken; Seite 72

Balaclava, griechische Spezialität; Honigkuchen mit gehackten Mandeln

Barquette, kleines Tortelett in Schiffchenform

Baumstamm, mit Erdbeer-, Kaffee- oder Schokoladenfüllung: in Frankreich Bezeichnung für Biskuitrolle mit diversen Füllungen. Diese »Bûche de Noël« ist dort vor allem an Weihnachten beliebt.

Bavaroise, Bayerische Creme

Bayerische Creme, Creme auf der Basis von Eigelb, Zucker, Milch, Vanille, Gelatine und Schlagsahne, Seite 65, 113

Beignets, ganze Früchte oder Fruchtstücke, getränkte Biskuitscheiben, Reis- oder Grießpräparationen durch Backteig gezogen und im Fett schwimmend gebacken.

Beignets créoles, längs halbierte Bananen mit Zucker, Zitronensaft und Rum marinieren, mit Ausbackteig im schwimmenden Fett backen. Mit Puderzucker bestäuben.

Beignets soufflés, Auflaufkrapfen, Spritzkuchen aus Brandteig, im Fettbad ausgebacken.

Beignets soufflés à la Française, Erdbeerkrapfen auf der Basis von Milchbrandteig; mit Erdbeersauce servieren.

Bénédictine, französischer Kräuterlikör mit starkem Aroma

Bigarade, Pomeranzen, Seite 38

Birne Hélène, gegarte Birnenhälften auf Vanilleeis, dazu wird heiße Schokoladensauce gereicht.

Biscuits à la cuiller, Löffelbiskuits, Seite 70

Biskotte, österreichische Bezeichnung für Löffelbiskuit

Blancmanger, Mandelsulz, süße Geleespeise, deren Hauptbestandteil Mandelmilch ist.

Bombe glacée, Eisbombe, Seite 192

Bombe glacée à la royale, Eisbombe nach Königsart; Mantel: Kirschwassereis, Kern: Schokoladenparfait mit Krokant

Bombe glacée Almeria, Mantel: Vanilleeis mit Anisette, Kern: Granatapfelparfaitmasse

Bombe glacée Bismarck, Mantel: Vanilleeis mit geriebenen Mandeln und Maraschino, Kern: Aprikosenparfaitmasse

Bombe glacée Braganza, Mantel: Zitroneneis, Kern: Schichten von Erdbeer- und Rumparfaitmasse

Bombe glacée Carnot, Mantel: Himbeereis, Kern: Maraschinoparfaitmasse; mit Vanille- oder Weinschaum servieren.

Bombe glacée dame blanche, Eisbombe Weiße Dame; Mantel: Vanilleeis, Kern: Parfaitmasse mit Mandelmilch

Bombe glacée diplomate, Mantel: Vanilleeis, Kern: Parfaitmasse mit Maraschino, vermischt mit kleingehackten kandierten Früchten.

Bombe glacée duchesse, Eisbombe Herzogin; Mantel: Ananaseis, Kern: Birnenparfaitmasse mit Kirschwasser abgeschmeckt.

Bombe glacée florentine, Florentiner Eisbombe; Mantel: Himbeereis, Kern: Krokantparfaitmasse

Bondepige med Slør, verschleiertes Bauernmädchen (dänisch), Brotkrümel mit Butter und Zucker knusprig rösten, schichtweise mit Apfelmus in eine gebutterte Form geben. Mit Krümeln beginnen und aufhören. Backen, abkühlen lassen. Vor dem Servieren mit Schlagsahne bestreichen.

Brandteig, auf dem Feuer abgebrannter Teig aus Milch oder Wasser, Butter, Salz, Mehl und Eiern. Ideal für Desserts.

Brioche, kleiner runder Hefekuchen mit einem »Köpfchen«, einem ausgestochenen kleineren Kuchenstück

Bruchbeeren, Heidelbeeren, Seite 27

Buchteln, rundes Hefeteiggebäck mit Marmeladenfüllung. Sie werden in eine Form gesetzt und im Ofen gebacken.

Buttercreme, eine Füllcreme, für die es zwei Varianten gibt: 1. die leichte Buttercreme auf der Basis von Pudding, bzw. Flammeri, 2. die französische Buttercreme, die wesentlich schwerer ist und auf der Basis von Butter, Eiern und Zucker hergestellt wird.

Butterteig, österreichische Bezeichnung für Blätterteig

C

Calvados, französischer Apfelbranntwein, der etwa sechs Jahre in Fässern aus Eichenholz reifen muß. Ursprünglich nach der Landschaft benannt.

Campari, italienischer Bitter-Aperitif. Hergestellt aus Wein und Kräutern, chininhaltig.

Cannelons, Röhrchen aus Teig, meist Hippenmasse, gefüllt mit Schlagsahne oder leichten Cremes.

Caramel → Karamel

Cashewkerne, geschälte und enthäutete Samen der Cashewnuß. Geschmack mandelähnlich, etwas süßlich.

Charlotte, Süßspeise, die im 19. Jahrhundert aus England kam. Eine zylindrische Form wird mit Weißbrot- oder Biskuitscheiben ausgekleidet und mit gedünstetem Obst, Bayerischer Creme in Va-

riationen u. a. gefüllt. Wird knusprig gebacken, gestürzt, trocken oder mit Sahne serviert.

Charlotte royale, Charlottenform mit Biskuitscheiben ausgelegt (wie auf Seite 114) und mit einer bayerischen Creme gefüllt.

Charlotte russe, Russische Charlotte, die Form wird mit Löffelbiskuits ausgelegt und mit Bayerischer Creme Vanille (mit Sahne vermischt) gefüllt.

Charlotte von Kastanien, eine Charlotte aus Löffelbiskuits, gefüllt mit Kastaniencreme, mit schottischem Whisky aromatisiert.

Chaudeau, warmer Weinschaum, Seite 80 f.

Chiboust-Creme, Konditorcreme, die mit Eischnee und gekochtem Zucker in ihrer Konsistenz leichter gemacht wird.

Christmas pudding, englischer Weihnachtspudding, Seite 159

Cidre, leichter französischer Apfelwein

Clafoutis, französische Spezialität: Biskuitauflauf mit Kirschen. Wird heiß serviert. Seite 143

Cognac, französischer Weinbrand aus der Charente, der mehrere Jahre in Fässern aus Eichenholz lagern muß. Für Desserts wird er verwendet zum Parfümieren von Fruchtsalaten oder -saucen säurearmer Früchte, sehr gern zum Verfeinern von Eiscremes.

Cointreau, heller französischer Likör, aromatisiert mit Orangenschalen.

Condéreis, Süßspeisenreis, mit Milch, Butter und Zucker zubereitet, aromatisiert mit Vanille und abgeriebener Zitronenschale.

Coupe, Dessert, in einer Schale oder Becher angerichtet.

Crème à l'anglaise, englische Creme, Seite 62

Crème au caramel, Karamel-Creme, Seite 63

Crème bavaroise, → Bayerische Creme, Seite 65, 113

Crème bavaroise à la diplomate, Bayerische Creme auf Diplomatenart, Form mit Vanillecreme chemisiert, gefüllt schichtweise mit Schokoladen- und Erdbeercreme.

Crème bavaroise à la florentine, Bayerische Creme florentiner Art. Mandelcreme, garniert mit Schlagsahne, die mit Kirschwasser aromatisiert wurde. Mit gehackten Pistazien bestreuen.

Crème bavaroise à l'impératrice, Bayerische Creme auf Kaiserinart. Form mit Weingelee chemisieren, auf den Boden Kirschen geben, mit Vanillecreme und gehackten Pistazien füllen.

Crème bavaroise Clermont, Vanillecreme mit Maronenpüree vermischt, mit kandierten Maronen garniert.

Crème bavaroise Malakoff, Vanillecreme, vermischt mit gewürfelten, mit Maraschino getränkten Löffelbiskuits, gehackten Mandeln und Korinthen.

Crème bavaroise Pompadour, Cremespeise mit Schichten von Vanille- und Schokoladencreme

Crème bavaroise Richelieu, Form chemisiert mit Backpflaumenpüree, das mit Gelee gebunden und mit Schlehenlikör parfümiert wurde. Dann mit Vanillecreme füllen.

Crème brûlée, Sahnecreme mit Karamelzucker. Sahne-Eiercreme, wird nach dem Auskühlen gleichmäßig mit Zucker bestreut und unter dem Grill überkrustet, bis der Zucker karamelisiert und die Oberfläche braun wird.

Crème Chantilly, Schlagsahne, Seite 64

Crème de Cassis, Likör aus schwarzen Johannisbeeren, zum Aromatisieren von Fruchtsaucen, Cremes, Sorbets

Crème fouettée, geschlagene Sahne

Crème pâtissière, Konditorcreme, Seite 66

Crème Saint Honoré, Chiboust-Creme, eine leichte Füllcreme

Cremesaucen, Abwandlungen von Vanillesauce (Grundsauce) durch Zusatz verschiedener Aromastoffe

Crêpes, hauchdünn gebackene Eierkuchen mit verschiedenen Füllungen. Beliebtes Dessert der französischen Küche.

Crêpes à la crème, einfache Crêpes werden in einer tiefen Form oder einem Topf übereinandergeschichtet und mit noch nicht erhitzter Eiercreme übergossen. Dann im Ofen backen, gestürzt wie eine Torte mit Fruchtsauce servieren.

Crêpes aux avelines, Haselnuß-Crêpes, Orangen-Crêpes mit Haselnußbuttercreme gefüllt.

Crêpe-Torte, einfache Crêpe einzeln dick mit Fruchtpüree oder Nußmus bestreichen, übereinanderschichten und abschließend mit nicht erhitzter Eiercreme begießen. Im Ofen backen, abkühlen lassen und gestürzt wie Torte servieren.

Curaçao, Orangenlikör, der ursprünglich aus den Schalen von Curaçao-Orangen, Rohrzucker

und Branntwein hergestellt wurde, heute aber auf der Grundlage von Weinbrand, Gin und anderen Branntweinen bereitet wird.

Custard, süßer Eierrahm, Eierstich

D

Dalken, aus Böhmen stammende Mehlspeise. Der mit Eischnee gelockerte Hefeteig wird wie Liwanzen gebacken und auch mit Powidl serviert.

Dampfl, österreichisch für Ansatz bei Hefeteigen

Diavolini, Ingwercreme, gebacken

Diplomatencreme, wird wie Englische Creme zubereitet, unter Verwendung von Gelanntine und Schlagsahne, parfümiert mit Weinbrand und Maraschino. In einer Form abwechselnd mit zerkleinerten Makronen und Biskuits geschichtet.

Duja, Mischung aus goldgelb gerösteten Mandeln und Haselnüssen, in der Küchenmaschine zerkleinert und mit Puderzucker im Rührgerät vermischt. Die Masse hält sich im Kühlschrank etwa zwei Wochen.

Dukatenbuchteln → Buchteln

Dultschatza, gemischtes Beerenkompott in Zuckersirup

Dunstkoch, österreichische Bezeichnung für Pudding

E

Eierkuchen, siehe Crêpes, Seite 161 ff.

Eierschott, cremeartige Eierspeise mit Zimt

Eisbombe, zusammengesetztes Eisdessert, in einer Bombenform. Besteht aus ein bis zwei Schichten aus Cremeeis und dem Kern aus Parfaitmasse. Gefrieren, stürzen, garnieren. Siehe auch »Bombe«.

Eischnee, geschlagenes Eiweiß, das, möglichst gekühlt, nicht die geringste Spur von Eigelb enthalten darf.

Eisparfait, Halbgefrorenes auf der Basis von Eigelb und Zucker im Wasserbad geschlagen. Wie das Eissoufflé braucht es beim Gefrieren nicht

gerührt zu werden. Beide Dessertarten können aus einer Sorte oder mehreren Schichten mit Schokolade, Vanille, Mokka u. a. hergestellt werden.

Eissoufflé, ein Eisdessert, das mit einem Soufflé nur gemeinsam hat, daß es in einer Souffléform hergestellt und mit einer Papiermanschette über den Rand hochgezogen wird. Die Grundmasse ist ein Eisparfait, das beim Gefrieren nicht gerührt werden muß, sondern im Gefriergerät erstarrt.

Eistorte, Eisdessert, mit einer Füllung von Eisparfait oder Sahneeis, meist mit einliegenden Biskuitstückchen

Englische Creme, Vanillecreme, auf der Basis von Zucker, Eigelb, Milch, Vanille und Zitronenschale, Seite 62

Erdäpfelteig, österreichische Bezeichnung für Kartoffelteig

Eßkastanie, Edelkastanie, Marone

F

Feigen Carlton, frische Feigen geviertelt, bedeckt von einer Mischung aus Schlagsahne und Himbeerpüree. Das Dessert wird sehr kalt serviert.

Flammeri, meist gestürztes Dessert, ursprünglich mit ausgequollenem Grieß, Kartoffelmehl, Sago oder Reis. Eidotter, Eischnee, Fruchtsaft oder Spirituosen können zugesetzt werden. Umgangssprachlich wird der Flammeri auch als Pudding bezeichnet.

Flammeri auf deutsche Art, Flamerie à l'allemande, in gesüßter, mit geriebener Zitronenschale gewürzter Milch Grieß kochen, Eischnee unterziehen, alles in kalt ausgespülte Form füllen. Gekühlt stürzen, mit Fruchtsaft, auch Schokoladensauce servieren.

Flammeri auf französische Art, Flamerie à la française, in Weißwein und Wasser, mit Zucker und Salz, Grieß kochen, mit Eigelb binden, Eischnee unterziehen. In Form füllen, im Wasserbad im Ofen pochieren. Gekühlt stürzen, mit Fruchtpüree servieren.

Flan, flammeriähnliches Dessert, vorwiegend in Südeuropa bekannt.

Floating Island, Bezeichnung für verschiedene Desserts, z. B. gegarte Eischneeklößchen auf einer Vanillecreme; eine Eiweiß- Mandelmasse im Wasserbad gegart, gestürzt und mit Vanillesauce übergossen; eine karibische Guaven-Rum-Creme mit Eischneeklößchen und Rumsahne.

Fondant, Glace fondante, Zuckerglasur, Schmelzglasur. Eine weiße, dickgerührte Glasur von stark eingekochtem Zucker, im Gegensatz zu der aus Eiweiß und Zucker kalt hergestellten Glasur. Fondant darf nur bis handwarm im Wasserbad erwärmt werden.

Frangipane, gekochte Füllcreme auf der Basis von Mehl oder Speisestärke, Eiern, Milch und Vanille, vermischt mit feingestoßenen Makronen.

Frappé, 1. Mischgetränk aus Fruchtsaft mit Alkohol, mit Eisstückchen gekühlt; 2. Dessert aus Früchten mit Eis

Friands, kleine Törtchen aus Blätterteig

Fyllda Strutar, skandinavische Schlagsahnetütchen: gebackene Teigtütchen, gefüllt mit vanillierter Schlagsahne, verziert mit je einer Erdbeere oder mit Moosbeeren.

G

Galette, flacher, einfacher Kuchen, auf dem Blech gebacken, mit viel Butter hergestellt.

Galenus, Galenius, geb. 129 n. Chr. in Pergamon (Kleinasien), gest. 199 n. Chr. in Rom. Griechisch-römischer Arzt. War Leibarzt des Kaisers Marc Aurel. Seine Schriften hatten zusammen mit denen des Hippokrates weitgehend bis ins Mittelalter Geltung. Er faßte das gesamte Wissen der antiken Heilkunde in einem einheitlichen System zusammen.

Gallert, erstarrte Flüssigkeit, mit oder ohne Einlage wie Gelee, Blancmanger usw.

Gaufres, französisches Wort für Waffeln

Gelee, Sulz, Gallert; erstarrte Fruchtsäfte o. a. mit und ohne Einlage, Seite 92 f.

Genoise, feiner Biskuitteig

Genueser Brot, Pain de Gênes, ein weicher Biskuitteig, verfeinert mit Marzipan, Jamaika-Rum und Grand Marnier.

Geriebener Teig, ein Mürbteig, für den man Fett und Mehl bröselig reibt und dann erst die übrigen Zutaten beifügt.

Germ, österreichischer Ausdruck für Hefe

Giardinetto, Dessert aus Obst

Glace, 1. Gefrorenes aller Art; 2. Glasur, die aus Zucker hergestellt wird.

Glace fondante → Fondant

Glace royale, weiße Zuckerglasur aus Staubzucker, Eiweiß und Zitronensaft

Glasur, Überzug aus Zucker, Schokolade u. a. für Süßspeisen, kleines Gebäck und Kuchen

Glucose, Traubenzucker; der neben dem Fruchtzucker in den Früchten enthaltene natürliche Zucker

Grand Marnier, französischer Likör auf der Basis von Cognac mit Bitterorangen

Granité, Eispunsch aus säuerlichen Früchten und Weinen, nur schwach gesüßt. Aufgrund des geringen Zuckeranteils kristallisiert der Punsch beim Gefrieren.

Grappa, italienischer Tresterbranntwein

Grenadine, Sirup aus Granatäpfeln und Zucker hergestellt

Grießknödel, Quenelles à la semoule, österreichische Spezialität; Grieß und Milch kochen, abkühlen lassen, mit Eiern, Butter, gerösteten Semmelwürfeln vermischen. Knödel in Salzwasser kochen, in Polonaise wälzen.

Grillage, österreichisch, geschmolzener Zucker mit grob gehackten Nüssen oder Mandeln

Gugelhupf, Napfkuchen aus Hefeteig, meist mit Rosinen, Zitronenschale und gehackten Mandeln verfeinert.

Guß, Mischung aus Milch, Ei und Zucker, die über manche Kuchen oder Aufläufe gegeben wird. Siehe auch Glasur.

H

Hefestück, Vorteig, Ansatz

Hippenmasse, Teig, meist aus Mandeln oder Marzipan, für Desserts und Dekorationen aller Art, Seite 74

Hohlhippen, dünne Waffeln in gerollter Form

Homer, lebte im 8. Jahrhundert v. Chr. und ist der älteste griechische Dichter. Heimat und Wirkungskreis waren im ionischen Kleinasien. Er gilt als der Verfasser der Epen »Ilias« und »Odyssee«.

I

Indianer(krapfen), österreichische Bezeichnung für Mohrenkopf

Italienische Meringue, süßer Eischnee; wird Eis, Sorbets und Spooms zugesetzt, Seite 72

J

Jaggery, Palmzucker, Seite 126

K

Kaffee-Essenz, sehr starker, konzentrierter Bohnenkaffee

Kaffeepudding, Pouding au café, Grundrezept dazu ist Sächsischer Pudding. Hier wird die Hälfte der Milch durch schwarzen Kaffee ersetzt, Seite 156. Mit Kaffeecreme saucieren.

Kaneel, Zimtrinde

Karamel, braun gebrannter Zucker, Seite 20 f.

Karamelpudding, Pouding au caramel, Puddinggrundmasse (Sächsischer Pudding, Seite 156) ohne Zucker bereiten. Die Hälfte des Zuckers mit Eiweiß zu Schnee schlagen, den Rest zu Karamel brennen. Fein reiben, unter die Masse mischen und alles im Wasserbad garen. Saucieren mit Karamelsauce.

Karamelspiegel, karamelisierter Zucker, mit dem der Boden der Förmchen für Karamelcreme ausgegossen wird.

Kardinalsart, Dessert mit Erdbeer-, Himbeer- oderJohannisbeerpüree oder -eis, oft in Verbindung mit Vanilleeis

Karthäuserklöße, rundum abgeriebene Brötchen vierteln und in einer Mischung aus angewärmter Milch, Vanillezucker und Eigelb einweichen. Dann in Eiweiß und Semmelbröseln wenden und in viel Butter goldbraun backen. Mit Zimtzucker bestreuen, Vanillesauce dazu reichen.

Kartoffelmehl, Kartoffelstärke

Kastanie → Marone

Keşkul, orientalische Reismehlcreme: Sahne, Milch, geriebene Mandeln, Zucker und Mandelextrakt aufkochen, dann vom Feuer nehmen, Mandeln weichen lassen, durchpassieren, Mandeln ausdrücken. Reismehl in wenig Milch auflösen, einrühren und bei schwacher Hitze bis zur Rose abziehen. Durchpassieren, in Dessertschalen füllen und gut kühlen. Mit Granatapfelkernen, gehackten Mandeln und Pistazien garnieren.

King-Coconut, bot. Cocos nucifera aurantiaca, eine Verwandte der altbekannten Kokosnuß, die allerdings vorwiegend in Südostasien vorkommt. In Sri Lanka wird sie »Tembili« genannt. Die Palme der King-Coconut ist nicht so hoch wie die ihrer Verwandten und die Blätter haben ein wesentlich helleres Grün als alle anderen Palmen. Die Früchte sind sattgelb bis orange. Sie werden vorwiegend ausgetrunken, da sich in ihrem Innern mehr als 1/2 Liter Flüssigkeit befindet, die wesentlich wohlschmeckender ist als das Wasser der üblichen Kokosnuß. Durch die Schale und das dicke faserige Gewebe im Innern wird die Flüssigkeit hervorragend gegen Hitze isoliert. Daher ist der Saft der King-Coconut als Erfrischungsgetränk sehr beliebt. Ist die Frucht zum Verzehr reif, schneidet man oben eine Kappe ab (die Schale ist längst nicht so hart wie bei der herkömmlichenKokosnuß) und trinkt den aromatischen Saft aus. Wer will, kann von dem innersten weichen Fruchtfleisch mit einem Stück Schale etwas abkratzen, es schmeckt sehr angenehm. Alles übrige wird weggeworfen.

Kipfe(r)l, österreichische Bezeichnung für Hörnchen

Kirschenknödel, Quenelles aux cerises, werden wie Zwetschgenknödel bereitet und mit drei oder vier nicht entsteinten Kirschen gefüllt; österreichische Spezialität.

Kirschenstrudel, Strudel aux cerises, wird wie Apfelstrudel bereitet (Seite 146), nur anstelle der Äpfel mit einer Mischung von Kirschen, gerösteten Brotwürfelchen (zum Aufsaugen des Saftes), abgeriebener Zitronenschale und Zucker gefüllt.

Kithul-Palme, bot. Caryota urens L., eine Art der Zuckerpalmen, aus deren Stamm und Blütenknospen vorwiegend Saft zur Zuckergewinnung abgezapft wird.

Koch, österreichische Bezeichnung für Auflauf oder gekochte Mehlspeise

Konditor-Creme, Crème pâtissière, auf der Basis von Zucker, Eigelb, Mehl oder Speisestärke, Milch und Vanille hergestellt, Seite 66

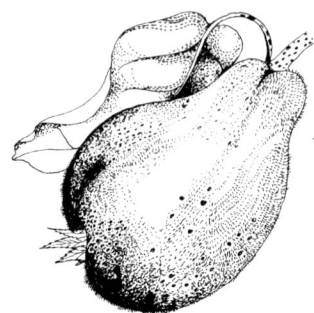

Kopra, das getrocknete, sehr fetthaltige Kernfleisch einer Kokosnuß

Korinthen, kleine, kernlose, an der Luft getrocknete Weinbeeren aus Griechenland. Haben ihren Namen von der Stadt Korinth.

Kranbeeren, Preiselbeeren, Seite 27

Krapfen → Beignets

Krokant, Mischung aus gehackten Nüssen oder Mandeln und Karamel

Kuvertüre, Schokoladenüberzugsmasse

L

Liwanzen, böhmische Spezialität, kleine, flache Hefekuchen, die auf beiden Seiten gebacken werden.

Löffelbiskuits, zartes Gebäck, das zu den verschiedensten Desserts verwendet wird. In der Patisserie unentbehrlich, Seite 70

M

Makronen, kleines Gebäck auf der Basis von Mandeln, Zucker und Eiweiß

Malvasier, Dessertwein, der ursprünglich aus Griechenland stammt.

Mandelcreme, Konditorcreme mit Mandeln, auf der Basis von Butter, gemahlenen Mandeln, Puderzucker, Eiern und Speisestärke. Wird verwendet zu Füllungen, auch für Törtchen mit und ohne Obst.

Mandelessenz, feingeriebene, süße Mandeln werden in Milch oder Wasser erhitzt und dann in einem feinen Tuch ausgedrückt. Verwendung bei Mandelmilch, Blancmanger u. a.

Mandelmilch, siehe Mandelessenz

Mandelpudding, Pouding aux amandes, Grundmasse (siehe Sächsischer Pudding, Seite 156) mit Mandelmilch ansetzen. Die gebutterte Form mit gerösteten Mandelblättchen ausstreuen. Das Dessert mit Mandelcreme servieren.

Maraschino, italienischer Gewürzlikör, der aus Kirschbranntwein von vergorenen Maraska-Kirschen (Dalmatien) hergestellt wird.

Margarine, Butter- und Fettersatz, der früher meist aus Rindertalg, heute aber aus Pflanzenfetten hergestellt wird.

Marggraf, Andreas Sigismund, 1709-1782. Als in der damaligen Zeit angesehenstem Chemiker unterstand ihm seit 1754 das Chemische Laboratorium der Akademie der Wissenschaften in Berlin; 1760 ernannte ihn Friedrich der Große zum Direktor der Physikalischen Klasse. Marggraf hatte schon in jungen Jahren, bei seiner Tätigkeit als Apotheker, entdeckt, daß das Salz, das sich bei der Bearbeitung einheimischer Rüben kristallisierte, die gleiche chemische Zusammensetzung wie der aus Zuckerrohr gewonnene Zucker hatte. Diese wissenschaftliche Erkenntnis war für die damalige Zeit von größter Bedeutung. Allerdings kümmerte er sich als vielbeschäftigter Wissenschaftler nicht um die wirtschaftliche Ausnützung seiner Forschungsergebnisse. Dies blieb seinem Schüler Franz Karl Achard vorbehalten.

Marille, österreichische Bezeichnung für Aprikose, Seite 29

Marinade, mit Kräutern und Gewürzen versehene Flüssigkeit, zur Geschmacksbereicherung der verschiedensten Speisen

Marone, Edelkastanie, eßbare Kastanie, bot. Castanea sativa oder C. vesca. Wird vorwiegend in den Mittelmeerländern angebaut. Ihren Namen hat sie von der pontischen Stadt Kastanis. Maronen werden im Herbst und Winter frisch, das ganze Jahr über in Dosen angeboten, süß, naturell und als Püree.

Marsala, italienischer Dessertwein, süß oder trocken; eignet sich gut zum Würzen der verschiedensten Desserts.

Marzipan-Rohmasse, Zubereitung aus süßen Mandeln und Zucker. Verwendung bei Hippenmasse, Mandelsauce, Gebäck u. a. m.

Marzipan zum Selbstherstellen, falls keine Marzipanrohmasse zur Hand ist: gemahlene Mandeln und Puderzucker zu gleichen Teilen vermengen, zum Binden Eiweiß beifügen, alles glattrühren. Die Masse hält sich in einem absolut luftdicht schließenden Gefäß im Kühlschrank etwa eine Woche.

Meringue, gesüßter Eischnee, der mehr getrocknet als gebacken wird

Mie de pain, Weißbrot, entrindet und durch ein Drahtsieb gerieben

Mille-feuilles, tausend Blätter; hoher Blätterteig, der aus übereinandergelegten, einzeln gebackenen Schichten (auch Ringen) besteht und gewöhnlich mit Schlagsahne gefüllt wird.

Mirliton, gefülltes Blätterteiggebäck in Tarteletteförmchen

Mohnstrudel, Strudelteig (Seite 146) mit folgender Mischung bestreichen: gestoßener Mohn mit Zucker und Rotwein mariniert, zerlassener Butter, Honig, Eigelb, Aprikosenmarmelade, abgeriebene Zitronenschale, Rosinen und Vanille. Dann den Teig aufrollen, mit Butter bestreichen und backen. Kalt servieren; österreichische Spezialität.

Mohrenkopf, rundes Biskuitgebäck mit Schokolade überzogen

Mousse, Schaumspeise mit Schlagsahne hergestellt

Mousse au chocolat, Schokoladenschaum, Seite 121

Mousselines, Schaumbrötchen

N

Nesselrode Pudding, Eigelb und Zucker cremig rühren, heiße Sahne mit Vanille beifügen und weiter erhitzen. Vom Feuer nehmen, Kastanienpüree, in Rum marinierte Korinthen, Rosinen und Rum einrühren. Nach dem Abkühlen Schlagsahne unterziehen. In leicht geölter Form im Kühlschrank fest werden lassen.

Nocken, kleine, längliche Klößchen

Nougat, feingehackte Mandel- oder Haselnußmasse rösten und mit leicht karamelisiertem Zucker weiterverarbeiten.

O

Obers, österreichische Bezeichnung für süße Sahne; Schlagobers: Schlagsahne

Obstbranntwein, aus vergorenen Früchten oder deren Saft gewonnen. In Frage kommen Beeren-, Kern- und Steinobst. Wird auch »Wasser« genannt, z. B. »Kirschwasser«. Werden unvergorene Früchte mit Alkohol destilliert, nennt man das Endprodukt »Geist«, z. B. »Himbeergeist«.

Orangeat, kandierte Apfelsinenschale

Ovid, geb. 43 v. Chr., gest. etwa 17 n. Chr.; war der gefeierte Dichter der römischen Gesellschaft, bis er in die Verbannung ans Schwarze Meer geschickt wurde. Seine Meisterwerke sind die »Metamorphosen«, Sagenerzählungen und die »Fasti«, großangelegte Abhandlungen über den römischen Festkalender. Aus der Verbannung schrieb er die berühmten »Klagelieder« und Briefe.

P

Palatschinken, österreichische Bezeichnung für gefüllte Eierkuchen

Palmyra-Auflauf, Vanille-Auflaufmasse wird lagenweise mit in Anisette getränkten Löffelbiskuits in eine gebutterte und gezuckerte Auflaufform gefüllt und gebacken. Zum Schluß mit Puderzucker bestauben und glacieren.

Pariser Creme, eine Schokoladencreme. 1/4 l Sahne wird aufgekocht und darin 200 g Kuvertüre glattgerührt. Erkaltet wird sie schaumiggeschlagen.

Paskha, russisches Osterdessert aus Quark. Hüttenkäse oder Quark müssen vor der Verarbeitung erst gut 12 Stunden austropfen, damit sie völlig trocken sind. Kandierte Kirschen und Mandeln kleinhacken, Rosinen, Vanille-Extrakt, Zitronat, Orangeat und Butter werden dann unter den Quark gemischt. Eier und Zucker werden geschlagen, zu der Masse gegeben und mit Sahne glattgerührt. Die Mischung füllt man am besten in einen mit einem Nesseltuch ausgelegten Blumentopf aus Ton, der unten ein Loch hat. Über der Masse wird das Tuch gefaltet, mit einem Teller bedeckt und mit einem Gewicht beschwert. Damit die Flüssigkeit entweichen kann, den Topf auf ein Gitter und damit auf einen Teller stellen, 12 Stunden im Kühlschrank festwerden lassen. Dann Tuch auseinanderfalten, das Ganze auf eine Platte stürzen, Topf und Tuch vorsichtig abheben und mit Mandeln und kandierten Kirschen garnieren. Wird quer geschnitten, in Scheiben serviert.

Pâte à choux, Brandteig, Seite 75

Pâte feuilletée, Blätterteig

Petits pots de crème, kleine Cremetöpfchen

Petits pots de crème Hélène, Cremetöpfchen Helena; Vanillecreme, belegt mit einem Stück pochierter Birne, nappiert mit Schokoladensauce, umrandet mit Schlagsahne.

Petits pots de crème au chocolat, Cremetöpfchen mit Schokolade; Grundcreme vermischt mit aufgelöster Schokolde, mit Schlagsahne garniert.

Pernod, französischer Anislikör, wird mit Wasser vermischt getrunken.

Petits fours, alle sehr kleinen für den Nachtisch oder zum Mokka bestimmten Backwerke, gefüllt und ungefüllt, trocken oder glasiert.

Pistazien, bot. Pistacia vera L., werden vom Mittelmeerraum bis nach Zentralasien kultiviert. Die länglichen Fruchtkerne sind hellgrün und werden roh gehackt oder geröstet für feines Gebäck, Süßspeisen u. a. verwendet.

Plinius der Ältere, geb. 23 oder 24 n. Chr., gest. 79 n. Chr. beim Vesuvausbruch. Lateinischer Schriftsteller. Von seinen Werken ist die »Naturgeschichte« (Naturalis historia) in 37 Bänden erhalten. Hier hat Plinius als erster in einer enzyklopädischen Sammlung alle Erscheinungen in der Natur dargestellt.

Plombière, kandierte Früchte werden kleingehackt, mit Kirschwasser mariniert, dann mit Vanilleeis vermischt. Diese Masse wird abwechselnd mit Aprikosenmarmelade in eine Form gefüllt und nochmals gefroren.

Plumpudding, identisch mit dem englischen Christmas pudding, Seite 159

Pofesen, eingeweichte, in Ausbackteig gehüllte und in der Fritüre ausgebackene Semmelscheiben. Sie werden meist mit Marmelade gefüllt.

Polonaise, in Butter geröstete Semmelbrösel. Diese Bezeichnung wird vorwiegend in Österreich gebraucht.

Pontschki, russische, in Schmalz gebackene Pfannkuchen

Portwein, portugiesischer Dessertwein, der in roten und weißen Sorten angeboten wird. Er muß drei Jahre in Fässern aus Eichenholz lagern; Alkoholgehalt bis zu 25 Vol. %. Er ist trocken bis leicht süß.

Powidl, österreichische Bezeichnung für Pflaumen- und Zwetschgenmus

Powidltascherln, österreichische Spezialität; Teigtaschen mit Pflaumenmus gefüllt

Pralin, geröstete Mandelmasse

Primeur, französische Bezeichnung für jungen Rotwein, der kurz nach der Gärung abgefüllt wird. Er hält sich nur wenige Monate.

Profiteroles, kleine, gefüllte Windbeutel aus Brandteig

Pudding, im Wasserbad gegarte, auflaufartige Gerichte

Punch glacé à la romaine, leichtes Orangeneis, unter das zerkrümelte italienische Meringuen gezogen werden. Vor dem Servieren wird das Eis mit Champagner und Rum begossen.

Purée, Brei oder Mus, hergestellt aus dem Fruchtfleisch der verschiedensten Obstarten

Q

Quenelles, sehr kleine Klößchen aus Brandteig

Quillets, Biskuittörtchen

R

Reisauflauf, Condéreis mit Eigelb abziehen, Eischnee unterheben. In gebutterter Auflaufform backen. Kurz vor Ende der Backzeit mit Puderzucker besieben und glacieren.

Reis auf Palermitaner Art, Riz à la palermitaine; Ringform mit Gelee von Blutorangen ausgießen, mit Kaiserinreis (Seite 89) füllen, kühlen und stürzen. In die Mitte Schlagsahne geben. Orangenfilets mit Zucker und Curaçao mazerieren und damit die Speise garnieren.

Reis Jackson, Reis blanchieren, in Weißwein kochen mit Läuterzucker, abgeriebener Zitronenschale und Zitronensaft. Das Ganze mit Weinschaumsauce vermischen, mit Gelatine binden und in eine gerippte Form abwechselnd mit Orangenfilets füllen.

Reis Lord Byron, Reis blanchieren, in Weißwein und Wasser mit Zucker und Vanille trockendünsten. Dann abkühlen, anschließend vermischen mit Ananaswürfeln (mazeriert in Grand Marnier) und Schlagsahne; alles mit etwas Gelatine binden und in eine Zylinderform füllen. Kalt stürzen.

Reisrand Marquise, Condéreis mit gewürfelten Birnen vermischen. In die Mitte ebenfalls gewürfelte Birnen füllen. Aprikosensauce mit Madeira abschmecken und damit dann den Reisrand nappieren.

Reisrand Sarah Bernhardt, Ringform mit Maraschinogelee ausgießen, mit gehackten Pistazien bestreuen. Schlagsahne unter Condéreis ziehen, mit wenig Gelatine binden, in die Form füllen und Maraschinogelee dazugießen. Die Mitte mit Schlagsahne füllen und mit Walderdbeeren garnieren.

Rhabarber-Flammeri, Flamerie de rhubarbe; Rhabarber mit Zucker, Zimt, Zitronensaft und abgeriebener Zitronenschale kochen, pürieren, mit Maismehl binden, Eischnee unterziehen und in eine Form füllen. Gekühlt stürzen, mit Fruchtsaft servieren.

Rhabarberstrudel, Stroudel à la rhubarbe; wie Apfelstrudel bereiten, Seite 146. An Stelle der Äpfel Rhabarber verwenden, doch mehr Zucker zugeben.

Rice griddle cakes, kleine Reiskuchen nach amerikanischer Art

Riz au lait, Milchreis zu Füllungen

Roquille, eingemachte Pomeranzenschale

Royale, Eiermilch, Eierstich, Eiergelee

Rum, ein Destillat, dessen Spitzenqualitäten (z. B. Rhum agricole) aus frischem Zuckerrohr gewonnen werden. Weitere Sorten werden aus Melasse hergestellt; es gibt auch reinen Kunstrum. Abgesehen von den verschiedenen Sorten der Herkunftsländer wie Jamaika, Kuba etc., unterscheidet man weißen (farblosen) und braunen Rum, der mit Zuckercouleuer gefärbt ist.

Russische Quarkspeise, siehe Paskha

S

Sabayon, Weinschaum, -sauce; eine aus Eigelb, feinem Zucker, Gewürz und Weißwein im Wasserbad abgeschlagene Süßspeisensauce, Seite 80 f.

Sabayon à l'orange, Zubereitung nach dem Rezept von Seite 81; 8 Eigelb, 180 g Zucker, 1/8 l trockener Weißwein, Saft und abgeriebene Schale von 2 Orangen, Saft einer halben Zitrone.

Salpicon, sehr klein gewürfelte Früchte, auch kandierte, leicht gebunden

Salzburger Goldhühner, kleine Auflaufkrapfen in Schweineschmalz gebacken

Salzburger Nockerln, süße Nachspeise auf der Basis von Butter, Zucker, Eigelb, wenig Mehl und Eischnee, Seite 148 f.

Savarin, feiner, in Ringform (Savarinform) gebackener Hefekuchen, noch heiß mit Sirup und Spirituosen stark getränkt, dazu beliebige Füllung, Seite 122

Savarin Montpellier, kleine, getränkte Savarins mit Vanillecreme überziehen und mit weißen gehobelten und gebrannten Mandeln bestreuen.

Schmarrn, österreichische Bezeichnung für einfachen Eierkuchen, der in kleine Stücke zerrissen wird.

Schwaden, Wasserdampf im Backofen; entsteht durch Eingießen von Wasser unter das Backblech. Der Dampf treibt das Gebäck schön auf, z. B. Brandteig.

Sharbate, persische Bezeichnung für Sorbet, Seite 175

Sherry, spanischer Dessertwein aus Jerez, wird in trockenen und milden Sorten angeboten.

Sliwowitz, feiner Zwetschgenbranntwein, dem bei der Destillierung auch zerdrückte Zwetschgenkerne beigefügt werden.

Sorbet, eine leicht gefrorene Mischung aus Fruchtsaft, -püree, Zucker und Fruchtsäure, aber auch von feinen Weinen und Champagner

Soufflé, Süßspeise, die durch reichlichen Zusatz von Eischnee beim Garen an Umfang zunimmt, bzw. aufgeht. Bleibt so aber nur in heißem Zustand. Beim Abkühlen fällt das Soufflé zusammen.

Soufflé à l'orange, Zubereitung wie Zitronensoufflé, Seite 137, mit 6 cl Orangensaft, 2 cl Zitronensaft, der abgeriebenen Schale von 2 Orangen und 2 cl Cointreau.

Soufflé au café, Kaffee-Auflauf, wird wie Grundrezept Seite 138 zubereitet, jedoch übergießt man 90 g Kaffee mit kochender Milch und läßt etwa 10 Minuten ziehen.

Soufflé aux pistaches, wird wie Haselnußsoufflé zubereitet, Seite 140. Statt Haselnüssen werden 40 g Pistazien und 30 g feingehacktes Zitronat verwendet, dazu 2 cl Curaçao.

Soufflé glacé, Eissoufflé, Seite 188

Soufflé glacé Cavalieri, Soufflé-Form abwechselnd füllen mit Erdbeer-, Schokoladen- und Ananasmasse. Zwischen die Schichten dünne Biskuitscheiben, mit Kirschwasser getränkt, legen.

Soufflé glacé Jamaika, Eigelb, Zucker und Rum erst warm, dann kalt schlagen, ungesüßte Schlagsahne darunterziehen und mit Rum getränkten Biskuitwürfeln vermischen.

Soufflé glacé Nesselrode, Vanillemasse vermischt mit Maronenpüree. Garniert mit glacierten Maronen.

Soufflé Rothschild, zu dem Rezept Vanille-Soufflé von Seite 138 werden beigefügt: 160 g gemischte Kompottfrüchte, in Stücke geschnitten und mit Danziger Goldwasser mariniert.

Spanische Milch, Milch mit einer Decke von süßem Eischnee

Spanischer Wind, getrockneter Eischnee in Form von kleinen Halbkugeln

Speisestärke, quillt in 60–70° C warmer Flüssigkeit. Dient als Bindemittel zur Bereitung von Cremes, süßen Saucen etc.; bindet jedoch erst beim Siedepunkt.

Spongada, ein Sorbet mit Eischnee angereichert

Spoom, ein Sorbet, das mit einer größeren Menge von sehr süßem Eischnee (italienische Meringue) angereichert wird.

Spritzglasur, eine sehr dicke Zuckerglasur, die für zarte Dekorationen wie Ornamente, Blumen etc. aus einer Papiertüte aufgespritzt wird.

Spritzkuchen, runde Ringe aus Brandteig, mit Sterntülle gespritzt und in heißem Fett gebacken

Strudel, Mehlspeise von dünn ausgetriebenem Teig, der mit einer Fülle bestrichen, zusammengerollt und in einer flachen Kasserolle gebacken wird.

Sulz, Gelee, wie Weingelee, Obstgelee

Süßer Sandteig, für kleine Kuchen, Obsttörtchen und kleines Sandgebäck zu verwenden.

Syllabub, eine Mischung aus Sahne und gesüßtem, mit Zitronenschale und -saft aromatisiertem Wein und Weinbrand. Die Menge der Sahne sollte größer als die Hälfte aller Zutaten sein. Diese Art Sahnepunsch muß mit dem Schneebesen geschlagen werden, bis er leichte Spitzen bildet. Dann als dicke Sauce oder in Gläsern als eigenständiges Dessert servieren.

T

Tartelette, kleines, blindgebackenes Törtchen (Tortelett), meist aus Mürbteig. Kann mit Cremes, Gelees, Früchten und Sahne gefüllt werden.

Tartelette à l'ananas, Ananastortelett; ein Mürbteigtortelett wie Seite 98, gefüllt mit gewürfelter Ananas und Aprikosenmarmelade. Mit Schlagsahne garniert.

Tartelette aux noisettes, Nußtortelett; Förmchen mit Mürbteig auskleiden, mit roter Marmelade bestreichen, füllen mit einer Mischung aus gemahlenen Haselnüssen, Zucker, Eigelb, etwas Sahne mit untergezogenem Eischnee. Mit Vanille oder Kirschwasser aromatisieren, mit Puderzucker bestäuben, dann backen.

Tartelette aux pommes, Apfeltortelett; wie Mürbteigtortelett (Seite 98) gefüllt mit Apfelwürfeln in Butter gedünstet, leicht mit Konditorcreme gebunden. Mit gedünsteter Apfelscheibe bedecken, aprikotieren.

Tartelette Chamberlain, geripptes Förmchen mit Blätterteig auslegen, dünn aprikotieren. Füllen mit einer Mischung aus gehackten Äpfeln, Semmelbröseln, Zimt, Zucker, abgeriebener Zitronenschale und etwas Rum. Mit Blätterteig abdecken, backen und abgekühlt mit Vanillefondant glacieren.

Tartelette Nelson, Mürbteigtortelett (Seite 98), dünn aprikotieren, füllen mit Meringuemasse, dann mit Zimt und Mandelsplittern bestreuen. Nach dem Backen mit Puderzucker besieben.

Tarte Tatin, gestürzter Apfelkuchen; in einer Gratinform Zucker und Butter schmelzen, geschälte und halbierte Äpfel darin karamelisieren, mit Blätterteig abdecken und nach dem Backen stürzen.

Theophrast, geb. 371 v. Chr. in Eresos auf Lesbos, gest. 287 v. Chr. in Athen. Griechischer Philosoph und Naturforscher. Bedeutendster Schüler von Aristophanes. Theophrast hinterließ neben philosophischen Werken viele naturwissenschaftliche Schriften.

Tia-Maria-Likör, ein Mokkalikör

Tiroler Strudel, Stroudel tyrolienne; Füllung aus Butter, Zucker, Eigelb, geriebenen Nüssen, Rosinen, kleingeschnittenen Datteln und Feigen, Zitronenschale, Zimt und Eischnee.

Toddy, ein berauschendes Getränk aus dem vergorenen Saft, der aus der Blüte vieler Palmenarten abgezapft wird.

Topfen, österreichische Bezeichnung für Quark

Topfenpalatschinken, Pannequets au fromage blanc; Palatschinken (Seite 163) gefüllt mit einer Mischung aus schaumig gerührter Butter, Zucker und Eigelb, Salz, Zitronenschale, saurer Sahne, Rosinen, passiertem Quark und Eischnee. Aufgerollt in eine gebutterte Pfanne schichten und mit Royale (Eiermilch) begießen, dann backen.

Topfenstrudel, Stroudel au fromage blanc; wie Apfelstrudel (Seite 146) bereiten, mit einer Füllung von passiertem Quark, Eigelb, Zucker, Vanille, mit untergezogenem Eischnee.

Topfentascherln, Pomponettes farcies de fromage blanc; wie Powidltascherln (Seite 152), Füllung aus passiertem Quark, Zucker, Salz, Zitronenschale, Eiern und Rosinen.

Treacle, ein Sirup, der aus dem Saft der angezapften Palmblüten gewonnen wird.

Trifle, beliebte englische Süßspeise; in eine Schüssel werden schichtweise mit Sherry getränkte Biskuits, Früchte und Eiercreme gegeben. Mit Marmelade und Schlagsahne garnieren.

Tronchines, schweizerische Bezeichnung für Baiser oder Spanischer Wind

Tulpen, gebackene Teigförmchen für Eisbecher aus Katzenzungenteig. Man kann aus diesem Teig Katzenzungen, Plätzchen, Förmchen und Eisdekorationen herstellen wie aus Hippenmasse, Seite 74.

Tunkmasse, österreichische Bezeichnung für Kuvertüre

V

Vacherin, Boden und Deckel bestehen aus gebackener Meringue. Dazwischen wird Eis, Sahne oder Creme gefüllt. Der Deckel wird großzügig garniert mit Sahne, Marmelade, Schokoladensplittern o. ä.

Vacherin Chantilly, Füllung von vanillierter Schlagsahne. Garnierung mit Schlagsahne, kandierten Kirschen und Angelikablättchen.

Vacherin glacé, Vacherin mit beliebiger Eisfüllung, mit Schlagsahne garniert.

Vanillesahne, Schlagsahne mit Vanille parfümiert: Crème Chantilly, Seite 64

Vanillesauce, eine Sauce aus Milch, Eigelb, Zucker und Vanille. Wird verwendet als Beigabe zu verschiedenen Desserts oder als Grundsauce für eine Reihe weiterer Cremesaucen.

W

Weinbrand, gehört zu den Edelbranntweinen, aus Weindestillat gewonnen. Herstellung wie Cognac.

Weinchaudeau, österreichische Bezeichnung für Weinschaumsauce, Seite 81

Whisky, Branntwein, hergestellt aus Destillaten vergorener Gerste, Roggen, Weizen und Mais. Schottischer Whisky wird vorwiegend aus Gerstenmalz gebrannt, schmeckt leicht rauchig. Der Getreidebranntwein aus Irland wird »Whiskey« geschrieben, ebenso der aus den USA, der jedoch vorwiegend aus Mais hergestellt wird. Der Mindestalkoholgehalt aller Sorten beträgt 43 Vol. %.

Windbeutel mit Krokantfüllung, Choux pralinés; Brandteig mit einer Füllung auf der Basis von Konditorcreme, gemahlenem Krokant, weicher Butter und Puderzucker.

Z

Zabaione, italienische Bezeichnung für Weinschaumsauce. Gilt auch als eigenständiges Dessert, dann vorwiegend mit Marsala zubereitet, Seite 81

Zibeben, große, längliche getrocknete Weinbeeren aus der Türkei und Griechenland

Ziehbutter, mit Talg angereicherte Butter, auch Bezeichnung für Spezialmargarine, besonders geeignet zur Herstellung von Blätterteig.

Zitronenpudding, Pouding au citron; Grundmasse (wie Sächsischer Pudding, Seite 156) mit Zitronensaft aromatisieren, dazu Zitronencreme servieren.

Zitronenzucker (Orangenzucker), Würfel- oder Hutzucker, mit dem man die Schale von unbehandelten Zitrusfrüchten abreibt.

Geräte und Formen

Grundsätzlich kann man davon ausgehen, daß fast alle Desserts mit der Ausrüstung einer gut bestückten Haushaltsküche machbar sind. Aber in der professionellen Patisserie werden Hilfsmittel verwendet, die sich tausendfach bewährt haben, und will man Desserts problemlos zubereiten, dann lohnt sich schon die Anschaffung des einen oder anderen Gerätes oder bestimmter Formen. Gerade letztere sind meist nicht einmal sehr kostspielig.

Die Fülle der möglichen Geräte, speziell aber der Formen ist so groß, daß nur eine kleine Auswahl gezeigt werden kann. Die für die jeweilige Zubereitung nötigen Hilfsmittel erscheinen aber ohnehin in den Bildfolgen.

1 **Anschlag-Maschine.** Diese neuen Haushaltsmaschinen arbeiten nach der Methode der großen Profi-Maschinen. Sie erbringen beste Ergebnisse und sind jedem Handrührgerät vorzuziehen. Speziell für Biskuit, Baisermasse, Hefe- und Brandteig.

2 **Schneebesen aus Edelstahl und Holzspatel**

3 **Backtrennpapier,** zum Belegen des Backblechs

4 **Holzrahmensieb,** zum Durchstreichen von Konditorcreme oder Fruchtmark

5 **Weißblech und Gitter,** ideal, um mit Glasur überzogene Desserts ablaufen zu lassen.

6 **Savarinförmchen**

7 **Kranzform,** gerippt oder mit glattem Rand

8 **Tortelettförmchen und Schiffchen**

9 **Briocheformen** in verschiedenen Größen

10 **Petits-fours-Förmchen,** zum Auskleiden mit Mürbteig

11 **Ausstecher;** eine möglichst große Auswahl erleichtert die Arbeit.

12 **Spritzbeutel mit Tüllen;** von beidem sollten verschiedene Größen vorhanden sein.

13 **Winkelpalette,** erleichtert das gleichmäßige Aufstreichen von Teigflächen.

14 **Paletten** in verschiedenen Größen, zum Verstreichen von Cremes etc.

15 **Wellenschliffmesser,** zum Schneiden von Biskuit und anderen Teigen.

16 **Metallspachtel,** für Schokoladenröllchen und zur Blechreinigung

17 **Obstmesser,** auch zum Bearbeiten kleinster Garnierungen geeignet.

18 **Kugel- und Olivenmesser,** zum Dressieren von Obst

19 **Garniermesser für Zitrusfrüchte;** damit können gleichmäßig starke Schalenstreifen abgeschnitten werden.

20 **Teigschaber und Garnierkamm,** aus Plastik oder Gummi

21 **Pinsel aus Naturborsten,** zum Auftragen von Glasuren

22 **Portionsförmchen** für Cremes und Eis

23 **Eisbombenformen,** mit und ohne Deckel

24 **Meßbecher;** er sollte in cl unterteilt sein.

25 **Eis-Portionierer,** zum Formen von Kugeln

26 **Zuckerthermometer,** in Celsius-Graden

27 **Zuckerwaage,** zum Bestimmen der Zuckerdichte in Sirup und Fruchteis.

A

abbrennen, eine Masse (Teig) auf dem Feuer so lange mit dem Holzlöffel bearbeiten, bis sie sich glatt vom Löffel und der Kasserolle löst.

abflämmen, einem Gebäck oder einer Backmasse (Eischnee) im Ofen rasch Farbe geben.

ablassen, Eiweiß und Eigelb voneinander trennen.

abrühren, eine flüssige Mischung bis kurz vor dem Aufkochen rühren.

abschäumen, der aufsteigende Schaum einer flüssigen Mischung wird abgenommen, um die Sauce z. B. zu klären.

abschlagen, eine Sauce oder Creme unter ständigem Schlagen mit dem Schneebesen im Wasserbad langsam erwärmen.

abschrecken, eine heiße Speise mit kaltem Wasser abkühlen.

abtreiben, österr., Butter oder Fett mit anderen Zutaten zu einer glatten Masse rühren.

abziehen, eine Flüssigkeit leicht mit Stärke binden (z. B. für Früchte);
auch: Mandeln oder Pistazien kurz in kochendes Wasser legen, um dann die Haut zwischen einem Tuch abzureiben.

abziehen, zur Rose, eine Creme unter Rühren bis kurz vor den Siedepunkt erhitzen, so daß sie auf dem Kochlöffel leicht angedickt liegenbleibt oder sich beim Daraufblasen Kringel zeigen, die an die Form einer Rose erinnern.

à part, gesondert servieren, z. B. eine Sauce.

aprikotieren, mit eingekochter, durchgestrichener Aprikosenmarmelade überziehen oder bestreichen.

au four, im Ofen gebacken; überbacken

aufschlagen, eine Sauce oder Creme mit dem Schneebesen bearbeiten, um sie locker und luftig zu machen.

ausbacken, Teigstücke oder Beignets in reichlich heißem Fett goldbraun backen.

ausfüttern, eine Form mit dünn ausgerolltem Teig auskleiden.

auslegen → ausfüttern

ausrollen, einen Teig mit Hilfe eines Rollholzes durch Darüberrollen gleichmäßig auseinandertreiben.

ausstreichen, eine Form oder Förmchen innen mit Butter oder Öl bestreichen, um später die Trennung des Inhalts von der Form zu erleichtern.

ausstreuen, die innere Wand einer Form mit Mehl, Zucker, Semmelbröseln o. a. gleichmäßig und dicht bestreuen. Vorher die Form mit Butter ausstreichen.

auswellen → ausrollen

B

bähen, österr., leichtes Rösten im Backrohr, ohne zu dörren.

Bain-Marie (Wasserbad), ein zum Teil mit heißem Wasser gefüllter Behälter, in dem empfindliche Speisen, wie z. B. Saucen, warm gehalten oder vorsichtig erwärmt werden.

Batterie, zusammengehörige Gefäße, z. B. Schüsseln oder Kasserollen verschiedener Größe.

Batterie de pâtisserie, Konditoreieinrichtung

bestauben, Backblech oder Förmchen mit Mehl bestreuen, vorher mit Butter bestreichen.

Beurre manié, Mehlbutter

binden, sämiger machen durch Eier, Gelatine oder Stärke.

blanchieren, kurz kochen, Früchte (z. B. Pfirsiche) kurz in kochendes Wasser tauchen, abschrecken, um die Haut leicht abziehen zu können.

blindbacken, Törtchen aus Mürbteig ungefüllt backen oder mit trockenen Erbsen füllen, diese nach dem Backen entfernen.

C

canneliert, gerippt, z. B. Formen

Chemise, Hülle

chemisieren, eine Form gleichmäßig dünn mit Gelee ausgießen, bevor die Füllung hineingegeben wird.

Cocotte, kleines, feuerfestes Kochgeschirr aus Porzellan oder Steingut, in dem die darin gegarten Speisen auch serviert werden.

collé(e), mit Gelatine versetzte Masse

colorieren, färben

Couleur, Farbe, insbes. braune Zuckerfarbe

croquant, knusprig gebacken

D

dämpfen, in Wasserdampf garen, ohne daß die Speise mit der Flüssigkeit in Berührung kommt. Zum Dämpfen benötigt man ein Kochgeschirr mit Dämpfeinsatz (Sieb, Gitter).

Dariolen, kleine glatte Becherformen

demoulieren, eine Speise aus der Form nehmen (stürzen), in der sie gestockt oder gegart wurde.

dessechieren, abtrocknen, abtropfen lassen

doré(e), goldgelb gebacken

doublieren, verdoppeln, verzweifachen; Zusammensetzen von je zwei Gebäckstücken.

dressieren, anrichten, mit Spritzbeutel und Tülle einer Masse eine bestimmte Form geben.

Dressiersack, Spritzbeutel

durchpassieren → passieren

durchstreichen, durch ein Sieb streichen

E

egouttieren, abtropfen lassen

einkochen → reduzieren

Entremet de douceur, süßes (Zwischen-) Gericht

F

façonnieren, Form geben, gestalten

filtrieren, filtern, durchseihen, durchgießen

flambieren, ein Dessert (Früchte) mit hochprozentigem Alkohol übergießen und abbrennen. Der Alkohol verflüchtigt sich, zurück bleibt das feine Aroma.

flämmen, einem Gebäck oder einer Backmasse im heißen Ofen rasch Farbe geben

fleurieren, aufgehen (z. B. Blätterteig)

foncieren, eine Form mit Teig auslegen

frappieren, in Eis kühlen

Fritüre, Fettbad zum Backen von Krapfen oder Beignets. Fritüre wird auch das Backfett genannt.

G

garnieren, verzieren, umkränzen, belegen

Garnitur, Zutat, Verzierung

Gelatine, reiner, geschmackloser Knochenleim in Pulver- oder Blattform zum Festigen von Flüssigkeiten, leichten Speisen, Cremes etc.

Gelee, Sulz, Gallert

Germ, österr. für Hefe

Gimblettes, Kringel, Brandteig-Ringe

Glacier, zur Unterstützung des Patissiers. Er stellt nur Gefrorenes und Eisspeisen her.

glacieren, mit einer Glasur bedecken, glänzend machen.

glasieren → glacieren

Glasur, Zuckerglanz, Glanz

gratinieren, überbacken, überkrusten

K

kandieren, Früchte oder Fruchtschalen mit dicker Zuckerlösung überziehen, dann trocknen.

karamelisieren, mit zu Karamel gekochtem Zucker überziehen oder vermischen (z. B. Nüsse oder Mandeln).

Kastanien schälen, einschneiden, kurz in kochendes Wasser geben, Schale abziehen.

klären, bei Gelees alle trübenden Bestandteile entfernen. Mit Hilfe von Eiweiß werden diese gebunden und entfernt.

kolorieren → colorieren

L

läutern, klären, von fremden Stoffen reinigen (früher mußte Zucker geläutert werden!).

leerbacken → blindbacken

legieren, binden, abziehen

liieren, binden, vermischen

M

marinieren, würzen, beizen, mürbe machen

maskieren, mit Sauce oder Gelee bedecken, überziehen.

mazerieren, kleingeschnittene, auch ganze Früchte, Biskuitwürfelchen usw. mit Puderzucker und Spirituosen oder Likören einige Zeit ziehen lassen.

melangieren, vermischen, mischen

melieren, mischen, vermengen, unterziehen

mitonnieren, langsam einkochen, verkochen

N

nappieren → maskieren

Nonpareille, kleine farbige Zuckerdragees

O

oxydieren, Himbeeren, Johannisbeeren und schwarze Kirschen verändern ihre Farbe und werden blau oder violett, wenn sie in bleihaltigen oder verzinkten Gefäßen gedünstet wurden. Es sollten dazu nur emaillierte oder Nirosta-Töpfe verwendet werden.

P

Panaché, mehrfarbig gestreift; verschiedene Sorten Eis oder Creme in einer Form.

parfümieren, durch einen wohlriechenden Zusatz (Essenz), Likör oder Spirituose einer Speise einen besonderen Geruch und Geschmack geben.

passieren, durch ein Sieb gießen oder streichen.

Patissier, in Frankreich »Konditor«; im deutschen Sprachgebrauch Mitglied der Küchenbrigade, das für die süßen Nachspeisen zuständig ist.

pochieren, langsames Garziehen ohne zu kochen

pralinieren, in Zucker rösten, z. B. gehackte Nüsse oder Mandeln, → karamelisieren.

Pulpe, Halberzeugnis aus frischen Früchten

R

rafraichieren, abschrecken, abkühlen

Ratafia, Sammelname für alle süßen Fruchtliköre

reduzieren, Flüssigkeiten stark einkochen, um den Geschmack zu verstärken und gleichzeitig die Flüssigkeit zu vermindern.

renversé(e), gestürzt, aus der Form gestürzt

Roux, Mehlschwitze

royal(e), königlich; Eiergelee

S

saucieren, mit Sauce begießen

servieren, auftragen, anrichten, vorlegen

stürzen, Gelee, Creme usw. nach dem Festwerden aus der Form auf Teller oder Platte gleiten lassen.

T

tablieren, Rühren oder Reiben von gekochtem Zucker am Kesselrand oder auf einer Marmorplatte, bis der Zucker weiß wird (zu Fondant).

Touren, mehrfaches Ausrollen und Zusammenlegen von Blätter- oder Plunderteig.

V

vanilliert, mit Vanille gewürzt

Z

Zeste, dünn abgeschälte Schale von Zitronen, Orangen und Pomeranzen.

Zesteur, Gerät, mit dem Schalen von Zitrusfrüchten in hauchdünnen Streifen mehr abgekratzt als abgeschnitten werden.

Zuckerwaage (pèse-sirop), Aräometer, kleine Glasröhre, die den Zuckergrad nach Baumé in der Flüssigkeit anzeigt.

zur Rose abziehen → abziehen

Quellennachweis

Barsewisch, Gisa v.: Exotische Früchte und Gemüse in unserer Küche, München 1975/78

Baxa, Jakob und Bruhns, Guntwin: Zucker im Leben der Völker, Berlin 1967

Berlin, Johannes: Kochkunstbibliothek: Warme Süßspeisen und Süßspeissaucen, Leipzig und Nordhausen o. J.

Bickel, Walter: Kochkunstbibliothek: Garnituren, Hilfsmittel Fachausdrücke und Fremdwörter, 5. Aufl., Gießen 1962

Brandeis, Antonie: Kochbuch für die Tropen, Berlin 1930

Brücher, Heinz: Tropische Nutzpflanzen, Ursprung, Evolution und Domestikation, Berlin, Heidelberg 1977

Child, Reginald: Coconuts, 2. Aufl., London 1974

Dassler, Ernst: Warenkunde für den Fruchthandel, Berlin 1969

Davidis, Henriette/Holle: Praktisches Kochbuch, Leipzig 1907

Duch, Karl: Handlexikon der Kochkunst, 7. Aufl., Kempten 1970

Erler, Georg: Leipziger Magisterschmäuse, Leipzig 1905

Escoffier, A.: Le Guide culinaire, Paris 1902

Franke, Wolfgang: Nutzpflanzenkunde. Nutzbare Gewächse der gemäßigten Breiten, Subtropen und Tropen, Stuttgart 1976

Geerdes, Thomas: Zucker, Ein Grundnahrungsmittel und seine Geschichte, Stuttgart 1963

Gorys, Erhard: Heimerans Küchenlexikon, München 1975

Henneking, E. Schulkochbuch, Bielefeld, Dr. Oetker 1910

Hering, Richard: Lexikon der Küche, 18. Aufl. hrsg. von Walter Bickel, Gießen 1978

Hofmann, Holger: Exotische Früchte und Gemüse, Bern und Stuttgart 1974

Hörmann, Bernhard: Eßbare Wildfrüchte, München 1939

Horn, Erna: Wildfrüchte und Pilze in der Küche, München 1979

Kochkunst und Tafelwesen, Frankfurt/Main 1902/7

Kranz, Brigitte: Exotische Früchte und Gemüse, 4. Aufl., München 1979

Larousse Gastronomique, Paris 1961

Lößnitzer, Ernst: Verdeutschungs-Wörterbuch für Speisekarte und Küche, Leipzig und Nordhausen 1888, 2. Aufl. 1903

Malortie, Ernst v.: Das Menu, Hannover 1878

Meister, Georg: Der Orientalisch-Indianische Kunst- und Lust-Gärtner, Dresden 1692

Oetker, August, Fa.: Lexikon Lebensmittel und Ernährung, Von Aal bis Zwiebel, Bielefeld 1977

Prato, Katharina Edle v.: Süddeutsche Küche, Graz/Wien 1912

Rehm/Espig: Die Kulturpflanzen der Tropen und Subtropen, Stuttgart 1976

Reinhold, H. G.: Citruswirtschaft in Israel (Diss.), Heidelberg 1972

Rink, Heinrich: Entwicklung von Weinbau, Obstkulturen und Kirschenzucht im Lauf der Jahrhunderte, Forchheim 1932

Sattler, Hermann: Baumobst im Garten, Stuttgart 1966

Sri Lanka State Trading Corporation

Stobart, Tom: Lexikon der Gewürze, Bonn 1972

Universal-Lexikon der Kochkunst, Leipzig o. J.

Woodroof, Jasper Guy: Coconuts. Production, Processing, Products, 2. Aufl., Westport/Conn. 1979

© 1981 by Teubner Edition
Postfach 1440 · D-8958 Füssen

1 Foto auf Seite 18: CMA
Fotos auf Seite 28, 29, 30, 31, 32, 33: CMA/Teubner
1 Foto auf Seite 37: Wolfgang Steger
Reproduktion der Farbbilder:
City-Klischee GmbH, Düsseldorf
Fotosatz: Holdenrieds Druck- und Verlags-GmbH, Füssen
Druck: J. Fink Druckerei, Ostfildern

Alleinauslieferung für den gesamten Buch- und Fachhandel:
Gräfe und Unzer Verlag
Isabellastraße 32 · D-8000 München 40

ISBN 3-7742-1633-9

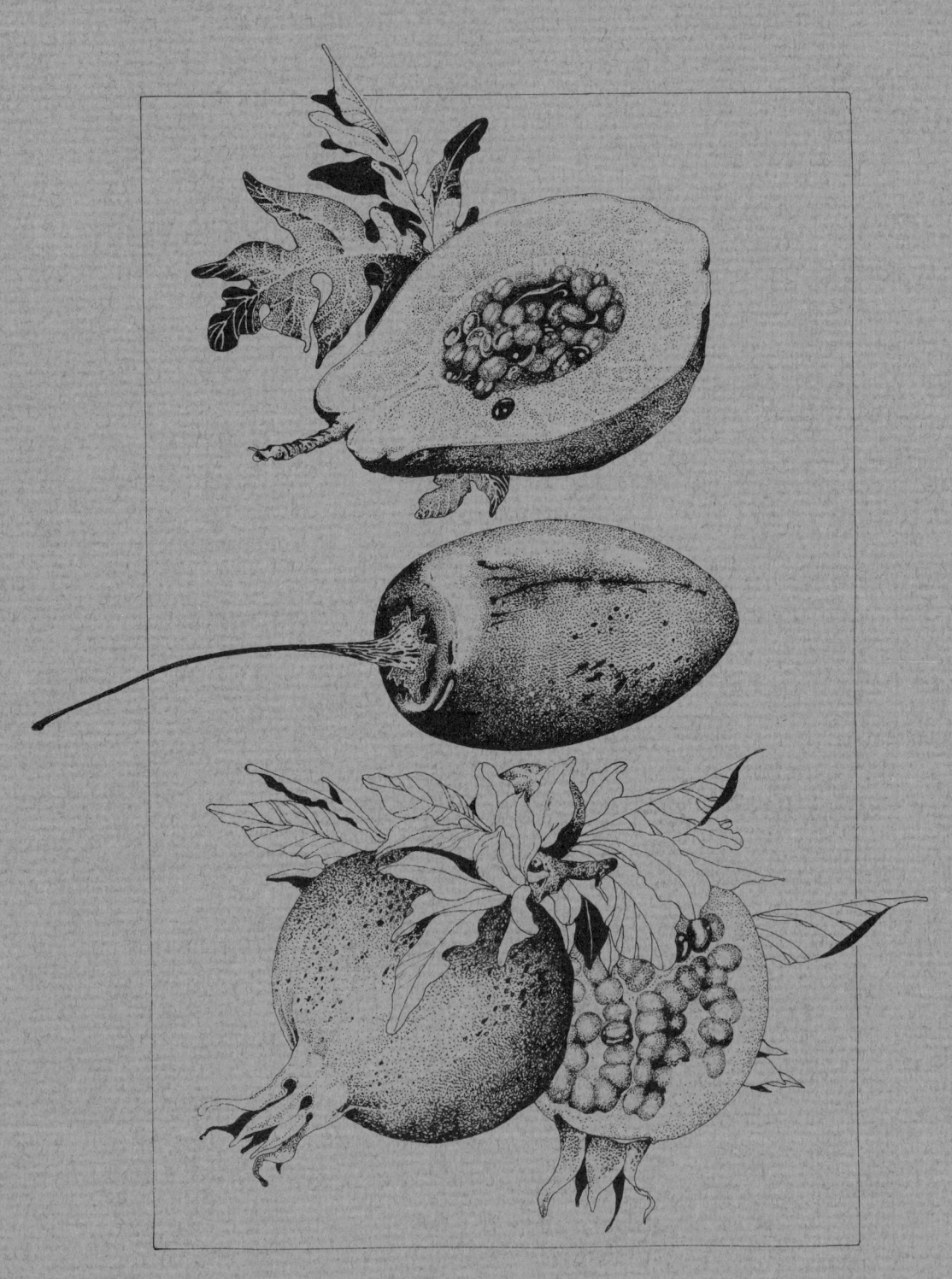